가까이 살피고 멀리 바라보기
왕샤오밍 문화연구

문화과학 이론신서 68

가까이 살피고 멀리 바라보기:
왕샤오밍 문화연구

글쓴이 | 왕샤오밍

옮긴이 | 김명희, 변경숙, 고재원, 김소영, 고윤실

해제 및 감수 | 임춘성

초판인쇄 | 2014년 3월 14일

초판발행 | 2014년 3월 20일

펴낸이 | 손자희

펴낸곳 | 문화과학사

출판등록 | 제1-1902 (1995. 6. 12)

주소 | 120-831 서대문구 연희동 421-43호

전화 | 02-335-0461

팩스 | 02-334-0461

이메일 | transics@chol.com

홈페이지 | http://cultural.jinbo.net

값 20,000원

ISBN 978-89-97305-05-6 93910

이 도서의 국립중앙도서관 출판시도서목록(CIP)은 서지정보유통지원시스템 홈페이지(http://seoji.nl.go.kr)
와 국가자료공동목록시스템(http://www.nl.go.kr/kolisnet)에서 이용하실 수 있습니다. (CIP제어번호: CIP
2014008549)

문화과학 이론신서 68

가까이 살피고 멀리 바라보기: 왕샤오밍 문화연구

왕샤오밍 지음

김명희·변경숙·고재원·김소영·고윤실 옮김

임춘성 해제 및 감수

문화과학사

차례

한국어판 서문 _ 왕샤오밍 · 6

1. 반쪽 얼굴의 신화 · 11
   고윤실 옮김

2. '화이하이루'(淮海路)에서 '메이자차오'(梅家橋)까지
   — 왕안이(王安憶)의 최근 소설 · 23
   김소영 옮김

3. 중국문학의 새로운 생산기제 · 73
   고재원 옮김

4. L현 견문 · 81
   김소영 옮김

5. '문화경쟁력'과 도시 발전 · 115
   고윤실 옮김

6. 상하이의 새로운 '삼위일체': 부동산 시장을 중심으로 · 134
   고윤실 옮김

7. 사소한 도리와 큰 도리 · 149
   고윤실 옮김

8. 쓰촨 지진과 오늘날 중국대륙의 국가정체성 · 156

김소영 옮김

9. 문을 열어야 할 때 · 191

고재원 옮김

10. 문화연구의 세 가지 난제:

상하이대학 문화연구학과를 중심으로 · 203

김명희 옮김

11. 오늘날 중국문학의 육분천하 · 228

변경숙 옮김

12. 푸둥에서 충칭까지—새로운 길은 어디에? · 261

고윤실 옮김

〈해제〉 왕샤오밍 문화연구와 '비껴서기'_ 임춘성 · 283

〈부록〉 학술 자전_ 왕샤오밍 · 319

옮긴이의 말_ 김명희 · 329

번역자 및 감수자 · 337

찾아보기 · 340

한국어판 서문

이 책은 한국어로 번역된 저의 두 번째 저서로 12편의 길고 짧은 글이 수록되어 있습니다. 언급하고 있는 주제들이 문학, 도시건축, 농촌문화, 국가정체성, 지적재산권, 대학교육, 새로운 이데올로기 등 다양하지만 전체를 관통하고 있는 주제는 최근 20여 년 간의 중국사회에 대한 강한 관심에서 나온 것이라고 할 수 있습니다. 시각과 방법은 다르지만 모두 새로이 부상한 중국사회상을 추적, 분석한 것으로 기본적인 착안점은 대체로 다음의 두 가지 질문으로 요약됩니다. 이 사회는 대체 어떠한 사회인가, 이 사회는 앞으로 어떤 방향으로 나아갈 것인가 입니다.

그렇기 때문에 당대 중국사회에 관심이 있는, 특히 중국 정치와 문화에 관심이 있는 한국 독자들에게는 어느 정도 유용한 분석과 설명을 제공할 수 있을 것이라 생각합니다.

저는 다분히 주관적인 사람인 데다가 제 경험과 사상의 편향으로 말미암아 최근 30년 동안 일어난 중국사회의 추이에 대해 깊은 우려를 갖고 있습니다. 중국은, 화폐로 표시할 수 있는 사회적 부는 지난 30년간 몇 배 증가했지만 화폐로 표시할 수 없거나 근본적으로 가치를 표기할 수 없는 삶의 내용들, 즉 상상력과 이상주의에서부터 공기와 강산에 이르기까지, 그리고 사람과 사람, 사람과 다른 생물계 간의 관계 등은 지속적으로 악화되고 있습니다.

마찬가지로 더 심각한 것은, 중국의 경제규모가 신속하게 팽창함에 따라 중국에서 발생한 일들이 주변지역과 전 세계에 지속적으로 나쁜 영향을 미치게 되었다는 점입니다. 물론 다른 측면에서 보면, 주변지역과 세계 다른 지역들에서 만들어진 크고 작은 위기와 재난 역시 중국에 심각한 영향을 끼치고 있습니다. 오랜 옛날부터 인류가 끊임없이 강해질 수 있기를 희망하며 만들어온 상호부조와 공동성장의 이상은 분명 보편적인 현실이 되지 못했으며, 오히려 대부분의 지역에서는 상호 경계, 경쟁하며 피해를 주는 일이 날로 심화되고 있습니다. 전체적으로 볼 때 20세기 대부분 시기에 비해 인류의 진보는 별로 뚜렷하지 않은 반면 퇴보는 점점 더 가팔라지고 있습니다.

이것은 정말 실망스러운 상황입니다. 그러나 우리는 계속 싸우는 것 외에 다른 방법이 없습니다. 더 심혈을 기울여 이 싸움을 계속해야 합니다. 물론 이것은 아주 가망 없는 싸움은 아닙니다. 우리가 아직 역사를 기억하고 있기 때문입니다. 중국인이나 한국인은 모두 과거에 숱한 암흑기를 겪었습니다. 그러나 그러한 암흑은 결코 영원히 하늘을 덮어버릴 수 없습니다. 봄날의 햇빛은 결국 대지를 비추고 초목도 결국엔 활짝 만개하게 마련입니다. 비록 그 후에 다시 혹독한 추위와 어두운 밤이 온다고 해도 말입니다.

각자가 내면의 의기소침함과 외부의 어두움에 저항할 때, 분투하는 사람들끼리 상호 소통하고 서로 격려하는 것은 아주 중요한 일입니다. 지금 같은 '지구화' 시대에, 스모그 발생이든 방사능 누출이든, 정치적 단견이든 자본주의의 곪은 상처든 이 모두는 지구적 현상입니다. 그렇다면 이러한 재앙에 저항하고 새로운 삶을 창조하려는 싸움 역시 반드시 지구적인 것이어야 합니다.

그렇기에 이 책을 번역해준 역자들인 김명희, 변경숙, 고재원, 김소영과 고윤실에게 특별히 고맙다는 말을 전합니다. 제 글들은 내용도 각양각색이고 규범에 벗어난 부분도 있기 때문에 번역이 쉽지 않았을 것입니다. 또한 굉장히 바쁜 와중에도 이 책 번역을 이끌어 직접 감수 작업을 맡아주시고 한국 독자들에게 제 저작을 소개하는 해제까지 써준 임춘성 교수에게도 깊은 감사의 인사를 드립니다. 그의 노력이 없었다면 이 책은 세상에 나오지 못했을 것입니다.

마지막으로 이 책의 제목에 대해 설명을 덧붙이겠습니다. 이 책의 제목은 2012년 상하이에서 출판된 자선집(自選集)의 제목입니다. '가까이 살피고'(近視)는 근자에 쓴 글에 대한 자신의 요약입니다. 스스로는 최선을 다했다 생각하지만 능력 부족으로 여전히 고도 근시인 사람처럼, 진정으로 통찰할 수 있었던 것은 매우 제한적이었음을 고백하는 말입니다. '멀리 바라보기'(遠望)는 제 자신에 대한 격려입니다. 앞으로 제 시야가 더욱 넓어져서 더욱 많이, 그리고 더 깊이 볼 수 있기를 소망하는 것입니다.

2014년 1월 툰먼(屯門)에서

반쪽 얼굴의 신화*

오늘날 '성공인사'라 불리는 새로운 이미지가 광고와 매체에서 빈번히 출현하고 있다. 그 이미지는 대개 배가 조금 나온 말쑥한 차림새의 중년 남성이다. 그는 부자다. 최신형 BMW를 타고 사무실로 출근한다. 어쩌면 미국 유학을 해서 서양식 습관이 배어있는지도 모르겠다. 그는 외국 비즈니스맨과 체결할 계약서를 품에 넣고 바삐 현관을 나서면서도 아름다운 아내에게 작별의 키스를 잊지 않는다. 또한 생활의 취향을 중시해서, 주말에는 골프를 치고 저녁에는 교향악단이 연주하는 음악회에 참석하곤 한다. …최근 5, 6년 사이 그는 사회에서 가장 주목받는 인물이 되었다. 고급 빌라를 지을 때마다 부동산 마케팅 담당자는 신문 광고와 심지어 플래카드에도 그를 위해 '이상적인 거처'를 준비해 놓았다고 말한

---

* 원제: 半張臉的神話

다. 호텔과 식당, 나이트클럽과 그 밖에 항목이 불분명한 곳에서 문을 활짝 열어놓고 그가 자주 드나드는 단골이 되기를 바라고 있다. 그의 거실에 들어갈 수만 있다면 수많은 신문과 잡지가 그의 취향을 세심히 연구하여 끊임없이 디자인과 내용 심지어 잡지의 성격까지도 바꾼다. 몇몇 소설가와 텔레비전 작가 그리고 영화 시나리오 작가 역시 그로부터 영감을 얻어 그와 주변 여인들의 복잡한 스토리를 끊임없이 써낸다. 심지어 상하이 번화가에 위치한 결혼정보회사도 입구에 회원 등록이 가장 많은 토요일과 일요일에 '성공남'과 '성공녀'에게 우선적으로 만남의 시간을 배정해 준다는 광고를 내건다….

내가 상하이에 살기 때문에 '성공인사'의 당당한 기세가 유독 특별하게 느껴지는 것일까? 황토고원에 살면서 종일 농사일을 하는 농민은 어쩌면 이런 것이 아주 동떨어진 것으로 느껴질지도 모른다. 그러나 광저우(廣洲)와 베이징(北京), 동남 연안도시와 교통 간선 양쪽에 위치한 지방에 가본다면, 성공인사의 이미지와 언제든지 마주칠 수 있을 것이다. 10년이 채 되지 않아 도시의 광고주와 매체 종사자들 그리고 사회생활을 좌우하는 인사들이 모든 사람들의 마음을 사로잡는 선망의 이미지를 창조해냈다는 것은 참으로 놀라운 일이다. 대학생과 중고등학생은 말할 것도 없고 10살 남짓의 초등학생들에게도 물어보면 "저는 커서 사장님이 될 거에요", "돈을 많이 벌잖아요!"라고 말하는 똑 부러진 대답을 들을 수 있을 것이다. 중국의 동남 연해지역과 중대형 도시에서 '성공인사'는 사람들이 가장 부러워하는 생활 이미지가 되었고, 그들이 미래를 상상하고 인생 욕망을 표현하는 최신 유행의 문화코드가 되어버린 것 같다.

물론 ‘성공인사’의 이미지가 결코 갑자기 생겨난 것이 아니라는 것은 나도 안다. 20년 가까이 ‘시장경제 개혁’을 거치면서 중국에 신부유층이 갑자기 출현했다. 1994년 통계에 따르면 거주 인구 5분의 1에 해당하는 고소득 가정이 국내 총생산의 절반 이상을 차지한다고 한다.[1] 오늘날 이 계층이 전체 인구에서 차지하는 비율이 점차 줄어들고 있지만 국내 총생산에서 차지하는 비율은 큰 폭으로 증가하고 있음은 말할 나위 없다. 빠른 속도로 부를 축적하고 돈을 물 쓰듯 하는 기세는 일반인의 상상을 초월하는 것으로, 중국적 특색을 더욱 분명히 드러내 보이고 있다. ‘성공인사’를 신부유층의 초상이라고 생각해도 무리는 없을 것이다.

　　그러나 이것은 반쪽 얼굴의 초상일 뿐이다. 광고와 매체를 통해 볼 수 있는 것은 ‘성공인사’의 일상생활과 식생활, 비즈니스와 접대, 레저생활일 뿐, 다른 방면에서는 어떤지, 어떤 모습일지는 알 수 없다. 현재 중국인이 거의 매 순간 직면해 있는 정치, 생태, 젠더 등과 같은 문제는 그와 무관한 것처럼 보인다. 현대인이 반드시 관심 가져야 할 인간의 자유, 사회의 공정함, 예술적 창조 등을 마치 그는 보지 못하는 것 같다. 바로 여기에서 의문이 생긴다. 그의 다른 쪽 얼굴은 어디로 갔을까? 이 초상이 진정 신부유층의 모습에서 묘사되었고 그들은 실제 생활에서 결코 음식과 레저 생활에만 관심을 두는 것은 아닐 것이다. 그렇다면 어째서 나머지 한 쪽은 감춰진 것일까? 그리고 그 감춰진 부분은 또 무엇일까?

---

1) 쑨리핑(孫立平) 등, 「중국사회 구조 전환 과정의 최근 추세와 숨은 우환」(中國社會結構轉型的中近期趨勢與隱患), 『戰略與管理』(전략과 관리), 1998년 제5기, 8쪽.

이뿐만이 아니다. 이미 드러나 있는 것 같은 반쪽 얼굴 역시 항상 모호하고 불분명하다. 그가 넓고 호화로운 주택을 드나드는 것을 보지만 그 집을 매입한 돈이 어디서 났는지 알 수 없다. 그가 계약서를 체결하며 거드름을 피우지만 정작 계약 자금과 권한을 어떻게 얻은 것인지 알 수 없다. 오늘날 부패한 권력과 맞물려 영합하고 있는 상업계에서 그의 '성공'은, 분명 그것에 눈이 멀어 위험도 무릅쓰고 아부도 해가며 얻어낸 것임이 분명하다. 그러나 광고와 매체에서의 그는 항상 젊고 찬란한 미소를 지으며, 경험이 일천한 젊은 '화이트칼라'들은 그를 자신의 동류로 느낀다. 회원제로 운영되는 클럽과 골프장 같은 곳에서 그는 실제로 보통 사람들은 꿈도 꾸지 못할 향락 속에 빠져있으며 체형도 점점 비대해졌다. 그러나 광고 속의 그는 경쾌한 발걸음을 내딛으며 지극히 일상적인 자전거와 운동기구를 권하니, 보통 샐러리맨들조차 그가 꽤나 멋지다고 생각하고 심지어 건강한 '모던' 생활의 본보기로 삼는다. 나는 테리 이글턴(Terry Eagleton)이 '주도적 이데올로기'를 분석하는 말이 생각났다. "지배적 위치를 차지하는 이데올로기가 다른 계급 구성원들 사이에 사이비 통치계급 자아 경험을 만들어내지 않고서 어떻게 계속 존재하기를 바라겠는가?"2) 이 말이 '성공인사'의 반쪽 얼굴을 잘 설명해주고 있지 않는가? 나머지 한 쪽 얼굴을 감췄기 때문에 이미 드러난 얼굴조차도 모호해지기 쉽다. 또 드러난 얼굴이 대개 모호하기 때문에 신부유층이 아닌 사람들을 쉽게 끌어들이며 바로 그들 자신의 초상이라고 착각에 빠지게 할 수 있는 것이다. 몇 년간 문화계의 많은 사람들은 '성공인사' 현상을

---

2) 테리 이글턴, 「텍스트, 이데올로기, 리얼리즘」(文本, 意識形態, 現實主義), 왕펑전(王逢振) 편, 『최신 서양문론선』(最新西洋文論選), 漓江出版社, 1991, 427쪽.

'중산층'이 출현할 조짐이며 '화이트컬러 문화' 형성의 초기 단계라고 생각 없이 단정 지었다. 마치 그 모호한 반쪽 얼굴에 대해 눈이 삔 것처럼 말이다.

이 반쪽 얼굴의 신화를 우습게보면 안 된다. 그것은 20세기 중국인의 '현대화' 상상에서 점차 중요한 듯한 위치를 차지했다. 19세기 중엽부터 '지구화'의 물결이 중국에 밀려들어와 중국사회를 낯선 역사 방향으로 전환하도록 핍박했다. 그 이후 중국인은 줄곧 미래의 세계가 어떤 모습일지 명확하게 알고 싶어 했다. 캉유웨이(康有爲)와 장타이옌(章太炎) 그리고 쑨중산(孫中山) 등은 '강국' 몽상을 키웠다. 그 몽상은 몇 차례의 변화를 겪었지만 반세기 이상 수많은 중국인들의 미래 상상을 이끌었다. 1980년대에 이르러 상황은 달라지기 시작했다. 사람들은 '국가'나 '계급'과 같은 집단적 개념의 우롱에 염증을 느껴 그것들에 결연하게 등을 돌렸고, '개인'을 다시 가장 중요한 것으로 간주했다. 1980년대부터 1990년대에 이르는 동안, 정신적 자유에 대한 갈망으로부터 물질적 욕구의 실현에 이르기까지 중국사회의 '개인'의 '발전'에 대한 관심은 점차 '국가'의 '강대함'에 대한 바람을 확연하게 초월했다. 이런 분위기가 널리 퍼진 가운데 '성공인사'가 출현하게 된 것이다. 그것은 더 이상 공허하고 요원한 '대동'(大同)이나 '공산'(共産) 세계를 대표하지 않는다. 그것은 현실 세계를 향유하는 살아 숨 쉬는 남성의 이미지로 나타났다. 또한 그것은 더 이상 정신적인 목표를 위해 모든 것을 헌신하도록 강요하지 않는다. 그와 반대로 '당신도 자동차와 집, 더 많은 재산을 가질 수 있다'고 최면을 걸 듯 약속한다. 이것이 바로 참신한 몽상이며 중국적 특색이 매우 잘 드러난 당대의 신화이다. 그것은 이미 당연하다는 듯이 철지난 '강국'의 꿈을 밀쳐내고, 사회의 모든 구성원과 체제 안팎의 각종 요구들을 동시에 만족시킬 수 있을 것처럼 우리의 '현대화' 상상 속에 중심 위치로 올라섰다.

오늘날 중국사회는 루쉰(魯迅)이 말한 '대(大) 시대'인 것 같다. 이 '시대'가 우리를 어떤 곳으로 이끌어 줄지는 우리가 어떻게 미래를 상상하는가에 달려 있을 것이다. 그 반쪽 얼굴의 '성공인사'를 마주하고 있노라면 여러 의문들이 연달아 떠오른다. 정말 당신이 말하는 것처럼 이미 그것이 도시의 대다수 사람들의 미래에 대한 상상을 이끌어나가고 있는 것일까? 그것의 역량이 과대평가되고 있는 것은 아닐까? 만약 당신이 말한 것이 틀리지 않는다면, '개인'이 '국가'를 밀어내고 반쪽 얼굴이 단독으로 주도하고 있는 '현대화' 상상의 엄중한 변화는 또 어떻게 생겨난 것일까? 전체 사회의 심리 변화와 광고와 매체, 소설과 영화, 그리고 학술의 변화에 대해 이미 이야기된 바 있지만, 더 다양하고 숨겨진 역량들이 함께 작용하며 새로운 상상을 만들어내는 것은 아닐까? 오늘날 우리는 이 새로운 상상을 어떻게 대면할 것인가? 꿈틀거리며 준동하는 것을 적극 끌어안을 것인가, 아니면 두 눈을 부릅뜨고 격분하며 힐난할 것인가? 다른 방법을 쓰고 싶다면 또 어떠한 것이 되어야 할까? 가능한 한 깊이 그것을 이해한다는 것은 그 자체를 이해하는 것뿐 아니라 그 내력, 배후에 그것을 지탱하고 있는 관계망, 기타 미래의 전망과의 복잡한 관계까지 알아야 하는 것 아닌가? 가능한 한 자세히 그것을 묘사하려면 그것의 각 측면들을 드러내고 내부의 구조와 모순까지 폭로해야 하는 것 아닌가? 그러나 당신은 어떤 입장에서 이 모든 것들을 해낼 것인가? 비판적 입장을 취한다면 그것과 당신 개인의 일상생활 경험은 또 무슨 관계가 있는가? 일상의 경험과 '성공인사'가 조금도 관계가 없다고 말할 수 있는가? 무관하지 않다면, 당신의 그 비판의 칼날이 동시에 자신을 향해 겨누어지는 것 아닌가? 더 중요한 것은 이런 분석과 비판의 의도가 무엇인가 하는 것이다. 유행하고 있는 미래 상상의 허구성을 폭로하는 것? 실제 생활 상태에 대한 민감성과 관심을 불러일으키는 것? 아니면 또 다른 미래 상상을 위해 공헌할 수 있으면서 새로운 방향을 제시할 수 있는 건설적인 사고 방식?

물론 이 짧은 글에서 모든 문제에 대한 해답을 제시할 수는 없다. 그러나 나는 이 '성공인사'의 신화를 마르쿠제(Herbert Marcuse)가 말한 '이데올로기'로 이해하려는 경향을 가지고 있다. 왜냐하면 그 배후로부터 나는 정치와 상업 권력의 직접 혹은 은폐된 작동방식을 분명히 보았고, 그것은 어느 정도 그 작동방식의 산물임이 확실하기 때문이다. 더욱 중요한 것은 현재 중국인의 정신생활 가운데 주된 작용은 바로 복잡한 현실을 단일화하는 것인 듯하다. 그것은 현실의 어떤 면을 부각시키는 한편 다른 면을 은폐시키고 있다. 그 예로 상하이에서는 최근 10년의 사회 변화를 거치면서 원래 있던 사회 계층 사이에 '신부유층', '화이트칼라', '면직 노동자(下崗)', '퇴직을 기다리는 노동자'와 같은 새로운 계층이 생겨난 것이다. 그러나 '성공인사'의 이미지가 온 세상을 뒤덮어 전체 시야를 가려버릴 때, 그 이미지가 가장 뚜렷하게 드러나는 화이하이루(淮海路)를 걸으며 쇼윈도와 네온사인, 대리석으로 장식된 벽면에 감도는 '성공'이라는 분위기에 흠뻑 빠져 있을 때, 당신에게 현실과 미래의 생활 전망에 대한 착각이 발생하지 않을까? 당신은 사회 기층민들의 고통을 느끼지 못하고, 또 어쩌면 '화이트칼라'들의 고단함을 간과해 버릴 수도 있고 그렇기 때문에 현실과 동떨어진 많은 환상이 생겨날 수 있으며 이런 환상의 끝에서 실망과 불평, 좌절이 조용히 당신을 기다리고 있을 수도 있다. 오늘날 젊은이들 가운데서도 이런 상황을 겪는 것을 자주 볼 수 있다.

다음으로, 나는 '성공인사'가 우리의 생활 욕망을 만들어내는 거대한 역량임을 가능한 한 명확하게 밝혀내고자 한다. 나는 1970년대 말에서 1980년대 초에 오랫동안 억눌려 왔던 공중들의 생활 욕구가 어떻게 급작스럽게 폭발되었는지를 지금도 생생히 기억한다. 그 욕구는 모호하고 다양한 것이었다. 즉 '명예회복'(平反)[3]을 요구했을 뿐 아니라, 부를 갈망하고, 경제발전을 원하고, 그리고 과학, 애정, 민주, 문학과 예술을 존중하고, 사상과 정신 해방을 추구했다…. 그러나 '성공인사'의 이 반쪽 얼굴을 보라, 그것은 물론 가난을 벗어나고자 하는 욕구를 표현하거니와 현대인의 부에 대한 충동까지도 방출시켰다. 동시에, 우리 내면에서 방출하고자 하는 또 다른 욕구를 조용히 지워버린 것은 아닐까? 더군다나 바로 이런 표현과 방출은 축소와 소멸을 포함하고 있다. 끝없는 금전 추구는 결코 인간의 물질 욕구의 유일한 내용은 아니다. 그런데 두 눈으로는 '돈'만 바라보고, 유행하는 것은 무엇이든 따라하는 것, 그것은 어쩌면 물질 향유가 더욱 협소해지고 천박해지는 것만을 의미하고 있는지도 모른다. 수준 있는 물질생활이라는 것이 우리의 물질 욕구를 끊임없이 만들어내며 우리의 감각을 더욱 섬세하게 하고 수요를 다양화하며, '성공인사'가 제시하는 물질생활의 표준과 비교할 만한 것이어야 한다면, 그것은 지나치게 단순하고 표면적이라고 생각되지 않는가? 이

---

3) 문화혁명 기간을 거치면서 신분이 강등되거나 직위 해제된 사람들의 복권을 말함.-옮긴이

뿐만이 아니다. '성공인사'는 물질생활을 통해 '실재', '자유', '존엄', '아름다움'과 '순수함'에 대한 새로운 정의를 만들어냈다. 세상 무엇보다 가장 중요한 것은 돈이며 주머니 속에 든 두둑한 돈이 바로 '실재'이다. 돈만 있으면 원하는 것을 할 수 있고 세상 천지에 가질 수 없는 것이 없으니 이것이 바로 '자유'다. 사치하길 좋아하고 물 쓰듯 돈 쓰는 것이 거침없으니 이것이 바로 기개요 '존엄'이다. 비싸고 화려한 것으로 치장하며 유행에 뒤지지 않으니 이것이 바로 보기 좋은 것이요, '아름다움'이다. 한 유명한 소설가가 조금의 망설임도 없이 이렇게 말했다. "금전관계가 인간관계에서 가장 깨끗한 관계이다"라고. 그는 실제로 '순수함', '깨끗함', '결백함'에 대한 '성공인사'의 새로운 정의를 말한 것이다. 우리는 이성적으로는 이런 정의를 아주 쉽게 부인할지도 모르겠다. 그러나 마음속으로는 그런 것에 조금도 영향을 받지 않는다고 그 누가 말할 수 있을 것인가? '성공인사'는 현대 중국인들의 내면 욕구를 만들어내는 데 지대한 영향을 미쳤다. 물론, 인간 본연의 욕구가 아무리 다양해도 기존의 각종 정치, 경제와 문화 질서는 각종 제한과 감손(減損), 확대와 왜곡의 방식으로 끊임없이 그것을 만들어낸다. 예를 들어, 오늘날 점차 단순하고 거칠고 자극적인 것이 아닌 것은 대중의 구미에 적응하지 못한다고 생각하는 도서와 신문, 영상 프로그램들은 바로 '성공인사'와 더불어 오늘날 대중의 생활 시야와 '개인'의 욕망을 강력하게 주조하고 있다. 그러나 또한 그렇기 때문에 자신의 인생 욕구가 단순화되고 삭감되는 것을 시시각각 경계하고, 주류 이데올로기가 현대인의 사고방식과 감각방식에 은연중 영향을 미치고 있다는 것을 끈질기게 폭로하는 것은 매우 중요한 일이다.

마지막으로 '변화'에 대한 한 가지 미신을 분명히 밝혀보고자 한다. '성공인사는 분명 반쪽 얼굴뿐이지만 그것은 결국 현재 중국인들의 부를 향한 충동과 호응하는 것이며 이는 1960-70년대 먹고 마시지도 않을 것 같은 '영웅'의 이미지보다는 아무래도 좀 친근할 것이다. 물론 그것은 주로 신부유층으로부터 탈바꿈한 것이지만 최종적으로는 '화이트칼라', 특히 젊은이들에게 자신을 기탁할 수 있는 인생 이상을 제공함으로써 사회 각 계층의 생활목표를 '통합'시킬 수 있었다. 이는 과거에 강조했던 '투쟁'과 '혁명'의 이데올로기보다 더 좋은 것 아닌가? 여기까지는 아주 일리 없는 말이 아니다. 사실 이런 '장점'이 없다면 오늘날 많은 사람들의 선망의 대상이 될 수 없었을 것이다. 그러나 단지 이런 이유만으로 비판적 분석을 거부하고 심지어 '현실에 대한 불만 때문에 설마 과거로 회귀하는가'라는 식의 논리로 그것을 옹호하려 든다면, 이는 분명 '변화'에 대한 미신에 빠진 것이다. 반드시 과거와 결별하고 반드시 미래로 나아가고자 하는 것은 일찍이 대다수의 중국인이 가진 공통 인식이었다. 문제는 어떻게 하는 것이 진정으로 과거와 결별하는 것인가이다. 어떤 길이라도 과거와 다르기만 하면 안심하고 꾸준히 그 길을 걷겠다는 것인가? 비교하고 분석하고 선택해야 하지 않을까? 우리는 지금 극심한 변화 가운데 놓여있지만 모든 변화가 기꺼이 맞아들일 만한 것은 아니며 어떤 변화도 '천국으로 통하는 유일한 방향'이라고 오만하게 주장할 수 있는 것도 아니다. 정말 우려되는 것은, 그런 오만한 선언대로 사회가 곧이곧대로 그 길을 믿고 따라가다 결국 이 '새로운' 길이 이전의 길과 별 차이 없음을 발견하게 되는 것이다. 과거에 염증을 느낀다고 해서 '신'자가 새겨진 아무 깃발이라도 맹목적으로 끌어안는 것은 유치하다. 심각한 위기가 존재함을 분명히 알면서도 사람들이 싫어하는 과거를 들어 표방하고 위기를 덮는 것은 유치함에 그치지 않는다. 지식인은 사회 변화를 촉진시켜야 하지만 때에 따라서는 부단히 변화하는 현실을 검토해야 한다. 또한 그것이 양심적인 변화인가, 진정으로 새로운 것인가, 무언가를 감추려 하는 것은 아닌가, 그것이 어떤 불공정함과 속임수, 착취를 만들어내는 것은 아닌가, 어떤 잠재적 재난을 포함하고 있는 것은 아닌가, 훗날 또 어떤 상황이 발생할 수 있을지, 또 이것이 최선의 선택인지, 더 나아가야 할 방향은 있는지를 마음속으로 끊임없이 물어야 한다. 내가 보기에, '성공인사'를 바라보는 것뿐 아니라 다른 어떤 것에도 우리는 항상 이와 같은 질문에 귀 기울여야 할 것이다.

1998년 11월 상하이에서

『상하이문학』(上海文學), 1999년 제4기에 게재

[요약]

20년 가까이 '시장경제 개혁'을 거치면서 중국에서는 신부유층이 갑자기 출현했다. 여기에 등장하게 된 '성공인사'라는 이미지는 현대 중국인들의 내면적 욕구를 만들어내는 데 지대한 영향을 미쳤다. '성공인사'의 드러난 이미지는 물질적 풍요와 현대적 일상생활의 기준을 제시했으며, 도시에서의 생활 이미지를 창조하고 대중들의 선망의 대상이 되었다. 그러나 부패한 권력에 영합하여 성공과 부를 추구하는 욕망은 불투명하고 모호한 성공인사의 나머지 반쪽 얼굴이다. '성공인사'는 현대 생활의 모든 물질적 기준과 가치를 드러나게 했으며, 대중매체와 영상 프로그램들은 개인의 욕망을 강력하게 만들어내고 있다. 주류 이데올로기는 이를 통해 현대인의 사고방식에 깊이 침투하고 영향을 미치고 있다. 따라서 이를 시시각각 경계하고 물질적 욕구로 인해 점차 사라지는 내면의 소리에 귀 기울여야 한다. 또한 이 반쪽 얼굴이 만들어내는 부단히 변화하는 현실에 대해 반성하고 비판적 성찰을 해야 할 것이다.

번역 및 요약_고윤실

'화이하이루'(淮海路)에서 '메이자차오'(梅家橋)까지
—왕안이(王安憶)의 최근 소설[*]

　원래 조심스럽던 사람이 갑자기 대범하게 변하거나, 천성이 부끄러움을 잘 타서, 걸핏하면 얼굴이 빨개지던 사람이 뜻밖에도 공공장소에서 거리낌 없이 큰소리로 노래를 불러댄다면, 이런 광경을 본 사람들은 틀림없이 발걸음을 멈추고 자꾸 그를 쳐다보게 될 것이다. 마찬가지로 잘 알던 작가가 작품을 써나가다가 갑자기 필체를 바꿔 작품의 뒷부분이 앞부분과 현저하게 다른 것을 보게 된다면, 책장을 다 덮은 뒤에 깊은 사색에 잠기게 될 것이다. 왜 이렇게 썼을까? 왕안이가 2000년 초봄에 쓴 장편소설 『푸핑』(富萍)[1]을 읽은 후, 나는 바로 이런 느낌이 들었다.

---

[*] 원제: 從"淮海路"到"梅家橋"—從王安憶近來的小說談起
1) 왕안이(王安憶), 『푸핑』(富萍), 湖南文藝出版社, 2000(초판). 이하 이 책에서의 인용은 본문의 괄호 안에 그 쪽수를 표시한다.

1_

『푸핑』은 편폭이 그리 길지는 않은 소설로, 농촌아가씨가 상하이(上海)에 와서 살아가는 이야기이다. 이 아가씨의 이름은 '푸핑'으로, '양저우(揚州) 시골'에서 왔는데 튼튼하게 생겼고 부지런하지만 멍청하지는 않다. 왕안이의 소설세계에는 이런 인물들이 적지 않아서 푸핑은 전혀 새로운 인물은 아니다. 그녀가 상하이에 와서 처음 머무른 곳은 남의 집에서 보모를 하는 할머니가 있는 곳이다. 할머니의 주인집은 화이하이루(淮海路)에 있었는데, 푸핑은 여기에서 이 '상류'사회의 룽탕(弄堂)2)으로 들어 갔으며 거기에서 다양한 인물들을 알게 된다. 이것 역시 왕안이 소설에서 자주 볼 수 있는 장면이다. 그녀의 소설 인물들 중에는 이런 룽탕 한복판을 지나다니는 사람이 늘 몇몇은 있다. 푸핑은 그 다음에 쑤저우강(蘇州河)에서 뱃사공으로 일하는 외삼촌을 찾아서 그의 집에 가서 살게 되었다. 역시 배에서 일하는 친절한 외숙모, 크고 작은 네 명의 동생들, 농촌의 생활습관을 아직 갖고 있는 주위의 이웃, 이 쑤저우강 주변의 판자촌은 금방 그녀를 받아들였다. 왕안이는 젊은 시절 화이베이(淮北)의 '농촌생산대에 들어가 3년을 지냈는데, 그 시절의 경험이 아주 깊은 인상을 남겼는지 상하이에 돌아온 지 20년이 넘었지만 여전히 화이베이의 농민이나 그와 비슷한 인물들을 끊임없이 소설 속에 끌어들였다. 푸핑이 외삼촌 집에서 본 모습들은 왕안이의 독자라면 일찍이 여러 차례 본 적 있는

---

2) 룽탕(弄堂): 베이징(北京)의 골목을 후퉁(胡同)이라고 부르듯 상하이에서는 골목을 룽탕이라고 부른다. 외국식 건축양식과 중국식 양식이 결합된 독특한 형태의 스쿠먼(石庫門)들 사이로 난 룽탕은 상하이 서민들의 삶과 문화가 깃들어 있는 곳이다.-옮긴이

모습들이다.

풍경뿐만 아니라 소설에서 보이는 작가의 태도 또한 익숙하다. 자신이 상하이 서쪽 지역의 룽탕 출신이기 때문에 왕안이는 이 룽탕 생활에 대해 아무래도 친근감을 갖고 있다. 그렇지만 그녀에게는 또한 천성에 가까운 예리함과 섬세함이 있는데, 이 두 가지가 결합되어 그녀의 다음과 같은 독특한 태도를 형성했다. 언제나 선의를 품고서 인물을 묘사하면서도 여기저기에서 그의 사소한 결점들을 끊임없이 들춰내고, 룽탕 깊숙한 곳의 서늘함과 고요를 가슴 벅차게 노래하더라도 그녀는 한 마디를 꼭 덧붙여, 뒤쪽 창문에는 기름때가 있고 하수구 주변에는 문드러진 채소 찌꺼기가 있다는 것을 지적해낸다. 그녀가 지금까지 상하이 룽탕생활을 묘사한 모든 소설에서 이런 애정과 지적이 혼합된 필체를 볼 수 있다. 그 애정 때문에 그녀는 매번 다른 사람이 쉽게 느끼지 못하는 시적 이미지를 써낼 수 있었고, 또 그 지적 때문에 빽빽한 서술이 평이함에 이르지 않고 언제나 일정한 깊이를 유지할 수 있었다. 바로 이런 혼합형 묘사가 그녀 작품의 가장 뛰어난 부분이라고 나는 생각한다. 어떤 논자는 장아이링(張愛玲)과 왕안이를 비교하기 좋아하는데, 아마도 상하이 시민생활에 대한 이 두 작가의 태도가 다소 모순적이기 때문일 것이다. 이 점은 『푸핑』에서도 분명히 보인다. 소설의 첫 장에서는 "할머니"를 소개하고 있는데, 그녀가 어떻게 주인집을 고르는지를 상세히 서술하고 있다. 너무 한가하거나 사람의 자취가 없는 집에서는 일하지 않고, 부부 사이가 너무 낯간지럽거나 또는 어린아이가 너무 날뛰는 집에서도 일하지 않는다. 할머니의 부지런함과 자존감은 이런 서술 가운데에서 분명하게 드러난다. 그러나 1장을 다 읽고 나면, 이 부지런함과 자존감 속에 약간의 편협함과 처량함이 묻어 있음을 느낄 수 있을 것이다. "그녀는 속물적이지 않은 것은 아니지만 자존심이 매우 강해서 지나치게 오만한 사람은 참지 못한다." 이렇게 언제나 모순적인 것을 함께 말하는 것이 바로 왕안이이다. 다시 푸핑에 대한 묘사를 보자. 푸핑은 젊은 아가씨인 데다가 작가도 애정을 가지고 있으니, 되도록이면 그녀를 예쁘게 묘사하려고 애쓰는 것도 당연하다. 하지만 작가는 불이 꺼지고 방 안이 칠흑같이 어두워졌을 때에만 비로소 자신의 이런 생각을 풀어놓는다. "지금 이 시각, 푸핑의 얼굴을 볼 수 있다면 좋을텐데. 그녀의 얼굴은 생기 있게 빛나고 있다. 그녀는 옆으로 누워 고개를 숙이고 있는데 머리카락이 귀 뒤로 넘어가 뺨을 드러내는 그 모습이 아주 청순해 보인다…"(29) 그러나 일단 푸핑이 햇빛 속으로 나가면 필체는 즉시 달라진다. 비록 푸핑의 "예쁘고 사랑스러움"을 강조하려고 하지만, 동시에 그녀의 "쌍꺼풀 없는 작은 눈"과 "행동 또한 굼뜬 것", 심지어 "약간 멍하다"(27)고 직설적으로 말하기도 한다. 심지어 왕안이는 푸핑의 외삼촌네처럼 그런 뱃사공의 아이들, 그들의 소박함과 인정 많음을 애써 드러낼 때에도, 더욱 열악한 환경에 있는 아이들의 시선을 통해, 그들의 비자각적인 오만을 드러내는 것 또한 잊지 않는다. "그들은 작업용 가죽신발을 신고서", 천으로 만든 신발을 신은 친구들을 깔본다. 왜냐하면 그들의 앞날은 "보장되어 있어서" 공부를 못하면 부모처럼 그렇게 뱃사람이 되어 국가 체제의 일원이 될 수 있기 때문이다.(240) 여기에는 일반적인 예리함을 넘어서 어느 정도 사람의 마음을 꿰뚫어보는 날카로움이 있으며, 이것은 작가의 감정 절제, 혹은 감정 자체의 복잡함을 다시 한 번 보여준다.

그러나 소설의 17장인 "외삼촌과 조카"에서부터 우리에게 익숙하지 않은 것이 나타난다. 푸핑은 외삼촌의 집에서 멈추지 않고 새로운 곳으로 걸어 들어갔는데, 그곳이 바로 메이자차오(梅家橋)다. 여기는 쓰레기장 위에 지은 다 쓰러져가는 판자촌으로 각지에서 온 거주민들은 비천한 일을 하며 살아간다. 과거에는 넝마를 주웠고, 지금은 칼을 갈거나 간식을 팔고 은박지로 지전을 접거나 신발 밑창을 붙인다. 물론 계속 쓰레기를 줍는 사람도 있다. 푸핑이 여기에서 알게 된 한 가족도 그런 사람들이다. 그 가족은 홀어머니와 외아들로, 아들은 한 쪽 다리에 장애가 있으며 습기 찬 쪽방에 살면서 종이상자에 풀칠하는 것으로 생계를 유지한다. 왕안이의 소설세계에서 나는 처음으로 이런 곳을 보았다. 뜻밖이었던 것은 이곳에서 푸핑은 의외로 "편안함을 느꼈고", "종이상자 접는 것을 빠르게 익혔으며"(241) 또한 아주 빠르게 이 가정의 새로운 구성원이 되었다는 점이다. 양저우 시골에서 온 푸핑은 상하이 서쪽 지역과 쑤저우강 주변을 빙 돌아서 마침내 메이자차오의 쪽방에 뿌리를 내린다. 상하이에 오기 전 푸핑은 원래 결혼하기로 되어 있었으며 대가족의 생계를 책임지고 죽을 때까지 농사를 지을 운명이었다. 나중에 고향으로 돌아가는 것을 거부했을 때도 그녀는 다음의 두 가지 길을 선택할 수도 있었다. 하나는 '할머니'처럼 그렇게 다른 사람에게 고용되어 일하면서 번화한 상하이 시내 지역에 발을 들여놓는 것이고, 다른 하나는 외숙모처럼 고무조끼를 입고서 쑤저우강의 뱃사공의 대열에 들어가는 것이다. 둘 중 어떤 길을 선택하든 모두 그녀가 고향에 돌아가기를 거부했을 때의 마음에 더 맞는 것 같다. 그것이 촌사람처럼 그렇게 빈곤에 처하기를 원하지 않는 것이든, 새로운 세계를 동경하는 것이든. 왕안이는 일찍부터 이 아가씨의 속마음을 꿰뚫어 보았으며 소설의 독자들도 그것을 분명히 깨닫게 만들었다. 그런데 왜 마지막에 가서 푸펑을 메이자차오로 보내 처지가 "그녀보다도 못한" 모자(母子)의 삶속으로 들어가게 했을까?

더욱 중요한 변화는 작가의 서술태도이다. 메이자차오를 이야기할 때면 그녀는 천진해지는 것 같다. 그녀는 '모자'라는 표제의 장을 별도로 써서 장애 청년의 삶을 묘사했다. 이 부분에서 바탕이 된 실제 인물이 있기 때문인지 아니면 이 청년에게 약간의 내력을 부여해주고 싶어서인지는 모르겠지만, 작가는 청년 인생의 출발점을 상하이 서쪽 지역의 한 은행 숙소에서 시작해, 어머니가 차양이 있는 유모차에 그를 태우고 공원에 가서 "플라타너스 나무 아래에서 햇볕을 쬐는" 장면을 세밀하게 묘사했다. 시작은 이러했지만 결국에는 메이자차오에 이르렀으니 그 사이에 비참한 일을 많이 겪었을 것이다. 그러나 왕안이는 여러 가지 불행한 일들도 쓰기는 하지만 서술의 핵심은 분명히 다른 곳에 두고 있다. 아버지가 병으로 사망한 이후 아버지의 동료들이 돈을 모아 돕는 것에서부터 한 동료가 오랜 시간 모자를 돌보는 것까지, 어머니가 점점 더 강인하게 단련되는 것에서부터 아들이 일찍 철이 들고 무엇을 배우든지 잘하는 것까지, 이 모두를 그린 후에야 고향 동서들의 박정함을 다소 그리지만, 그녀들도 "어쨌든 남편의 눈치를 봐야 해서 아주 심하게는 하지 못했다"(235)라고 바로 덧붙인다. 심지어 죽은 아버지의 영혼이 아들을 부탁하는 장면을 통해 옛 동료들의 보살핌을 부각시켰다. 모자가 메이자차오로 옮겨간 후 서술의 편향성은 더욱 뚜렷해진다. 아들이 목발을 짚고 길을 걷고 있으면 "갑자기 어떤 사람이 우악스럽게 그를 들어올려서 목발과 함께 손수레나 삼륜차에 태워" 그를 목적지에 데려다 준다. 그가 학교에 들어가자 이웃들은 넝마를 주울 때 주운 책을

"그에게 가져다 고르게 해서" "책 살 돈을 아끼게 했다." 그가 작은 기계를 수리하는 일에 심취하자, 이웃들이 낡은 탁상시계와 라디오를 그에게 주어 그를 "작은 수리공"으로 키워줬다. 어머니가 늙어서 힘든 일을 할 수 없게 되자, "이웃들이 종이상자 공장의 파트타임 자리를 양보해주어"(239, 241) 그녀가 생계를 유지할 수 있게 해주었다…. 메이자차오에 들어온 이후 이 과부와 아들은 어째서 이처럼 따뜻한 일들만 마주치게 되는가?

이뿐 아니라 왕안이는 푸핑도 이와 같은 따뜻함을 누리게 한다. 메이자차오에 처음 왔을 때 푸핑은 이곳 사람들이 "매우 우호적"이라고 느꼈다. 작가는 곧바로, 이곳 사람들은 "외부에서 온 사람들에게 모두 공손한데 이것은 결코 자기비하가 아니라 일종의 자기애다"라는 평가를 덧붙였다. 그들은 비록 폐품을 줍고 거친 일을 해서 "사람들에게 더럽다는 인상을 주는 것은 피할 수 없지"만, 진정으로 이해하게 되면 "그들이 조금도 더럽지 않다는 것을 알게 될 것이다. 그들은 성실하게 노동해서 먹고 살며 땀 흘려 벌지 않은 돈은 한 푼도 없다. 그래서 이렇게 하찮고 사소한 일로 생계를 꾸려가는 이면에는 착실하고 건강하며 자존 자족의 힘이 감춰져있다.(230) "더럽다"(腌臜)는 말은 깨끗하지 않다는 것인데 작가가 메이자차오 사람들이 "더럽지 않다"는 것을 증명하는 말들을 보면 "더럽다"는 말의 본래의 의미에서 완전히 벗어나 있다. 작가는 이러한 의미 이탈을 전혀 깨닫지 못했단 말인가? 그녀는 전혀 개의치 않고 칭찬을 계속해 나간다. 메이자차오 사람들이 "인정 많고" 떠도는 사람들에게 친절할 뿐만 아니라, 새로운 정착민들도 아주 "신중"하고 "눈치가 빠르다." 이렇게 오고가는 상부상조를 통해 일종의 삶의 방식이 만들어지고 젊은

이들은 "약자의 자존자애(自尊自愛)함"을 "자연스럽게 양성하게"(240) 된다. 바로 이러한 분위기가 푸핑을 매료시킨 것은 아닐까? 그녀가 들어와서 작은 쪽방에도 생기가 더해진 것은 더 말할 필요도 없다. 왕안이는 여기서 또 한 번 빛을 이용해 시적 이미지를 부각시키는 수법을 사용하고 있다. "방 안은 조용했고 화로 위에는 음식냄비가 얹어져 있어 수시로 뚜껑 아래로 '치익' 하는 소리가 났다. 그녀는 화로로 다가가서 냄비를 살짝 기울여 화로 위에서 천천히 돌렸다. 방 안은 어두워졌지만 문 밖은 아직 밝아서 그녀의 옆 그림자가 이 빛 속에 드리워졌다."(243) 분명 감동적인 장면이었지만 내 마음에는 의문이 남았다. 왜 메이자차오 사람들을 대할 때마다 왕안이는 화이하이루를 묘사하면서 보여주었던 예민함과 통찰력을 전부 거둬들였을까? 『푸핑』은 모두 20장으로 구성되어 있는데 메이자차오 이야기는 끝에서 세 번째 장에서야 시작된다. 작가는 왜 거기서 소설 줄거리 거의 대부분을 다루었던 서술 태도를 바꿔서 다면적인 것에서 단일한 것으로, 깊이 있는 데서 평이한 묘사로 심지어는 유치한 데로까지 갔을까? 누추하고 좁은 메이자차오에 작가가 그럴 만한 무언가가 있었나?

이런 의문을 가지고 다시 한 번 『푸핑』을 읽어보았다. 이상하게도, 이 책은 상하이 생활을 풀어내는 소설인데도 그 불빛은 거의 모두 삶의 변두리, 즉 시골에서 온 아가씨, 쑤저우 강의 뱃사공, 관리사무소의 목수, 신장(新疆)에 가서 정착한 여학생 등을 비추고 있으며, 중심인물인 '할머니'와 뤼펑셴(呂鳳仙) 등도 모두 가정부이고 뒤쪽 곁채에 살면서 뒷문으로 드나든다. 왕안이는 상하이 이야기를 그려낸 많은 다른 동료 작가들처럼, 혹은 6년 전 『장한가』(長恨歌)에서 자신이 했던 것처럼 독자들을 아파트와 무도장, 고급주택의 거실로 이끌어, 소파에 파묻힌 '상하이인'의 애환을 보여주고 싶지 않아진 것일까?3) 물론『푸핑』의 여기저기에서 때로는 아파트와 서양식 건물의 모습이 비춰지기도 한다. 소설의 첫머리에서 '할머니'의 내력을 소개할 때 한 개인병원 의사를 언급하고 있는데, 그는 "출퇴근 때 차를 제공받고" 엄숙한 분위기를 하고 한 번도 '할머니'와 대화를 나눈 적도 없으며 "같은 식탁에서 밥을 먹지도 않는다".(7) 7장 '여자 사기꾼'에서는 빈곤층 출신으로 고아나 다름없는 여학생 타오쉐핑(陶雪萍)이 고층아파트에 들어서면서 받는 느낌을 아주 섬세한 필치로 그려내기도 했다. "그녀는 이곳의 삶이 보이는 듯했다. 그녀 동창생의 룽탕보다 훨씬 규율이 엄격해서 하고 싶은 대로 하지도 못하며 개방적이지도 않을 것이다. 그녀는 대리석 계단을 밟으면서 자신의 발걸음소리가 높고 큰 아치형 천정에 부딪혀 되돌아오는 소리를 들을 수 있었다. 삼엄한 공기가 그녀를 휩쌌다." 집주인이 돌아왔는데, 그는 "금테 안경을 꼈고 인민복을 입고 있었지만 그것은 빳빳하게 다려져 있었다. 그녀의 곁을 지나갔지만 눈길도 한 번 주지 않았다. 타오쉐핑은 저도 모르게 움츠러들었다. 수위아저씨를 보니 아주 냉담한 눈길로 그녀를 쳐다봐서 더 말을 건넬 수가 없었다. …이 집 노부인만이 그녀에게 친절했지만 변덕이 심했다. 이번에는 그녀와 이야기를 많이 나누고는 다음번에는 모르는 사람처럼 대하고….".(70-71) 이 문장들 속에서 작가는 '할머니'들의 세계 바깥

---

3) 소설의 첫머리의 한 부분에서 '할머니'의 주인집 집구조를 비교적 상세히 묘사하고 있지만, 묘사의 중점은 주인집이 화이하이루의 다른 집 사람들처럼 살줄을 얼마나 모르는가를 드러내는 데에 있으며, 매번 그들이 어리버리하게 "서양파 자산계급의 집에 어울리는" 가구를 사올 때면 작가는 그 가구가 "그들의 집에는 조금도 어울리지 않는다"고 꼭 덧붙이곤 한다.

으로 펜을 옮겨 고층빌딩을 그리고 있지만, 작가가 정말 주의를 기울이고 있는 것은 고층빌딩의 주민들이 아니라 '할머니'들에 대한 그 주민들의 태도와 그들을 바라보는 '할머니'들의 감정이다. 그렇기 때문에 이 문장들이 최종적으로 드러내고 있는 것은 여전히 뒤쪽 곁채이며 곁채의 창문이고 그 창문을 통해 밖을 내다보는 시선이며, 이 시선의 가로막힘이고 '할머니'들이 시선을 거둬들일 때 느끼는 냉담과 위엄이다.

아파트와 서양식 빌딩의 모습 외에, 『푸핑』의 다른 부분들에서는 뒤쪽 곁채와는 또 다른 세계의 모습도 출현한다. 소설 제2장의 제목은 '집주인'으로, 여기서는 해방군에서 전업한 간부인, '할머니'의 집주인의 삶을 상세하게 묘사하고 있다. 그들의 삶은 소박하고 대충 대충인 것이 많고, 식욕은 왕성하지만 입맛은 까다롭지 않다. 밥 먹으러 오는 손님들도 마찬가지여서 "문을 들어서며 '고기완자 있어요?' 하고 묻고는⋯겉옷과 모자를 벗고 전쟁을 할 듯이 식탁 한쪽에 앉는다."(171) 여기서 알 수 있듯이 작가는 이 집 사람들에 대해 호감을 가지고 있으며 그들의 성품과 삶을 상당히 재미있게 그려내고 있다. 작가는 '할머니'가 이 집에서 존중받는 모습을 더 신경 써서 드러내려 한다. "그들은 할머니를 정말 가족처럼 여기고 있구나!" 손님들도 "대부분이 해방군 출신으로⋯평등 관념을 갖고 있어서 할머니를 아래 사람처럼 보지 않는다." 이것은 빳빳이 다려진 옷을 입은 아파트 주인의 차가운 눈빛과 강한 대비를 이룬다. 재미있는 것은 작가가, 집주인이 해방군 출신이지만 "고향이 장쑤(江蘇)와 저장(浙江) 일대라서 산둥(山東)에서 남하한 간부들과는 좀 다르다. 그들은 상하이에서의 생활에 잘 적응했고 할머니와 같은 보모의 지도 아래, 입고 먹는 것 등 일상생활이 금방 상하이 시민들과 별 차이 없어졌다"(15-16)

고 특별히 설명하고 있는 점이다. 그렇다면 "산둥에서 남하한 간부"들의 생활세계는 어떠한가? '할머니'는 단호했다. 산둥말을 쓰는 사람들 집에서는 "일 안한다." 할머니는 홍커우(虹口)구에 사는 한 해방군사령의 집에 간 적이 있었는데 집안은 회의실처럼 꾸며져 있었고, 계급차이가 삼엄해 한 가족이 몇 개의 식당에서 나눠 밥을 먹었다. 정원이 텅 비어있을 뿐 아니라 높은 담장 바깥의 길마저도 황량해서 "군용차 한 대가 지나가면 그 일대의 먼지가 다 쓸려간다."(8) 이것은 물론 '할머니'의 개인적인 느낌이지만, 이런 느낌을 이렇게 생동감 있게 표현했다는 것은 작가도 얼마간 그것에 동감한다는 말이다. 집주인과 같이 신속하게 화이하이루의 생활에 적응한 간부와 비교하면, 홍커우의 큰 정원에서의 삼엄하고 틀에 박힌 삶은 분명 공산당의 "남하한 간부"가 상하이로 가져온 새로운 생활문화를 더 잘 대표한다. 그것은 비록 저 아파트 빌딩 속의 세계와는 전혀 다르지만, '할머니'와 푸핑 등이 느끼기에는 똑같이 아주 거리감 느껴지며 높은 곳에서 자신들을 내려다보는, 자신들과는 다른 세계라는 점에서 다르지 않다. 그러니 소설에서도 이 세계는 윤곽만 거칠게 묘사할 뿐 더 이상 언급하지 않는 것이다.

이것은 자세히 음미할 가치가 있다. 상하이는 본래 식민지나 다름없는 조계를 중심으로 이루어진 도시인데, 1949년 5월 해방군이 상하이를 점령한 후 공산당과 새 정부가 다시 자신의 이상에 따라 개조하기 시작했다. 『푸핑』에 묘사된 1950년대에 이르면 상하이는 여러 요소의 뒤섞임이 아주 분명해진다. 라디오에서는 또렷한 목소리로 당 기관지의 논설을 낭독했고, 길에서는 늠름한 제철소 노동자가 선전포스터 속에서 행인들을 내려다보고 있었으며, 거의 모든 상점들이 간판에 '민관 공동 경영'이라는 글자를 덧붙였고, 초등학생들의 목에도 혁명을 상징하는 빨간 스카프가 둘러져 있었다. 그렇지만 과거 조계지역의 룽탕 깊숙한 곳에서, 화이하이루와 난징루에 있는 양복점과 카페에서, 대단위 외국인 거류지(十里洋場)의 유습이 여전히 완강하게 지속되고 있었다. 한때는 심지어 "남하한 간부"들조차도 정부기관의 무도회에서 왈츠 리듬을 타고 서툴게 몸을 흔들기도 했다. 『푸핑』에 나오는 젊은 수상운수노동자 광밍(光明)도 "빳빳하게 다려진 양복바지"를 걸치기를 좋아하며 "머리를 비행기바람 맞은 것처럼 빗어 올려 포마드를 두껍게 바른" 것이 마치 "옛 상하이 건달" 같다.(133) 1950년대 상하이인들의 삶은 신구의 교차, 토속과 외래 혼합의 장이었으며, 식민지의 유습과 '사회주의'의 시류가 그 속에서 서로 힘을 겨루고 있었다. 그러나 왕안이는 『푸핑』에서 1950년대의 상하이 생활세계를 재현하면서 이 두 주역을 구석으로 밀어내고 따로 메이자차오와 같은 판자촌을 불러냈으며, 이런 서유럽적이지도 않고 사회주의적 규범에 부합하지도 않는 삶을 소설세계의 중앙에 위치시켰다. 소설에서 대부분의 서술이 메이자차오의 바깥을 둘러싸고 진행되는 것처럼 보이지만, 자세히 음미해보면 그것들은 최종적으로는 거의 모두가 메이자차오를 가리키고 있음을 알 수 있다. 바로 개막을 알리는 기나긴 징과 북이 마지막에 진정한 주역을 끌어내는 것처럼 말이다. 일단 이 점을 확실히 알고 나면, 내가 앞서 물었던 '작가는 어째서 그렇게 메이자차오를 찬양하고 있는가'라는 질문은 자연히 한발 더 나아가 다음과 같은 질문이 된다. 작가는 어째서 실제로 존재했던 '역사적 진실'을 제쳐놓고 따로 메이자차오 같은 판자촌을 끌어내 상하이 이야기의 주역을 맡게 했을까?

2_

이 질문에 답하려면 1990년대의 상하이를 언급해야 한다. 1970년대 말부터 중국사회는 '사상해방'의 기치를 들고 개혁을 시작했고, 20년 동안 이 땅의 여러 부분에 거대하다고 할 수 있는 변화들이 생겼다. 특히 1980년대 말과 1990년대 초에 발생한 국내외를 뒤흔든 일련의 대사건들은 개혁 자체를 근본적으로 변화시켰다. '시장경제'가 점차 '사상해방'을 대신해 '개혁'의 주요 형용사가 되었고, 효율, 경제성장율, 소비, 연봉 등과 같은 것들이 점점 더 강력하게 1980년대에 유행한 것들, 예를 들어 시, 골트바흐(Goldbach)의 가설, 미학, 실존주의 등을 밀어내고 국가와 개인 삶의 최우선 목표가 되었다. '미국'은 '현대화'와 '발전'의 최상의 모범이 됐으며, 뉴욕과 로스앤젤레스, 런던, 도쿄 등이 바로 '세계' 자체이자 중국이 반드시 하루빨리 본받아 역사의 '궤도를 맞춰'야 할 종착역으로 여겨지게 되었다. '인민공사', '자오위루'(焦裕祿),[4] '무산계급 전제정치 하의 계속혁명', 내지는 '사령부를 포격하라', '소귀신, 뱀귀신', '상산하향' (上山下鄕) 등의 말들은 이제 모두 사회의 시야 바깥으로 밀려났으며, '문화대혁명(이하 문혁)' 10년은 중고등학교 역사 수업에서도 그저 한 시간이면 지나가는 것이 되었다. 온 세상을 뒤덮은 상업광고 속에서, TV 프로그램과 신문, '화이트칼라'를 위한 잡지의 칼라 페이지 위에서, 양복과

---

4) 자오위루(焦裕祿, 1922~1964): 중국의 혁명열사이며 간부들의 본보기로 여겨지는 인물이다. 1962년에 허난(河南)성 란카오(蘭考)현의 현위원회 서기를 맡은 이후, 간암과 싸우면서도 현의 간부들과 군중들과 함께 심각한 자연재해를 막고 란카오를 변화시키기 위해 끝까지 노력했다. 그의 이야기를 그린 동명의 영화와 드라마도 있다(百度百科 참고).-옮긴이

가죽구두를 걸친 뚱뚱한 '성공인사[5]'가 미소를 지으며 사회를 향해 손을 흔들며 청년들에게 '성공'으로 가는 인생의 첩경을 묘사해주고 있다. 일류 중고등학교와 경영학 학위, 외국계 기업의 '화이트칼라' 직위, CEO 등. 적어도 연해지역과 대도시, 중형도시에서 그들의 호소는 거의 전 사회의 열렬한 호응을 얻고 있으며, 초등학교 3학년 아이들조차도 "커서 CEO가 될 거예요!" 하고 분명하게 말할 정도가 되었다.

　'개혁'의 물결은 1990년대 초 대전환기에 상하이를 풍운아의 높은 지위에 올려놓았다. 최고위 지도자가 상하이에서 차세대 '개혁'의 방향을 확정했을 뿐 아니라 상하이도 역사와 지리, 정부투자의 삼중 우세를 통해 신속하게 사회가 나갈 새로운 방향의 위력을 보여주었다. 2,000여동의 고층빌딩이 땅 위에 우뚝 솟았고 40년 동안 칠 한 번 한 적 없던 화이하이루는 대리석 벽면 장식으로 모습을 일신했다. 식민지시대의 옛 상호들이 하나둘 거리에 다시 나타났고, 정부의 중요 기관지들은 눈에 띄는 편폭으로 '바이러먼(百樂門) 댄스홀의 개수과정을 보도했는데 굵은 검은색 표제는 사람의 넋을 뒤흔들어 놓았다. "과거 밤마다 울리던 풍악과 노래, 오늘 재현된다!" 불과 10년 사이에, 상하이는 창장(長江) 삼각주 지역을 선도하며 일약 중국의 최대 경제 발달 지구로 올라섰으며, 상하이는 또한 10년 전의 하이커우(海口)와 15년 전의 선전(深圳)을 대체하며 각지의 갈 곳

---

5) 성공인사는 1990년대 중반부터 동남 연해지역과 대도시, 중형도시에서 상업광고와 대중매체를 통해서 만들어져 나온 새로운 형상을 가리키는데, 보통 얼굴색이 좋고 양복에 가죽구두를 신었으며 딱 봐도 CEO같아 보이는 중년 남성으로 형상화되곤 하며, 따라서 부유한 물질생활을 기본 내용으로 하는 '성공'한 인생 형태를 드러낸다. 이러한 형상과 그 배후의 이데올로기적 함의에 대한 초보적 분석과 토론은 『상하이문학』(上海文學), 1999년 4-6기에 실린 '오늘날 중국의 시장이데올로기'를 주제로 한 시리즈 논문들을 참고하라.

없어진 사람들과 뭔가 해보고 싶어 안달이 난 사람들이 살 길을 도모하고 재화를 좇아 모여드는 최우선 선택지가 되었다. 지갑이 두둑한 상하이인들이 홍콩으로 단체 쇼핑을 떠나는 것과 동시에, 전국 최대의 10대 민영기업이 앞 다퉈 본사를 푸둥(浦東)으로 옮겼다. 상하이 시민들은 마침내 40년간의 폐쇄라는 불운을 떨쳐버리고 목청껏 "아라 상해닝…"[6]이라고 떠들 수 있게 되었다.

그런데 오늘날 상하이의 혁혁한 지위는 경제의 번영에만 의한 것은 아니다. 중국은 국토가 넓어서 지역 간의 차이도 원래부터 아주 컸다. 거기다 '개혁'이 이익분배의 규칙을 대폭 바꿔놓았는데 이것은 원래 존재하던 각종의 차별을 확대하고 심지어는 많은 등급을 새로이 더하기까지 했다. 연해지역과 대도시, 중형도시들이 '개혁'의 조류를 타고 수직 상승하는 바로 그때, 내륙지역과 향촌의 여러 지방들은 점점 더 메말라갔다. 한 국영공장이 '체제개혁'이나 심지어 '파산'을 선포하여 전임과 신임 공장장, 책임자들이 떠들썩하게 술자리를 벌이고 한자리에 모여 즐길 때 자신이 '실직'할 것을 예감한 노동자들은 미간을 찌푸리고 혼자 앞날을 걱정할 것이 틀림없다. 따라서 오늘날의 '개혁'은 실제적인 사회의 변동을 계속 추진해야 하는 동시에, 이 변동에 대해 사람들이 위안을 삼을 만한 해석도 제시할 필요가 있다. 어떤 의미에서 보면, 중요한 것은 더 이상 사회변동이 실제로 무엇인가가 아니라 사람들이 그것을 무엇이라고 여기는가이다. 지금은 물론 실제를 중요시하는 시대지만, 동시에 이데올로기가 필요한 시대이기도 하다. 거대한 변동이 사회를 휘감아 빠르게

---

6) 우리 상하이인을 뜻하는 상하이 방언.―옮긴이

돌리고 있는데 만약 사람들을 위로해주는 적절한 이데올로기가 없다면 어떻게 하겠는가?

바로 여기에서, 상하이는 아마도 오늘날 중국에서는 유일무이할 가치를 보여주었다. 상하이에도 물론 고층빌딩 뒤편에 묵은 때와 먼지로 뒤덮여 있는 어둡고 퇴락한 지역들이 여럿 있다. 또한 수많은 실업자들과 빈곤층이 허리띠를 졸라매고 도처에서 자질구레한 일거리를 찾아 생계를 유지하고 있다. 빈부 차이에 대해 논하자면, 혹은 착취에 대한 증오나 미래에 대한 곤혹에 대해 논하자면, 적어도 상당히 많은 수의 상하이인들은 다른 지역 사람들과 비교해 조금도 모자람이 없을 것이다. 그러나 상하이는 이러한 감정을 희석시킬 수 있는 다른 것을 가지고 있다. 상하이는 중국 최대 규모의 조계가 있었던 역사를 지녔으며, 이 역사는 셀 수 없이 많은 화강석 은행 빌딩과 서양식 건물을 남겼을 뿐 아니라 그것들이 양성한 생활방식과 일상적 취미도 남겼고, 이러한 방식과 취미에 대한 시민들의 마음에서 우러나는 미련을 남기기도 했다. 상하이는 또한 남방과 북방, 심지어 외국에서 온 도망자들과 모험가들을 널리 포용한 역사를 지녔으며, 이 역사는 상하이인들이 각지에서 온 사람들과 섞여 살고 중국인과 외국인이 함께 사는 습관을 갖게 했으며, 항상 바깥을 향해 얼굴을 내미는 습관을 갖게 했고, 또한 쉽게 체득하고 잘 모방할 수 있는 능력을 갖게 했으며 자신이 패션의 첨단에 있다고 믿는 기개를 지니게 했다. 상하이는 현대 중국에서 가장 번화한 문화의 중심지였던 역사도 있었는데, 이 역사가 물려준 것은 매우 풍부해서, 금융과 회계 및 가사관리류의 전문 교육과 이를 통해 배출된 상하이 중산계급 특유의 '실용적' 품성뿐 아니라 '해파'(海派) 특색이 농후한 일련의 문예창작들,

특히 양웨러우, 저우서우쥐안부터 후뎨까지, 다시 장아이링부터 쑤칭까지,[7] 이들은 모두 생동감 있으면서도 섬세한 내지는 사치스러운 분위기를 조성했으며, 상하이인들이 일상생활의 사소한 시적 정취에 도취하게 했고 심지어는 점차 다가오는 사회의 위기 앞에서 눈을 돌리는 것도 마다하지 않게 만들었다. 물론 우한(武漢)이나 텐진(天津) 같은 중국의 다른 대도시들에도 조계가 있었으며 서양 사람들과 '수준 높은 중국인'들이 어깨를 나란히 하며 드나들던 화강석 빌딩과 카페의 역사도 있었다. 그러나 상하이처럼 번화했던 옛날을 과시하고, 또 이렇게 완강하게 그 번화함을 그리워하고 그 번화함을 금방 다시 재현할 수 있다고 자신하는 도시는 중국대륙에 또 없을 것이다. 이 도시의 역사와 풍속, 생활여건 등은 모두 새로운 시대의 요구에 너무나 적합해서 따로 더 신경을 쓸 필요없이 부활시켜 수정하고 부추겨 왕성하게 하고, 나아가 상하이의 기억과 욕망을 끌어내서 상하이가 정신적으로 극도로 흥분하게 하고 기뻐서 춤을 추게 하며 넓은 풀밭을 깔고 스포트라이트를 비춰 마치 '세계화'의 기선을 홀

---

7) 양웨러우(楊月樓, 1844~1890): 청나라 시기의 경극 배우, 1876년에 상하이에 학명원(鶴鳴園)이라는 경극공연장을 열었으며 동치(同治) 말년에는 공연으로 상하이탄을 뒤흔들기도 했다. 저우서우쥐안(周瘦鵑, 1895~1962): 근대 원앙호접파 작가이며 번역가, 상하이의 중화서국에서 『신보』(申報), 『신문보』(新聞報) 등의 편집과 집필을 맡았으며 『토요일』(禮拜六)의 편집장을 맡기도 했다.
후뎨(胡蝶, 1907~1989): 상하이에서 태어나 활동한 영화배우, 1920년대 영화계에 진입해 왕성한 활동을 벌였으며 주연한 작품만도 100편이 넘는다.
장아이링(張愛玲, 1920~1995): 근대 작가, 우리나라에는 영화 <색계>의 원작자로 알려져 있으며, 중단편소설집 『첫번째 향로』, 『경성지련』, 『색계』 등과 장편소설 『적지지련』, 『반생연』, 산문집 『올드 상해의 추억』 등을 통해 많은 작품들이 한국에 소개되어 있다.
쑤칭(蘇靑, 1917~1982): 1940년대 상하이에서 활동했던 작가 겸 편집자, 대표작으로는 장편소설 『결혼십년』(結婚十年)이 있으며 출판계로 진출해 『천지』(天地), 『소천지』(小天地) 등의 잡지를 만들기도 했다.─옮긴이

로 얻은 것 같으며, 엄연한 '국제대도시'로서, 저 타이베이나 홍콩도 상대도 안 되는 것처럼 여기게 했다! 오늘날의 '시장경제개혁'이 사람들의 '현대화'에 대한 숭배를 배양할 만한 곳, 민심을 위로할 이데올로기8)를 양조할 만한 곳을 필요로 하고 있다면 상하이는 의심할 여지없이 가장 적합한 곳일 것이다.

이것이 바로 1990년대 중반에 시작된 새로운 이데올로기의 최대 규모의 태동과 확산이 상하이에서 왕성하게 전개된 이유이다. 이것은 또한 얼굴이 반들거리는 '성공인사'들이 상하이에서 다른 지역을 훨씬 능가하는 명성과 위세를 불러일으킬 수 있었던 이유이다.9) "다른 것은 모두 공론이다. 지폐만이 진실하다!" "미국이나 돼야 현대적이라고 하지, 우리 여기는…." "남들이 무슨 상관이야, 내가 잘 살면 그만이지!" "이제 제한은 모두 풀렸고 수완이 있는지, 한판 걸어볼 용기가 있는지에 달렸다!" "홍콩이 뭐가 좋아? 상하이가 금방 넘어설 텐데, 타이완놈들? 홍!" 이런 식의 꾸밈없는 감정들이 일반시민들 사이에 빠르게 만연할 때, 이 감정들의 비교적 학술적인 표현들도 문화와 사회과학계를 뜨겁게 달궜다. "반드시 국제사회와 도킹해야 한다!" "화이트칼라 문화, 중산층, 역사의 법칙…." "이것이 상품경제이며 자유경쟁이고 현대화다!" "세속화, 욕망: 현대화의 진정한 동력!" 대형 신문의 엄중한 논설부터 타블로이드지의

---

8) 이곳과 본문의 다른 곳에서 쓰인 '이데올로기'라는 말은 대체로 H. 마르쿠제(Herbert Marcuse)가 썼던 의미에서 사용한 것이다. 즉, '진실'에 전혀 '부합'하지는 않지만 일정 정도 체계적으로 역사적, 사회적 현실과 미래, 생활의 의미와 취향 등등을 설명할 수 있으며 정도는 다르지만 사회의 다수에게 받아들여지는 사상관념을 가리킨다.
9) '성공인사'라는 기호와 그것의 사회적, 문화적 원인에 대한 분석이 맨 처음 상하이의 일부 문학과 인문 학자들 사이에서 전개된 것도 그것의 상하이지역에서의 유행 정도를 반증한다 할 수 있다.

오락 기사까지, 기업 광고와 제품발표회부터 문인, 학자들의 아름다운 필치까지, 이 도시의 각종 문화와 비문화적 역량들은 마치 모두 함께 '성공인사'의 지휘에 따라, 팔을 높이 뻗은 크레인의 요란한 소리와 화이하이루 위에서 나는 브레이크 밟는 소리를 반주로 하는 대합창단에 가입한 것만 같다. '냉전' 이후 전 세계의 새로운 질서에 대한 마음에서 우러나는 찬탄, '시장경제개혁'의 초인적 힘에 대한 무한에 가까운 기대, 인생의 가치에 대한 결연한 조정—생명의 의미는 이 순간, 이곳에, 만질 수 있는 모든 것에 있다—자신이 결국은 '현대화'의 막차에 올라탔다는 사실에 대한 안도감 등이 바로 이 합창소리 속에 가득 차오른다. 오늘날 상하이에서, 비록 선전부서의 관료는 '사회주의'의 문구를 계속 반복하고 있으며 시류에 뒤떨어진 일부 인사들이 있는 힘을 다해 트집 잡고 비판하고 있지만, 대체적으로 봤을 때 상술한 찬탄과 기대, 조정과 위안은 일찌감치 한데 모여 끊임없이 팽창하는 관념을 형성해 사람들의 마음을 단단히 사로잡았다. 10여 년 동안 사람들은 지금은 인심이 흩어지고 신앙이 사라진 시대라고 불평하는 데 익숙해졌다. 하지만 상하이와 그 인접 지역 혹은 그 유사 지역들을 보면, 분명히 어떤 새로운 이데올로기가 존재하며 지금 상당히 빠른 속도로 형태를 만들고 있다. 물론 아직은 최종 결론을 완성하지는 못했으며 부단히 변화하고 있지만, 그것이 '문혁' 식의 권위적 이데올로기를 이미 대체했으며 이 도시 혹은 저 지역들의 정신적 삶의 주도권을 장악했다고 말한다 해도 조금도 지나치지 않다.10)

---

10) 1980년대 후반에 시작되어, 동남 연해와 대도시, 중형 도시에서부터 발전되어 나온 '새로운 이데올로기'를 어떻게 묘사하고 분석할까가 현재 사상계의 가장 중요한 일이다. 그것을 서로 다른 측면에 있지만 서로 호응하는, 그러면서도 어떤 것들은 또 서로 잘 맞지 않는 관념 그룹들

『푸핑』에 대한 내 의혹의 측면에서 보자면, 이 새로운 이데올로기의 대합창 속에서 하나의 목소리를 특별히 주의할 만한데 그것은 상하이의 옛날을 노래하는 것이다. 푸둥 개발의 말뚝 박는 소리에 거의 발맞춰, 구시가지의 물질 및 문화 공간 속에 옛날을 그리워하는 분위기가 서서히 떠올랐다. 처음에는 다소 조심스럽게, 장아이링의 소설과 산문의 재판에 기대, 타이완의 '장아이링 팬들'(張迷)에 대한 소개에 기대어, 대학 캠퍼스와 작가들 사이에서 암암리에 전해졌다. 그 뒤로는 대담해져서, '1931', '30년대', 혹은 '시간 역류' 등을 간판에 단 카페와 바, 호텔, 옷가게가 줄지어 문을 열었으며, 옛 의자와 탁자, 구식 공구들, 한 장씩 떼어내는 누렇게 뜬 달력, 확대한 흑백사진 등 무수한 모방품들이 각종 식음료업소

로 간단히 서술하자면, 다음과 같은 것들이 포함된다. '현대화'는 인류 공통의 이상이고 반드시 거쳐야 할 길이다; 자본주의 시장경제는 '현대화'로 향하는 가장 좋은 경로이다; 자본주의 시장경제 조건 아래에서만이 자유, 민주를 실현할 수 있다; 미국으로 대표되는 서양은 '현대화'의 귀감이다; 사회주의체제, 계획경제, 봉건 전제의 전통, 이들은 중국 '발전의 가장 큰 장애물이다; 사회주의는 '이상'과 '숭고'를 신화화하고 정신으로 육체를 억압하는 것을 말한다; '세속화, '욕망'과 물질생활의 개선에 대한 요구야말로 '현대화'의 기본 내용이자 동력이다; '시장경제개혁은 '현대화 조류를 체현했으며, 이 방향이 변하지 않아야만 중국은 빠르게 서양 선진국을 따라잡고 부유하고 민주적인 나라가 될 수 있다; 현재의 모든 사회적 병폐는 '현대화'가 불충분하며 진정으로 '국제'적으로 발맞추지 못했기 때문이기에, 1인당 국민소득이 2,000달러에 이르면 이런 병폐들은 모두 쉽게 해소할 수 있다; '현대화'되어야만 모든 사람들이 적어도 중산층이 될 수 있으며 차가 있고 양옥을 가질 수 있다…. 여기서 보아내야 할 것은 이 관념들 중 많은 것들이 아주 뚜렷하지 않으며 경계가 모호하다는 점과, 그것들이 어떤 명확한 학설을 공인된 대표로 삼고 있지 않고 보통 무수한 글자들, 그림이나 사진들과 구두적 표현들 중에 산포되어 있다는 점이다. '새로운 이데올로기'는 결코 전부가 '정부당국'의 손에 의해 만들어진 것이 아니며, 정치현실이 허락하는 범위 내에서 상업세력과 문화계를 포함한 각종 사회적 역량을 모아서 조성된 것이다. 새로운 이데올로기와 '문학'식의 옛 정부측 이데올로기는 아주 미묘한 관계를 형성하고 있으며, 바로 이 점 때문에, 그것은 실제적으로 사회의 주류적 위치를 점하는 동시에 모종의 '재야'적 색채를 유지할 수 있는 것이다. 새로운 이데올로기의 어떤 부분은 또한 상당히 해석력이 있다. 그렇지만 전체적으로 봤을 때, 그것은 아직 완전히 완성된 것이 아니며 팽창과 발전 중에 있다.

및 오락 장소를 가득 채웠다. 심지어 길 하나 전체, 넓은 구역의 가옥들이 모두 새로이 개조되고 옛날의 외국 조계지 분위기를 재현하고, "여기는 원래 XX의 공관이었으며…"라고 써 붙이는 것이 옛 양옥집에 문을 연 거의 모든 새 식당에 반드시 보이는 광고 문구가 되었다. 이러한 노스탤지어 바람이 도처에 넘쳐흐르는 과정에서 종이 위의 글자들, 즉 소설, 산문, 보고문학 내지 역사와 문학연구 저작 등은 줄곧 맨 앞줄에서 뛰고 있었다. 십리양장(조계지)의 거의 모든 풍물들이 다시금 문학에 벌떼처럼 밀려들어와 많은 소설 속 이야기들의 공간적 배경을 이루었으며, 옛 상하이의 전성기라고 하는 1920년대와 30년대도 그에 따라 이러한 이야기들이 발생하는 기본적인 시간대가 되었다. 나리, 도련님, 마님, 아가씨, 파란 눈의 부자, 황색 피부의 댄서, 옛 상하이의 이러한 형형색색의 인물들과 그들의 기쁨과 슬픔, 극적이고 전설적인 이야기들, 더욱이 다량의 여기저기서 빌리고 과장된 것들이 허구적인 이야기의 소재를 이루면서도 전기의 대상이 되기도 한다. 오늘날 어떤 서점에 들어가 봐도 어디에나 노스탤지어를 주제로 한 허구적인 작품이나 기록 작품 몇 권이 눈에 띄는 위치에 진열되어 있는 것을 볼 수 있다. 거의 10년이 되었지만 상하이 사람들의 노스탤지어 붐이 여전히 이렇게 왕성한 데에는 문학의 공이 정말 크다.

말할 필요도 없이, 대합창의 주선율은 줄곧 옛날을 그리워하는 노래로 일관된다. 그것은 옛날을 그리워하는 것이지만, 그렇다고 2000년 전 좁게 두른 성벽 안의 작은 현성을 그리워하는 것도 아니고 일본 점령시기 거리에 가득했던 일본 군경이나 길 가던 사람이 걸핏하면 몸을 수색당하던 그때를 그리워하는 이는 극히 드물다. 그 시선은 언제나 1920년대와

30년대를 차마 떠나지 못하고 있으며, 마치 그 전후의 일들은 모두 일어난 적이 없는 것만 같다. 그것은 상하이의 옛날을 그리워하지만, 그렇다고 쑤저우강 양변의 공장과 창고, 판자촌의 옛날을 그리워하는 것도 아니며, 시의 남쪽과 북쪽의 구불구불한 단층집 골목 속의 빈민생활을 거의 그리워하지 않으며, 심지어는 스쿠먼 속 '72세대 세입자' 식의 붐비는 생활도 그다지 그리워하지 않는다. 그 눈빛은 와이탄(外灘)과 사페이루(霞菲路, 지금의 화이하이루), 징안쓰루(靜安寺路, 지금의 난징시루[南京西路])에만 맞춰져 있으며, 댄스홀과 카페, 고급주택에 맞춰져 있다. 역사적으로 상하이는 사실 다면체였다. 1930년대만 하더라도 눈을 현란하게 하는 화려함 옆으로 비바람에 흔들리듯 한 동요도 있었고 낡고 허름한 것을 강요하는 가난도 있었다. 이 도시의 사람들은 한편으로는 부자 되는 것과 사치를 부러워하며 유흥가의 밤풍경과 밤마다 풍악이 울리는 것을 목도했지만, 또 한편으로는 파산과 피난을 경험하면서 자베이(閘北) 지역의 포격이 자기 집 대문 앞으로 옮겨올까 걱정했다. 그런데 오늘날 상하이 노스탤지어의 풍조 속에서 이 모든 것은 극도로 단순화됐으며 그것도 한쪽으로만 단순화되었다. 즉 모든 고달팠던 지난 일은 말하지 않을 수 있으면 하지 않고 가능한 한 가볍게 하거나 숨기며, 모든 화려하고 번영했던 이야기는 심혈을 기울여 과장하며 상세히 늘어놓는다. 이상할 것도 없는 것이, 오늘날 상하이는 전력을 다해 '국제대도시'의 자태를 만들어내고 있기에 자신의 기초를 다져줄 '휘황찬란한'[11] 역사가 절실히 필요했던 것이다. 이 도시의 위, 아래 모두가 오늘날의 목표는 바로 과거의 번영

---

11) 휘황찬란(輝煌), 이 단어는 최근 10년 동안 상하이의 미디어와 정부 문서, 공무원의 보고서에서 빈번히 나타나고 있는 단어 중 하나이다.

을 재현하는 것이라고 진심으로 혹은 열심히 믿고 있으니, 어찌 누군가가 옛 상하이의 어두웠던 역사를 뒤적여서 남의 기분을 확 잡치게 하도록 놔두겠는가? 큰돈을 번 신흥부자들은 족보를 만들려 하고, 고생하며 바쁜 '화이트칼라'들은 잠들고 싶어 하며, 이미 퇴직했거나 곧 퇴직할 사람도 대부분 상하이가 '다시 휘황찬란해'져서 그들에게 새로운 생기를 불어넣어줄 수 있기를 바라지 않는가? 이런 때에 누가 기운 빠지는 옛일을 듣고서 걱정이나 절망을 보태고 싶어 하겠는가? 새로운 이데올로기는 벌써 상당히 완벽하게 상하이의 현재와 미래를 서술하고 있으며, 이제 거기에 역사를 단순화하고 고치는 방식으로 사용하여 새로운 단락을 첨가하는 것도 논리에 맞으며 순조로운 일일 것이다.

새로운 이데올로기가 쓰고 있는 상하이 서술에서 이처럼 첨삭하여 만들어진 '옛 상하이'에 관한 새로운 단락이 점점 더 중요한 의의를 드러내고 있음을 인정하지 않을 수 없다. 20세기 마지막 10년에 이르러, '혁명'의 슬픔과 기쁨을 40년간 충분히 경험한 중국사회는 '백지 위에 가장 새롭고 가장 아름다운 그림을 그릴 수 있다'는 식의 유치한 열정을 잃은 지 오래다. 특히 상하이에서는 미래의 삶에 대한 사람들의 희망 속에 항상 역사에 의해 단절되어 버린 무력감이 얽혀 있다. 그래서 이 도시에 사는 사람들을 다시금 '현대화'라는 기치 아래 집합시키고 그들의 시선을 '샤오캉'(小康)사회 혹은 '국제대도시'라는 '미래'의 어느 한 '효과도' 위로 모으려면, 우선 반드시 그들에게 '과거'를 설명하고 그들 마음속에 있는 무력감을 없애야 한다. 물론 40년 동안의 정보 통제 아래에서, 상하이 사람들은 옛 상하이의 일들을 잘 알지 못하게 되었으며, 그들의 무력감도 사실 아주 모호하여 스스로도 잘 확정할 수 없는 것이 되었다. 그렇지만 바로 그렇기 때문에 상하이 사회의 역사 기억을 다시 빚어내고 그 '기억'을 통해 상하이 사회가 시선을 집중하고 가지런한 대오를 이루도록 유도하는 것은 오히려 비교적 쉬운 일이다. 1990년대 중반부터 한편에서는 새로운 '성공인사'들이 미디어와 광고에서 나날이 모양을 갖추어가고, 다른 한편에서는 많은 옛 외국인 조계지 거물들의 이야기가 다시금 흘러나왔다. 한편에서는 새 시대의 '상하이 베이비'가 시장을 풍미하고 다른 한편에서는 옛 상하이의 '먹고 마시고 즐기는 방탕한 생활' 몇몇이 덧칠해져서 새 단장을 했다. 젊은 직장인들은 카페 벽의 옛 사진들을 보며 미래를 동경하고, 거의 자포자기한 중년 노동자들도 거리와 TV의 외국인 조계지 화면의 암시 아래 정신을 차리고 열심히 영어를 익히라며 자녀들을 더 엄격하게 감독한다. 새로운 역사 '기억'이 점점 이 도시의 구석구석을 뒤덮을 때, 많은 상하이인들이 현실과 미래를 대면하는 심정은 분명 하루하루 더 안정되어 가는 것 같다.

3_

현대사회에서 '이데올로기'의 감염과 침투, 흡수의 힘은 거의 없는 데가 없다. 그렇기 때문에 1990년대의 옛 상하이 이야기를 그린 많은 문학과 비문학 작품들이 사전에 혹은 사후에 모두 이데올로기에 의해 재편성되어 그것의 어떤 한 단락의 짧거나 긴 구절로 변하는 것을 보아도, 사실 놀랍게 생각하지 말아야 한다. 1990년대의 새로운 이데올로기는 바로 이러한 힘을 가지고 있으며 무의식중에 감화를 일으켜, 작가가 스스로 매몰되었던 삶의 시적 정취를 발굴했다고 여기는 동시에, 그것은 소리 없이 몇몇 특별한 어법과 서술규칙을 펜 아래 유입하고 자기도 모르는 사이에 서술을 유도하며 심지어 작품의 기본 구조까지도 바꿔놓았다. 국가와 자본의 힘이 복잡하게 얽혀 둘이 함께 촘촘한 거대 그물을 치는 시대에, 진정으로 그물 한 코를 뜯어내고 오랫동안 그 밖에서 노닐 수 있는 작가는 또 몇이나 될까? 왕안이만 봐도 그녀가 고생스럽게 힘을 들여 쓴 장편소설 『장한가』에서 옛 노스탤지어 풍조의 감염을 면치 못한 부분들이 다소 있어서, 어느 정도 사람들에게 저 옛 상하이 이야기들의 초대형 판본으로 여겨질 수 있지 않았던가?12)

그러나 왕안이는 필시 경각심과 혜안을 가진 작가인지라 비록 한때 강경한 시대의 바람에 발걸음이 어지러워졌을지는 모르지만 결국은 아주 빠른 속도로 다시 바로 설 수 있었다. 그녀가 긴 편폭을 들여 새로운 시대의 옳고 그름을 논의하는 것은 별로 본 적이 없지만, '현대화'라는 명목으로 당대의 생활을 재구성하는 거대한 변혁에 대해서 그녀는 매우 민감했으며 자신만의 견해를 가지고 있었다.13) 최근 10년 동안의 상하이

---

12) 『장한가』의 기세가 대단한 첫 챕터에서부터 사실 작가가 유행하는 눈빛이 보고 있는 것과는 완전히 다른 '상하이'를 묘사하고 싶어하며, '표면에 떠오른 빛나는 '점과 선'과는 다른, '어둠' 속에 가려진 '상하이'를 묘사하고 싶어한다는 점을 분명히 알 수 있다. 그렇지만 소설에서 '상하이 아가씨'를 주인공으로 택했으며 영화제작소와 이브닝 파티, 1940년대의 '바이러먼 대각선 맞은판'의 '앨리스 아파트'에서부터 이야기를 해나가기 때문에, 독자는 그것과 전심전력으로 '먹고 마시고 즐기는 방탕한 생활'과 '재능 있는 사람이 한창때가 지나는 것을 애석해하는' 것을 과장되게 묘사하는 옛 상하이 이야기들을 헷갈리기 쉽다.
13) 1995년에서 1999년 사이에 왕안이는 「지붕 위의 동화」(屋頂的童話)를 큰 제목으로 시리즈 산문을 쓴 적이 있는데, 그 중 많은 부분이 상당히 난해하지만 이른바 '현대화'에 대해 절대 찬성하지 않는 그녀의 이해를 여전히 볼 수 있다. 이 시리즈 산문은 그녀의 『삭발』(剝落, 南海出版公司, 2000[초판])에 수록되어 있다.

의 거대한 변화에 대해서 그녀는 기쁨 이외의 여러 가지 강렬한 느낌들을 가지고 있었다. 1999년 봄, 그녀는 '상하이를 찾아서'라는 제목의 짧은 글을 썼는데, 상하이의 현재 상태에 대한 다음과 같은 어리둥절함을 단도 직입적으로 드러내고 있다. 대량으로 인쇄된 아름다운 옛 상하이의 이야 기들에서 그녀가 "본 것은 최신 유행이지 상하이가 아니며", 현실을 "다 시 돌아보면" "상하이 또한 이 도시 속에 없음을 발견하게 된다." "신형 건축자재로 상하이에 껍데기를 짓기 시작했는데 감각적인 것과는 거리 가 멀었다. 이 껍데기 층은? 또 그렇게 바싹 붙어 있지 않아서 자꾸만 허전한 느낌이 든다."[14] 그렇다면 유행하는 것에 대한 회의와 트집 잡기, 유행에 의해 배척된 시의에 대한 민감함, 강제 억압을 당한 소리에 대한 공명을 통해 우리와 진실한 세계—'상하이'—사이에 놓인 유행의 '껍데기' 를 타파하는 것이야말로 새로운 시대에 문학 글쓰기가 갖는 새로운 의미 가 아닐까? 오늘날, 만약 문학이 '당대 조류'와는 다른 취미와 이해, 상상 을 창조해내지 못한다면, 최신 유행이 묘사하는 것보다 훨씬 더 넓은 정신적 시야를 사회에 제공하지 못한다면, 문학의 가치는 분명 상당히 의심스러워질 것이다. 왕안이는 어머니가 알려준 이야기를 항상 기억하 고 있다. "한 여자 아이가 심한 근시였는데 집이 너무나 가난해서 안경을 맞출 수가 없어서 미몽 속에서 생활해야 했다…" 후에 어느 친척이 그녀 에게 안경을 맞춰주었는데, "안경을 낀 그녀는 만신창이인 빈민굴의 모 습을 보고 놀라고 두려웠다. 그건 정말로 무서운 장면이었다. 세계가 갑 자기 또렷한 가운데 산산이 부서지다니."[15] 어떤 의미에서 우리 모두는

---

14) 「상하이를 찾아서」(尋找上海), 왕안이의 『메이터우』(妹頭, 南海出版公司, 2000(초판), 198-99 쪽에 수록되어 있다.

한때는 혹은 여전히 도수는 다르지만 근시안이며, 일단 어떤 기회에 돌연 인생의 진면목을 맞닥뜨리게 되면 얼마나 '놀라고 두렵'든 간에 행복한 '미몽' 속으로 다시 돌아가기 어렵게 된다. 그래서 왕안이는 "정말 무섭다"고 말한 것이다. 그렇지만 이 "놀라고 두려운" 것은 반드시 짊어져야만 하는 짐이다. 왜냐하면 그것이 바로 진실한 인생으로 향하는 대문을 열어준 것이기 때문이다. 그래서 왕안이는 다음과 같이 쑤칭과 장아이링을 비교했다. 쑤칭은 "흥겹게" "하루하루를 보냈"지만, "돌이켜 음미하는 것, 즉 진정으로 사회에 뛰어드는 흥취가 부족했다", "장아이링은 그와 달라서 그녀의 현실생활에 대한 애정은 인생에 대한 공포로부터 나온 것으로, 세계에 대한 그녀의 견해는 허무였다."[16] 그녀는 더 나아가 다음과 같이 장아이링과 루쉰을 비교한다. 장아이링은 "인생의 허무를 대략 조망한 후 물러나 속세로 돌아와 결국 인생의 더욱 넓고 심후한 함의는 놓아줘버렸다. …그래서 나는 리얼리즘적인 루쉰을 더욱 존경한다. 그는 현실의 발걸음을 착실히 디뎌왔기 때문에 허무로 향할 기반을 갖게 되었고 용감해졌다."[17] '놀라고 두려워한' 후에 도망치지 않고 계속해서 인생의 더 깊은 곳으로 들어가 그것의 더욱 넓고 깊은 '함의'를 경험한다. 비록 이것이 동시에 "허무로 향하"는 것을 의미할 수 있다 해도 말이다. 이처럼 루쉰을 빌려 자신의 결백을 밝히면서 왕안이는 어떻게 해야 할지를 더욱 분명히 깨달았다. 가능한 한 소설의 촉각을 세워 '껍데기'를 부수고 들어가, 실제로 지속되고 있는 인생의 풍부함과 지혜를 얻는다.

---

15) 왕안이, 『내가 읽고 내가 본 것』(我讀我看), 上海人民出版社, 2001(초판), 8-9쪽.
16) 같은 책, 189쪽.
17) 같은 책, 194쪽.

그녀는 이러한 인생을 "생활"이라고 부른다. 물론 이것이 어려운 일이라는 것도 알고 있다. "물질주의의 시대에 생활은 조각된 장식으로 가득 찼다", "사람들은 모두 끊임없이 생활에 대해 토론하고 생활을 이야기하고…혹은 생활에 여러 가지 정의를 부여하거나 혹은 자신의 경험을 있는 대로 다 털어놓는다. 이런 허와 실이 뒤섞인 창작 상황은 사실 이 시대의 '생활'의 위축과 퇴화를 설명해주고 있다."[18] "상하이라는 이 기이한 도시는 개발도상의 상태이지만 빠르게 현대화를 향해 나아가고 있다. 그래서 모든 종류의 해석은 강세 문화의 사전 속에서 출처를 찾을 수 있으며 관념의 보루를 짓기 시작한다. 감각은 더욱 만질 수 있는 실체를 떠나 기능을 상실했다. 사람들은 몸으로 생활하는 것이 아니라 개념으로, 개념보다 더 단순한 명사로 생활한다."[19] 그렇지만 그녀는 여전히 정신을 집중하고 저 '강세 문화'가 파종하는 관념과 명사로 뒤덮인 두터운 지표층을 들춰내고 직접 진정한 인생을 건드리려고 한다. 그녀는 바이화(白樺)[20]라는 선배 작가를 다음과 같이 칭찬한다. "세계의 로맨티시즘에 대한 그의 견해는 이데올로기의 영향을 효과적으로 회피했다."[21] '로맨티시즘'과 '이데올로기'의 함의가 다소 모호하긴 하지만, 여기에는 감성과 시적 정서에 기대 '생활'에 깊이 파고들어 '강세 문화'에서 벗어나려는

---

18) 같은 책, 336쪽.

19) 같은 책, 354쪽.

20) 바이화(白樺): 본명은 천유화(陳佑華)이며, 1929년 허난(河南) 신양(新陽)에서 태어났다. 시, 중단편 및 장편 소설, 연극 극본 등도 창작했지만, 영화 시나리오가 가장 잘 알려져 있다. 대표작으로 『산속에 종이 울리면 마방(상단)이 온다』(山間鈴響馬幇來), 『서광』(曙光), 『오늘 밤 별빛은 찬란히 빛난다』(今夜星光燦爛), 『힘든 사랑』(苦戀), 『공작새 공주』(孔雀公主) 등이 있다.-옮긴이

21) 王安憶, 『내가 읽고 내가 본 것』, 363쪽.

결심이 상당히 선명하게 표현되어 있다.

『푸핑』에 대한 내 의문도 해답을 찾을 수 있을 것 같다. 마음속에 이런 생각을 갖고 있었기에, 왕안이는 자연히 곳곳에서 새로운 이데올로기가 편찬한 옛 상하이 이야기와 거리를 벌리려고 했다. 그녀도 상하이의 이야기를 하고 있지만 다른 사람과는 아주 다르다. 다른 사람들은 줄곧 이야기가 1920년대나 30년대에 일어나게끔 하는 데 비해, 푸핑은 1950년대에 상하이로 왔으며, 새로운 이데올로기가 독자를 고층 빌딩과 술집, 고급주택의 거실로만 이끌 때, 푸핑은 그 집의 문간방에 머물다 나중에는 아예 말없이 그곳을 떠나 직접 수상노동자의 거주구역으로 들어간다. 새로운 이데올로기의 펜 아래 상하이는 와이탄과 샤페이루, 징안쓰루로 그려지지만, 푸핑이 만나는 상하이는 대개가 자베이와 쑤저우강 양안이다. 다른 사람들의 이야기 속 인물들은 늘 거실에서 피아노 소리를 들으면서 등나무 덩굴로 뒤덮인 구식 양옥집을 바라보며 쓸쓸함을 금치 못하는데, 푸핑은 판자촌의 고생스러움과 '인의'만을 느끼며 가난한 모자의 평안함과 자존적인 모습에 매료된다. 다른 사람들의 서술이 보통 화려하며 학자 냄새가 가득하여 마치 어느 비탄에 빠진 시인이 세상사의 큰 변화에 탄식하는 듯하다면, 『푸핑』은 대부분 아주 간단한 글자를 쓰고 문장도 짧아 마치 구어 같으며 서술 리듬은 빠르지 않지만 조금도 꾸물거리지 않아 이 농촌 아가씨의 신분과 아주 잘 어울린다. 물론 이 모든 것이 일부러 한 것이 아닐 수도 있으며, 왕안이가 자신을 이 수준으로 끌어내릴 필요도 없었다. 그렇지만 그녀가 '물질주의'와 '강세 문화'의 굴레를 멀리하려고 결심했다면, 그녀의 집중력과 관심은 틀림없이 외국인 조계지나 양복과 가죽구두를 스쳐지나 전혀 다른 세상과 풍속 위에 자리했을 것이다.

거의 모든 옛 상하이 이야기의 서술자들이 재능 있는 사람이 한창때가 지나는 것을 한탄하듯 흐느끼는 것으로 전체를 마무리할 때, 『푸핑』은 부지런히 애쓰고 소박하며 비굴하지도 거만하지도 않은 '생활'의 시적 정취를 특별히 더 드러내려 한다. 이렇게 보면, 왕안이가 도시 중심의 고급주택을 돌아서 특별히 '메이자차오' 같은 나지막한 판자촌을 창조해 낸 것, 종래의 서술태도를 바꾸어 그렇게 열렬히 메이자차오 사람들의 생활을 찬미한 것, 여주인공의 마음을 바꾸어 마지막에 메이자차오에 뿌리내리게 한 것, 『푸핑』에서 서술의 중심이 화이하이루에서 쑤저우강, 또 쑤저우강에서 메이자차오로 그렇게 계속 이동한 것, 이 모두는 정말 어느 정도 필연적인 것이었다.

어찌 『푸핑』만 그렇겠는가? 왕안이가 최근 창작한 다른 소설들, 심지어 산문과 이론 글도 많건 적건, 은근히 또는 드러내놓고 모두 『푸핑』 식의 이야기를 풀어내고 있다. 예를 들어, 그녀가 『푸핑』을 쓰기 1-2년 전에 썼던 단편소설들에서, 때로는 독자를 상하이 시내의 농민공들이 모여 사는 작은 룽탕으로 데려가 그 중 한 식당의 일상 풍경을 세세히 보여주기도 하고(『작은 밥집』[小飯店]), 때로는 장쑤(江蘇) 남부의 농촌에서 벌어진 한 교사의 결혼식을 묘사하면서 식장 안의 인물과 분위기를 아주 꼽진하게 드러내어 마치 탁자 위에 놓인 결혼식 음식과 가랑비 냄새를 맡을 수 있을 것만 같게 하고(『희연』[喜宴]), 때론 능력 있는 농촌아가씨가 현성(縣城)에서 회의를 하는 촌 간부를 위해 저녁밥을 준비하는 것을 쓰기도 했는데 그녀가 어떻게 불을 붙이고 기름을 붓고 고기를 볶는지를 세밀하게 묘사하기도 했으며(『회의』[開會]), 때론 농촌에 자리잡은 지식청년들이 일꾼을 모집하기 위해 어떻게 우여곡절을 겪으며 노력하고 애환을 겪는지를 그리기도 했다(『일꾼 모집』[招工]). 배경과 이야기는 다르지만 기층 사람들의 일상생활에 바싹 다가가려 주의를 기울이고, 비루함과 고생 속에 존재하는 인정과 재미, 생기를 애써 드러내려 한 노력은 더욱 완고하게 그 사이를 관통하고 있다.[22] 2001년 9월, 왕안이는 새로운 장편소설 『위에는 마름 심고 아래는 연근 심고』(上種紅菱下種藕)를 썼는데, 독자들은 9살 여자 아이 '양바오바오'(秧寶寶)를 따라 저장성(浙江省) 서쪽에 있는 '화서'(華舍)라는 수향(水鄉)에 가게 된다. 모든 서술은 '양바오바오'의 시선을 따라 전개되는데, 그녀가 하숙하고 있는 집과 그 집 위층의 세입자부터, 그녀 친구의 집과 그 집 맞은편의 점포까지 다시 그 점포 뒤에 있는 다른 사람의 집과 골목 끝에 있는 시멘트 교회당, '헤이둥양'(黑洞樣)의 찻집, 문 닫은 방직공장, 강변 부두가의 나무다리까지, 소설은 거의 별 다른 줄거리 없이 독자들을 끌고 작은 마을을 돌아다니고, 두 번 정도 바깥으로 나가는 듯했으나 금방 되돌아갔다. 만약 성격이 급해서 결과를 묻기 좋아하는 독자가 있다면 분명 참지 못하고 "도대체 무슨 이야기를 하려는 거야?"라고 할 것이다. 마침내 소설이 마지막 부분에 이르자, 작가는 있는 대로 다 털어놓는다.

(이 마을은-필자) 그렇게도 구불구불 에둘러 있어서 굽이굽이 나오고 들어가고, 여기 한 무리 저기 한 무리 집들이 모여 있다. 보기에는 아무 내력도 없어 보이지만, 사실 생활상의 필요에 의해서 조금씩 더하고 빼고 재건하고 공고히 해왔다. …그것은 충실하고 실제적으로 노동, 생계의 원칙을 따르며, 모든

---

22) 여기에서 예로 들고 있는 단편소설들은 모두 왕안이의 『삭발』(削髮)에 수록되어 있다.

선천적인 지리 자원을 이용한다. …만약 그곳을 벗어나 멀리 떨어져서 바라본다면 놀랄 만큼 합리적이라는 것을 발견하게 될 것이며, 바로 이 합리성으로부터 조화와 균형의 아름다움에 도달했다. 또한 이 합리성을 통해 생활과 인간에 대한 심오한 이해를 구체적으로 드러냈다. 이 작은 마을은 정말로 대단하다. 이 마을과 거기에 사는 사람들은 서로를 잘 알며 서로 깊고 가까운 사이이다.[23]

알고 보니 이 소설의 진정한 주인공은 양바오바오가 아니라 화서마을이었으며, 양바오바오에게 길 안내를 맡긴 것은 이 천진난만하고 최신 유행에 오염되지 않은 아이의 눈만이 이 마을 생활의 '아름다움'을 봐낼 수 있기 때문이었다. 이쯤 되면 누구라도 분명 『푸핑』에서의 메이자차오에 대한 찬미를 떠올리지 않을까? 어떤 의미에서 화서마을은 또 하나의 메이자차오다!

바로 이 화서마을의 이야기는 왕안이가 왜 '메이자차오'를 만들어냈는지를 내가 최종적으로 이해하게 해주었다. 물론 이것을 통해 독특한 상하이 이야기를 하려한 것이지만, 메이자차오에 함축된 의미는 '상하이'라는 도시의 범위를 훌쩍 넘어섰다. 상하이작가의 한 소설선집 서문의 말미에서, 그녀는 다음과 같이 강조하고 있다. "생활은 천만가지 자태로 그녀의 항구 불변한 성질을 연출한다. 대지 위에 각종 색깔의 화초와 과일나무, 작물이 자라나는 것처럼, 물론 수고로이 경작을 해야 하지만 말이다. 자세히 자연을 관찰하면 놀랄 것이다. 이런 단순한 자연의 힘 아래 어떻게 무한하게 생물이 자라날 수 있는지."[24] 그녀가 그렇게 메이

---

23) 왕안이, 『위에는 마름 심고 아래는 연근 심고』(上種紅菱下種藕), 南海出版公司, 2002(초판), 282쪽.

자차오 사람들의 부지런함과 '인의'를 과장하고 화서마을 모습의 '합리성'을 그려내려 한 기본적 의도는 독자를 향해 '생활'의 진면목을 드러내고 그것의 '항구 불변한 성질'과 그것의 '수고로움', '수고로움'을 투과하여 드러난 '단순한 자연의 힘'을 보여주려 한 것이 아닐까? 그녀도 물론, '현대화'라는 이름의 '강력한' 조류 앞에서 '생활'은 아주 쉽게 왜곡된다는 것을 알고 있었다. 『위에는 마름 심고 아래는 연근 심고』의 마지막에서 그녀는 다음과 같이 탄식한다. "그곳은(화서마을을 가리킨다) 정말 작아, 세상사의 변천을 감당할 수 없을 만큼 작다. 오늘날 쓰레기만 해도 그곳을 메워버릴 수 있으니, 산사태와 같은 시멘트는 더 말할 것도 없다. 그곳은 형상이 왜곡되어 반쯤 묻히고 반쯤 드러나 있다. 그것을 보노라면 너무 작아서 마음이 아프다."[25] 이 세밀한 필치와 시의로 가득 찬 마을 풍속화의 우울한 바탕색, 작가 내면 깊은 곳의 비애, 이 모두가 '마음이 아프다'는 두 단어를 통해 단번에 생겨난다. 이 또한 어찌 화서마을에만 해당되겠는가? 전체 상하이, 심지어 훨씬 더 큰 지역에서 '산사태'가 대지를 파묻고 '쓰레기'가 생활을 뒤덮는 일이 발생하고 있고 게다가 계속해서 발생할 추세에 있지 않은가? 여러 지역에서 이러한 파묻힘과 뒤덮임은 대수롭지 않은 평범한 일이 되었고 사람들은 거의 아무 관심 없거나 심지어는 펄쩍 뛰면서 기뻐하기도 한다. 화서, 화서는 정말 전 중국 내지는 세계의 축소판이라 할 수 있다! 그렇지만 바로 그렇기 때문에 왕안이는 '생활'의 진면목을 더욱 상세하게 더욱 힘써 형상화해 내려 했던 것이다. 그녀가 『푸핑』과 『위에는 마름 심고 아래는 연근 심고』 이 두 소설에

---

24) 왕안이 편, 『여자 친구 사이』(女友間), 上海文藝出版社, 2001(초판), 18쪽.
25) 『위에는 마름 심고 아래는 연근 심고』, 282쪽.

청말 '사회소설'과 유사한 풍속화적인 구조를 입힌 까닭은 '생활'의 세세한 부분을 더욱 충분히 드러내기 위해서다. 언제나 현실을 개괄적인 서술로 덮으려 하는 이데올로기에 대해서, 다양한 세부 묘사는 가장 파괴력을 지니기 때문이다. 이것은 중압 하에서의 반발이며 자각적인 대항이라고 할 만한데, 그것은 몸 밖의 악랄함과 마비를 겨냥하면서 또 마음속의 실망과 비애도 겨냥하고 있다. 반발이기 때문에 통제되지 않을 때가 있기 마련이고, 대항이기 때문에 과장되어 보이기 쉽다. 왕안이가 바이화의 '로맨티시즘'을 칭찬했을 때, 그녀는 자신이 바이화와는 다른 방향에서 '로맨티시즘'으로 걸어 들어갈 수 있음을 깨달았던 것일까? '자본주의', '현대화', '발전', '안정', '세계화', '신경제' 등과 같은 말들을 내세운 모든 세력들이 한 통속이 되어 세계를 석권할 때, 그것들이 물질적 생활을 통제할 뿐 아니라 사람들의 마음에까지 파고들어 우리의 모든 시야를 가리려고 할 때, 거의 모든 반항은 '로맨티시즘'의 길로 가는 것을 면치 못한다. 마치 거기에서만 시시콜콜 따지는 '이성'에 의해 꺼져버리지 않은 격정과 생기, 상상력이, 조그맣지만 아주 소중한 정신의 불씨가 아직 보존되어 있는 것처럼 말이다. 왕안이는 상하이에서 태어나 자랐고 지금까지 그녀가 가장 즐겨 이야기하는 것도 상하이 이야기인 듯하다. 그렇지만 그녀의 상하이 이야기 속 '메이자차오'는 현실 변화에 대한 그녀의 민감함과 그로 인해 생겨난 비애, 이 비애에 대한 그녀의 반항, 이 반항의 '로맨티시즘'적 색채 등이 모두 상하이를 훨씬 초월했고 도시를 초월했으며 광활한 대륙의 중국을 초월했다는 것을 선명하게 보여주었다. 15년 전에 비해, 심지어 『장한가』를 썼던 때에 비해서도 그녀는 뚜렷이 변했고, 나는 그녀가 정말 대작가의 기상을 조금 갖게 됐다고 말하고 싶다.

4_

왕안이의 이 변화를 어떻게 평가해야 할까? 오늘날의 중국문학의 입장에서 보면, 그녀의 이러한 변화는 어떤 중요한 의의가 있을까? 그녀의 개인 창작의 측면에서 보면, 이 변화 속에는 어떤 놀랄 만한 잠재적인 것이 있는가? 이러한 문제들에 좀 더 분명하게 답하려면, 1980년대로 돌아가 그 시대를 다소 구체적으로 논해야 한다. 그때는 정말 '로맨티시즘'의 시대였고 중국 작가들에게는 오랫동안 경험해보지 못한 좋은 시절이었다. 내전도 없고 큰 자연재해도 없었으며 1950년대 중후반에 형성된 '사상 통일'의 물질적, 정신적 제도가 모두 흔들리기 시작했다. 물론 아직 빈곤과 결핍은 있어서 많은 작가들이 조용히 글을 쓸 방조차 갖지 못했으며 장기간 응고되어 생긴 강경한 여러 교조적 특징들이 여전히 사방에 널리 퍼져 있었다. 그러나 전 민족이 격동해 일어났으며, 자유와 풍족함을 갈망하고 두 팔을 벌려 새로운 생활을 끌어안으려는 충동이 사회의 각계각층에 가득했다. 문학은 자연스레 이러한 충동을 표현하는 선봉이 되었다. 1970년대 말부터 1980년대 중반까지 가장 활발하게 활동한 작가들은 대부분이 문학의 이러한 의의를 자각하고 있었다. 고통스러움으로 가득했던 개인생활의 여러 경험들이 사회의 내면소리에 민감하게 반응하는 왕성한 능력을 그들에게 줘서, 그들은 각자 자기 뜻을 과시하며 사방에서 출격했으며 비록 끊임없이 칼에 맞아 낙마하는 사람들이 나오긴 했지만 문학이 개척한 자유정신의 영역은 조금씩 점차 확대되었다. 창작이 사회의 각종 충동을 제때에 표현할 수 있었기에 독자들은 자연히 그에 열렬히 호응했고 문학잡지의 판매량은 몇 십만, 혹은 백만을 넘기곤

했다. 어디서나 볼 수 있었던 사상과 기술의 유치함 한가운데서, 문학의 풍부하고 다양한 잠재력은 조금씩 그 싹을 드러냈다.[26]

그러나 1980년대는 '로맨티시즘'의 시대이기도 했지만 '로맨티시즘' 이 빠른 속도로 재편되는 시대이기도 했다는 점을 언급하지 않을 수 없다. 1970년대 말에 힘을 합쳐 '개혁'의 막을 올린 각종 사회적 요구는 '개혁'이 전개됨에 따라 필연적으로 충돌하게 된다. 역외를 향한 문이 일단 활짝 열리면 국제적 경제, 정치, 문화 질서의 등급관계도 갖가지 신선한 사상의 뒤를 따라 함께 중국으로 들어와 본토에 있는 동류의 것과 접목되고 뒤섞이게 된다. '개혁'의 해를 입을 것을 걱정하는 권세가 그룹들은 끊임없이 분규를 만들어내 사람들이 자신의 시야를 좁혀가도록 자극한다. 동유럽과 소련 '사회주의 진영'의 신속한 붕괴와 1980년대 말엽의 일련의 사회 사건들은 더욱 철저히 '개혁' 의식 중의 '이상주의'적 열정에 찬물을 끼얹었다. 1980년대 중반부터 중국사회의 거의 모든 부분에서 수축적인 운동이 일어났고 그것은 대체로 다음의 두 가지 방향으로 전개되었다. 하나는 이상에 빠져 외치는 함성으로부터 실제적이고 실리적인 계산으로의 전환이고, 다른 하나는 몽롱하고 어렴풋한 다양성으로부터 밝고 명확한 단일함으로의 전환이다. 예를 들어 '현대화'라는 '개혁'의 중요한 기치는 다른 기치들과 함께 다음과 같이 새로이 재단되었다. 1970년대 말에는 현대화의 함의가 극히 넓어서 '사상해방', '미학 열풍'에서부

---

26) 조금만 생각해봐도 알 수 있다. 1980년대의 소설 영역에서 가오샤오성(高曉聲), 왕멍(王蒙), 왕쩡치(汪曾祺), 장제(張潔), 장청즈(張承志), 아청(阿城), 류쒀라(劉索拉), 한사오궁(韓少功), 왕안이, 마위안(馬原) 등 시야와 의지와 취향, 풍격, 기술의 측면에서 모두 전혀 다른 사람들이 동시에 글을 썼으며, 각자 다른 범위에서 독자들의 관심을 얻었으니, 여기서 그 풍부한 잠재력을 느낄 수 있을 것이다.

터 '연산승포책임제'(聯産承包責任制)27)까지 포함되지 않는 것이 없었지만, 1980년대 말에는 점차로 서양식의 '푸른 문명', 자본주의의 '시장경제'만을 가리키는 것처럼 되었고, 심지어는 미국식의 물질생활만을 가리키기도 했다. 말할 필요도 없이, 바로 이 두 가지 방향의 수축이 합심하여 1990년대 초 '개혁' 물결의 대전환을 촉진했으며, 대폭 줄어든 '현대화' 또한 당연히 사회변혁의 유일한 목표로 격상되었고, 1980년대의 혼란스럽고 한없이 넓던 '로맨티시즘' 사유는 현재 그것에 의해 발췌되고 압축되어 거의 완전히 '시장경제'의 금색 테두리로 변했다.

문학도 물론 이러한 수축에서 벗어나긴 어렵다. 60년 전의 '신문화운동'에서부터 문학은 원래 서양문학을 스승으로 하는 전통을 계승했고, 서양의 신선한 이론 또한 중국으로 대거 유입되어 거의 모든 작가와 문학 편집자, 비평가, 대학 문학과의 선생과 학생들 및 독자들의 마음을 흥분시켰다. 1980년대 초 모더니즘에 관한 논쟁을 시작으로, 적어도 '문학범주' 내에서 문학현상에 대한 사람들의 묘사와 평판은 줄곧 새로 유입된 서양 이론이 제공한 어휘들에서 거의 벗어난 적이 없었다. 예를 들어, 1970년대 말에는 문학작품의 우열을 가르는 기준이 기본적으로 '폭로/찬미'라는 매듭과 결부되어 있었다면, 1980년대 중반에 이르러서 이 기준은 '현대/전통', 구체적으로 말해서 '모더니즘'이냐 아니냐 하는 매듭에 연결된 것으로 명백히 변화했다. 1986년 가을, 선전대학(沈圳大學)의 기숙사에서 한 젊은 시인이 자신과 '몽롱시'의 대표적 인물과의 차이를 이렇게 평가했다. "그는 로맨티시즘이고 나는 모더니즘이다!" 그의 의심할 여지

---

27) 연산승포책임제: 토지를 농가 단위로 나누어 주고 일정 생산량을 국가에 낸 후 나머지는 개별 농가에서 임의로 처리할 수 있게 한 제도-옮긴이

도 주지 않던 그 자랑스러운 표정을 나는 지금도 똑똑히 기억한다.『허상』
(河殤)28)판본의 ‘현대화’ 교조가 점점 더 깊숙이 들어와 전 사회의 사유를
재편하는 동시에, ‘현대’에 대한 숭배도 문학 영역에서 널리 만연하고 있
었다. 바로 그 ‘현대’도 ‘수축’의 원칙에 따라 부단히 줄어들었음은 말할
것도 없다. 우선, 그것은 ‘서양’에 속하며, 비서양지역의 문학은 일절 쳐
주지 않는다. 다음으로, ‘서양’문학의 내부에서 ‘현대’적이라고 할 수 있는
작가들도 점점 줄어들었다. 예를 들어 소설을 보면, 우선 발자크와 플로
베르, 톨스토이, 솔제니친 등은 너무 ‘리얼리즘’이라고 배제되었고, 이어
서 파스테르나크와 헤밍웨이, 아이트마토프 등은 너무 ‘로맨티시즘’이라
고 잘렸으며, 나중에는 심지어 하디, 지드, 멜빌도 빠졌는데 그들은 너무
‘형식’이 결핍됐다는 것이다! 1980년대 중반부터 문학잡지와 시 토론회,
대학의 강단에서 ‘형식’이라는 말의 함의는 빠른 속도로 팽창해 ‘내용’을
압도했을 뿐 아니라 ‘사상’과 ‘역사’, ‘철학’ 등마저도 모두 압도할 기세였
다. ‘현대’는 마치 ‘형식’의 동의어가 된 듯했고 이는 다시 현대 함의의
축소를 더욱 격화시켰다. 점점 더 많은 작가들, 특히 작가가 되고 싶어
안달이 난 문학 신인들의 눈에, 울프와 포크너는 그저 ‘의식의 흐름’일
뿐이고 프루스트는 그저 침실에 벌려 놓은 사소한 일일 뿐이며 카프카는
벌레를 사람으로 썼을 뿐이고 로브-그리예는 시공 전도일 뿐이고 보르헤
스도 언어의 ‘미궁’일 뿐이었다. 어렵게 마르케스를 발견했으나 그는 노

---

28) <허상>(河殤)은 황하의 요절이라고 번역될 수 있는데, 당시 청년작가였던 쑤샤오캉(蘇曉康)
과 왕루샹(王魯湘)이 쓰고 1988년 CCTV에서 방영한 6부작 다큐멘터리이다. 중화문명을 땅의
문명, 황색문명에 비유하고 의기소침한 황색문명에 비해서 서양문명을 의미하는 해양문명,
남색문명이 훨씬 강력하다며, 향후 중국의 남색문명으로의 전환을 주장했다. <허상>은 방송
초기에는 제작진이 도피생활을 해야 할 만큼 수많은 비난과 공격을 받기도 했다.-옮긴이

벨상을 탔기 때문에, 또 그가 "여러 해가 지난 후…" 같이 비정상적인 구식으로 글을 시작했기 때문에 배제된다. '모더니즘' 작가의 자본주의와 '현대' 주류 문화에 대한 통찰과 절망, 그들의 당대 생활에 대한 서로 다른 흥미, 망망함과 비관은 모두 부차적인 것으로 자주 홀시되게 된 것 같다. '현대'가 '형식'으로 귀결되고 '형식'은 또 '언어'로 귀결된다. 이러한 산산조각난 '현대'가 높은 제사상에 받쳐져, 많은 작가들이 좇는 거의 유일한 목표가 됐을 때, 문학도 사회를 석권한 수축운동에 거의 전적으로 끌려들어갔다.

그러나 1980년대 후반 전체에 걸쳐 작가와 비평가들은 문학의 이러한 피동적인 수축을 자각하지 못했다. 어떤 의미에서 그들이 이렇게 둔했던 데에는 이유가 있는 것 같다. 작가는 문자에 특히 민감한 사람으로, 그들은 천성적으로 '언어'와 '형식'에 연연하기 쉽다. 견고한 물질의 영역에서 좌절을 겪을 때, 그들은 더욱 본능적으로 문자의 세계로 움츠러들어 거기에서 생존의 의의를 찾게 된다. 게다가 1980년대 후반에 "정신 오염 제거" 운동에 기대 다시금 올라온 보수적인 분위기가 맴돌면서 흩어지지 않고, 한 번 도시를 압도한 검은 구름은 점점 더 짙게 모여들어, 사회의 더욱 깊은 곳에서 '보수'의 비물질적 근원을 발굴하도록 사람들을 자극하는 동시에, 직접적인 사상과 정치의 소용돌이에서 발을 빼려는 그들의 충동을 강화시켰다. 내가 보기에, 주요하게는 바로 이 깊이 추궁하는 이성과 뒷걸음질치는 보호본능의 독특한 결합이 1980년대 중반 이후 문학계의 형식의미에 대한 보편적인 미련을 낳았다. 물질적인 억압이 중요한 것이 아니다. 중요한 것은 사회의 심층에서 끊임없이 그것에 양분을 주는 정신적 억압이다. 외부의 전제가 무서운 것이 아니다. 무서운 것은 인간의 뇌 속에서 그것과 호응하는 습관들이다. 만약 미시적인 사유의 측면에서 질곡을 타파할 수 있다면, 그것은 거시적인 사회의 측면에서 해방을 쟁취하는 결정적인 첫걸음을 내딛은 것이다. 1980년대 후반에 이와 유사한 견해가 문학계에 무척 유행했으며, 그런 생각들이 모여 한 시대를 풍미한 논의들 배후의 기본 논리를 구성했다. 새로 유입된 서양 이론, 특히 언어철학, 기호학과 서사학 이론들에 기대, 비평가들은 사유 측면에서의 질곡의 기본 내용을 신속히 확정했는데, 그것은 공간과 시간, 기호의 확정성에 대한 사람들의 미신이었다. 따라서 이러한 미신에 도전하고 '확정성'을 타파하며 '불확정성'을 과장하는 것이 바로 신예 비평가들이 작품을 해석하는 데 유행하는 시각이 되었으며 젊은 문학교사들이 강의할 때 격앙되어 논하는 유행하는 주제가 되었다. 이 모두는 또한 다시 작가에게 영향을 미쳐 그들이 더욱 방자하게 독자의 독서습관을 '전복'시키도록 재촉했으며, 한편으로는 기존 규칙에 억압되었던 영감을 석방했지만 다른 한편으로는 각기 자신들의 서로 다른 특성들로 점점 더 멀어졌다. 가오샤오성(高曉聲)식의 '농민을 위한 고됨에의 탄식'도 그렇고, 장청즈(張承志)식의 '주쮀궁뎬'(九座宮殿) 찾기도 그렇고, 바이화(白樺)식의 '아픈 사랑(苦戀)은 더 말할 것도 없이, 모두 '마위안(馬原)식'의 글쓰기에 의해 변두리로 밀려났다.29) 마위안 본인은 자기도 모르는 사이에 맨 처음

---

29) 가오샤오성(高曉聲, 1928~1999): 장쑤성의 한 농민가정에서 태어난 그는 1950년대에 창작 활동을 시작했으나 우파로 몰려 문화대혁명 중에는 농촌에서 노동을 하다가, 1979년 명예회복하고 문단에 돌아온다. 1980년에 발표한 소설 『천환성 도시 진입』(陳奐生上城)의 천환성은 아Q를 잇는 전형적인 농민형상으로 높은 평가를 받았다.
장청즈(張承志, 1948~): 베이징에서 태어난 중국당대의 무슬림작가, 『주쮀궁뎬』(九座宮殿)은 1985년에 발표한 단편소설로 젊은 고고학 대원과 서북 농민이 사막에 들어가 전설 속의 궁전을 찾는 이야기로, 무슬림문화에 대한 탐색을 드러내고 있다.

그를 글쓰기로 이끌었던 특별한 감정에서 소원해졌으며 그 시대 흐름이 만들어낸 '마위안식' 글쓰기로 점점 더 다가갔다. 시공의 전도, 플롯의 분열, 중심사상의 요동, 언어의 '광환' 등, 소설은 '불확정성' 창조의 성지가 되었고 소설 읽기도 부지불식간에 고된 정신적 여정이 되었다. '불확정성'에 너무 미련을 두면 '확정'적 현실을 멀리하게 될 수밖에 없다. 여정이 너무 고되면 수많은 사람들이 읽기를 포기하기 마련이다. 1980년대 후반에 문학은 사회에서 명백히 냉대받기 시작했지만, 문학 범주에서 이 냉대를 직시하려는 목소리는 아주 미약했다.[30] 많은 작가들, 특히 젊은 작가들은 여전히 독자들의 그러한 고된 책읽기의 사회적, 정치적 의의를 믿고 있었고, 많은 비평가와 편집자, 대학교수들도 여전히 '마위안식' 글쓰기를 가장 '현대'적인 문학으로 떠받들었다. 당신은 '불확정성'을 편애한 작가들의 아둔함을 이해할 수 있는가? 한 사람이 자신은 예술적으로 선구적이며 창조성이 넘치고 정치적으로도 전위적이며 날카로운 도전적 의미를 지니고 있다고 믿고 있을 때, 그가 왜 자신을 의심하겠는가?

마위안(馬原, 1958~): 1982년 티베트에서 신문기자로 근무하면서 창작활동을 시작했으며, 서유럽 모더니즘의 기교, 특히 구조주의의 영향을 받았다고 평가받는다. 그의 소설은 이야기의 구조를 분해하고 재조합하면서 시공관계를 뛰어넘는 등 실험성이 강하다(김시준, 『중국 당대문학사』[소명출판]와 천쓰허, 『중국당대문학사』[문학동네] 및 바이두[百度] 참고).-옮긴이

30) 1980년대 후반 전체에 걸쳐, 수많은 작가와 비평가들이 모두 다음과 같은 견해를 끊임없이 되풀이했다. 사회가 점차 현대적 상태에 들어섬에 따라 각종 문화 소비의 경로가 연이어 열리고 문학의 독자수는 틀림없이 대폭 감소할 것이다. 그러나 각종 사회과학의 충분한 발전에 따라 문학은 더 이상 '문학' 이외의 다른 사상과 사회적 기능을 책임질 필요가 없어지며 다시 사회의 '센세이션'을 불러일으키기 어려워진다. 이러한 견해의 핵심 의미는 정면으로 독자의 냉담을 해석하고 받아들이며 심지어 이 냉담을 사회 진보의 결과로 해석하려는 노력이다. 내가 보기에 이러한 견해는 한편으로는 이른바 '문학 자체'(즉 '형식' 심지어는 그저 '언어')에 대한 당대 문학계의 열중에 호응했으며 동시에 문학계가 '현대화'의 단일 시각의 바깥에서 독자의 냉담의 다중적 의미를 이해하는 것을 방해했다.

그렇지만 1990년대의 현실은 가차 없이 작가들의 이러한 자신감을 산산이 부서버렸다. 문학이 추상적인 '확정/불확정'성으로 재편될 때, 현실생활은 크게 변화하여 1980년대 후반 사회개혁 '수축'의 좋지 않은 모든 결과들이 점점 분명하게 폭로되어 나왔다. 작가가 얼마나 민감한 사람들인가, 그들은 즉각 현실의 강압적인 힘을 감지했다. 그러나 그들이 돌아서서 현실을 대면하려 할 때, 그것을 똑똑히 보기가 어려움을 발견한다. 1980년대 후반에 유행했던 '현대화' 사유, 예를 들어 '전통/현대', '계획경제/시장경제', '전제/민주', '확정성/불확정성', '집단/개인', '사회주의/자본주의', '황색문명/남색문명' 등은 모두 분란한 현실에 들어맞지 않는 것 같았다. 이러한 사유에 따르면 그들은 환호해야 맞겠지만 감지한 느낌 때문에 환호하기가 어려웠다. 어떻게 하나? 어떤 작가들은 비교적 부지런하여 비록 어떻게 이해해야 할지는 몰랐지만 현실생활이 주는 인상이 아주 강렬하니 우선 써나간다. 차분하고 온화하며 꼼꼼하게 그리고 옅은 무력감, 현실의 변동에 겁을 먹었지만 어떻게 판단해야 할지 모르는 작가들에게 이러한 무력감은 아마도 유일하게 확신할 만한 것이었을 것이다. 그밖에 일부 젊은 작가들은 극도로 흥분했는데 그들은 혈기가 넘쳤으며 야심만만했고 청춘의 격정에 기대 목청을 높여 '욕망'을 찬미하고 '정신'을 비웃었고 자신을 새 시대의 항해사라고 상상했으며 그 중에는 정말로 '바다'로 뛰어든 사람도 있었다. 그러나 그들은 오래지 않아 그것이 착각이었으며 현실은 그렇게 단순하지 않음을 깨닫는다. 일단 지갑이 조금 두둑해지고 청춘이 다소 지나가면 갖가지 무료하고 아득하며 공허한 정서가 빠르게 그들을 덮쳤다. 물론 일부 작가들 중에는 처음부터 현실에 대한 자신의 적대감을 마음에 둔 사람도 있었다. 1980년대 후반에 길러진 '현대'적 문학관념에 따라 그들은 이러한 감각을 프루스트, 카프카 혹은 아예 카뮈로 분류하길 원했던 것 같지만 실제 생활의 경험은 또 그들이 이렇게 분류하는 것이 적당하지 않다고 느끼게 했으며 그들은 이렇게 의혹을 품은 채 문을 꼭 닫고 시선을 거두고 소설 속에서 '나'의 이야기를 풀어내는 데 전념했다. '나'는 많은 이름들을 가지고 있지만 모두 작가 자신과 아주 닮았다. 여성이면 고독, 자기 몸의 발견, 남성과의 싸움과 여성과의 심적 교류를 그리고, 남자면 여성과의 애매한 교제나 격렬한 성애, 아무 의미 없는 글쓰기를 지어내거나 돌이켜 음미한다. 세세한 부분은 아주 감성적으로 쓰지만 전체 이야기는 아주 추상적이다. 그들은 이러한 방법을 써서 급변한 현실과 거리를 유지하며 여전히 1980년대 후반의 그늘 속에서 살아가고 있는 것이다.[31] 그렇지만 새로운 현실의 압력은 나날이 더해간다. 1990년대 중반에 이르러, 시골의 곤궁함은 점점 드러나고 많은 도시에서 작가들이 문만 열면 온통 실직, 미취업이라는 고통스런 광경들이다. 그래서 일부 작가들은 이 현실을 정면으로 건드리기 시작했다. 농촌에서의 분화와 갈등, 새로운 떠들썩한 술자리와 새로운 막다른 골목을 묘사하거나, 국영 공장에서의 발버둥과 분노, 새로운 호소할 길이 없음과 새로운 영웅주의를 그려내기도 했다. 그러나 이것들은 모두 그저 '건드리기'만 했으며 그것들이 근거로 하고 있는 것이 단지

---

31) 중국과 같이 방대한 문학 인구를 지닌 나라에서는 소수의 새로운 바람을 일으키는 작가들과 다수의 그 뒤를 따르는 작가들 사이에 언제나 상당히 분명한 차이가 있게 마련이다. 그래서 한 문학 조류의 형성과 소멸은 모두 신속하게 이루어질 수 없고 얼마간의 시간을 거치게 된다. 1990년대 초에 가장 민감한 작가들이 '마위안식의 글쓰기를 잇달아 버릴 때에도 여전히 많은 작가들 특히 새로운 작가들이 계속해서 1980년대 후반에 유행했던 방향을 따라 갔다. 이러한 상황은 1990년대 중반이 되어서야 비교적 분명하게 변화했다.

현실문제에 대한 감각과 의분일 뿐이지 이 문제에 대한 깊은 사유와 통찰이 아니었으며, 현실의 소용돌이가 거대하고 복잡하며 헤아릴 수 없는 것에 비해 이 감각과 의분의 힘은 너무나 약했기 때문에 그것들은 아주 빨리 현기증을 내고 흩어지거나 심지어 흡수되어 이용되게 되었다. 이른바 '리얼리즘 충격파'의 1990년대 말의 빠른 쇠퇴는 문학이 사회의 거대한 변화를 대면하여 어쩔 줄 몰라 하며 빈주먹을 휘두르는, 거의 아무런 기댈 곳도 없이 피동적인 국면을 더없이 분명하게 폭로했던 것이다.[32]

지금까지의 인류 문학의 역사는 계속해서 문학이 인간의 삶에 대해 짊어져온 책임이 얼마나 중대한 것이었는지를 우리에게 증명해 왔다. 최근 300년 동안, 세계 각지의 무수한 위대하고 우수한 작가들은 각기 다른 창작으로 우매와 어둠에 계속해서 도전해 왔다. 중국의 현대문학도 예외는 아니어서 루쉰 시대의 작가들이 일으킨 '신문학'의 전통은 현대 중국인이 추구하는 자유와 해방의 고된 투쟁의 가장 중요한 부분을 직접적으로 조성했다. 오늘날 모든 것이 완전히 없어진 것 같아 보일지라도 나는 문학의 이러한 정신이 여전히 살아있으며 많은 작가들의 글 속에서 여전히 강력하게 고동치고 있다고 믿는다. 사실 1990년대에 들어선 이후, 한편으로는 어쩔 줄 몰라 이리저리 비틀거렸지만 한편으로는 실패를 거듭하며 계속 시도하고 있는 힘을 다해 조정하면서 문학은 시종 본능적으로

---

32) 설명해야 할 것은, 이상의 단락에서 1990년대의 문학(주로 소설)의 상태와 관련된 논술은 가장 잘 드러난, 보편성을 지닌 현상들의 경우일 뿐이며, 이 시기에는 그 외에도 소수의 비교적 우수한 작가들, 예를 들어 모옌(莫言), 리루이(李銳), 장청즈, 스톄성(史鐵生), 장웨이(張煒), 한사오궁, 옌롄커(閻連科) 등이 여전히 서로 다른 창작 풍모를 드러내고 있었다. 이 작가들의 펜 아래에서는 사회의 큰 변화라는 현실에 대한 예리한 체득과 어렵고 힘든 사유를 강렬하게 느낄 수 있다. 그렇지만 개별적인 상황 이외에는 이 작가들의 창작이 전체 문학 풍조에 미친 영향은 모두 비교적 약했다.

발버둥치며 현실생활의 거대한 변동에 답하려고 해왔다. 특히 1990년대 중반 이후로 당대 중국인의 삶의 현실을 다시 되돌아보고 최근 20년간 사회의 거대한 변동에 대한 깊이 있는 이해를 재구축하며 문학의 강물에서 두 가지 서로를 이끄는 급류를 점점 더 도드라지게 드러냈다. 물론 '삶의 현실'은 절대로 구체적인 사회 '문제'만을 가리키는 것이 아니라 우리의 모든 생존 상태를 더 가리키는 것이다. '20년간 사회'의 '거대한 변동'도 20년 동안 일어난 일들만을 가리키는 것이 아니라 거대한 변동의 배후에 있는 역사적, 국제적 원인들도 포함하는 것이다. 따라서 '다시 되돌아보기'와 '재구축'은 단순하게 일상생활을 기록하고 사회병폐를 적발하고 현실'문제'를 폭로하는 것이 아니라 삶에 대한 새로운 상상과 그림을 통해 당대 중국인의 기본 생존 상황을 통찰할 수 있는 하나 이상의 심미적 관문을 열고 우리의 현재와 미래, 과거를 깊이 생각할 수 있는 하나 이상의 정신적 사유방식들을 개척한 것이다. 중국 대륙의 각 지역 사이에서 심지어 같은 지역 내에서도 여러 방면에서의 차이가 매우 커졌기 때문에 각지의 작가들의 현실생활과 사회 변화에 대한 느낌과 상상도 자연히 서로 아주 다르다. 그렇지만 개인적인 독서경험으로 봤을 때 1990년대 말에 이르러 주로 많은 새로운 작가들의 글에서 스며나온, '불확정성'의 '개척'적 글쓰기를 일부러 만들어냈던 분위기는 기본적으로 사라졌고, 세상과 단절된 '개인'과 미궁 같은 '언어', '형식'으로부터 벗어나 더욱 광활하고 더욱 실재적인 삶의 경험과 문학 상상의 강력한 충동으로의 전향이 지금 점점 더 많은 글 속에서 드러나고 있다. 말할 것도 없이 이러한 글쓰기는 틀림없이 1980년대 후반부터 연속되어 나온 끊임없이 수축되어 점점 더 협애해진 문학의 이해를 중지하고 다양한 방식으로 다시 '생활'과 '현실', '정치', '사회'를 정의할 것이며 또한 '언어'와 '형식', '고독', '개인' 등도 다시 정의할 것이다.

그러나 이 모두는 매우 어려울 것이다. 우리 몸의 안팎에는 너무도 많은 방해물이 있다. 오늘날 문학적 글쓰기는 전혀 자유롭지 않으며, 여러 가지 구식의 제한들 외에도 많은 새로운 제한들이 더해졌다. 보기에는 정보의 폭발 같지만 실제로는 정보의 출처도 점점 단일해지고 있으며 이러한 상황은 왕안이가 말한 '강력한 문화'의 전파와 팽창을 크게 돕고 있으니, 한 작가가 그것을 의심할 뜻이 있다고 해도 어디 가서 진정으로 다양한 정보를 얻겠는가? 사회생활의 분열이 이렇게 세밀한 정도에까지 이르러 사실상 관련이 깊은 사람들을 충분히 감각적으로 서로 소원하게 만든다. 내가 살고 있는 도시를 예로 들면, 소득 수준에 따라 의식주와 교통의 거의 모든 방면에서 점차 서로 멀어지고 있으며, 같은 번호 버스의 승객이라고 하더라도 다른 타입의, 그래서 요금도 다른 버스를 타기 때문에 서로 단절된다. 이러한 상황 아래에서 책상물림인 작가들이 어떻게 다른 계층의 생활을 이해하고 상상할 수 있겠는가? 현재의 삶은 점점 더 복잡해지고, 정치, 경제, 문화 사이, 심지어 물질과 정신 사이의 경계가 날로 모호해지고 있으며 중국의 사정도 중국 자체의 일만은 아니게 된 지 오래다. 만약 원래 흥미가 비교적 단순해서 문학과 예술만 좋아한다면, 심지어는 카프카나 보르헤스류의 작품들만 읽기를 좋아한다면, 어떻게 이 복잡한 인생을 꿰뚫어보고 다양한 사람의 마음을 깨달을 수 있겠는가? 역사와 현실의 처지가 합심하여 만들어낸 상당히 보편화된 희박한 인문의식과 좁은 심령적 시야, 낡은 지식구조, 그리고 '시장경제'의 '대조류'에 의해 자극된 사리사욕의 팽창과 그에 따른 예술격정의 고갈 등에 대해서는 모두가 다 아는 사실이므로 더 이상 말할 필요가 없을 것이다.

바로 이러한 사회와 정신, 문학의 배경 아래에 있기 때문에, 왕안이의 변화가 특별히 더 중요한 의미를 지닌다. 그녀는 줄곧 인생에 대해 선의를 품은 작가였다. 나는 그녀의 문학작품 속에서 격렬한 말과 격분하여 이를 가는 것이 나오는 것을 본 적이 없고, 눈살을 찌푸리는 표정조차 별로 본 적이 없는 것 같다. 그런데 이렇게 따뜻한 작가가 지금 오히려 당대 생활에 대해 깊이 있는 비판적 이해를 명확히 형성했고 그에 따라 문학작품의 새로운 사명에 대해서도 깨달았다. 그녀는 자신의 이러한 이해와 깨달음을 공개적으로 선포했을 뿐 아니라 창작할 때 전력을 다해 그것을 실천하고 있다. 그녀의 펜촉은 여전히 부드럽고 표정은 여전히 온화하지만 이러한 부드러움과 온화함 이면에서 과거에는 없던 긴장을 느낄 수 있으며 나는 그것을 과거에는 없던 격렬함이라고 말하고 싶다. 그녀의 창작 속의 이러한 새로운 면모는 마치 황량한 땅 위에 자라난 눈길을 끄는 한 떨기 신록 같아 저도 모르게 아주 흔쾌히 인정하게 만든다. 오늘날 중국에서 '현대화'와 새로운 이데올로기의 여러 장애와 유혹들을 극복하고 진정으로 다양한 감정 체험과 예술 경지를 창조해낼 수 있는 작가가 없는 것은 아니며, 협애한 이데올로기 정치를 넘어서서 글로써 폭넓은 사회 정치적 의의를 분출해내며 더욱 본질적인 측면에서 우매함과 어둠에 도전할 수 있는 작가가 없는 것은 아니다. 왕안이는 물론 이러한 유일한 작가가 아니며 최초의 작가도 아니다. 그렇지만 그녀가 『푸핑』을 쓰고 바로 이어서 『위에는 마름 심고 아래는 연근 심고』를 써낸 것은 사람들, 적어도 나와 같은 독자들에게, 당대문학이 사회생활의 거대한 변동을 간파해낼 수 있을지, 이러한 거대한 변동에 깊이 있는 대답을 줄 수 있을지에 대해 적지 않은 믿음을 더해준 것이다.

그렇다면 왕안이의 창작에서의 변화 중에서도 잠재적인 위험이 도사리고 있지는 않을까? 내 생각에는 있다. 『장한가』에서부터 『위에는 마름 심고 아래는 연근 심고』까지는 작가가 새로운 이데올로기의 옛 상하이 이야기에서 한 걸음 한 걸음 전력을 다해 멀어지는 하나의 궤적을 아주 분명하게 드러내고 있다. 작가와 옛 상하이 이야기 사이에는 분명한 대치, 정신적 긴장이 존재하며 대립물의 강력함을 감지하면 할수록33) 자기도 모르게 반대방향으로 점점 더 기운다. 바로 이러한 상황이 한편으로는 끊임없이 새로운 예술적 영감을 불러일으키고 다른 한편으로는 이 영감을 슬금슬금 빼버리기도 할 것이다. 만약 작가가 자신과 대립물의 대치에 과도하게 관심을 가지고 그것과의 거리를 벌리는 데에 온힘을 기울이면 자신의 새로운 자태에 대한 반성을 상실하고 문학작품이 원래 배양할 수 있는 정신의 더 큰 풍부함을 약화시키게 되기 쉽다. 요컨대 문학이 이데올로기에 저항할 수 있는 것은 그것이 상대는 가질 수 없는 풍부함과 다양함을 지니고 있기 때문이다. 이데올로기의 무서운 점은 그것이 저항하는 사람들을 멀리 내다볼 수 있는 높은 곳으로부터 잘 끌어내리며 부지불식간에 그들을 그저 자신의 적수로만 바꿔놓아 비록 대립하고 있지만 똑같이 풍부함이 결핍된, 사실상의 동류로 만들 수 있다는 점이다. 『푸핑』의 메이자차오 생활에 대한 열렬한 찬탄 속에서, 『위에는 마름 심고 아래는 연근 심고』에서의 지나치게 소소한 서술 속에서 이러한 풍부함이 상

---

33) 그 아주 강력한 예로 1990년대 상하이의 '노스탤지어 붐'을 들 수 있는데, 그것은 장아이링의 문학작품에 대한 새로운 해석과 포장을 통해 상당히 신속하게 이 작가를 '소화시켜 버렸고 그녀를 '새로운 이데올로기'의 옛 상하이 이야기의 일부분으로 바꿔놓았다.

실된 흔적이 보이지는 않는가? 오늘날 중국에서 진정으로 대작가가 되는 것은 정말 어려운데 그 중요한 원인 중 하나는 작가가 각종 표면의 복잡함을 꿰뚫어 보고 그 배후의 편협하고 독단적인 것도 통찰해야 할 뿐 아니라 편협하고 독단적인 것과 장기간 고된 싸움을 하면서도 시종 자신의 민감성과 침착함, 풍부함을 유지할 수 있어야 하기 때문이다. 최근 10년 동안의 문학과 사상계를 보면, 저항 속에서 자기도 모르게 극단으로 치닫고 예술적 상상과 사상의 풍부함, 침착함이 약화된 예는 너무나 많다. 왕안이의 앞에 가로놓인 이와 같은 잠재 위험은 사실 모든 우수한 작가와 예술가, 사상가의 앞에 놓여있는 것이기도 하다.

5_

왕안이 개인의 창작에 대해서나 아니면 당대문학 전체에 대해서 '메이자차오'는 중요한 상징이라고 할 만하다. 그것이 드러내는 '로맨티시즘'적 상상과 비판, 창조력, 그것이 은연중 함축하고 있는 잠재된 창작의 장애물까지, 이 모두는 당대문학과 사회, 정신생활에 대한 사람들의 느낌의 폭을 분명히 넓혔다. 이것이 문학의 힘이리라. 나는 왕안이를 비롯한 우수한 작가들의 펜 아래서 '메이자차오'와는 다르지만 똑같이 사람을 감동시키며 깊은 사유를 하게 하는 인물이나 이야기, 장면이 이미 탄생했거나 머잖아 탄생하리라고 단정하고 싶다. 근래 친구들과 당대 생활을 주재하는 세력을 논하며 그것의 무한한 능력과 '네가 당해낼 게 못 돼'라는 단언을 들을 때마다, 마음속에서 나도 근거를 알지 못하는 어떤 목소리가 올라오곤 한다. "꼭 그렇진 않아!" 이 목소리는 아주 완고하다. 그리고 내 생각에 그 목소리는 지금 더욱 고집스러워졌는데, 그것은 왕안이가 쓴 '메이자차오'로부터 자신의 근거를 다시 한 번 발견했기 때문이다.

2002년 2월 상하이

『문학평론』(文學評論), 2002년 제3기에 게재

[요약]

　　왕안이(王安憶)의 장편소설 『푸핑』(富萍)은 1990년대 이후 시장경제개혁과 발맞춰 등장한 상하이의 화려했던 옛날을 그리워하는 이야기들과는 확실한 차이를 드러낸다. 1920-30년대의 고급주택이나 고층아파트가 있던 화이하이루 같은 곳에만 시선을 보내고 있는 다른 이야기들과 달리, 『푸핑』은 1950년대의 상하이 판자촌, 메이자차오를 이야기의 중심에 두고 있는 것이다. 이는 왕안이가 특유의 혜안과 시적 민감성을 통해서 현대화와 최신 유행의 '껍데기'를 깨고 거기에 가려졌던 상하이의 모습을 드러내려 한 것이라고 해석할 수 있다. 왕안이의 이러한 변화와 노력은 중국 문단이 1980년대 후반 이후 축소지향적이었던 문학의 이해를 극복하고 문학을 통해 사회의 거대한 변동을 간파하고 이에 대해 깊이 있는 대답을 줄 수 있으리라는 기대를 하게 만든다.

번역 및 요약_김소영

중국문학의 새로운 생산기제[*]

1990년대 이후의 중국문학이 이전(1950-1990년 사이)의 문학과 다른 가장 중요한 것은 그것이 몸담고 있는 사회 전체의 문화 생산기제에 근본적인 변화가 일어났다는 점이다. 이러한 변화는 물론 단독으로 일어난 것이 아니라 최근 20년 동안 일어난 중국사회의 총체적인 변화의 일부분이다. 따라서 계속 변화하고 있는 새로운 문화 생산기제(그 일부로서 문학 생산기제를 포함)는 사회생활과 문학 사이의 핵심적인 연결고리 역할을 담당했다. 사회의 거의 모든 중요한 변화는 우선 문화 생산기제를 통해 문학에 영향을 미쳤고, 문학의 사회생활에 대한 반작용도 많은 부분은 그것을 통해 실현되었다.

새로운 문화/문학 생산기제는 구체적으로 다음과 같다.

---

* 원제: 面對新的文學生産機制

1. '문혁'시기와는 확실하게 다르고 점점 분명해지는 국가의 문화정책과 관리조치. 예를 들면, 현재 관리의 중심은 문학작품을 창작하는 과정이 아니라 문학을 출판하고 전파하는 과정으로 점점 기울어지고 있다.

2. 지속적으로 독점적인 지위를 가지고 위에서 말한 국가정책을 따른다는 전제 아래 자각적으로 점점 이윤의 극대화를 추구하는 문화/문학의 발표와 전파(출판, 상영, 공연, 판매, 홍보 등) 시스템. 그것은 문학창작과 비평에 직접적인 영향을 미쳤는데, 그 분명한 사례가 이른바 문학비평의 '상업화'이다.

3. 초중등교육 단계부터 더욱더 '응용문'화 또는 실용화되고 대학교육 단계에서 '강단화'가 더해진 문화/문학교육 시스템.

4. 여러 가지 사회적 요인이 합쳐져서 만들어진 일련의 문화/문학에 대한 새로운 소비취향과 소비능력. 예를 들면, 현재 가장 구매력 있는 사람들의 연령대와 독서취향은 15년 전과는 분명히 달라졌다.

5. 문화/문학의 창작자, 출판(제작)계 종사자, 평론가, 연구자와 홍보자의 새로운 물질생활과 사회적 지위. 예를 들어, 물질생활 면에서 이러한 직업에 종사하는 사람들은 보편적으로 도시의 중간계층에 속한다. 이는 그들의 문화와 문학 활동에 보이지 않지만 엄중한 영향을 끼쳤다.

6. 지난 몇 십 년의 역사가 만들어낸, 공공생활을 멀리하고 '개인' 생활로 전환되는 것에 편향된 집단기억과 그것에 부합하는 문화/문학의 이론적 해석. 예를 들면, '거대서사'에 대한 회의와 '개인화 글쓰기'의 추구 등등.

7. 이미 시작되어 나날이 만연하는 '새로운 이데올로기'가 제공되고 문화/문학의 '현대화'의 전망에 대한 1980년대와 아주 다른 새로운 상상. 예를 들면, '소비사회', '오락문화' 등의 관념.

8. 차근차근 전개되는 다국적 자본의 문화/문학 생산품의 판매, 출판 제작과 광고 홍보 시스템에 대한 침투. 사실상 이러한 침투는 문화/문학작품의 콘텐츠 제작 영역까지 이미 들어오기 시작했다.

9. 외국어교육과 번역의 주제 선정과 조직방식, 원고료와 출판제도 등의 뚜렷한 변화로 인해 새롭게 형성된 문학 번역과 학술 번역 환경. 예를 들면, 1990년대 중반 이후, 유럽, 미국을 제외한 이른바 '소수언어'로 된 문학작품과 학술 서적은 거의 번역되지 않았다.

10. 위에서 언급한 상황에 대해 비판적 분석의 글쓰기와 토론 활동은 1990년대 이후로 그 영향력이 점점 약해졌다. 그럼에도 불구하고 그것은 지금도 여전히 계속되고 있으며 일정한 범위(예를 들어 일부 대학의 문학교육과 일부 작가의 창작) 내에서는 여전히 영향력을 발휘하고 있다.

목전의 상황을 보자면, 문학계는 위에서 말한 문화/문학 생산기제의 거대한 변화 및 그 이후의 복잡하고 심층적인 원인에 대해 충분하게 중시하지 않았다. 혹자는 보고도 인식하지 못하고 1980년대처럼 계속 창작문제를 토론했고, 혹자는 주목했다 하더라도 그저 '시장경제', '상업화', '문화산업', '대중문화' 등 서양에서 생산된 개념으로 두루뭉술하게 개괄해 이러한 변화의 다양한 중국적 특색은 거의 볼 수 없게 만들었다. 만약에 이런 상황이 근본적으로 변하지 않는다면, 학계는 1990년대 이후의 문학창작과 비평의 변화과정과 오늘날의 복잡한 문학현실을 정확하게 이해할 수도 깊이 있게 분석할 수도 없을 거라 생각한다.

따라서 오늘날 문학이라는 문자텍스트에 대한 깊이 있고 세밀한 연구를 계속해 나가는—지금도 이러한 연구는 여전히 아주 부족하고, 많은 문학비평도 세밀한 읽기를 위한 노력이 여전히 부족하다—동시에 '문학'을 관찰하는 비교적 넓은 시야를 세워나가야 한다. 더 이상 문학을 창작과 비평의 텍스트로만 이해해서는 안 되며 사회의 다양한 요인이 포함된 사회복합체나 또는 각종 요소가 그 속에서 서로 작용하는, 끊임없이 변화하는 사회적 공간으로 간주해야 한다. 이와 동시에 우리는 물질적인 '제도'적 요인과 개인의 문학창작을 결합해 분석하는 능력을 특히 주의해서 다져야 하고, 여러 가지 상호작용 속에서 현재 문학창작의 한계와 가능성을 인식해야 한다. 이렇게 하면 문학연구는 보다 개방성을 가진 비평과 연구의 틀을 크게 확장할 가능성이 있으며, 그럼으로써 우리는 문화연구와 당대의 사회와 역사 연구로부터 다양한 지원을 얻을 수 있는 동시에 거꾸로 그들을 지원할 수 있을 것이다.

사실 중국 근현대문학 연구 영역에서 문학창작과 비평의 생산이 의지하고 있는 사회 전체의 문화/문학 생산기제에 대한 연구는 이미 상당히 심화되어 수적으로도 풍부한 성과가 나왔다. 이와 비교했을 때 최근 문학연구는 이 방면에서 확실히 뒤떨어졌다. 따라서 현재 최근 문화/문학 생산기제의 변화를 연구하는 것은 결코 새로운 길을 개척하는 것이 아니라 앞선 것을 따라잡으려고 분발하는 것이다. 이 길에서 정체된 우리의 상황을 바꾸어 나가면 아주 많은 주제와 연구대상이 바로 앞에서 우리를 기다리고 있을 것이다.

'현재 중국의 문화/문학 생산기제'에 대한 연구 분야의 예를 들어보자. 어떤 역사와 현실의 요인이 새로운 문화/문학 생산기제의 출현을 촉진시켰는가? 이 생산기제의 작동 법칙과 자기조정 능력은 또 어떤가? 그것은 '지구화'의 추세 속에서 어떻게 점차적으로 다양한 중국적 특색을 형성하고 있는가? 만약 중국이 이른바 말하는 '영상시대'에 이미 접어들었다면 각종 영상문화는 문학에 도대체 어떠한 영향을 미치는가? 이른바 '통속적'이거나 '소비적' 성향의 읽을거리의 번성은 문학에 대해 어떠한 도전을 했는가? 구체적으로 들어가면 주제는 더 많아질 것이다. 앞에서 나열한 새로운 문화/문학 생산기제의 구체적 항목(물론 내가 열거한 10개 항목에 그치지 않는다) 하나하나가 모두 많은 주제를 이끌어낼 수 있을 것이다.

일단 생산기제 변화의 측면에서 1990년대부터 지금까지의 문학창작과 비평을 다룬다면, 익숙했던 많은 현상들이 자연히 새로운 모습으로 나타날 것이다. 예를 들어, 최근 문학창작의 '현대화' 숭배에 대한 순종과 도전, 최근 소설 속의 '기층'에 대한 상상, 1990년대 공공생활의 거대한 변화와 창작의 '개인화' 경향이 가지는 중층적 관계, '현실'이 다시 창작의 중요한 소재가 되었을 때, 이른바 '리얼리즘 충격파'와 '부패 청산', '관료사회'에 대한 소설의 각도에서 최근 문학의 애매모호한 성격을 보는 것 등등. 문학비평 분야에서 1990년대 여러 가지 새로운 문학에 대한 '명명'('신역사주의', '신상태 소설', '개인서사', '신체서사 등등)과 새로운 문화/문학 생산기제와의 관계, 문학비평과 '새로운 이데올로기'와의 관계, '순수문학' 개념의 역사와 그것이 가지고 있는 의미의 전환, 새롭게 일어나는 '매체비평', 이른바 '강단화' 비평의 발달과 문학비평의 강단화 문제 등등은 모두 자세하게 논의해 볼 가치가 있다.

이 새로운 연구대상과 주제를 확립했다는 것은 말할 필요 없이 많은 길을 펼쳐 놓은 듯하다. 최근 십여 년 동안, 한둥(韓冬)이 주장한 '시는 언어에서 멈춘다'(詩到語言爲止) 류의 새로 쌓은 두터운 장벽에 시야를 가로막혔던 사람들 너머의 거대한 영역이 다시 우리 눈앞으로 돌아와 새로운 사고를 이끌어낼 것이다. 예를 들어, 새롭고 다양한 문학체험과 상상력은 어떻게 가능한가? 어떻게 새로운 문학과 비평의 문체를 창조할 것인가? 오늘날 지식인의 정신과 문학비평의 새로운 가능성은 어디에 있는가? 최근 문학은 '좌익' 또는 '사회주의' 역사경험에 대한 성찰에 참여해야 하는가 또는 어떻게 참여하는가 등등. 새로운 사회 조건 아래에서 '미학' 또는 문학의 '초월성' 문제는 어떻게 다룰 것인가?

작년 11월 초에 물의 마을 저우좡(周庄)에서 몇몇 동료와 이 문제들에 대해 이틀간 토론을 벌였다. 비록 초보적인 토론에 불과했지만 이후에도 계속 깊이 파고들만한 일련의 주제들을 이끌어냈다. 예를 들면, 안정적인 구조인 것 같지만 끊임없는 변화 속에 놓여 있는 이 새로운 문화/문학 생산기제의 동력을 어떻게 더 깊이 분석할 것인가? 1980년대 문학과 사상의 역사를 어떻게 새롭게 서술할 것인가? 해방의 의미를 가졌던 관념들이 1990년대에 어떻게 억압의 기호로 변했는가? 거듭 예를 들면, 오늘날의 사회와 문화 조건 아래서 문학과 사상 활동의 이론 차원과 문학의 정치성을 어떻게 인식할 것인가? 현대문학의 다양한 자원을 어떻게 다시 발굴할 것인가? 이런 문학적인 문제를 통해, '대변인'으로서의 지식인 문제, 개인사상의 입장과 일생생활 경험과의 관계 문제, 기억의 상실과 다시쓰기 문제 등등 더 큰 범주의 문제를 이끌어냈다.

이렇게 깊은 사고를 이끌어내는 많은 문제가 표면 위로 떠올라 당신이 실재로 그것들을 붙잡을 수 있다. 당신은 이 문제들에 직면해 문학계와 사상계 내부에 얼마나 큰 분기가 있는지 그리고 각 분기마다 모두 맹렬하게 당신을 자극하고 당신이 사상을 뿜어낼 수 있는 활력을 촉진하는 것을 분명하게 느낄 수 있을 것이다. 현실의 크나큰 변화와 연구자의 성찰이 서로 손을 잡아 최근 문학 비평과 연구를 이런 상태로 이끌어낸다면 우리도 이런 비평과 연구를 새롭게 추진할 날이 멀지 않을 것이다. 이 모든 것이 우리의 용기를 북돋는다!

2003년 1월 상하이에서

「중화독서보」(中華讀書報), 2003년 2월 26일 게재

[요약]

1990년대 이후 중국사회의 변화에 따라 문화 생산기제에도 근본적인 변화가 일어났다. 그 주요한 변화는 우선 국가의 문화정책이 변했다는 것이다. 이로 인해 문화/문학의 생산과 유통에서 이윤을 추구하기 시작했고, 초중등교육과정의 문화/문학교육은 실용화를 추구했다. 문화/문학에 대한 새로운 취향과 구매력을 갖춘 소비자가 형성되었으며, 문화/문학계 종사자들의 사회적 지위와 생활수준도 향상되었다. 문화/문학에 대한 이론적 해석은 개인/개인생활에 중심을 두었다. 다국적 자본이 문화/문학의 판매와 유통뿐 아니라 콘텐츠 제작에도 참여하기

중국문학의 새로운 생산기제 **79**

시작했으며 1980년대와는 다른 소비사회에 대한 새로운 관념이 형성되었다. 따라서 문학계와 사상계도 이런 변화된 상황에 대한 성찰과 함께 새로운 관점에서 문학연구와 비평을 추구해야 한다.

번역 및 요약_고재원

L현 견문[*]

2004년 8월 중순, 동료를 따라 다볘산(大別山) 중턱의 한 작은 마을에 가서 일주일을 묵었다. 시간은 비록 짧았지만 필경 보고 들은 것이 있고 그로 인해 알게 된 것과 새로운 의혹이 있기에 여기에 우선 몇 줄 적어둔다.

1_ L씨 마을

우리가 간 곳은 L현 중부였다. 현(縣)정부 소재지를 벗어나 30여 킬로를 달려 좁고 긴 산골짜기로 차가 들어서자, 왼쪽에는 연이은 논이 펼쳐져 있고 오른쪽에는 100미터 정도 넓이에, 모래 바닥을 드러내며 맑은 물이 흐르는 큰 강이 나왔다. 강에는 대략 500미터 간격마다 시멘트와

---

* 원제: L縣見聞

돌을 섞어 쌓은 넓이 1미터 정도의 낮은 제방이 가로놓여 있어 강을 건너는 다리 역할을 하고 있었다. 그 중 한 제방 근처에서 내려 신을 벗고 제방 위로 강을 건넌 후, 다시 진창길을 따라 7-8분을 가서야 L씨 마을에 도착했다. 그곳은 30여 가구, 150-160여 명이 사는 작은 산골 마을이었다.

마을은 비탈을 따라 남북으로 퍼져있었다. 대다수가 흙벽돌집으로, 황갈색 벽면에 거무스름한 기와지붕이었다. 한쪽 벽면에 "화(華)주석이 5회 인민대표대회에서 엄숙하게 지적하시길…"1)이라고 적혀 있기도 했다. 마을 중앙에는 새로 지은 양옥집이 두 채 있었다. 그 중 하나는 아주 새 것이라 창의 스테인리스 난간이 햇볕에 반짝이고 있었지만 문과 창이 꼭 닫힌 채 늙은 누렁이 한 마리만 문 앞에 누워있었다. 마을사람들 말이 그 집 주인은 타지에 돈 벌러 나갔고, 이 집은 그가 아내를 맞으려고 지은 것인데, 짓는 데 4만 위안(元) 넘게 들었다고 한다. "그 사람 아직도 장가를 못 갔어!"라며 그 마을사람은 웃었다.

내가 묵은 집은 마을의 동북쪽 끝에 있었는데, 역시나 비탈을 따라 지은, 두 채로 된 집이었다. 앞채는 원래 흙벽돌로 된 낡은 집이었는데 지금은 북쪽 벽 절반을 허물고 크진 않지만 비를 피할 수 있는 앞뜰을

---

1) 화주석은 화궈펑(華國鋒, 1921~2008)을 가리킨다. 마오쩌둥(毛澤東) 사망 후, 중국공산당 중앙위원회 주석, 중앙군사위원회 주석, 국무원 총리 등의 직무를 역임했으며, 1980년 국무원 총리직을, 1981년 다른 두 직위를 사퇴했다. 여기서 말하는 인민대표대회는 전국인민대표대회로, 각 행정구역과 군대의 대표로 구성된 중국 최고 권력기구이며 입법권을 행사한다. 제5회 전국인민대표대회는 1978년 회의 때 대표를 선출하여 1982년까지 다섯 차례 개최된 회의를 말한다. 인민대표대회는 전국대회뿐 아니라, 각 지방(省, 市, 縣, 鄕鎭)급 인민대표대회가 존재한다. 여기서는 1970년대 후반에 쓴 글귀가 아직도 남아 있는, 그만큼 지은 지 오래된 집임을 나타내고 있다. -옮긴이

만들었다. 뒤채는 살림집으로, 7년쯤 전에 지었는데 속이 빈 신식벽돌을 사용하긴 했지만 역시나 단층집에 경사진 지붕의 오래된 농가양식이었다. 집은 남향으로, 정문으로 들어가면 거실이 있고 좌우에 각기 방 한 칸씩 있으며, 거실 뒤로는 부엌이 있고 집 뒤로 난 문이 있다. 집 전체는 넓고 천정이 높아, 내 눈짐작으로는 시멘트 바닥에서 천정까지 족히 8미터는 되었다. 뒷문을 나서서 두세 걸음을 가면 상당히 가파른 산비탈이 나오는데, 이 비탈이 집 동쪽과 북쪽의 담 역할을 하고 있었다.

집 안팎의 모든 곳에서 나는 주인의 근면함을 느낄 수 있었다. 거실의 북쪽 벽 아래에는 새로 산 29인치 칼라TV가 있고, TV위를 붉은 색 인조견으로 된 천으로 덮어두었는데, 열을 내보내는 구멍을 막지 않도록 천을 조심스럽게 걸어 올려놓았다. 주방의 장작 때는 부뚜막 위쪽으로는 좁다란 하얀 타일이 붙어 있었는데 아주 깨끗하게 닦여 있었다. 앞뜰의 담 가까이에 있는 연못에는 그 지역 특유의 물고기 10여 마리가 연못 바닥을 고요히 노닐고 있었고, 연못 맞은편에 따로 만들어 놓은 부뚜막 위에는 돼지먹이를 만드는 데 쓰는 큰 솥이 걸려 있었다. 다른 쪽 편에는 잘 만든 관 두 개가 포개어져 있었는데, 어른들을 안심시키기 위한 것이었다. 앞뜰 동쪽편의 쪽문을 열고 나가면 산비탈의 경사면 위에 일군 작은 동쪽 뜰이 있는데, 거기에는 돌을 1.5미터 가량 쌓아 만든 돼지우리가 있어 포동포동하게 살찐 흑돼지 한 마리가 그 안에 누워서 작은 눈으로 사람들을 주시하고 있었다. 반쯤 자란 암탉들은 앞뜰과 동쪽 뜰을 오르내리고 목을 내밀며 '꼬꼬댁' 하는 소리를 내지만 꼭 알을 낳아서 그런 것은 아니었다. 집 뒤의 산비탈 위에는 푸른 나무들과 콩밭, 수세미 덩굴, 그리고 조그만 대나무 숲이 있는데 그 중의 한 그루가 왠지 구부러져

내려와 있어 서너 마리의 중년 암탉이 그 위에 서서 사방을 유유히 바라보고 있다. 앞뜰과 뒤뜰에 모두 배수구가 있으며, 뒤뜰에는 세탁을 위해 특별히 만든 네모난 돌 세면대도 있다. 주인이 가장 자랑스럽게 여기는 것은 뒷산 위에 판 4미터 깊이의 우물인데, 강철 파이프와 수도꼭지를 써서 주방과 연못, 세탁 세면대에 각각 물이 흘러들어가게 해놓았다. 도시에서 온 내가 주방의 저수조에서 알뜰하게 물을 반 컵 뜨는 것을 보고는—이것은 맑고 단 산속의 샘물이 아닌가—그는 웃으면서, "많이 좀 떠요, 이건 돈 안 드는 거니까"라고 했다.

날이 막 어슴푸레 밝아오니, 창밖에서 작은 수탉 두 마리가 목청을 높여 울며 새벽을 불러오는데, 그 중 한 마리는 쉰 목소리라 가락을 뽑지도 못하면서도 강단은 있어 먼 곳에서 울음소리가 들려올 때마다 꼭 한 번씩 따라서 울음소리를 냈다. 나는 아예 일어나서 동료를 따라 뒷산을 산책했다. 동료는 그 마을 출신인데, 지난 4년 간 와보지 못했다며 산에 들어서자마자 "허! 이 산의 나무들이 벌써 다 자랐네!"라고 소리쳤다. 4년 전에는 이렇지 않아서, 사람들이 여기저기 벌목을 하여 곳곳에 모래와 자갈로 된 땅이 드러나 있었다고 한다. 내가 사방을 보며 "이젠 오히려 녹지가 되었는걸!"이라고 하자, 그는 "맞아, 사람들이 다들 도시로 일하러 떠나고, 마을에 땔감을 벌목하는 사람들이 그리 많지 않게 되었으니, 이 산도 저절로 푸르게 되었군…"이라고 했다.

확실히 L씨 마을도 그렇고 주변의 몇몇 마을들도 그렇고, 보이는 곳에는 모두 5-60대의 노인들과 7-8세 혹은 10여 세의 아이들뿐이었다. 간혹 청·장년층의 사람들을 마주치기도 했지만, 기색이 좀 굼뜨거나 팔이 하나 없든가 혹은 다른 장애가 있었다. 심신이 건강한 대다수의 청·

장년은 양옥집을 지어놓고는 비워둔 채 살지 않는 그 사람처럼 아마도 다들 도시로 돈벌러 간 것 같았다. 내가 묵었던 집의 한 이웃에는 18살 된 아가씨가 있었는데 옷차림도 산뜻하고 얼굴에도 총기가 있어 전혀 시골사람 같지가 않았다. 물어보니, 그 아가씨는 이미 여러 해를 현정부 소재지에서 일했는데 혼담을 꺼낸 사람이 있어 잠깐 돌아왔다는 것이다. 내 동료도 여동생이 둘 있는데 모두 상하이에서 돌아온 지 얼마 되지 않았으며, 그 남편들도 아직 상하이에서 일하고 있다고 했다.

산촌 사람들은 저녁을 늦게 먹는다. 날이 아직 어두워지지 않았을 때, 나는 대나무의자를 들고 나와 문간에 앉아 주인에게 일상 살림살이에 대해 물어 보았다. 그는 거의 예순이 다 되었으며 그리 크지 않은 키에, 몸은 말랐고 웃으면 얼굴에 주름이 가득해지지만 머리가 까매서 늙어 보이지는 않았다. 마을의 다른 사람들과 달리, 그는 표준어를 유창하게 구사할 수 있었는데, 하나하나 손가락을 꼽아 가면서 차근차근 여러 가지 이야기를 해 주었다. 평상시 집에는 그와 아내 이렇게 둘만 살며, 아들은 상하이에서 일을 하고 있고 두 딸은 모두 시집을 가서 멀지 않은 다른 마을에 살고 있다. 그는 두 마지기(400평 남짓-옮긴이)가 조금 넘는 땅에 농사를 지으며 1년에 2모작을 하는데, 한 번에 500kg 가까이 되는 벼를 수확할 수 있으며, 현재의 곡식 가격에 따라 종자와 비료, 단기 고용인 임금 등의 비용을 빼고 나면 한 마지기당 근 400위안, 1년에 모두 1,500위안 정도를 벌 수 있다고 한다. 이 돈에는 1년간의 식량과 식생활 필수품 비용이 포함되며, 그것으로 세금과 각종 잡비를 내야 하는데, 작년에는 세금과 잡비가 1,000위안이 넘었지만 올해는 줄어서 900위안 가까이 나왔다고 한다.

"그럼 부족하잖아요?" 계산에 밝지 못한 나도 그의 농사 수입이 평소 생활비에도 못 미친다는 것은 바로 짐작할 수 있었다. "돼지도 키우고…." 키가 작은 그의 아내는 종일 집에서 바쁘게 움직이는데 그의 아내가 설명하기를, 매년 두 마리의 돼지를 키워서 한 마리는 설에 집에서 쓰고 나머지 한 마리는 100㎏ 정도 될 때까지 키워서 1,000위안 가까이 받고 판다고 한다. 닭도 거의 서른 마리 있는데, 매일 평균 6-7개의 달걀을 받아 한 개당 0.35위안에 판다. "그렇게 하면 유지가 되나요?" "안 되지요." 주인 남자가 고개를 가로젓는다. "지금 농촌에서는 무슨 일만 있으면 부조를 해야 하는데, 아이가 태어나 한 달이 되었거나 노인이 생일을 맞았거나 학교에 입학했거나 결혼을 하거나 집을 짓거나…한 번에 적어도 몇 십 위안은 내야 하지요." 그 나이면 자녀 교육비로 돈 쓸 일은 더 없는 듯했지만, 외손자와 외손녀들이 학교에 다니는데 이렇게 학비가 비싼 지금 외할아버지와 외할머니가 못 본 체 할 수 있겠는가? 어느덧 점점 노년에 접어들고 있으니 언젠가 병이 나면 치료비와 약값도 끝없이 들어갈텐데…. 이야기가 여기에 이르자 결론은 분명해졌다. 만약 아들이 상하이에서 생활비를 보내지 않으면 이 집은 생계를 유지하기가 어렵다는 것이다.

"이 마을에서, 나정도 살면 중간 수준은 돼요"라고 그가 덧붙였다.

2_ 읍내

L씨 마을에서 도로를 따라 동쪽으로 1리쯤 가면 X씨 마을의 읍내에

다다르는데, 그곳은 예전에는 향(鄕)[2]정부 소재지(지금은 철수되었지만)였다. 2-3층으로 된 서로 다른 양식의 오래된 건물들과 새 건물들이 뒤섞여 도로 양쪽에 늘어서 있었다. 새로 지은 것은 대개 2층집이고 모두 남색 유리와 알루미늄 합금 창을 달았으며 외벽은 흰색 벽돌로 되어 있었다. 대략 100미터 구간 내의 거의 모든 집이 1층을 잡화점, 이발소, 농업용 물자 공급소[3] 약국 등의 상점으로 쓰고 있었다. 의외로 사진관이 두 집이나 있었다! "사진관이 그렇게 잘 되나?" 사정을 아는 사람이 알려주기를 "평소에는 별로 드나드는 사람이 없고, 주로 근처에 있는 학교와 학생들을 대상으로 장사를 해요"라고 했다. 그것도 그럴 것이, 지원서 사진, 증명서 사진, 졸업 사진…, 시골의 학교교육이 이렇게 밀집된 사진업까지 유지시켜줄 줄은 생각도 못했다.

두 군데의 정육점도 도로변에 도마를 내놓고 있었다. "주인장, 한 근(500g)에 얼마요?" "8위안이요!" "이 둘은 값이 같아요?" 내가 놓여 있는 돼지 족발과 돼지비계를 가리키며 묻자, "둘 다 8위안!" 하고 고기를 파는 중년 부인이 손으로 파리를 쫓으며 대답했다. 어떻게 상하이의 마트보다 더 비싸지? 그 지역 사람들의 말에 따르면 이건 싼 편에 속한다고 한다. 음력설이 되면, 한 근에 10위안을 주고 사야 한다!

정육점 뒤쪽에는 읍내에서 제일 큰 '공급-수매 상가'(供銷商場)[4]가

---

2) 향(鄕)은 중국 행정 구역 단위의 하나이다. 현(縣)이나 구(區) 아래에 있는 기층 행정 단위이다. 진(鎭)이 인구가 많고 어느 정도 상공업도 이루어진 데 비해, 향은 하나 또는 몇 개의 부락으로 되어 있다. 전자가 우리나라의 읍(邑)에 해당된다면 후자는 면(面)에 해당된다고 할 수 있다.-옮긴이
3) 농업용 물자 공급소는 전문적으로 농사에 필요한 물품을 파는 곳으로, 이전에는 국가에서 경영하여 싼 가격에 농민들이 농사용품을 구매할 수 있게 했으나, 지금은 거의 민영이다.-옮긴이
4) 공급-수매 상가: 공급 수매 합작사(供銷合作社)는 농촌의 생산과 생활 수요를 만족시키기

있는데, 그곳은 다른 작은 잡화점들과는 달리 개방식 진열대를 써서 대형 마트 같은 모습을 하고 있다. 진열대에는 색은 화려하나 조잡한 포장의 모조품들이 가득 놓여 있었다. 한 통에 3위안이 조금 넘는 과자의 포장지에는 생동감 넘치는 영문 글자들이 인쇄되어 있었는데, 한 가운데에 한자로 '프랑스풍미'(法國風味)라는 글자들이 찍혀 있었다. 퉁이(統一) 브랜드의 냉녹차는 한 병에 3위안으로 달걀 9개와 맞먹는 값인데, 상하이에 있는 우리 집 근처 마트보다 몇 마오(毛)는 비쌌다. 상가의 동쪽 벽에는 상의와 바지가 위아래로 몇 줄 걸려 있었는데, 자세히 보니 태반이 갖가지 영어단어가 인쇄된 T셔츠와 여기저기가 하얗게 닳아서 구멍이 난 청바지였다. 디자인만 본다면, 정말 대도시에서 파는 옷들과 별로 차이가 없었다.

X씨 마을에서 도시화의 분위기를 더 잘 드러내는 것은 거의 나란히 들어서 있는 '중국 이동'(中國移動)통신과 '중국 연합통신'(中國聯通, China Unicom)의 '직영 대리점'이었다. L현을 관할하는 H시의 큰 길에는 플래카드 하나가 잘 보이게 걸려 있는데, "경축! H시 이동통신 사용자 50만 돌파"라고 쓰여 있었다. 그렇지만 L현의 2천 개가 넘는 핸드폰 중, 다수는 연합통신의 번호를 쓰고 있었다. X씨 마을 부근의 산골 도로에는 남색 바탕에 흰색으로 "성공한 사람은 모두 고톤(GoTone: 이동통신의 주요 브랜드)을 쓴다"라고 적힌 거대한 광고판 여러 개가 정면으로 나타난다! 현대 도시 생활의 조류가 산골 작은 읍내의 이 짧은 길에서도 그 기세를 드러내고 있었다. X씨 마을의 동쪽 끝에 있는 낡은 양옥집은 외관을 수리하고 있었는

위해 설립된 상업적 성격의 공공기관으로, 농민들에게 생산도구, 생활용품 등을 판매하고 농산품과 부산물을 사들이는 곳이다. ─옮긴이

데, 대리석을 깐 높은 층계, 전체 외벽을 채우고 있는 크롬 도금 틀이 달린 큰 유리창, 검은색 대리석으로 된 카운터와 바닥, 반짝반짝 빛나는 스테인리스 방범 울타리…대문 위에는 커다랗게 영어로 "Credit Cooperation of China"(중국신용합작사)라는 간판이 붙어있었다. 이런 뜻밖의 화려한 분위기는 잠시 내가 어디에 있는지 헷갈리게 했다.

싼리판(三里畈). 이곳은 L현 동남쪽에 있는 큰 읍인데, 그 지역의 세무부서에서 일하는 친구의 말에 따르면 전체 현에서 가장 부유한 읍이라고 한다. 읍내를 대충 한 바퀴 돌아보았는데, 길게 이어진 몇몇 거리에 작은 가게들이 죽 늘어서 있는 것만을 얼핏 보았다. 가장 인상이 깊었던 것은 오토바이를 파는 가게들로, 자링(嘉陵), 혼다, 야마자키, 그리고 영국의 Gerige 상표 등이 있었다. 그 중 한 집의 입구에는 크게 "영국 Gerige 오토바이는 많은 중국 고객님들께 완벽한 서비스를 제공합니다"라고 적힌 글이 붙어 있고 각종 모델이 가득 들어서 있었다. L현에는 2만대가 넘는 오토바이가 있다(전체 인구는 59만이다). 그 중 적잖은 수가 무면허이면서 그렇게 오르락내리락, 고르지 않은 시골길을 질주하는 것이라고 한다. 어느 날 저녁, 그 지역 친구가 오토바이로 나를 L씨 마을에 데려다준 일이 있는데, 깜깜한 길을 덜컹거리며 10여 분쯤 달렸을 때 어느 다리 부근에서 뜻밖에 야간 순찰을 하는 경찰과 마주쳤다. 한 젊은 경찰이 오토바이 번호판이 달려있어야 할 곳을 주시하고 있어, 그 친구가 난처해하던 찰나, 경찰차에서 또 한명의 나이든 경찰이 내리는데 아는 사람이 아닌가! 그래서 인사를 몇 마디 주고받고는 위기를 넘길 수 있었다.

읍의 서남쪽에 있는 버스터미널 맞은편에는 눈길을 확 끄는 표어가 세로로 적혀 있었는데, "경제발전은 단단한(硬) 이치이며, 상인과 자본을 모으는 것은 단단한 능력이며, 프로젝트 건설은 단단한 성적이다." 세 번이나 쓴 '단단한'이라는 말은 그 지방 정부가 자신의 작업 목표를 어떻게 설정하고 있는지를 분명히 말해준다. 옆의 3층짜리 건물의 외벽 한 면에는 더 커다란 표어가 있었는데 "딸이 없으면 혼인하지 못하고, 딸이 없으면 좋지 않고, 딸이 없으면 사회가 평안하지 않다"고 적혀 있었다. 읍에 사는 친구의 설명을 들으니, 그 지역의 남녀 비율이 심각하게 맞지 않아 읍의 정책에 영향을 주기 때문에 이런 표어를 적어 놓은 것이라고 한다. 그 이후, 다른 지역에서도 유사한 표어(이런 것도 있었다. '불법 태아 감별과 선택적 낙태 금지!')를 계속해서 보게 되었다. 싼리판에서 멀리 떨어진 한 도로의 세 갈래 길 입구에는 L현의 출산관리국에서 특별히 세운 광고판이 있었는데, 태아 감별과 낙태에 대한 각종 벌금의 액수가 명기되어 있었고 그중 가장 높은 금액은 7,500위안이었다. 이는 싼리판 한 곳만의 문제가 아님을 분명히 보여준다. 내가 보기에 관리들이 이 일을 해결하는 데 전력을 다하게 만드는 가장 좋은 방법은 이것을 정책 심사 지표에 넣는 것이다.

읍내를 반쯤 돌아보았을 때, 기이한 대형 건물이 하나 눈에 띄었다. 5층짜리 건물인데, 네모반듯한 것이 성채 같이 생겼고, 외벽은 흰색 타일로 되어 있으며, 꼭대기에는 오지기와로 된, 처마 끝이 들어올려진 지붕을 4개의 원기둥이 떠받치고 있었다. "아, 저건 읍내의 한 부잣집인데요, 들어가 보고 싶으세요? 괜찮아요!" 우리를 데리고 다니던 세무서에서 근무하는 친구가 손을 흔들며 앞장서서 그 큰 집으로 들어갔다. "어서 올라오세요, 어서요!" 누가 왔는지를 확인한 주인은 만면에 웃음을 띠고 인사를 했다. 그는 40세가량 된 중년으로 얼굴은 검고 말랐다. 우리를

2층의 거실로 맞아들이면서, "우리 집은 매일 손님이 있어요!…"라고 했다. 거실은 족히 50-60평방미터는 되는데 바닥엔 타일이 깔려 있었고, 중간쯤에 나무 의자가 빙 둘러 있었으며 서쪽 벽 쪽에는 키가 1미터도 넘는 자기 화병 두 개가 속이 텅 빈 채 놓여 있었다. 주인은 석탄 장사를 하는 사람으로 다퉁(大同)에서 석탄을 사들여 L현으로 가져온다. "주인장, 장사하기는 어때요?" 하고 내가 묻자, "안 좋아요! 에너지원이 부족하니, 석탄 값이 너무 불안정해서…." "다퉁의 그 작은 탄광들은…." "내 석탄은 모두 큰 탄광에서 사들인 거예요! 그 작은 탄광의 석탄은 질을 보장할 수가 없어서 들이질 못해요." 세무서 직원이 옆에 있어서인지 주인은 얼른 화제를 돌렸다. 우리가 상하이의 대학에서 왔다는 말을 듣고 그는 자신의 자녀 교육문제를 이야기하기 시작했다. "나는 아들 셋에 딸이 하나 있는데, 하나마다 집 한 층을 줬어요! … 큰아들은 공부를 못해서 성(省)의 한 전문대학을 다니고 있어요. …셋째 아들은 공부를 잘하니까 나중에 상하이에 있는 대학에 갈 거예요! 나는 문맹이라 아는 게 없어서…."

나는 그가 "나는 아들이 셋이고…"라고 말을 시작할 때의 그 뽐내는 모습이 거북하여 인사를 하고 일어났다. 오늘날 농촌(농촌만은 아니지만)에서는 이미 자녀의 수가 빈부 차이를 드러내는 중요한 지표가 되고 있다. 석탄 상인은 우리와 함께 계단을 내려오다가 계단이 꺾어지는 곳의 창문가에 멈춰서더니 집 뒤쪽의 1.5마지기(300평 정도-옮긴이)는 되는 공터와 공터 끝에 두 줄로 늘어선 단층집들을 가리키면서 "저것도 내가 다 사들였어요. 이 집의 대지와 집 앞의 땅(적어도 0.5마지기는 되는데)과 함께 사뒀지요." "목돈이 들었겠네요?" "다 합쳐서 14만(위안)이들었어요." 그렇게 싼가? 세무서 친구가 내가 믿기지 않아 하는 것을 보고는 대문을 나서며 나에게 설명을 해주었다. "상인들과 자본을 끌어들이려고 땅을 그들에게 주는 거예요!" 그는 또 다음과 같은 일도 있었음을 알려 주었다. 모 투자자는 80만 위안으로 읍내의 한 파산한 작은 공장을 샀는데, 보답으로 읍에서 1마지기 당 1만 위안의 저가로 공장 주변의 20마지기 땅을 그에게 팔았다는 것이다. 투자자는 'XX주식회사'라는 간판을 내걸고 상징적으로 몇 개의 사무책상만 갖다 놓은 뒤, 한 푼 어치의 장사도 하지 않고 세금도 한 푼 내지 않는다는 것이다. 그러다가 잠깐 사이에 800만 위안의 가격으로 은행에 이 땅을 저당 잡히고는 앉은 자리에서 700만 위안을 벌어들였다는 것이다! "정말 어이가 없어서!" 일 년이 되어가는 일인데도 세무서 친구는 말하다보니 또 화가 나서 다소 씩씩거렸다.

"그럼 그쪽 세무서에서는 그 사람 세무조사를 안 하나요?" 그 친구는 계면쩍어 하며 설명해 주었다. "여긴 작은 동네라 대강대강 해요 저 사람들," 그는 주위의 이층 혹은 삼층의 개인 주택들을 가리키며 말을 이었다. "다들 회계장부가 없어요 우리는 대강 세액을 추산하고 매년 조금씩 늘릴 수밖에 없죠. 그쪽에서 거래가 없어서 손해를 봤다고 하면, 우리도 조사하기가 어렵고…." 이 친구는 우정을 중시하는 사람으로, 친구를 만나면 안주 없이도 바이주(白酒) 두 잔을 그냥 들이킬 수 있는 사람이다. 세무관을 하고 있지만 옳고 그름은 잊지 않아서, 한 번은 술이 거나하게 취해 동료와 우리들 앞에서 큰소리로 "우리는 안 무서워, 우리는 법이 있으니까. 현장(縣長)이 와서 사정을 봐달라고 해도 소용없다고!"라고 말하기도 했다. 그러나 그런 투자자를 만나면 그도 속수무책이었다.

3_ X씨 마을 중·고등학교에서 L현 제일 중·고등학교로

X씨 마을 중고등학교는 L씨 마을에서 2리가 좀 못되는 곳에 있는데, 내 동료의 중학교 시절(1980년대 초기)의 모교이다. L씨 마을 부근의 도로변에서 나는 차머리에 "X씨 마을 중고등학교는 여러분을 환영합니다"라고 쓴 커다란 붉은 종이를 붙인 봉고차가 바삐 지나가는 것을 두 번인가 보았다. 그날 오후에 동료가 내게 "X씨 마을 고등학교를 한 번 보러 가지? 오늘 개학하던데…" 하고 권했다. 나는 조금 이상하다고 생각했다. 8월 중순밖에 안 됐는데 벌써 개학이라고?

도로에서 우회전해 흙길로 들어선 후 논밭을 지나면 학교에 도착한다. 정말 개학을 했다. 교사 3층에는 가로로 표어가 걸려 있고, 몇몇 인부들이 탕탕 소리를 내며 학생 기숙사에 진열대를 설치하고 있는데 이곳을 매점으로 개조하려는 것이다. 교정 서쪽 끝에는 큰 유리창이 달린 새 식당이 곧 준공되려 하고 있었는데 크롬 도금한 문틀과 창틀의 보호필름이 너덜너덜하게 뜯어져 있었다. 처마 달린 긴 복도가 있는 두 동의 단층 건물은 남학생 기숙사로, 벽의 페인트는 벗겨져 있고 불그스름하게 녹슨 철판이 달린 나무문에는 분필로 '고1(2반)'이라고 적혀 있다. 대강당은 20년 전 그대로, 2인용 나무침대가 가득 놓여 있었다. 동료는 그것을 보고 "나도 여기서 잤었는데, 7-80명이 한 방에서!"라며 기억을 더듬었다. 그리고 석회만 바른 지붕, 네모나게 투각된 작은 창문들이 북쪽의 경사면 위에 높이 달려있는 변소도 이전 그대로였고, 그 안의 빛과 냄새도 20년간 변하지 않았다.

그 학교의 국어교육 연구실장을 맡고 계신 동료의 은사님이 우리를 따뜻하게 맞아주셔서, 교장실에 가서 차를 마셨다. 그는 50세 남짓했는데 구두를 신었고 바지는 걷어 올렸으며 별로 표준어를 사용하지는 않았지만 대체로 알아들을 수 있었다. "요 며칠은 정말 바빴어요! 다른 학교와 신입생 유치를 놓고 경쟁을 하느라고(나는 바로 붉은 색 종이를 붙인 봉고차가 생각났다), 그래서 일찍 개학을 한 겁니다. 400명을 모집할 계획이었는데, 오늘 온 사람은 반도 안 되는군요! 며칠 뒤에 선생님들이 다시 마을에 가서 알아볼 테니, 학생들이 좀 더 올 겁니다. 그래도 아마 계획한 만큼은 안 될 것 같아요…."

내가 최근 몇 년간 학생들의 대입 시험 합격률에 대해 묻자, 국어선생님은 다소 머뭇거리며 "전문대를 포함하면, 30%가 넘는 학생들이 대학에 들어갔어요"라고 대답하셨다. 나는 곧바로 "그럼 나머지 70%의 학생들은 대학에 못 가는 걸 알 텐데, 공부를 열심히 하나요?"라고 물었다. "똑같이 공부를 합니다. 대부분은 그래도 대학에 합격할 수 있기를 바라니까요. 그렇지 않으면 고등학교 공부를 하지 않을 거예요. 학부모가 억지로 보내서 온 아이들은 교내에서 놀기도 하고…." 이렇게 말하고는 깊은 한숨을 쉬었다. "적어도 60%의 학생의 가장이 일하러 외지로 나가 있고, 부모가 둘 다 외지에 나간 아이들도 적지 않아요. 집에 돌봐주는 사람이 없으니, 심리적인 면에서 학생들의 성장에 문제가 많아요!"

30여 세인 사무주임 선생님이 불려왔는데, 미간을 찌푸린 채 상당히 정확한 표준어로 학교의 재정 상황에 대해 이야기해 주었다. "학교에 필요한 경비 중에 현의 재정부처에서 지급되는 돈은 1/3밖에 안 돼요. 나머지는? 은행에서 빌리거나 다음 해 돈을 당겨쓰지요! 그리고는 학비에 의존하는 거예요. 고등학교요? 한 학기에 학비와 잡다한 각종 비용을 합치면 이천위안 정도…. 그렇지만 우리 교사들의 월급은 다달이 모두 지불돼요. 8월에 7월 월급을 지급하는데, 이것도 미리 당겨쓰는 것인 셈이죠! 저를 예로 들면, 중간 정도 직위인데," 그는 다소 뽐내는 말투로 "한 달에 1,200위안은 받을 수 있어요!" 내가 "여기서는 많이 받는 편이죠?"라며 떠보자, "그럼요. 다른 사람들은 좀 적어서, 1000위안 정도 받아요"라고 했다.

"X주임! 그쪽에…" 하며 작업복을 입은 사람이 급하게 들어왔는데 온통 땀범벅이었다. 우리는 그들의 일을 지체시키는 것이 미안해서 인사를 하고 그곳을 나왔다. 저녁노을이 가득한 학교에 삼삼오오 모여 있는 것은 모두 신입생이었다. 세숫대야를 들고 수돗가에서 옷을 빨고 있는 학생도 있고, 혼자 계단에 멍하니 앉아 있는 학생도 있었다. 키는 대체로 상하이에 있는 같은 나이의 아이들보다 조금 작아 보였는데, 알록달록한 T셔츠, 청바지 등을 입고 있었다. 옅은 청색 셔츠를 입은 한 여자 아이는 머리를 전부 노랗게 물들였다.

교문에는 나무로 된 광고판이 세워져 있었는데, "학생카드…비용 30위안"이라고 적혀 있었다. 내가 몸담고 있는 상하이에 있는 대학의 부속 중학교에서는 중·고등학생들이 반드시 사야 하는 학생카드는 무료로 제공된다. L현의 은행은 참 대단하다.

L씨 마을로 돌아오는 길에 저녁 안개 속으로 숨어들고 있는 학교 건물들을 돌아보면서 내 동료는 안타까워하며 말했다. "내가 공부할 때는 이 학교도 썩 괜찮은 학교여서 현에서 제4중학교(四中)라고 불리며 아주 열심히 가르치는 선생님들도 계셨지. 지금은 다들 현의 제일 중학교로들 가버리니 안타깝군! 시골 아이들이 더 이상 가까운 학교에서 제대로 공부

할 수 없게 되어버렸어…."

이 말은 아주 정확한 건 아닌 듯했다. X씨 마을의 읍내에는 '민간에서 운영하는' '초재(楚才)학교'가 있는데, 수업을 맡고 있는 선생님들은 모두 부근 중·고등학교에서 가장 좋은 선생님들이며, 수업을 듣는 학생들도 모두 이들 학교에서 뽑아 보낸 성적이 좋은 학생들이었다. 모래로 된 운동장, 회색의 오래된 교사 한 채, 2층 계단을 도는 지점에 장방형의 '복장을 바로잡는 거울'(正衣鏡)이 세워져 있고, 거울 양쪽에는 "매일 세 번 살피면 의관을 바로잡을 수 있고, 아침저녁 열심히 공부하면 마음을 바로잡을 수 있다"는 글귀가 쓰여 있었다. 학교 이름과 호응하는 듯, 상당한 기개가 느껴졌다. 8월 중순, 상하이는 아직 여름방학인데, 여기는 벌써 개학을 했다. 30도가 넘는 더위에 교실은 학생들로 꽉 차 있어 그 열기가 창밖으로 넘쳐 나왔다. 1층 교실들을 살펴보니, 칠판 앞에서 열심히 가르치고 있는 것은 모두 30세 가까이 된 남자 선생님들이었는데, 자신감 있는 표정을 하고 손짓과 목소리는 아주 컸다. 같이 간 사람들 중에 상하이시에서 지정한 중점 고등학교를 막 졸업한 사람이 있었는데, 자세히 칠판을 보더니 "영어 이외의 과목들은 우리가 배운 것보다 전혀 쉽지 않다"고 했다.

그 지역에 사는 사람 말로는 여기 학생들은 대다수가 아직도 학적을 원래의 학교(예를 들면 X씨 마을 중·고등학교)에 걸어두고 있다고 한다. 여기서 공부를 마치고 나면 학적을 걸어둔 학교로 돌아가 고등학교와 대학교 입학시험을 치르는 것이다. "그럼 학비는 어떻게 해요?" "물론 좀 비싸지요. 일반 고등학교는 매 학기 잡비를 포함한 학비에 생활비까지 더해서 2,000위안이 못 되는데, 여기는 2,700-2,800위안 정도 해요. 그밖에, '초재'는 학생들이 학적을 걸어둔 학교에 한 사람 당 100위안을 내고 있어요." 민영 학교는 그 자격 면에서 제한을 받고 있어 일처리가 복잡할 수밖에 없다는 것은 이해할 수 있었다. 그렇지만 저 학교들은 어째서 자기네 우수 교사들이 여기에 와서 가르치게 두는 걸까? 학교 건물 입구에 자그마한 검은 색의 대리석 명패가 걸려 있었다. "세계은행 출자 프로젝트 학교" 정정당당히 학생을 모집하지도 못하는 민영학교가 어떻게 세계은행의 출자를 얻어냈지? 정말 얻어낸 거라면 명패가 왜 이리 작을까? 나는 점점 더 이상하게 느껴졌다.

L현을 떠나는 날 오후에 현정부 소재지의 제1중고등학교에 가서야 이 의문이 풀렸다. 제1고등학교의 한 선생님이 내가 초재학교에 대해 이야기하는 것을 듣더니, 씩 웃으며 "그 학교 민영 아니에요! 몇몇 공립학교에서 민영 명의로 같이 세우고 좋은 학생들과 선생님을 모아서 합격률도 높이고 학비도 더 받으려고…." 그런 거였구나! 중심을 이루는 그 선생님들은 사실 각 학교에서 보낸 것이었다. L현은 줄곧 가난한 현(빈곤에서 벗어난 지 2년이 채 안되었다)이어서 초재학교를 세운 공립학교들 중에 한 곳이 세계은행의 출자금을 받을 가능성이 있었다. 그렇지만 이 명칭을 쓰려니 명분은 필경 떳떳하지 못했을 것이라 그 대리석 명패를 조그맣게 만든 것도 이해가 되었다. "그럼 진짜로 개인이 투자한 민영 중·고등학교도 있나요?" 내가 묻자, "있어요. 서문 쪽에도 하나 있지요. 그렇지만 이사장이 선뜻 투자를 못 하니 교사와 시설 모두 수준이 떨어지고, 학생도 많이 못 모아요. 이제 막 학교를 열어서 합격률을 내걸지 못하니, 일반 학부모들도 자연히 자녀를 선뜻 보내지 못하고…, 작년에는 100만 위안이나 적자를 봤다고 하던데요!"

대학 진학률 이야기를 하면 가장 당당한 것은 물론 제1고등학교일 것이다. 학교의 주교사에 들어서자 정면 한쪽 벽을 다 차지하고 붙어 있는 커다란 표가 한 장 보였다. 거기에는 각지의 대학에 합격한 본교 졸업생의 명단이 빽빽하게 나열되어 있었다. 맨 위에서부터 세 칸은 각기 베이징대학(北京大學), 칭화대학(淸華大學), 상하이자오퉁대학(上海交通大學)이었다. 우리를 참관시켜 준 교육연구주임의 말투에서 자랑스러움이 묻어났다. "우리는 매년 한두 명은 칭화대와 베이징대에 합격시켜요! 대학 합격 비율이요? 90%이상이죠!"

제1중고등학교는 확실히 분위기가 달랐다. 학교의 한 가운데에는 표준 규모의 타원형 운동장이 깨끗하게 손질되어 있었다. 운동장 건너편 정면에는 붉은 벽돌의 4층짜리 오래된 건물과 600만 위안을 들여 새로 지은 5층짜리 건물이 있었다. 새 건물은 부유한 홍콩 상인 사오이푸(邵逸夫)의 돈 100만 위안을 더하여 지었기 때문에 '이푸루'(逸夫樓)라고 부른다. 널찍하고 환한 식당의 입구 위쪽에는 '선식센터'(膳食中心)라는 네 글자가 적혀 있다. 동북쪽 구석에 있는 여학생 기숙사는 교사 숙소를 개조한 것인데 분홍색의 모자이크 외벽에, 얇은 격자 스테인리스 스틸로 된 방범 철책이 일층부터 꼭대기까지 모든 창문과 베란다를 둘러싸고 있다. 그때가 오후 한 시가 좀 지났을 때였는데, 태양이 뜨겁게 내리 쬐고 있는 교정에 수려한 용모의 학생들이 가득했다. 그들은 교재를 끼고 바쁘게 지나다니다가는 어느 순간 모두 사라졌다. "여기도 일찍 개학을 했나요?" 교육연구주임에게 묻자, "네, 벌써 개학했어요. 방학도 늦게 해서 7월에는 내내 수업을 했어요"라고 했다. 그는 웃으며 "여기서는 교육부 규정들을 크게 신경 쓰지 않아요"라고 덧붙였다.

L현에서 대학 합격률이 제일 높은 학교였으므로 제1중·고등학교에서는 신입생 모집에 대해 걱정하지 않았다. 교사의 수입도 괜찮은 편이어서, 졸업반을 가르치는 선생님은 1년에 3만 위안은 받을 수 있다고 한다. 교무실 바깥쪽에는 오토바이가 길게 늘어서 있었는데 그 중 한 대는 혼다 오토바이로 색이 산뜻했다. 그렇지만 학교는 여기도 마찬가지로 돈이 부족하여 교육연구주임의 말에 따르면, "현에서 주는 보조금은 학교에서 필요한 돈의 절반밖에 안 돼요. 나머지 반은 알아서 마련해야 하죠." 그 방법 중 하나가 학교 옆문 바깥으로 50미터쯤 떨어진 곳에 있는 '육영학교'(育英學校)이다. 선생님들은 모두 제1중·고등학교의 교사들이고, 수업료는 학생의 고등학교 입학시험 점수에 따라 정해진다. 제1중·고등학교의 합격점보다 5점이 낮으면 얼마, 10점이 낮으면 얼마, 이렇게 정해진다. 평균을 내보면, 여기 고등학생의 한 학기 학비와 잡비는 도합 5,000위안 정도(제1고등학교는 2,000위안으로 상하이의 일류 학교와 비교해도 적지 않다)이다. "식비는요?" "보통 한 달에 200위안쯤 돼요." 계산을 해보니, "그럼 육영학교에서 고등학교 수업을 들으려면 1년에 3-4만위안은 들겠네요!"

　　그럼에도 불구하고, 제1중·고등학교에 가고 싶었지만 가지 못한 많은 학생들이 '육영학교'에 다니고 있었다. 내가 "이건 상하이의 중점 육성 중·고등학교에서 하는 것과 비슷하네요"라고 하자, 교육연구주임은 "그래요. 정부에서 돈을 안 주는데, 우리가 어떻게 하겠어요?"라고 고개를 끄덕이며 당당하게 말했다.

　　직업적인 호기심에서 나는 중·고등학교 국어선생님만 보면 "학생들이 방과 후에 어떤 문학작품들을 읽나요?"라고 묻곤 했다. X씨 마을 중고등학교에서 들은 대답은 "여기는…주로 교과서에 실린 글들을 읽고 다른 건 별로 안 읽어요"였다. 그 선생님은 거기서 더 나아가 "국어는 다소 내용이 광범위해서, 정말 제대로 공부하기도, 시험에서 높은 점수를 받기도 아주 어려워요. 똑같은 노력을 다른 과목에 쏟는다면 효과가 훨씬 크죠. 이 점을 학생들도 아니까요"라고 설명해 주었다. 다른 곳에서도 대답은 같았다. 그렇지만 제1중고등학교의 그 붉은 벽돌 건물 1층 동쪽에 있는 문 옆에서 나는 녹색의 작은 나무 상자가 못에 걸려 있는 것을 보았는데, 그 위에는 'XX문학사(文學社) 투고상자'라고 적혀 있었다.

4_ 읍내 서점

싼리판에는 작은 서점이 네 개 있다. 세 곳은 개인이 운영하며 구조도 비슷했다. 단칸의 외관과는 달리 안으로 꽤 깊이 들어가는데, 긴 책꽂이가 두 줄로 놓여 있었다. 길에서 가까운 쪽에 꽂혀있는 것은 모두 최신의 '참고서'였고, 안쪽에 꽂혀있는 것은 다른 책들인데, '다른' 책들이란 주로 『안나 카레니나』, 아가사 크리스티의 추리소설, 『츠리(池莉) 중편소설선』, 『삼국지』 등 문학류 도서를 말한다. 내가 문학류의 책들을 가리키며, "주인장, 여기 있는 책들은 잘 팔립니까?" 하고 묻자, "아니요 안 팔려요 사는 사람이 거의 없어서…" 두 서점의 주인이 다 이렇게 대답했다. 내가 조금 실망하는 기색을 보이자, 같이 있던 세무서 친구가 "내가 옆에 있으면 사실대로 말할 리가 없어요. 세금을 많이 매길까봐서. 다른 서점에 혼자 가서 물어보세요"라고 했다. 과연, 세 번째 서점의 주인은 스무 살 남짓밖에 안 돼 보이는 젊은이였는데 "사는 사람 있어요! 부근 중·고등학교 학생들이 와서 사요. 보통 4-5월에 책을 들여놓는데, 다음 해 설까지는 2만 위안 어치의 책을 다 팔 수 있어요!"라고 시원스럽게 대답했다. 1년에 천 권 넘는 문학류 도서를 팔 수 있다니, 그렇게나 많이 팔리나?

네 번째 서점은 '신화(新華)서점 싼리판 영업소'라는 커다란 간판이 멀리서도 보이게 걸려 있었다. 그렇지만 가까이 가보니, 큰 간판 아래의 대부분은 옷을 파는 곳이 차지하고 있었고, 옆쪽에 남은 한 칸 정도의 공간만이 서점이었다. 서가에는 책이 드문드문 얼마 꽂혀있지 않았고 대부분이 '참고서' 류였다. 한쪽에 놓인 상자 속에 문학서가 몇 권 있었는데 그 중 한 권은 『푸시킨 시 선집』이었다. 표지에는 먼지가 수북했고 저작권이 적힌 페이지를 펼쳐 보니 1986년에 출판된 책으로 정가가 0.86위안이었다.

X씨 마을을 포함해 세 개의 작은 읍에 더 가보았는데, 각기 작은 서점이 하나씩뿐이 없는데다가 모두 신화서점의 간판을 걸고 있었다. 모두 싼리판의 이 서점과 상황이 비슷해서, 외관은 상당히 넓어 보이나 거의 참고서밖에 팔고 있지 않았다. 가장 전형적인 곳이 X씨 마을의 신화서점 영업소였는데, 널찍한 점포의 절반 정도를 교재와 참고서가 차지하고 있었고 종이로 포장된 채 사람 키 높이만큼이나 쌓여있었다. 중년의 여점원(도급업자?)이 텅 빈 계산대 뒤에서 걸어 나와서 마지못해 내 질문에 대답했다. "우린 국영이에요! 어디서 왔어요? 대학 교수라고요? 그렇다고 내가 걱정할 게 뭐 있겠어요…!" 내가 끊임없이 질문을 하자, 결국에는 내 말을 탁 끊으면서 "신분증 좀 내봐 봐요!" 했다.

다행히 그렇게 경계하는 사람은 한 명밖에 없었다. 그래서 나는, 중·

고등학교 교실과 기숙사에서, 길가의 상점에서, 동료의 친척집에서, 학생들이 일상적으로 어떤 책을 읽는지를 이해하는 기회를 가질 수 있었다. L씨 마을 근처에 있는 한 마을의 동물병원에서는 주인이 내가 계산대에 놓인 교과서에 관심을 갖는 것을 보고는 집안에 들어가 책을 한 무더기 더 들고 나오면서 "이것들도 제 아들 거예요"라고 하기도 했다. 말할 것도 없이, 그 모든 곳에서 내가 본 것은 전부 교과서와 참고서였고, 교과서가 아닌 책은 단 두 권이었다. 하나는 『홍루몽』(紅樓夢, 동물병원에 놓인 책들 중 가장 위에 있었다)이었고 다른 하나는 당대 작가 루야오(路遙)의 『인생』(人生)이었는데, 표지에는 둘 다 '중고생을 위한 교육부 추천도서'라는 글자가 선명하게 인쇄되어 있었다.

초재학교의 어느 빈 교실에서, 반듯하게 놓여 있는 책상 위의 책과 노트들을 하나하나 살펴보고는 모든 책 더미 속에 한권 이상의 참고서가 끼어 있음을 발견했다. X씨 마을 신화서점에서 본 참고서 더미와 X씨 마을 중·고등학교의 그 국어선생님의 말이 생각났다. "여기는…주로 교과서에 실린 글들을 읽고 다른 건 별로 안 읽어요." 또한 쌴리판의 그 젊은 서점주인의 말도 떠올랐다. 내가 "여기 문학서적은 학생들이 다 삽니까? 선생님들은요?" 하고 묻자, 그는 웃으며 나를 위로하는 듯이 "선생님도 와서 사요"라고 답했다.

5_ 천당호텔

L씨 마을에서 동북쪽으로 난 산간도로를 따라 70리 정도를 걸으면

바오다오펑(薄刀鋒)이라고 불리는 작은 산이 나온다. 소나무가 우거져 있고, 산이 높지는 않지만 400미터 정도 되는 산마루를 한 바퀴 돌다보면 그래도 꽤 험준하다는 느낌을 받게 된다. 친구 W를 따라서 한 번 등산을 하고, 그의 배려로 바오다오펑 아래의 천당호텔에서 하루 묵게 되었다. "여기서 제일 좋은 호텔이에요!"라고 W는 천당호텔을 소개했다.

호텔은 과연 훌륭했다. 산을 등지고 지어서 정면으로는 아래로 펼쳐진 산골짜기를 마주하고 있었고, 골짜기 중간을 제방으로 막아 저수지를 만들었는데 물이 벽옥같이 맑았다. 우리는 저녁에 도착했는데 호텔 식당은 떠들썩했다. 계속해서 사람들이 건너와 W와 인사를 나눴다. 이 사람은 X읍 재정분과의 X국장, 저 사람은 L현 세무국의 X주임, 저쪽 테이블에 앉은 사람들은 H시에서 온 사람들…. 모두 잘 아는 사람들이었다.

밤이 되자 친구 W의 '둘도 없는 친구'인 그 지역의 한 국장이 호텔 부근의 작은 음식점에 자리를 마련하여 우리를 초대했다. 음식이 다 나와서 막 젓가락을 들려고 하는데, 그 국장과 그의 동행인 그 지역 파출소장이 갑자기 일어서서는 술잔—모두 바이주(白酒)였다—을 높이 들고, 나의 동료와 W에게 건배 제의를 하며 한 번에 술잔을 비우자고 했다! 술이 한 바퀴 돌자마자, 미리 약속이나 한 듯이 문밖에서 줄줄이 술잔을 든 사람들이 들어왔는데 모두 조금 전에 인사를 한 사람들이었다. 웃음을 띠고서, 그렇지만 술잔을 비우지 않으면 안 된다는 듯이 곧장 W를 향해 술잔을 내밀었다. 창밖은 칠흑같이 어둡고 바람 속에는 한 줄기 한기가 스며있었지만, 내 주위는 열기가 가득 차 있었다. 열정적인 눈빛들, 불그스름해진 얼굴들, 끊임없이 땀을 닦으며, 목소리는 하나같이 우렁찼다.

친구 W가 얼굴을 내 쪽으로 기울이며 큰 소리로 말하길 "저 친구들은 술을 마시지 않을 때는 반듯하고, 술을 좀 마시면 호탕해져요. 모두 좋은 친구들이지요…!"라고 했다.

나는 상하이 사람으로 주량이 약해서, 안주에 입도 대지 않고 먼저 몇 잔 들이키는 호방함이 매우 부러웠다. 그러나 그런 호탕한 기백 속에 또 다른 무언가가 있음을 보게 되었다. 문밖에서 들어와 술을 권한 사람들 중, 나이는 거의 40이 다 되었고 큰 키에 얼굴이 하얗고 'H시 세무서에서 일하는 사람이 있었다. 그는 술을 권할 때 아무 거리낌 없이 한 테이블에 있는 사람들을 두 등급으로 나누었다. 다른 사람들과는 모두 한 번에 술잔을 다 비웠는데, 지금은 보통 촌민인 내 동료의 옛 동창 두 명과 마실 때는 한 번 곁눈질을 하고는 술잔에 입만 대고 내려놓았다. 그 두 분은 예의가 바른 사람들이라 관례에 따라 잔을 비웠다.

술도 식사도 거하게 하고 난 뒤 삼삼오오 호텔로 돌아가기 시작했다. 내 옆에는 술자리를 마련한 국장과 함께 왔던 키 큰 파출소장이 있었는데, 30세도 안 돼 보이는 포동포동하게 살이 찐 사람이었다. "중국 사람들은 기본이 안 돼 있어요. 서양 사람들 보세요. 세금 많이 내는 걸 영예롭게 생각하잖아요!…" 그는 안타까워하며 고개를 저었다. 갑자기 차 한 대가 헤드라이트를 밝히고 길가에 멈춰 섰다. 조금 전 술자리를 마련한 사람이 차에 타고 있었는데, 현의 모 사찰계장이 내일 저수지에서 낚시를 하겠다고 해서 지금 산을 내려가 영접해야 한다며 더 이상 자리를 같이 할 수가 없게 됐다고 했다.

나는 산에 오르기 전에 알게 된 통계수치들이 생각났다. L현의 한 해 토지세는 3천만위안(국세는 4천만위안)이며, 현의 재정국에서는 그밖에도 2천만위안 정도의 세금(예를 들어 농업세)을 더 징수할 수 있다. 전체 현의 재정 수입은 대략 일 년에 7-8천만위안이다. 재정 및 세무, 현위원회, 현정부기관은 충분히 급료를 줄 수 있지만, 통계국, 문서(기록) 국 등은 60%밖에 줄 수 없고….

저녁에 동료는 친구 W와의 중·고등학교 시절의 우정과 포부를 회상하면서, W와 W의 둘도 없는 친구들의 현재 모습에 대해 걱정했다. "이 친구가 나쁜 사람은 아닌데, 이렇게 먹고 마시는 데 익숙해져서, 호텔에서 자고 낚시하고…. 사회적 책임이니 원대하던 이상 같은 것은 전부 다 잊어버렸어!" 그는 갑자기 말을 멈추더니 더 이상 말하지 않았다. 나와 그는 동시에 우리도 지금 이 화려한 천당호텔에 있다는 사실을 떠올렸던 것이다.

6_ 문제 하나

나는 L현에 아주 곤혹스러운 문제를 안고 갔었다. 최근 몇 년간 '삼농 (三農) 문제'5)가 점차 전 사회의 관심을 끌고 있고, 정부에서 학계까지 주류의 목소리도 점점 설득력을 더하고 있다. 즉 '삼농' 문제를 해결하려면 우선 농민수를 대폭 줄여야 한다는 것이다. 구미와 일본의 현대화 경험에 의거해 도시화의 길로 나아가 대부분의 농민을 도시인으로 만들어야 한다는 말이다. 그러나 많은 수의 농민공들이 시나 읍으로 모여들

---

5) 삼농 문제는 농업 문제, 농촌 문제, 농민 문제의 세 가지 문제를 가리킨다.-옮긴이

어 시나 읍에서 그들을 수용하는 것이 점점 더 어려워지고 있으며 그 때문에 여러 가지 갈등이 생겨나고 있다. 이것은 오늘날 중국의 상황이 이미 과거의 구미나 일본과는 그다지 유사하지 않음을 사람들에게 상기시킨다. 중국은 인구가 너무 많고 자연자원은 확연히 부족하며, 국경 바깥에 실업자를 이동시킬 다른 공간도 없다. 만약 많은 농민들이 땅을 포기하고 떠났는데 도시에도 들어가지 못한다면, 그들은 어떻게 해야 하나? 이 사회는 또 어떻게 해야 하나? 그래서 또 다른 주장이 제기되었다. 중국의 농촌은 반드시 자신의 조건에 맞는 발전양식을 창조해내야 하며, 많은 수의 농민이 농촌 땅에 남아 도시가 아닌 향촌에서 새로운 삶을 창조해야 한다는 것이다. '삼농' 문제에 문외한인 나로서는 두 번째 주장에 찬성하고 싶다. 나라마다 상황의 차이가 존재함이 이처럼 분명하니, 전면적인 도시화 방안은 절대 취할 수가 없다. 그렇지만 오늘날 수많은 농민들을 기꺼이 농촌에 남아있게 하는 것이 가능할까? 달리 말해, 국가와 사회가 어떤 일을 해야 이것을 실현할 수 있을까? 이것이 바로 나의 문제였다.

L씨 마을에서, 나는 처음으로 진지하게 다음과 같은 구상을 해보았다. 만약 정부가 정말로 농업을 육성하고 농민의 교육과 의료 등 기본 권리를 보장해서, 내가 잠시 거주하고 있는 이 집과 같은 집들에서 농사짓고 돼지 키워 생활을 유지할 수 있으며 약간의 여윳돈으로 읍에 가서 이발하고 책을 사거나 옷이나 신발 사는 비용을 지불할 수 있다면, 그래서 자식들이 도시에서 특별히 생활비를 보내오지 않아도 된다면, 그럼 이것이 농민을 농촌에 남게 할 수 있는 삶의 한 방식이 아닐까? 물론 어떤 부분들은 도시에 비할 수 없을 것이다. 예를 들어 교통, 소득, 문화정보, 위생조

건—이것은 주로 화장실을 가리키는 것으로 일반적인 환경의 깨끗함으로 말하자면 적어도 L현의 현 중심지와 싼리판, X씨 마을 같은 읍내 거리는 L씨 마을보다 훨씬 못하다. 그러나 공기, 물, 음식물의 질, 청각 환경, 일인당 녹지면적, 자원의 순환이용 등과 같은 부분에서도 농촌은 모두 현격히 우세를 점하고 있다. 또 다른 측면, 예를 들어 (육체와 정신 두 가지 방면을 종합한) 노동의 강도, 자유로운 시간 지배 수준 등은 각기 우열을 모두 갖고 있어 비교하기 어렵다. 만약 우리가 도시와 농촌의 삶의 형태는 원래가 다른 것이라고 믿는다면, 중국의 현재 조건으로 L씨 마을의 이 집에서와 같은 삶(물론 앞서 말한 '가정'을 실현시킬 수 있다는 전제 하에)은 많은 농민을 안심시키고 그들이 시골에서 새로운 삶을 창조할 견실한 기초가 되지 않을까?

L씨 마을 부근에 있는 T씨 마을(T家衝)이라는 곳에서 40세가 좀 안된, 마르고 키가 작은 공산당 지부서기[6]를 만났다. 그는 마을의 다른 청년들처럼 상하이에서 일을 한 적이 있다. 2년 전쯤, 마을(행정촌, 붙어 있는 몇 개의 자연촌으로 이루어져 있다)의 당원들이 이전의 지부서기의 업무처리를 불만스러워하여, 그가 없는 자리에서 새로운 서기로 그를 뽑아 돌아오게 되었고, 향(鄕) 인민대표로도 선출되었다. 그는 오토바이를 타고 왔는데 온 몸이 흙투성이였다. 얼굴에는 온화하면서도 미안해하는 미소를 띠고 "죄송합니다. 늦었어요. 저 쪽에 길을 닦는 일 때문에…"라고 했다. 현에서 그 도로(T씨 마을은 아직 도로가 포장되어 있지 않았다)

---

6) 공산당 지부서기는 중국공산당 기층 조직의 책임자 중 하나이다. 중국공산당 지부위원회의 집단지도 아래, 당원회의(黨員大會), 지부위원회에 의해 결의되며, 당 지부의 일상 업무를 책임지고 집행한다.—옮긴이

포장비용을 받아내려고 그가 통계수치를 낮춰 보고해 이 행정촌을 빈곤층 마을로 분류되도록 했다. 이를 위해 스스로도 월급을 적게 받았다는 사실을 나는 이미 들어 알고 있었다. L현에서는 마을 지부서기의 월급이 마을사람들의 수입 수준과 직접적으로 연계되어 있기 때문이다. 그는 1년도 더 전에 뼈대를 세우고 새 집을 짓기 시작했다는데, 내가 갔을 때에도 집은 완공되지 못하고 있었다. 돈이 없다고 했다.

비록 안색은 좀 낯을 가리는 듯했지만 입담이 좋아, 앉아서 몇 마디 하지도 않았는데 우리에게 그가 최근 향 정부에 제출한 두 가지 제안, 특히 올해의 제안에 대해 소개하기 시작했다. "공부 좀 한 사람들은 농촌을 다 떠났고, 남아 있는 사람들은 문화 수준이 너무 낮아요. 따라서 그들을 교육해야 하는데, 우리는 지금 '춘춘퉁'(村村通, 유선TV네트워크?)[7]이 있지 않습니까. 그래서 제가 제안하는 것은 문화와 기술을 보급하려면 수업을 해야 한다는 겁니다. 제가 마을에서 사람들을 모아봤는데 오는 사람이 너무 적어요. 낮에는 모두들 나가서 일을 해야 하고…그래서 저는 수업 시간을 저녁으로, 저녁식사 후부터 자기 전 사이의 시간으로 바꿀 계획입니다. 따라서…" 그는 그의 향촌건설 계획을 거의 끊임없이 술술 말하고 있었는데, 한쪽 편에 앉아 있는 그의 큰 형은 은근히 무시하는 기색을 드러냈다. 동료는 10년 전에 처음으로 이 청년(그때는 보통 당원이었다)을 보았는데 그의 '바보스러움'에 놀랐다고 한다. 보통 농민들이 쓰지 않는 문어체로, 열렬히 농촌 개조 계획을 논했다는 것이다. "10년이 되었는데, 아직도 그대로군! 좋은 사람이야!"라며 동료는 힘

---

7) '춘춘퉁'은 도로, 전력, 생활용수, 음용수, 전화망, 유선TV망, 인터넷 등을 포함하는 중국의 국가적인 시스템화 사업을 말한다(百度百科).–옮긴이

주어 말했다.

나는 나도 모르게 '만약 사방에 이런 사람이 있다면, 만약 그들의 노력이 계속해서 성공한다면, 농촌은 지금보다 사람이 더 많아지고, 더 많은 청·장년 농민의 마음을 사로잡을 수 있지 않을까' 하고 바보스러운 생각을 해보았다.

그러나 나는 L씨 마을에서 거대한 장애물이 앞을 가로막고 있음도 알게 되었다. 우선 자연자원의 문제인데 그날 아침 우리가 뒷산에서 본 것처럼, 대부분의 청·장년들이 호미와 도끼를 버려둔 채 도시로 떠나야 비로소 벌거벗은 산언덕이 생기를 회복하고 울창해질 수 있는 것이다. 이는 농촌에 남은 자연자원이 이미 계속해서 이렇게 방대한 인구를 받아들일 힘이 없음을 의미하는 것일까? 그렇다면 앞날이 어떻든지 대다수의 청·장년 농민들이 모두 도시로 갈 수밖에 없는 것인가? 그렇지만 L씨 마을의 삶과 비교해 도시사람들의 삶은 자원을 더 소모하지 않는가?

다른 하나는 오늘날 향촌의 주류 문화의 문제이다. 문화를 잘 드러내는 것이 일상적 생활방식인데, L씨 마을과 그 주변 지역에서는 의식주와 교통 등 모든 부분에서 향촌에 대한 혐오와 도시 동경의 경향을 강하게 드러내고 있었다. 내가 묵었던 집의 주인처럼 나이가 좀 많은 농민들만이 농촌의 생활방식을 기본적으로 유지하고 그것에 습관이 들어 있다. 젊은 세대의 농민들은 도시에서 일하다가 돌아와서 시골에 산다 하더라도, 가능한 한 도시인들 같은 삶을 살기를 원한다.

L씨 마을 부근의 두 마을에서 나는 2층 양옥집을 각기 두 집씩 방문했는데, 주인은 모두 상하이에서 일하다가 돌아온 사람들이었다. 한 집은 4년 전에 지었는데, 시멘트 바닥을 제외하고는 인테리어를 거의 하지

않았다. 2층에 있는 방들은 대부분 비어있고 주인의 침실만이 꾸며져 있었는데, 2인용 침대 하나, 침대 양쪽에 놓여 있는 머릿장, 침대 왼쪽에는 창문, 오른쪽에는 문이 두 개 달린 큰 옷장이 있고, 침대 바로 맞은편에는 짜 맞춘 장이 한쪽 벽을 거의 가득 채우고 있었다. 이것은 10년 전 상하이의 '신식 노동자아파트'(新工房)[8]에서 통용되던 양식이다. 다른 한 집은 막 완공되었는데, 윤이 나는 거실 바닥, 벽면이 타일로 된 화장실, 나무재질의 바람막이가 달린 창문과 문들, 이 모두는 상하이에서 유행하는 '연한 카키색'이었다! 특히 내 주의를 끈 것은 거실 한 편에 있던 플라스틱 쓰레기통이었는데 검은색 쓰레기봉지가 끼워져 있는 것이 완전히 도시 스타일이었다.

말할 것도 없이 이러한 생활방식은 돈이 더 든다. 쓰레기를 예로 들자면, 내가 묵었던 집에서는 모든 생활 쓰레기를 둘로 나눈다. 생선가시를 포함한 음식물 쓰레기는 모두 큰 통에 담아 끓여서 돼지에게 먹이고, 그 밖의 쓰레기(볶은 씨껍질부터 종이 약봉지까지)는 전부 삽으로 아궁이에 퍼 넣어 연료로 쓴다. 따라서 한쪽 구석에 있는 빗자루와 농업용 삽 하나면 모든 쓰레기를 깨끗하게 처리할 수가 있어 삼태기조차 살 필요가 없는데 쓰레기봉지에 돈을 쓸 필요가 어디 있겠는가? 물론 그 새로 지은 집의 플라스틱 통과 쓰레기봉지는 장식용일 가능성이 크고, 일상적인 쓰레기는 대부분 아직도 농가의 방식으로 처리하지 정말로 대도시 주민들처럼 그렇게 매일 새로운 쓰레기봉지를 바꿔 넣지는 않을 것이다. 그렇다

---

8) '신식 노동자아파트'(新工房)는 70년대 상하이에서 생겨난 것으로, 당시 상하이의 주택문제를 해결하기 위해 지은 아파트를 말한다. 대부분 국유나 공유에 속하나 집주인이 재산권을 전부 사들인 것도 있다(百度百科).–옮긴이

고는 해도, 이렇게 도시 생활을 추구하는 젊은 세대 농민들의 생활방식은 그들의 실제생활을 더욱 부담스럽게 하고 있다. 저 새 벽돌집들에서 실제로는 사용하지 않는 문화기호식의 물건이 어디 플라스틱 쓰레기통 하나뿐이겠는가?

말할 것도 없이, 신세대 농민의 이러한 선택은 사회교화의 결과이다. L현에서 내가 본 범위 내의 거의 모든 새로운 사물들, 즉 읍내의 건물들, 상점의 진열대와 상품들, 도로에 다니는 차들, 가정의 TV에서 내보내는 영상들, 그리고 읍내로 이사하는 사람이 점점 많아지고 있는 현(縣)급과 향(鄉)급의 높고 낮은 공무원들은 더 말할 것도 없고, 또한 L현 이외의 더 큰 범위에서의 정치, 문화와 경제, 패션 등은 물론, 이 모든 것들이 농민을 자극하며 그들에게 이렇게 말한다. '논두렁, 농갓집, 외양간, 돼지 우리 같은 것들은 전부 거칠고 천하며 낙후한 것으로 현대세계에서 도태되어야 한다! 오직 읍내, 현정부 소재지, 성(省)정부 소재지, 상하이, 미국 등과 같은 도시만이 현대적인 세계이다! 고층빌딩, 자동차, 에어컨 달린 사무실, 화려한 호텔 등이야말로 이상적인 생활방식이다!' 이 사회의 거의 모든 문화상품들, 광고, 영화, 멜로드라마, 소설, 신문의 칼럼, '학술' 논문 등은 모두 도시화를 부추기고 농촌생활을 멸시하는 경향에 빠져들어 있다. 한쪽 구석에서 어쩌다 한두 가지 특이한 창작(류량청[劉亮程][9]의 산문 같은)이 나오더라도 다들 빠르게 이러한 조류에 휩쓸려 사라지고 '촌닭'이라는 식으로 치부되어, 사람들이 더욱 마음껏 도시의 사치를 누

---

[9] 류량청(劉亮程)은 작가로, 1962년에 신장(新疆)의 한 작은 마을에서 태어났다. 주요 저작으로는 산문집 『한 사람의 마을』(一個人的村莊), 『바람 속 정원문』(風中的院門), 『쿠처』(庫車) 등이 있다. '20세기 중국 최후의 산문가', '향촌 철학가'라고 불리기도 했다.-옮긴이

리도록 한다. 이 철통같은 '현대화', '도시화'라는 주류 문화의 포위와 영향 아래에서, 농민들은 도시인들의 생활을 본뜨는 것 외에 또 어떤 선택을 할 수 있을까? 많은 도시인들과 비교하여 그들은 오히려 훨씬 더 자신의 생활을 비천하게 여긴다.

이러한 농촌 주류문화의 형성에 있어서 농촌의 학교교육은 특히 효과적인 추진력이다. L현에 있는 학교들을 방문해 학생들의 파릇파릇한 모습들을 보면서 나는 이런 의문이 들었다. '대체 이 학교들이 L씨 마을들에 무슨 소용이 있을까? 젊은이들에게 도시를 향한 갈망을 불어넣어 그들이 마을을 떠날 결심을 하게 만들고, 또 저 똑똑하고 열심히 노력하며 역경을 견디어낼 수 있는 젊은이들을 뽑아내서 대학에 보내고 도시 중산층의 '찬란한 앞날'(이것은 한 고등학교 정문 위 표어 속 글귀이다)을 시작하게 하며, 그렇게 성공한 사람들의 예를 들어 나머지 대부분의 젊은이들 마음속에 지울 수 없는 패배감을 새기고 나아가 그들이 아르바이트에서 마약판매까지 여러 다른 경로들을 통해 도시로 몰려들게 하는 것 외에, 이 학교들은 무언가 다른 일을 하고 있는가?' L현에서 마을사람들이 각종 진학 및 입시 정보에 정통한 것에 놀란 일이 한두 번이 아니다. "그 학교는 안 돼, 합격선이 겨우⋯." "아니야, 거기는 2류 대학 중에서도 순위가 낮아⋯!" 이와 같은 논의는 이미 시골에서 생애를 마칠 것이 분명한 사람들이 모였다 하면 이야기하는 주요한 화제가 되어 있었다. 만약 모든 농민들이 이렇게 열성적으로 허리띠를 졸라매고 자식들을 학교에 보내려고 한다면, 만약 그들도 주변의 이웃들처럼 자식이 학교를 졸업하고 돌아와 농사를 지으면 체면이 깎이고 가문의 불행이라고 여긴다면, 만약 아이들이 어려서부터 이렇게 배수진을 친 긴장된 분위기 속에서 자라 은연중에 이런 분위기를 체화하면서 자라난다면, 그렇다면 대학에 붙든 떨어지든 간에 농촌 학생들에게는 자신의 고향에 대한, 나아가 모든 농촌에 대한 진정한 일체감이 더 이상 존재하지 않게 될 것이다. 심지어는 진정한 친밀감조차 생기기 어렵다.

도시의 풍족함과 번화함을 끌어안을 수 있으면서도 농촌의 풍요로움도 알고, 도시의 편리함을 흡족히 누리면서도 농촌의 넉넉함을 안심하고 음미할 수 있는, 그런 삶의 체득 능력은 빠른 속도로 우리들 사이에서 사라지고 있는 것 같다. 사라짐이 이렇게도 만연되어, 상하이뿐 아니라 L현에도 존재한다.

이런 상황 아래서, 경제적으로 '먹고 살만'(小康) 해지고 손에 여윳돈을 좀 쥐게 되면 농촌의 젊은이들은 또 어떻게 할까? 그들은 진정으로 농촌에 남아 다시금 이미 가진 것을 소중히 여기기 시작할까? 아니면 반대로 자신이 도시인의 삶에 조금 더 가까워졌다고 느껴서 더 나아지고 싶은 마음에 더 큰 기대를 품고 도시로 몰려갈까? 솔직히 말해서, 나는 후자의 가능성이 더 크다고 생각한다.

L현에서 한 주를 보낸 후에, 나는 실망스럽게도 가지고 간 그 문제에 대한 답을 얻지 못했을 뿐 아니라 그 문제가 훨씬 더 커지고 또 더 복잡해졌음을 발견하게 되었다. '삼농 문제'는 오늘날 중국의 경제와 정치 변화에서만 기인한 것이 아니라, 최근 20년 사이의 문화 변화에서도 기인한 것이다. 이 변화들은 서로를 고무하면서 단단히 얽혀 한 덩어리를 이뤄서는 농촌과 농업, 농민의 어려움을 가중시켜 왔다. 따라서 만약 '삼농 문제'의 문화방면의 원인을 완전히 뿌리 뽑지 못하고 경제 혹은 제도 방면에만 힘을 쓴다면, 사회의 기반이 무너지는 것과 같은 이 거대한 위협을

중국사회에서 진정으로 몰아내기는 어려울 것이다.

만약 상황이 정말 이렇다면, 우리는 어떻게 해야 하는가?

2004년 9월 상하이

『천애』(天涯), 2004년 제6기에 게재

[요약]

중국의 한 농촌 마을을 방문하여 보고 느낀 것을 적은 글로, 젊은이들이 농촌을 떠나는 현상과 그것을 부추기는 가정과 학교에서의 교육, 농촌 생활방식에 대한 농민들의 비하의식, 도시생활에 대한 모방과 추구, 농민들의 생계문제 등을 다루고 있다. 저자는 현재 농촌의 주요한 세 가지 문제—농업, 농촌, 농민 문제—인 삼농 문제를 해결하여 농촌에 농민들이 기꺼이 머물면서도 자연자원을 고갈시킴 없이 농촌 나름대로의 풍요로움을 누리도록 하려면 정치, 경제 방면의 노력이 물론 필요하지만, 그것만으로는 부족하고 문화적인 측면에서의 원인 파악과 변화가 반드시 필요하다고 주장한다.

번역 및 요약_김소영

'문화경쟁력'과 도시 발전[*]

1_

최근 몇 년간 우리 사회에서 가장 역량 있는 두 분야인 정부와 재계가
문화의 중요성을 강조하고 나섰다. 각 지방 정부는 앞 다투어 '문화 발전
전략'을 수립하고, 어떤 유명한 기업인은 "오랫동안 살아남고자 하는 기
업에게 문화는 바로 '생사가 달린 문제'"라고까지 말하기도 했다.

이전에는 이렇지 않았다. 때로는 문화를 '사상 정치'에만 관련된 소극
적 요소로 보거나 조심스레 통제해야 하는 '이데올로기'로 여겨 경계의
눈빛으로 바라봤었다. 또는 문화를 있으나마나 한 플라스틱 조화 같은
장식품쯤으로 여겨 수많은 목표 중 최하위 순위로 주저 없이 밀어두고는

---

* 원제: 籬笆里的河水—關於"文化競爭力"和城市發展的感想

가끔씩 문화를 '정신문명'과 같이 틀에 박힌 말로 내심 멸시하기도 했었다. 물론 더 이전에는 상황이 또 달랐겠지만 여기서는 생략하기로 하자.

오늘날 문화가 왜 이렇게 중요해졌을까? 나는 몇 가지 원인이 있다고 생각한다.

첫째는 '경제이성'에서 비롯된 것으로, 상하이 일반 사람들이 말하는 '수지 타산 여부'를 따지는 것이 바로 그것이다. 요 몇 년간 신문에서 중국이 '세계 공장'이자 '세계 제조업의 중심'이 될 것이라고 요란하게 선전하지 않았던가? 그러나 그 기쁨이 채 가시기도 전에 발견한 우울한 사실은, 가공된 셔츠 한 벌이 나오기까지 여공들은 허리가 휘도록 일하고 영업부장은 눈썹을 휘날리며 비즈니스를 하러 다니지만 결국 손에 쥐는 것은 판매 가격의 10%뿐이라는 것과, 자원 소모와 환경오염 그리고 노동문제 등 장기적인 사회자본을 따져 보더라도 얻는 것보다 잃는 것이 더 많다는 것이다. 그러나 외자 기업들은 다른 것은 말할 것도 없고 브랜드와 디자인 등 무형적 가치만으로도 최소 판매 가격의 40%를 가져갈 수 있지 않은가! 원래 문화라는 것이 이런 '금맥'을 가지고 있기 때문에 오늘의 세계에서 바로 그것이 많은 돈을 벌게 되는 것이다. 그도 그럴 것이 10년 전, 클린턴 미국 전 대통령이 '지식기반경제'를 부르짖고 블레어 영국 전 총리가 '문화콘텐츠산업'을 추진했었다. 이들도 이런 점을 미리 간파했었는데, 중국은 어째서 좀 더 빨리 그들과 '함께' 하지 않았는가?

둘째는 국가 안전에 대한 걱정이다. WTO에 가입한 후 더 이상 문화시장을 꼭꼭 닫아놓고 있을 수만은 없게 되었다. 개방의 문이 조금씩 열리면서 외국 문화상품이 그 틈바구니로 벌떼처럼 미어져 들어오기 시작하니, 개방한 시장이 아무리 작더라도 금세 점령당하고 만다. 유럽과 미국의 가수들, 할리우드 블록버스터, 요즘 의외로 유행하는 한국의 영화와 드라마도 중국 시장을 종횡무진하고 있다…. 여기에서 시장 점유율만이 아니라 이데올로기도 침식당했고, 경제뿐 아니라 사상과 정치적 안전도 위협을 받고 있다. 이렇게 거대한 국가가 심각한 변화를 겪고 있는 마당에 문화적 구심점마저 흩어지게 된다면 정말 불안한 일이다.

셋째로 눈여겨볼 만한 것은 바로 국제적 경쟁의식의 발흥이다. 이 경쟁의식의 요체는 물론 위기감이다. 이는 지난 몇 대에 걸쳐 지속된 중국인의 정서로 오늘날 더욱 심화된 것뿐이다. 위기감의 한쪽 눈은 경제를 주목하고 있다. 에너지 소모는 많고 경제적 효율은 적은 조방(粗放)형 경제[1]는 지속되기 어렵다. 수출하는 것은 원자재와 노동집약적 상품이지만 문화와 첨단 기술 분야에서는 수출은 없고 수입만 있다. 이런 식으로 지속된다면 어떻게 될 것인가? 위기감의 다른 한쪽 눈은 인적 자원에 주목하고 있다. 중국은 인구 대국이지만 인적자원이 풍부한 나라는 아니다. 여러 차례의 개혁을 거듭해 왔지만 교육은 여전히 나아지는 기색을 보이지 않고 있다. 대졸자들이 넘쳐나서 취업을 못하고 있는 상황이지만 평균 학력 수준은 오히려 떨어지고 있다. 상상력과 창의성은 물론이고 이상과 포부도 부족하다. 중국 젊은이들은 기계적으로 남이 시키는 일만 하는 것에 익숙해진 것 같다. 과학 기술과 인문 영역에서는 오랫동안 '큰 스승'을 찾고 있지만 감감 무소식이니 언제쯤 이런 상황이 나아질 기미가 보일는지….

---

1) 제조업 중심의 경제.-옮긴이

그러나 경쟁의식 가운데 새로운 내용이 추가된 것이 있으니 나는 그것을 '대국의식'이라 부른다. 물론 그것은 20년간 지속된 경제성장에서 비롯된 것이어서 그 뿌리가 결코 튼튼하지는 않다. 그러나 청말 이래로 중국은 남의 눈에 줄곧 가난한 나라로 비춰졌지만 오늘날 처음으로 '우리도 잘 살게 됐다!'라는 것을 깨닫게 되면서 자신감이 생겨났다. 10년 전 방어적 성격으로 내세운 '중국 특색'이라는 방패—우리가 어떻게 '생존권'으로 '인권'을 해석했는지를 생각해보라—에서 현재 나날이 기치를 드높이는 '베이징 컨센서스'—대외적으로 소개하는 중국사회 발전 모델을 대표—를 천명하기까지 중국의 대국의식은 눈에 띄게 팽창되었다.

경제력 부실에서부터 문화와 교육의 실패를 논하게 된 까닭은 대국이 되기 위해선 민족정신의 뒷받침이 더욱 필요하기 때문이다. 어느 면에서 보든 결론은 한 가지다. 문화가 약하면 경제와 정치도 강해질 수 없다. 현재로서는 국제 경쟁에 대한 의지도 모호하고 저력도 부족하지만 어쨌든 초보적 단계는 형성됐으니 시간이 지나면 문화에 대한 관심이 높아질 것이다.

지금까지 언급했던 것들이 정부와 재계가 문화를 중시하게 된 원인이다. 그리고 이 새로운 개념을 가장 정확하게 표현하고 있는 말이 바로 '문화경쟁력'이라 할 수 있다.

2_

위의 분석이 틀리지 않다면 지금 정부와 재계는 경쟁의 측면에서 문화를 강조하고 있는 것이다. 이는 그동안 지식인과 학술계(인문학자뿐만 아니라 사회과학자와 자연과학자도 포함)에서 문화에 대해 갖고 있던 인식 및 강조와는 매우 다른 것이다. 그 중 두드러지게 다른 점은 다음과 같다. 첫째는 사회적 각도가 아닌 국가적 각도에서 문화를 대하는 것이다. 이는 마치 어부가 강에 대나무 어사리2)를 치면서 그것에만 정신이 팔려 어망 외에 다른 것을 전혀 돌아보지 않는 것과 같다. 둘째는 '무용(無用)의 쓰임'이 아닌 현실적인 이익의 측면에서 문화를 대하는 것이다. 이것은 마치 어장의 물을 다 퍼내서 긴 창과 큰 칼을 주조하여, 이를 갖고 전장에 나가는 것과 마찬가지다.

문화를 이처럼 '경쟁력'으로 간주한다면 자연히 '강화'하고 '확대'해 나가려고 할 것이다. 그래서 정부와 재계는 온갖 방법으로 문화를 '손에 넣으려고' 하는 것이다. 어떻게 문화를 손에 넣을 수 있을까? 정책과 제도를 만들고, 더 직접적인 방법은 돈으로 해결하는 것이다. 내게 비교적 익숙한 인문대학의 예를 들어보겠다. 이전에는 교수들이 3~5년에 한 번씩 평가를 받았지만 최근 몇 년 사이 등급 평가 항목이 점점 많아져서 지금은 매년 논문을 제출하고 연구비 지출 내역과 학회 참가 내용 등을 보고해야 한다. 학과는 더 복잡하다. 석사학위 설치학과, 박사학위 설치학과, 연구기지, 교학센터, 석·박사 일급학위 수여기관, 광역단체 중점학과, 국가급 중점학과, 거기다 국가급 중점학과의 1급 수여기관3)을 설

---

2) 죽방렴(竹防簾): 물살이 드나드는 물목에 대나무발 그물을 치고 조수 간만의 차를 이용하여 고기를 잡는 어업방식.-옮긴이

3) 중국의 대학교에서 전공을 1급과 2급으로 분류하는데, 1급은 세부 전공을 모두 포함한 계열이나 학과, 대학을 말하고, 2급은 세부 전공을 일컫는다. 예를 들어, 철학과는 1급 전공이며, 철학과 내부의 동양철학, 서양철학 등 세부 전공을 2급 전공으로 분류한다. 1급 수여기관은

립한다고 하니, 아무리 올라가도 그 끝이 보이지 않는다. 투자도 점차 늘어나서 각 등급별 연구기금, '211',[4] '985'[5] 같은 각종 명목의 프로젝트 등을 지원하고 있으며, 최근 국제적으로 중국어와 중문 학술성과를 보급하기 위해 쓰인 돈만 해도 40억 위안이나 된다고 한다!

인문학자로서 나는 직감적으로 이래서는 안 된다고 생각한다. 첫째, 어떤 것들은 그렇게 해야 하고 또 그럴 수 있는 일이지만, 오직 이런 방식으로만 처리하는 것은 매우 적절치 못하다. 다시 인문대학을 예로 들어보자. 석·박사과정 설치 학과를 평가하는 것은 가능하지만 쓸데없는 직무 평가를 강력하게 제지하지 않고 교육 관리 부문의 분위기를 개선하지 않는다면 대학원 교육의 질을 보장할 수 없을 뿐 아니라 반대로 대학은 '평가기관에 대한 로비'와 '대외관계'를 학문보다 우위에 둘 것이며, 심지어 평가를 허위로 날조하기도 하는 부패가 공공연히 만연하게 될 것이다. 둘째, 근본적으로 잘못된 일은 해서는 안 된다. 각종 평가를 시행하는 '1급 수여기관'을 예로 들어보자. 학술 발전은 게를 양식하는 것이 아니다. 새끼 게를 호수에 방류하면 반년 쯤 지나 똑같은 크기로 자라나는데, 이런 방식으로 시행하는 학술평가는

학과 내부 모든 전공에 대한 학위 수여권을 가진 것을 말하며, 2급 수여기관은 학과 중 세부 전공에 한하여 학위 수여권이 있는 것을 말한다.-옮긴이

4) 1996년에서 2000년에 이르는 기간 동안 중국 정부는 21세기를 맞이하여 중국 내 주요 대학 100여 곳에 중점학과를 선정하였다. 대학의 교육 조건을 개선하고 세계 교육 수준에 발맞춰 미래의 인재를 육성하려는 이 정책을 '211프로젝트'라고 한다.-옮긴이

5) 중국의 장쩌민(江澤民) 전 주석이 1998년 5월 베이징 대학 설립 100주년을 축하하는 자리에서 중국의 현대화 실현을 선도하며 세계의 인재와 어깨를 나란히 할 수 있는 일류 대학을 양성할 것을 선포하였다. 이에 따라 교육부에서는 '21세기 교육진흥실천 정책(面向21世紀教育振興行動計劃)을 마련하여 베이징, 칭화 대학을 포함한 39개 대학을 지정하였다. 이를 줄여 '985프로젝트'라고 한다.-옮긴이

혼란만 초래할 뿐 관리기관의 무지를 드러내는 것 외에 아무런 효과도 없다.

다음은 문화에 대한 기본적인 인식에 대해 말하고자 한다. 문화는 유형적이면서 무형적이고 현실 공리적이기도 하지만 현실을 초월하는 가치도 있다. 공리적인 의도를 가지고 문화를 '손에 넣을' 수 있지만 우선 무엇이 문화인지 알아야 한다. 통속적으로 말하자면 문화를 장악하려는 사람은 스스로 조금 '문화적'이어야 한다. 문화를 시멘트나 화학비료를 생산하는 것처럼, 공장을 지어 일하는 사람을 고용하고 많은 자금을 투자하고 설비를 수입하여 엄격하게 관리하면 문화 생산량도 점점 증가할 것이라고 여긴다면 그것은 뭔가 크게 잘못 알고 있는 것이다. 오늘날 대학 캠퍼스에서 시멘트나 화학비료의 생산을 증가시키는 것과 같은 방식으로 학문을 장악하려는 분위기가 나날이 성행하고 있다. 관리 방식을 계량화하고 모든 지원은 돈으로 해결한다. 이것이 진정 학문을 발전시키는 것일까, 아니면 망가뜨리는 것일까? 어쩌면 몇 년 후에는 학술대회를 열고, 상을 받고, 프로젝트를 맡고, 논문을 발표하고, 박사 지도교수가 되는 것[6] 외에 무엇이 학문을 하는 것인지 정말로 모르게 될 것이다. 대학이 이럴진대 하물며 다른 영역은 말할 나위 없다. 이렇게 앞 다투어 문화를 '쟁취'하려는 현상들을 볼 때마다 정말 고개를 가로 젓지 않을 수 없다.

---

6) 중국에서는 한국과 달리 박사 전담 지도 교수(博士導師)가 되어야만 박사생을 받을 수 있다. 박사 학위소지자로 핵심 기간지에 8편 이상의 논문을 게재하고, 일정의 저서가 있어야 하며, 학부 수업은 물론이고 일정기간 우수한 석사 학생을 배출해야 하는 등 엄격한 심사 기준과 꼼꼼한 검증을 거쳐야만 박사 전담 지도교수 될 수 있다.-옮긴이

3_

그렇다고 옆에서 한숨 쉬면서 불평만 하고 있을 수만은 없다. 왜인가?

현재 문화에 대한 관심은 너무 협소하고 지나치게 공리적이지만 그것이 드러내고 있는 현실 문제는 오히려 실질적인 것이지 결코 조작된 것이 아니며 또한 매우 중요한 것이다. 문화가 사회와 국가의 '생존전략'이라는 것은 결코 지나친 말이 아니다. 이는 바로 '현대 중국을 어떻게 세울 것인가'와 관련된 중대한 문제이다. 사실 이것은 청말 이래 많은 사상가들이 지속적으로 토론해 왔던 문제이기도 하다. 장타이옌(章太炎)의 '중화민국(中華民國)에 대한 분석에서부터 페이샤오퉁(費孝通)이 강조한 '문화자각(文化自覺)에 이르기까지 이러한 토론은 중단된 적이 없었다. 이른바 '나라를 세우는 것'(立國)은 단지 다른 나라에 의해 분열되지 않고 주권국가로서 치안이 안정되고 국민이 잘 사는 것만을 의미하는 것은 아니다. 그것은 국가가 확고한 입장을 가지고 국민이 존엄을 갖추고 사회가 활기차게 발전하며 온 세계에 긍정적인 영향을 미치는 것을 말한다. 일본은 메이지 유신 이후 네덜란드와 영국의 노선 사이에서 토론을 벌인 적이 있었다. 부국안민의 소국이 될 것인지, 세계를 두고 각축을 벌이는 대국이 될 것인지에 대한 토론이었다. 그러나 중국에서는 궁쯔전(龔自珍) 이래로 그런 토론이 단 한 번도 없었다. 이렇게 땅덩이가 큰 인구 대국은 이미 그 타고난 규모 때문에 아무리 고개를 움츠린 거북이가 되고자 해도 그럴 수 없고, 인류사회에 반드시 어떤 영향을 끼칠 수밖에 없다. 긍정적 영향력이 아니라면 해악을 끼칠 수도 있다. 몇 년 전, 미국 상무부장관이 제기한 '누가 중국을 부양할 것인가'의 문제는 바로 이 거대 국가로서 중국이 미치는 부정적 영향력에 대한 우려에서 나온 것이다. 이런 측면에서 볼 때, 청말 이래 많은 사상가들이 나라를 세우는 데 높은 기준이 있어야 함을 강조한 것은 바로 그런 인식이 있었기 때문이다.

이러한 입국의 기준에서 논한다면, GDP만으로는 크게 부족하다. 청대 중국은 사회적 부로 따지자면 세계 제일이었으나 결국 망국의 위기에 처하게 된다. 그러나 같은 시기 미국은 영국 식민지에서 출발하여 세계 제일의 강국으로 발돋움하게 되었다. 왜 그렇게 됐을까? '9.11' 이후 주중 미국 임시 대사가 칭화대학 강연회에서 다음과 같은 말을 했다. "우리는 이민 국가입니다. 여러분(중국)처럼 유구한 역사와 문화적 전통도 없습니다. 우리는 사회제도와 그에 대한 국민의 동의로 국가의 근본을 삼고 있습니다."

이 말을 통해 어렵지 않게 미국인의 애국심을 읽어낼 수 있었다. 미국인은 왜 자신의 나라를 사랑하는가? 제도의 바탕에는 이념이 있고 그에 대한 동의는 이데올로기적 현상이다. 결국 문화의 작용이다. 소련은 어째서 와해되었는가? 경제 침체가 한 원인이라고 하지만 2차대전으로 사람들이 극심한 생활고에 시달렸어도 소련은 어째서 붕괴되지 않았는가? GDP보다 더 중요한 원인은 바로 소련 공산당의 변질이었다. 그것이야말로 사람들 마음속에 있던 공산주의 이데올로기를 궤멸시킨 것이다.

중국처럼 제국주의의 강압에 의해 현대화의 길로 들어선 대국이 성공적으로 현대화된 국가를 세울 수 있는지의 관건은 가치관, 심미관, 인간관계 등 각 측면에서 자기만의 현대문화를 건설하여 이를 바탕으로 사회제도를 발전시키고 경제구조와 생활질서를 확립할 수 있을지의 여부가 아닐까? 특히 중요한 것은, 첫째, '현대'적인 문화다. 이는 낡고 보수적이며 전제적이고 야만적인 것이 아니다. 둘째, 무분별하게 받아들인 뿌리 없는 꽃이 아니라 자신의 문화전통의 바탕과 연관성이 있는 문화다.

이것은 한 나라뿐 아니라 인류 전체와도 관련이 있다. 현대사회의 문제 가운데 하나는 생활의 다양성과 풍부함이 급격히 감소하고 있다는 것이다. 오랜 시간이 흐른 뒤에도 인류 사회가 서로 돕고 경쟁하는 가운데 새로운 현대문화를 창조해내지 못하고 한 가지 생각과 방식의 '발전'만 추구한다면, 다양한 방향으로의 가능성을 잃게 될 것이고 잘못된 길에서 되돌아 나올 수 있는 자성능력도 잃게 될 것이다. 인류 역사상 돌이킬 수 없는 길로 들어선 예들을 많이 보지 않았는가? 어떤 것이 아무리 아름답다 해도 온 세상이 그것만으로 가득하다면 아마 공포영화의 한 장면 같을 것이다. 하물며 그렇게 완벽하게 아름다운 것이 있는지도 의문이다. 이 세상에서 어떤 것이 너무 훌륭해서 온 세상을 지배한다 해도 결국에는 변하기 마련이다. 그래서 중국이 자신만의 현대문화를 창조하여 그것으로써 자립한다면 이는 인류 전체에 대한 '세움'(立)이요, 하나의 공헌이 될 것이다.

세계 전체의 상황으로 볼 때 이 '세움'(立)은 결코 쉬운 일이 아니다. 이란과 브라질, 아르헨티나처럼 줄곧 서양의 길을 따라가다가 사회의 오랜 전통과 바탕을 파괴할 수도 있고, 독일과 일본, 소련처럼 새로운 길을 가려다 기존의 제국주의 국가들보다 더 비뚤어진 방향으로 갈 수도 있다. 중국 상황도 이와 비슷해서 청말부터 현재까지 150년 동안 힘겨운 길을 걷고 있다. 사상적인 면에서 말하자면 중국의 출발은 그리 나쁘지 않았다. 캉유웨이(康有爲)를 비롯한 학자들은 서양을 배우면서도 자신의 문화를 잃지 말아야 함을 분명하게 인식하고 있었다. 그들은 서양화를 강력히 주장했지만 단순한 서양화에 머무는 것에 동의하지 않았다. 그러나 이런 웅대한 포부는 전쟁과 전제정치, 부패 등과 같은 현실의 벽에 부딪히고 말았다. 훌륭한 청사진을 제시했지만 뜻처럼 실행시키기 어려웠다. 그래서 그들의 열정은 구름 위에서 땅바닥으로 내동댕이쳐지듯 좌절당했다. 1980년대 후반부터는 점차 또 다른 극단으로 치달았다. 오로지 관심은 GDP와 돈뿐이었고, 자기만의 새로운 문화를 창조하는 것을 포기하고 미국 문화에 치우치게 되었는데, 특히 그 가운데서도 천박하고 저열한 것들이었다. 말하고 행동하는 것이 점점 소국처럼 되어갔고 이전 학자들이 세운 입국의 목표와 점점 멀어져 갔다.

이제 마침내 문화의 중요성을 인식하게 되었다. 문화를 경시하면서도 그것이 국가의 생존과 관련된 것임을 알게 되었다는 것은 어쨌든 좋은 일이다.

이뿐만이 아니다. 인류는 현대사회로 들어오면서 사회 조직화를 빠르게 확산시키면서 예전처럼 오랜 시간을 통해 문화가 '자연스럽게'—이것은 물론 비유일 뿐이지만—발달하는 것은 더 이상 찾아보기 어려워졌다. 어디에서든지 현대문화는 점점 더 인간의 의미 있는 행동에서 창조되고 있다. 문화가 점차 중요해지면서 각종 사회 역량들이 적극적으로 참여하게 되었고 문화는 그야말로 각축과 충돌의 장이 되었다. 예를 들어 오늘날의 중국에서 정부와 중국 특색의 시장경제, 대중매체와 교육제도 이 네 가지가 오늘날 중국의 문화를 결정하는 가장 중요한 요소들이며, 이들이 문화의 모든 측면에서 영향력을 행사하고 있는 것을 볼 수 있다. 문화 창조의 주축은 더 이상 엘리트문화에만 국한되지 않고 취업과 쇼핑, 레저와 부동산 등 보통 사람들의 일상생활 속으로 점차 이동해갔다.

이는 각 제도적 역량이 자발적으로 문화 생산에 참여하게 된 지금, 지식인들과 학계도 방관자적인 비판에만 만족할 수 없게 되었다. 이것이 잘못됐다는 것이 아니다. 명확하고 날카로운 비판은 필요한 것이며 지식인이 당연히 해야 하는 책임이다. 그러나 이것만으로는 부족하다. 더 나아가 모든 가능성 있는 계기들을 놓치지 않고 매체와 학교교육 같은 제도적 역량을 통해 현실에 개입함으로써 문화를 변화시키고 창조하는 과정이 눈앞의 이익만 좇거나 한편으로 치우치지 않게, 좋은 방향으로 나아가도록 혹은 최소한 부정적 방향으로 가지 않도록 인도해야 한다. 오늘날의 현실 조건 속에서 지식인과 학계가 단독으로 문화의 변혁을 주도할 수는 없지만, 전심전력을 다해 다른 역량들—단조로운 문화 형식에 대해 태생적으로 불만을 가진 젊은이들과 전통적인 서민문화에 대한 기억을 가진 민중—과 함께 문화의 고착화에 의문을 갖고 저항할 수 있는 협력체를 만들어야 한다. 이런 저항이 없다면 우리의 생활은 조잡하고 열악한 문화 속에 함몰될 것이다. 재직 대학에서 나는 학생들의 원망 섞인 푸념을 자주 듣곤 한다. 이유인즉, 수업시간에 어떤 교수가 말하길 학과 공부보다 취업에 유리하도록 시간 날 때마다 자격증이나 많이 따두라고 한다는 것이다. 위풍당당한 대학에서 이런 교수가 있다니 우리 사회의 만연된 풍토가 얼마나 열악한지 상상이 되지 않는가. 이런 문화가 강의실까지 흘러들어와 학생들을 잘못 인도하고 있는 것을 보면 학계의 지식인들은 자신의 소임을 다하지 못한 참담함을 느끼지 못하는가?

4_

다시 도시 발전의 예를 들어보자. 오늘날 중국에서 문화적 자각을 발전시키고 자신의 현대문화를 창조하는 데 있어 그것이 안고 있는 난점과 핵심 문제는 무엇인지 알아보자.

나는 상하이 사람이다. 최근 20년 동안 표준화된 도시 모델이 기존의 상하이의 거리와 주거 공간을 대체하는 것을 지켜봐 왔다. 예를 들어 베이쓰촨로(北四川路)와 난징로(南京路) 그리고 와이탄(外灘)은 원래 고유한 특색을 지녀 각각 다른 맛이 있었지만 지금은 비슷한 모양의 백화점과 건물들이 빼곡히 들어차 있다. 상하이 토박이들조차 빌딩 숲 사이를 걸어 다닐 때면 이곳이 정말 화이하이로(淮海路)가 맞나 하는 생각이 들 정도다. 상하이를 벗어나 쑤저우(蘇洲)와 난징(南京), 우시(無錫)와 항저우(杭洲) 등 중대형 도시를 가보면 대규모 개발공사로 조성된 중심가는 모두 높은 건물들과 백화점이 즐비한 대도시의 모습이고 상하이에서 볼 수 있는 명품 상가와 광고들로 넘쳐난다. 범위를 확대해서 태평양 서쪽 해안을 따라 남에서 북에 이르는 멜버른, 시드니, 뭄바이, 홍콩, 타이베이, 서울, 오사카, 도쿄 등 대도시를 훑어보아도 다닥다닥 들어선 빌딩과 백화점 그리고 콘크리트 덩어리의 고가도로들이 뱀과 지렁이처럼 구불구불 얽혀있는 비슷한 공간을 발견하게 될 것이다. 유럽과 미국의 도시 연구 개념을 빌어 말하자면, 20세기 도시 발전은 현대적 도시(urban) 모델이 기존 도시들(cities)이 가진 특색을 없애버리며 발전시켜온 역사이다.

도시는 각각의 역사를 가지고 있었다. 쑤저우는 2천여 년의 자랑스러운 역사를 가지고 있었으며 우시, 난징, 항저우 같은 도시도 각양각색의 인문, 지리, 경제, 정치 환경을 바탕으로 독특한 지역특색을 만들어냈다. 상하이는 4백년 전만 해도 송강부(松江府)[7] 관할의 작은 현(縣)[8]에 불과했지만 나름의 전통을 간직하고 있었다. 19세기 말 서양화의 물결이 이 도시들에 각 시기마다 다양한 방식으로 침투해 들어온 결과 본래의 모습에 새로운 특징들이 첨가되고 만들어졌다. '모던'과 만나게 되면서 도시들은 천편일률적으로 변화된 것이 아니라 오히려 더욱 다양한 모습이 되었다.

이것이 바로 현대 초기의 기이한 점이었던 것 같다. 그 시기는 큰 혼란의 소용돌이였다. 인류의 긴 역사 속에서 형성된 다양성과 풍부함이 그대로 살아 숨 쉬는 가운데 서양식 현대화의 거친 물결과 맞부딪치면서 다양성과 풍부함은 곧 천태만상의 변화와 참신함을 빚어냈다. 사람들의 생각과 물질 형식 역시 마찬가지였다. 청말 사상계는 마치 이 시기의 상하이, 쑤저우, 난징 등의 건축 공간이 과거 천년의 기간 중에서 가장 복잡하게 뒤섞이고 다양했던 것처럼, 최소 과거 천년의 기간 중에서 가장 활력이 넘치는 시기였다. 지금이라도 양쯔강(長江) 삼각주의 작은 면(小鎭)과 비교적 규모가 큰 마을(村子)에 가보면 아직까지 그 시기의 중국식과 서양식이 혼재하는 건축 양식들이 요 근래 지어진 판에 박은 듯한 크고 작은 건물 사이에 군계일학처럼 서있는 것을 볼 수 있다. 현대 초기는 긴 역사 속에 가장 다양성이 돋보이는 시기를 형성했던 것 같다. 과거 상하이의 각양각색의 거리와 주거 공간의 모습이 바로 그 예이다.

그러나 이 '현대'가 오늘에 이르면서 적어도 중국에서는 유형적/무형

---

7) 당대(唐代)부터 청대(淸代)까지의 행정 구역으로 현보다 한 단계 높음.-옮긴이
8) 지방 행정구획의 단위로, 지금은 성(省) 밑에 속함.-옮긴이

적 측면에서든 초기에 두드러졌던 다양성이 오히려 점점 소멸되어 버렸다. 도시와 도시인 그리고 그들의 생활이 점차 비슷해졌다. 상하이의 최근 십여 년 동안 도시 공간의 격변처럼 현대 초기의 것이든 그 이전의 것이었든 간에 유행에 맞지 않는 모든 것들은 모조리 없어져 버렸다. '발전'이라는 괴물은 미친 듯이 과거의 자신을 한 입에 삼켜버리고, 영원한 배고픔과 모든 것을 집어 삼키려는 욕망만이 남아 사방을 쏘아보고 있는 것 같다.

'현대'가 이 지경에 이르게 되자 자신만의 현대적 문화를 창조하려는 모든 사람들은 무거운 마음으로 고민하지 않을 수 없었다. 서양이라는 모델이 전 지구의 현대화를 석권하는 것을 대체 어떻게 이해해야 할까? 또 그것이 키워낸 '발전'이라는 괴물과 그것이 모든 것을 삼켜버리고 내놓은 천편일률적이고 아무 가치도 없는 이 배설물들을 어찌해야 한단 말인가? 혹은 문제를 축소시켜서 나날이 규모는 커지고 또 나날이 단조로워지고 소란스러워지는 도시를 어떻게 바라봐야 할까? 오늘날 우리 주변에는 여전히 도시를 찬미해 마지않는 많은 사람들이 존재한다. 그들은 진심으로 고가도로와 고층건물이 멋지고 아름답다고 생각한다! 도시는 현대화와 같은 말이고 현대화는 더 아름다운 생활이고 역사 진보의 방향이라고 믿어 의심치 않는다. 물론 도시화를 싫어하는 사람들도 있다. 도시화를 저속하고 타락한 것으로 여기며 심지어 그것을 칭기즈칸이 유라시아 대륙을 지배했던 것처럼 야만이 문명에 행했던 무지막지한 파괴와 다름없는 것이라고 생각하기도 한다. 물론 나는 도시화와 현대화를 찬양하지도 않겠지만 그렇다고 그것이 몽고 기마병의 침입 같은 것이라고 단언하고 싶지도 않다. 이러한 큰 문제에 본격적으로 대답하기에 앞서 다음과 같은 사실들을 먼저 명확히 하고자 한다. 현대화의 내부 역량이 끊임없이 도시와 생활 그리고 사람들의 생각을 거의 비슷한 방식을 통해 단일한 방향으로 나아가도록 추동하고 이들 다른 층위의 단일함이 서로 자극하고 모여서 한 덩어리가 되어 우리 생활 속에 빠른 속도로 침투해 우리 습관을 서로 비슷하게 만들고 심지어 풍부하고 다양했었던 기억과 갈망이 더 이상 남아있지 않게 되었다는 사실이다.

5_

이제 '우리는 오늘날의 이러한 생활을 어떻게 바라볼 것인가?'라는 가장 근본적인 문제로 돌아왔다. 이것은 전 세계의 수많은 사람들이 고민하는 문제이다. '구매력'과 '정보 자원의 다양성', '자유롭게 이용할 수 있는 시간'이 주요 평가기준이라면, 몇 가지 조사 결과만 보더라도 20세기 후반 일반적인 미국인의 삶의 질은 전보다 떨어졌다는 것을 알 수 있다. 폴란드 경제학자들에 따르면 50년 후에도 폴란드 사람들이 식품, 물, 공기, 주거, 청각환경, 1인당 녹지면적, 예술과 같은 일곱 가지 항목에서 지금과 같은 수준을 유지할 수 있다면 대단한 '발전'을 이룬 셈이라고 한다. 우리는 어떤 기준으로 오늘날의 삶을 판단해야 할까? 한 가지 분명한 것은, 결코 소득의 많고 적음만을 주요 지표로 삼을 수 없다는 것이다. 그것은 어떤 도시에서 도시 건설을 평가할 때 철근과 콘크리트 소비량이 주요 데이터가 될 수 없는 것과 마찬가지이다. 이럴수록 각 소득층의 서로 다른 생활의 요구 사이에서 어떻게 균형을 찾을 것인가, 설령 동일한 사람이라도 그가 가진 다양함 사이에서 어떻게 균형을 찾을 것인가와 같은 무형적인 것에 점차 더 주의를 기울여야 할 것이다. 교통의 예를 들어보자. 걷기와 자동차 타기의 서로 다른 요구를 어떻게 처리할 것인가? 대중교통과 기타 교통수단의 비중은 어떻게 조화를 이루게 할 것인가? 또한 출근길 교통과 평상시 교통은 어떻게 조화를 이루게 할 것인가? 여기에 관계되어 있는 것은 통행의 속도뿐만 아니라 시민생활의 내용과 어떻게 연결되느냐 하는 것이다. 일단 여기까지 생각하면 통상 말하는 교통문제는 더 이상 단순히 교통문제만을 말하는 것이 아니다. 다시 거주의 예를 들어보자. 실내 공간과 실외 환경의 관계는 어떻게 설정해야 할 것인가? 실외 환경이라는 것은 녹지 면적만을 말하는 것이 아니라 더 넓은 범위 즉, 각종 지역사회와 도시의 공공 공간, 주민의 생활방식과 그 내용 등까지 포함하는 것이다. 주민을 언급한 김에 짚고 넘어가야 할 더 민감한 문제가 있는 바, 바로 도시 발전과 본지 상주인구의 관계이다. 상하이에서 이 문제가 1950년대와 1980년대에는 잘 드러나지 않았지만 지금은 점차 두드러지고 있다. 어떤 도시에서 '하드웨어' 발전에 기울이는 대부분의 노력이 외부 시선을 끌기 위한 것이고, 정부 기관의 업무 효율과 같은 각종 '소프트웨어'의 '개선'이 투자 환경을 위한 것, 그러니까 더 많은 자금을 유치시키기에만 급급해 대다수 주민의 일상생활을 망각한다면, 이것이 과연 시민을 위한 도시라 할 수 있겠는가?!

오늘의 세계에서 거의 모든 사람들의 생활에는 도시 또는 도시화의 낙인이 점점 깊이 새겨지고 있다. 스스로 충분히 '현대'화되지 않았다고 생각하는 나라일수록 도시화에 대한 열망은 더욱 강렬해진다. 그러나 다른 한편에서는 어떻게 하면 도시라는 환경에서 생활의 질을 떨어뜨리지 않고 나아가 더 개선할 수 있을까 하는 문제의식이 갈수록 분명해지고 있다. 이는 도전적인 의미가 있는 일이지만 현재로서는 확실하게 알 수 없는 일이다. 이런 관점에서 본다면 도시를 이해하는 것은 현대화를 이해하는 관건이다. 왜냐하면 도시는 결코 그 자체에만 국한되지 않고 빠른 속도로 온 세상에 확산되고 있기 때문이다. 도시는 갈수록 거대해지는 체계이며, 사회자원을 최대로 결집시켜 이윤을 극대화시키려는 자본과 권력의 끝없는 야심을 대표한다. 그렇기 때문에 만약 '도시가 훌륭한 생활형식인가?', '다른 더 좋은 형식을 창조할 수는 없을까?'라는 생각이 든다면, 실제로 '우리가 자본과 권력의 끝없는 야심에 굴복해야 하는가?'라는 문제를 제기하는 것이다. 세계 각 지역에서도 이런 질문을 던지고 다양한 실천을 하고 있는 것 같다. 중국에서 비교적 가까운 곳의 예를 들어보자. 인도 남부의 케랄라(Kerala)주에서는 도시가 거의 없지만 뭄바이 같은 대도시에 비해 사람들의 평균 수명이 길고 문맹률이 낮으며 책과 신문의 보유량도 많다. 중국 현대사에서도 '신촌운동', 향촌건설운동, 1940년대 광시(廣西)지방의 '사회개조운동' 등과 같은 시도가 여러 차례 이루어졌었다. 다행히도 오늘날 중국 땅에서도 이와 같은 새로운 시도의 싹이 다시 움트고 있다.

이러한 상황에서 도시의 장기 발전을 계획하려면 고도의 지식과 풍부한 상상력 그리고 넓은 시야와 역사의식이 필요하다. 또한 입국(立國)의 근본으로서 현대문화에 대한 추구와 상상을 반드시 포함하고 있어야 할 것이다.

2006년 7월 상하이

『탐색과 쟁명』(探索與爭鳴), 2006년 제7기에 게재

[요약]

    이 글은 최근 문화에 대한 중요성이 부각됨에 따라 어떤 각도에서 그 의미가 변화했는지 살펴보고, 도시화를 중심으로 하는 현대화 과정과 이에 따른 생활에 대해 성찰한 글이다.

    이전에는 문화를 사상정치와 관련된 내용 혹은 이데올로기의 일종으로 여겨 왔으나, 최근 경제적 이성과 외국 문화에 대한 자국의 문화 안보 의식 그리고 위기감에 의해 부각된 국제적 경쟁의식에서 문화의 의미가 강조되고 있다. 이것이 바로 정계와 재계가 중시하는 문화의 의미로서 '문화경쟁력'이라고 정의되는 것이다.

    그러나 문화를 대하는 진정한 인식이란 위와 같은 경쟁적 측면에서의 문화적 가치를 초월하는 것이어야 한다. 즉, 유형적이면서도 무형적이고, 현실 공리적이면서도 이를 초월하는 가치를 포함하고 있어야 한다. 이는 경쟁적 가치보다는 국가적 관점에서 논의되며, GDP로 환산할 수 있는 것이 아니라 입국(立國)과 인류 전체에 미치는 영향력에 대한 관점에서 논의되어야 한다. 특히 중국처럼 수동적으로 현대화의 길로 들어선 나라는 새로운 미래와 국가를 상상해야 하며, 자신의 전통에 뿌리를 둔 문화를 창조하는 것이 무엇보다 중요한 과제이다. 이는 고도의 상상력과 지식, 그리고 넓은 시야와 역사의식을 바탕으로 하는 현대문화를 창조하는 과정이다.

번역 및 요약_고윤실

상하이의 새로운 '삼위일체':
부동산 시장을 중심으로[*]

이 글에서 서술하고자 하는 것은 1980년대 말 이래 상하이에 동시에 출현해 서로 영향을 미치고 있는 현상으로 새로운 도시공간, 이미지 인지 훈련 그리고 사회의 권력과 분배의 구조에 관한 것이다. 나는 상하이 부동산 시장과 그 광고를 중심으로 위의 세 가지 현상과 그것들이 어떤 관련을 맺고 있는지를 설명하고자 한다.

1949년 중국인민해방군이 상하이를 점령했고, 이듬해 새로운 중앙정부는 '토지법'을 반포하여 도시의 모든 토지가 국가 소유임을 선포했다. 그로부터 십 년도 안 되어 상하이를 비롯한 전국의 기존 부동산 시장은

---

[*] 원제: 今日上海的新"三位一体": 以住宅房地産市場爲例. Wang, "New Trinity in Today's Shanghai: Real Estate Market as A Example," 『인천세계도시인문학대회』, 2009. 10. 19-21, 인천. 여기에서는 저자가 직접 준 중문 원고를 저본으로 번역했다.

완전히 사라졌다. 그러나 1980년대 중반, 당시 실질적인 최고 지도자 덩샤오핑(鄧小平)은 중국 정부가 도시에 부동산 시장이 다시 형성되도록 강력한 추진정책을 시행할 것을 제의했는데 여기에는 두 가지 원인이 있다.

첫째, 중국 공산당은 대기근(1959-1961)과 '문혁'(1966-1976) 시기를 거치면서 타격을 받았던 정치적 통치의 합법성을 재건하는 것이 시급한 문제였고, 이는 인민의 물질적 생활 개선을 통해서만 실현될 수 있는 것으로 여겨졌다. 게다가 주택 부족은 당시 도시 거주민들의 원성이 자자한 문제의 하나였다. 둘째, 경제발전을 위해서 정부로서는 대규모 자본이 필요했는데, 당시 자본으로 전환될 수 있는 가장 큰 자원이 바로 토지였던 것이다.

부동산 시장은 상급기관에서부터 재건되었기 때문에 매우 **빠른** 속도로 팽창되었다. 상하이에서 부동산 시장이 재건된 지 20년도 되지 않아 그것은 현지 경제를 주도하는 기간산업의 하나가 되었다. 2009년에는 침체된 중국경제를 이끌어나가는 강력한 기관차 역할을 했다. 부동산 시장이 창조해내는 부를 화폐가치로 환산한다면 엄청난 양이 될 것이다. 이는 토지가 고정된 '자원'으로부터 가격을 매겨 매매할 수 있는 '자본'으로 급속도로 전환되었음을 의미하는 것이다. 이것은 마치 '백만 파운드' 수표가 바람에 떠다니는 미국 영화[1]의 한 장면 같다. 그렇기 때문에 새로이 형성된 부동산 시장의 주요 상품은 '집'이 아니라 '토지'인 것이다.

바로 토지의 이러한 중요성은 상하이와 전국 부동산 시장의 '중국적

---

1) <*The Million Pound Note*>, Ronald Neame 감독(영국, 1954년). 미국에서는 <*Man with a Million*>이란 제목으로 상영되었다.-옮긴이

특색'을 고스란히 드러내고 있다. 만약 토지를 '상품'으로부터 '자원'으로 무상 전환시킨 1950년의 토지법이 없었더라면, 오늘날 다시 토지를 '상품'으로 전환시킬 수 없었을 것이다. 바로 이 점이 1980년대 정부가 부동산 시장을 재건하는 주요한 동력이자 관심을 가지는 부분이다. 1980년대 재(再)시장화는 이전 40년간의 비시장화 제도를 기초로 그 제도의 에너지가 다시 해방된 것이었지, 일반적으로 생각하는 것처럼 이전 제도가 소멸되거나 종결된 것이 아니었다.

이렇게 '밑천 없이 장사하는' 재시장화이기 때문에 어떻게 토지를 '팔' 것인지는 전적으로 정부에 달렸다. 상하이에서 1998년 처음으로 일본 부동산 회사에 50년 사용권을 넘겨준 홍차오(虹橋) 지구의 토지 가격은 건물 면적을 환산하여 평방미터 당 약 3,500 위안이었는데 당시 상하이 주민 평균 월급이 300위안이 채 되지 않은 것과 비교하면 상당히 높은 가격이었다.

최근 20년간 정부는 주택 상품화를 강력히 추진했고 현재 상하이 주민이 가지고 있는 개인 주택의 비율은 홍콩과 도쿄, 런던을 추월했다. 이와 동시에 상하이 주택 평균 매매가는 빠른 속도로 홍콩과 도쿄, 런던의 수준에 근접하고 있으나(2009년 8월, 아파트의 평균 분양가는 평방미터 당 2만 위안을 초과) 일반 주민의 수입은 홍콩과 도쿄, 런던 시민의 5분의 1에 훨씬 못 미치는 수준이다. 이는 소비자에게는 너무 가혹하지만 정부와 주택 개발업자에게는 중간에서 거대한 수익을 얻을 수 있는 시장이다.

도시에는 주택 용지가 부족하다. 절대 다수의 시민들은 반드시 부동산 시장을 통해 주택을 매매하고 임대한다. 정부의 '저가 임대주택'이나

'시민 임대주택' 정책은 지지부진하고, 경제가 지속적으로 발전하면서 통화가치 팽창에 따른 압력이 계속 증가하고…이런 저런 요소들이 모여져 상하이의 부동산 시장은 점차 주식 시장처럼 변해갔다. 비록 제도나 운용 방식이 열악함에도 여전히 그것은 무수한 개인과 기업들을 끌어모으고 있다.

이로 인하여 시장은 점차 사회를 개조하고 재조직하는 거대한 역량으로 탈바꿈했다. 첫째, 수입에 따라 다양한 계층으로 급속도로 분화되었다. 상하이에서는 1990년 이전에 정부에서 비교적 큰 집을 분배받은 사람은(통상 관료나 기타 사회적 지위가 높은 계층의 사람들) 이 시장을 통해 이익을 얻었으며 1990년대 혹은 그 이후 내 집 마련을 한 사람들에 비해 그 수가 월등히 많다. 스스로 내 집 마련을 한 사람 중에서 두 채를 살 수 있었던 사람이 한 채를 살 수 있는 사람보다 얻은 이익이 많았으며, 세 채를 살 수 있었던 사람은 두 채를 살 수 있는 사람보다 그 이익이 많았다. 특히 투자 집단(은행, 대기업, 기금)은 자본이 많으므로 큰 건물과 아파트를 통째로 매입하기 때문에, 그것을 통해 얻은 이익은 개인 투자자가 얻은 것과 비할 바가 아니다. 1980년대 말 이래 중국사회는 계층이 다시 분화되었다. 새로운 강자가 된 사람들은 약자 계층에 대해 압도적인 우위를 차지하게 되었다. 이로 인해 20년 경제성장이 만들어낸 거대한 부는 '승자독식'의 방식으로 각 계층에게 분배되었다. 부동산 시장은 바로 이러한 '분배'의 중요한 경로의 하나였다.

둘째, 통치 집단의 구성 변화이다. 예를 들어 상하이 절대 다수 사람들의 주요 사유재산은 바로 주택이다. 그러나 오늘날 거의 모든 중간급 이상 당정 관료의 주택은 다른 계층(소수의 자본가를 제외한)에 비해 질적, 수적으로 상당한 우위에 놓여있다. 다시 말해, 부동산 시장의 팽창은 빠른 속도로 당정 관료를 부자로 만들어 주었다. 이렇게 부자로 '변화'하는 과정은 대개 주택 매매 방식을 통해서 이루어지며 각종 '권력과 돈이 거래되는' 방식을 피해갈 수 없었다. 이로 인해 1990년대 이전 간부와 자본가가 거리를 유지하며 대국적 정치 통치에 복종(비록 대부분이 피동적 복종이었지만)하는 모든 국면은 신속히 와해되었다.

관료들이 부자가 될수록 그의 이익은 해당 지역의 경제 업무와 더욱 깊이 연루되고 있고, 지방 관료와 초국적 자본의 현지 대표를 포함한 신흥 자본가 집단은 갈수록 '자본가 집단-지방 권력-개인'의 이익을 추구하는 강고한 연맹을 형성하기 마련이다. 10년간 상하이에서 이들 연맹과 상급정부 및 중앙정부의 이익이 날로 심각하게 충돌하고 타협하고 있다. 2009년 주택 가격이 반등한 것이 두드러진 예이다. 전체적으로 모든 부동산 시장의 거품이 이미 크게 불어났고 중앙정부 역시 주택 가격을 안정시키려 함에도 불구하고 높은 가격을 통해 중간 이익을 취하려는 세력이 이미 이렇듯 커져버려서 여전히 상하이의 집값을 끌어올리고 있는 것이다!

부동산 시장은 이런 측면에서 상하이의 사회 구조와 제도의 거대한 변화를 명확히 보여주고 있다. 경제 구조와 제도의 변화뿐 아니라 정치 구조와 제도의 변화도 그러하다. 형식적으로 보면 여전히 원래의 공산당 시위원회와 시정부가 이 도시를 관리하고 있는 것 같지만 자세히 분석해 보면 이 관리 체계를 따르는 정치 논리와 그것이 의지하는 사회 기초는 15년 전과 크게 다르다는 것을 발견하게 될 것이다. 고도로 독점화된 시장은 모호하지만 폭력적 의미의 주류 이데올로기를 내포하고 있는 것이다. 정치, 경제, 문화 엘리트의 단단한 결속, 그리고 소비와 완전히 합일된 일상…지금은 이런 요소들이 점점 더 상술한 관리체계의 핵심을 담당하고 있는 것 같다.

사람들은 현재 중국에서 상하이는 원래의 사회주의 공산당 통치의 특색을 가장 많이 지닌 지역이라고 말한다. 그러나 위에서 분석한 것을 볼 때 그것은 사실 착각이라는 것을 알아차릴 수 있다.

부동산 시장의 팽창과 동시에 전개된 것은 도시공간의 재구획이다. 1980년대 말 이전 상하이에는 대체적으로 여섯 가지 종류의 공간이 공존했다. 첫째는 공공정치 공간으로, 대규모의 집회를 열 수 있는 광장, 공산당과 정부 기관의 업무 공간, 도처에 분포하는 각종 국영 단위(공장, 학교, 병원…)의 집회장 등등이 이에 해당한다. 둘째는 공업생산 공간으로, 그 생산의 연장된 부분으로서의 직원 거주 구역인 노동자 신촌2)도 포함된다. 셋째는 상업 공간이다. 넷째는 각종 '단위'3)에 속한 주택공간을 제외한 거주 공간이다. 그 다음으로 교통과 기타 사회 서비스 공간으로 길거리, 병원, 학교, 도서관, 영화관 등이고, 마지막으로 공공사교 공간으로 공원, 각종 유명한 도로 주변의 좁은 길(교통량이 적기 때문에 특히 여름이면 주민들이 식사를 하고 한담을 나누며 심지어는 낮잠을 자기도 한다), 구멍가게(烟杂店)와 골목 입구(弄堂口)를 중심으로 한담을 나누는 장소가 이에 해당한다.

---

2) 중국 해방 이후, 각 지방정부 혹은 국영 단위에서 노동자들의 편리한 생활과 복리를 위해 대규모로 건설한 거주지역. 노동자 신촌 주변은 교통이 편리하고 상권이 발달했으며, 자녀 교육시설과 복지 문화공간이 확충되어 있다.-옮긴이
3) 기관, 단체, 법인, 기업 등의 집단과 집단 안의 각 부문들 혹은 그 산하기관.-옮긴이

1950-1980년대 중반 이 여섯 가지 공간의 비율은 끊임없이 변화했고 변화의 방향도 각기 달랐지만 두 개의 공간은 눈에 띄게 확장되었다. 회의장으로 쓰일 공간들이 대량으로 건설되었고 수많은 소형 기업이 골목 안(里弄)과 아파트 건물 사이에 자리하면서 주택과 공장, 창고가 복잡하게 섞여 있는 모습을 이루었다.

오늘날은 어떠한가? 20년의 '개혁'을 거쳐 오면서 상하이의 공공정치 공간은 눈에 띄게 축소되었다. 그것은 대형 광장과 회의장이 상업공간으로 개조된 것 같이 물질적인 것이기도 하지만, 정부 기관의 업무 공간과 휴식 공간이 지속적으로 확장되고 '공공정치 공간'의 주요 부분이 되었을 때 이 공간은 이미 '공공'의 의미를 상실했고 '정부의 공무 공간'과 다름없게 되었다는 맥락에서 추상적인 것이기도 하다.

공업생산 공간은 급속도로 축소되었다. 원래 먼저 도시 중심 지역 곳곳에 분포했던 크고 작은 공장은 거의 전부 문을 닫았고 골목 안과 주택 사이의 공업 공간은 전부 이전되었다. 지금은 도시 주변부의 비교적 큰 공장까지 모두 철거되었다.

공공사교 공간 역시 눈에 띄게 줄어들었다. 공원 면적은 끊임없이 확장되는 도로에 잠식되었고 좁은 길도 확장되어 자동차 매연으로 가득해졌다. 구멍가게는 거의 찾아볼 수 없게 되었으며 골목 입구도 점점 새로 건축되는 아파트 단지의 입구가 대신하게 되면서 경비원 외에 그곳에서 한담을 나누는 주민을 찾아볼 수 없게 되었다.

어떤 공간이 확장되었는가? 하나는 상업공간으로 크고 작은 상점이 온 도시에 즐비하고 그것의 외관과 판매 방식, 심지어 상품의 종류마저 점차 표준화되었다. 창고식 매장은 중소형 백화점을 대체했으며 쇼핑센터는 대형 백화점을, 슈퍼마켓은 구멍가게를 대신하게 되었다.

가장 크게 확장된 것은 주거 공간이다. 국영 단위에 속한 거의 모든 주택지구(노동자 신촌과 같은)는 현재 모두 사유화되었고 일반 주거지역이 되었다. 더욱 인상적인 것은, 주택을 중심으로 하는 새롭게 조성된 공간이 대개 커다란 면적으로 이루어져 있다는 것이다(몇몇 대형으로 조성된 공간의 단층 건평 면적은 1평방킬로미터를 초과한다). 몇 개의 주거 건물을 중심으로 쇼핑센터, 식당, 학교, 은행, 피트니스 클럽, 동물병원 등이 밀집되어 있고 게다가 필요에 따라 도로를 만들고 우체국, 버스 정류장, 전철역을 부설하기도 한다.

이런 상황에서 상업공간의 확장도 점차 이런 새롭게 조성된 공간이 확산되는 방향에 따라 그 주변을 에워싸면서 만들어지고 형성된다. 상업 공간뿐 아니라 교통 간선도로(전철과 고가도로)와 기타 공간(대학과 은행)의 배치 역시 점차 새로운 공간의 변화에 따라 조성되고 있다. 최근 20년 동안 새롭게 조성된 이 공간은 상하이 도시공간의 변화를 이끄는 중요한 역할을 했다.

이 공간은 부동산 시장이 급속도로 팽창한 결과이며, 부동산 개발 회사가 그것을 촉진시키는 역할을 했음은 말할 것도 없다. 그러나 이 공간이 점진적으로 다른 공간(수많은 거주 지역은 문을 닫은 공장 부지에 지어졌다)을 잠식함에 따라 교통, 의료, 교육과 문화 시설 등의 도시의 공공 서비스 공간의 계획과 건설은 현재 부동산 개발 정책에 따라 결정되고 있으며, 부동산 개발 회사는 점차 새로운 도시공간의 주요 기획자가 되고 있다.

상하이는 이로 인해 독특한 '거주-소비'형 도시가 되었다. 갈수록 소비논리의 제약을 받는 주택과 그 부속 건물은 도시의 주요한 공간 형식이 되고 있다. 이같은 단일한 형식의 도시공간은 과거 상하이에서 찾아볼 수 없었던 것이다. 1950-1970년대는 말할 것도 없고 1910-1930년대에도 조계지, 신시가지, 쑤저우허(蘇州河) 주변의 중국 관할지역에 모두 여러 공간들이 병존하면서 서로 다른 기능을 수행했을 뿐만 아니라 각기 다른 논리가 지배했었다. 그러나 지금은 상하이의 수많은 시민들이 대부분의 활동시간을 모두 집에서 보내는 것이 아니라 각종 사무실, 학교, 상점을 비롯하여 교외의 공장에서 보내고 있음에도 불구하고, 이 도시의 공간 형식은 상하이 사람들에게 주택이 상하이의 중심이자 상하이인 인생의 중심 공간이라고 점점 강도 높게 교육시키고 있다.

이러한 공간은 이 도시 전체의 생활 변화에 맞추어 다시 나뉘어졌다. 오늘날 상하이는 시위가 금지되었고 관할정부 역시 공공 집회장소나 시위대가 큰 소리로 구호를 외칠 수 있을 만한 공간을 더 이상 만들지 않는다. 또한 시민들이 눈앞의 이익을 추구하면서 정치적 업무에 대해 관심을 갖지 않도록 한다. 그리고 사람들을 여가시간에 텔레비전과 마작 테이블 앞에 모이게 하고 쇼핑센터에서 시간을 보내도록 만든다. 물론 상하이는 모든 영업직원들이 손님을 사장님 모시듯이 하고 시시각각 해고될 것을 걱정하게 만드는 곳이기도 하며, 문을 걸어 잠가야 안전함을 느끼며 쇼핑을 하고 여행을 가야 비로소 살아있는 즐거움을 느끼게 하는 곳이기도 하다.

20년 동안 이 도시는 점점 더 심층적으로 시민의 생활방식을 변화시키고 있으며 나아가 그들의 인생관과 사회적 이상, 그리고 정치적 태도까지 변화시키고 있다. 오늘날의 상하이 사람들은 20년 전과 비교해서 대부분 풀이 죽어있고 활기가 없다. 비록 마음이 불안하고 불만이 있다 해도 어쩔 수 없는 일이라 생각하고, 집안에 들어서서야 비로소 마음이 놓이는 것이다. 시민들의 유약하고 인내심 많은 기질이 형성되는 과정 속에 도시 건축 공간의 거대한 변화는 무시할 수 없는 작용을 하고 있는 것이다.

도시공간의 변화는 새로운 공간이 형성됨과 동시에 시각적 재현(visual representation)으로 드러났는데 하나는 대량의 건축물로 나타났고 다른 하나는 도시의 지배적인 문화 생산기제로 드러났다. 상하이의 부동산 광고를 예로 들어보자. 최근 15년 동안 이런 광고는 줄곧 상하이와 기타 중대형 도시에서 가장 눈에 띄는(그 다음은 자동차 광고) 이미지 광고이다. 길거리 곳곳, 고속도로 주변, 텔레비전 화면, 신문과 잡지, 심지어 택시 앞좌석 뒤에 붙어있는 스크린과 비행기 승객의 손에 들려있는 탑승권에도 등장한다.

몇몇 자주 볼 수 있는 광고 도안을 소개해 보겠다. 광고의 크기가 클수록 다음과 같은 도안을 자주 발견할 수 있다.

사진 1은 화면 구성이 전문적이다. 도안의 평형과 색채의 배합이 잘 이루어지게 하고 아파트(일반적으로 외관)는 종종 광고의 한쪽에 배치한다. 눈에 잘 띄기는 하지만 더욱 두드러지는 것은 다음과 같은 요소들이다. 이국(유럽과 미

< 사진 1 >

< 사진 2 >

국)적 정서와 두루 갖춰진 지역 시설, 아름다운 아내와 귀여운 아이들이 사는 가정생활, 그리고 녹색 환경 등.

　사진 2에서 아파트는 화면의 중심에 놓여 있고, 그 주변으로 상점, 사무실 건물, 전철역, 공원, 교회 등이 있거나, 이와는 반대로 아파트 단지가 배경으로 처리되고 그 안에 각종 상점, 도로 중앙에 꾸며 놓은 화단, 커피 전문점, 산책하는 사람들, 심지어 교회까지…마치 시내 전체를 아파트 단지 안으로 옮겨온 것 같다.

　사진 3에서 광고 화면의 테두리가 마치 창틀처럼 생겨서 그것을 보고 있

< 사진 3 >

< 사진 4>

는 사람은 거실에서 밖을 내다보고 있는 것처럼 느낀다. 강변, 화원, 고요
한 숲, 불빛이 휘황한 상업지구 등…. 이 모든 것들은 벽에 걸어놓은 액자
속의 사진처럼 주택의 일부가 된다.

사진 4에서 아파트 건물은 흐릿하거나 심지어 보이지 않게 처리하고
화면에는 우거진 나무와 파란 하늘, 잔디밭과 호수만이 있다….

이런 도안들은 다음과 같은 의미를 가지고 있다. 이 집을 구입하는
것은 부유함과 안전함, 이국적 정취와 행복한 가정, 도시의 화려함과 창
밖의 아름다운 풍경, 품위 있는 생활 그리고 성공 인생을 구입하는 것이
다. 주택 자체를 보여주는 것이 아니라 범위가 더 넓고 추상적인 '행복'의
가치와 주택이 동등함을 보여주고 있다.

상하이의 아파트 광고만 그런 등호를 만들고 있는 것이 아니다. 베이
징의 어느 유명한 광고 문구는 더 과장되게 말한다. "우리가 파는 것은

집이 아니라 생활입니다. 아파트는 그 생활에 드리는 선물입니다." 어떤 면에서 부동산 개발상이 도시 전체의 기획 담당자가 된 것과 마찬가지로, 광고회사도 도시 거주민의 담임 목사가 되고자 한다. 그들이 그려내는 것은 단순한 주택 이미지가 아니라 생활의 이미지이며, 생활의 부분적인 그림이 아니라 생활의 총체적인 효과를 나타내는 그림인 것이다.

아파트 광고에서 나타난 구조와 의미방식은 오늘날 상하이에서 다른 광고(인테리어, 가구, 화장품 등), 텔레비전, 상가 쇼윈도를 비롯해 다양한 온라인 게임의 호응을 얻어냈으며, 아파트 광고의 다양하고 구체적인 구도와 기획도 각 광고에 널리 차용되었다. 그 중 흔히 볼 수 있는 예가 바로, 자동차 광고에서 뒷거울과 유리창을 통해 강조된 바깥 풍경의 이미지다. 간단하게 말하면 서로 다른 상품의 광고가 마치 동일한 효과를 만들어내고 있는 것 같다. 첫째, 도로와 광장, 공장, 들판, 향촌 등의 이미지가 눈에 띄게 감소했다. 둘째, 주택을 중심으로 실내에 초점을 맞춘 생활세계의 부분 이미지를 대량으로 그려냈다. 셋째, 구체적 상품과 행복한 인생을 동일시하는 시각적 연상 습관을 지속적으로 유도한다.

이러한 방법은 중국 특색의 독단적 시장 논리에서 나온 것이다. 예를 들어 주택 가격이 오를수록 부동산 시장(자동차 시장도 마찬가지)은 가정과 집이 인생의 중심이며 실제로 개인의 행복과 직결된다는 의미를 널리 알리고자 한다. '큰 집에서 살기'를 원하든 '투자 목적'이든, 그 동기가 무엇이든 집을 인생에서 가장 중요한 일로 보는 사람들이야말로 이 시장이 가장 필요로 하는 소비자이다.

그러나 이런 시장 논리가 확장되는 가운데 주택을 중심으로 하는 공간이 형성되었고 주택의 가치를 뛰어넘는 인생의 이미지가 온 도시에 넘쳐나는 과정에서 주택을 기본 시각으로 하는 관찰 모델과 주택 안에서 바라본 생활세계, 심지어 주택을 생활세계의 중심으로 여기는 인지 습관이 날로 만연하고 있다.

오늘날 상하이 도시공간의 거대한 변화는 주로 이미지의 방식으로 끊임없이 '재현'되고 있다. 이런 재현의 집중도가 매우 높기 때문에(그 내용의 축약도 역시 이로 인해 매우 높다) 한쪽으로 치우치는 경향도 뚜렷하다. 그러나 그렇기 때문에 무엇이든 숨 가쁘게 돌아가는 문화가 성행하는 시대에 그것은 이 도시공간의 변화에 대한 역량 있는 해설자가 되었고, 상하이의 시민, 특히 젊은 세대들에게 공간 변화를 감지해내고 새로운 공간을 이해하도록 지속적으로 훈련시킨다.

이것이 바로 글의 첫머리에서 말한 '이미지 인지훈련'이다. 그것이 1990년대 이후 상하이─상하이뿐만이 아니겠지만─시민의 소극적 심리를 형성하고 강화시키는 데 영향을 미친 것은 말할 것도 없다. 현실은 냉혹하고 '나'는 매우 미약해서 운명을 장담할 수 없기 때문에 개인이 현실에 적응하려 하면 할수록, 이미지 인지훈련은 가장 기본적인 감각 층위에서 인생은 본래 그런 것이므로 자신의 작은 보금자리를 잘 가꾸는 것이 행복한 인생임을 더욱 수긍하게 만든다.

물론 건축 공간의 변화, 이 공간에 대한 문화적 재현, 이 재현의 영향으로 만들어진 시민들의 심리 등이 '승자독식의' 새로운 사회권력과 분배구조와 함께 생겨났다. 이들은 승자독식 구조가 운용되는 조건 혹은 그 구조의 일부가 되었다.

『열풍학술』(熱風學術) 제1집(2008)에 게재

[요약]

중국은 1980년대 중반부터 정부에 부동산 시장이 다시 형성되기 시작했다. 이는 정부가 인민의 물질적 생활 개선과 주택문제 해결을 통한 정치적 통치의 합법성과 경제발전을 위한 대규모 자본을 마련하기 위해서였다. 20년간의 개혁이 시행되는 동안 상하이의 공공정치 공간, 공업생산 공간은 급속도로 축소되었고 도시는 주택지구와 상업지구로 재편되었다. 도시는 점점 더 심층적으로 시민의 생활방식을 변화시키고 있으며 나아가 그들의 인생관과 사회적 이상, 그리고 정치적 태도까지 변화시켰다. 상하이 도시공간의 거대한 변화는 주로 이미지 방식으로 끊임없이 '재현'되었고, 집을 중심으로 하는 생활방식과 사고방식을 가진 사람들은 부동산 시장이 필요로 하는 가장 중요한 소비자가 되었다. 건축공간의 변화, 이 공간에 대한 문화적 재현, 이 재현의 영향으로 만들어진 시민들의 심리 등이 '승자독식'의 새로운 사회 권력과 분배 구조와 함께 생겨났다. 이들은 '승자독식' 구조가 운용되는 조건 혹은 그 구조의 일부가 되었다.

번역 및 요약_고윤실

사소한 도리와 큰 도리[*]

    지적 재산권은 오늘날 유행하는 말이다. 영문으로는 intellectual property, 지식은 부동산이나 주식과 같이 일종의 property, 즉 자산이라는 것이다. 자산으로 변형되어야만 재산권이 형성될 수 있는 것이다. 지금 지적 재산권에 대해서 장황하게 이야기하는 까닭은 바로 중국에서 지식이 대규모로 자산화(propertization, 이 단어는 내가 임의로 만든 것이다)되고 있기 때문이다. 이런 경향의 새로운 물결은 바로 '문화콘텐츠' 열풍이다. 10년도 채 되지 않아 대학에 개설된 문화산업 학과만 하더라도 벌써 50-60개가 되었다. 그것은 이미 자신의 물질적인 공간형식을 대규모로 발전시켰다. 예를 들어 상하이에서는 외벽을 하나같이 밝고 선명한 색으로 꾸며놓고 내부 구조 역시 대동소이하게 만든 '문화콘텐츠 단지'가 도처에 우후

---

* 원제: 在小道理的時代講大道理

죽순처럼 생겨나 예전의 개발구 열풍을 떠올리게 한다.

현재의 주류 견해는 대략 이러하다. 이런 현상은 세계적인 추세이므로 우리도 그것을 따라야 하고, 오늘날처럼 시장경제 시대에는 지식도 당연히 자산화되어야 하며, 만약 이를 따르지 않고 지적 재산권을 보호하지 않는다면 누가 힘들여서 연구 성과물을 내놓겠느냐 하는 것이다.

이런 견해들은 저마다 일리가 있다. 그러나 좀 거칠게 들릴 수도 있지만 나는 그런 의견들이 사소한 도리(小道理)라고 생각한다. 오늘날 중국에서 크게는 사회에서부터 작게는 개인에 이르기까지 대다수의 목표는 '부의 극대화'이다. 비록 입으로는 그렇게 말하지 않더라도 말이다. 과거의 것, 이곳에 존재하지 않는 것, 천상의 것, 무형의 것, 너무 추상적인 것, 심지어는 너무 멀지 않은 미래의 것 등등 눈앞의 이익으로 신속하게 바꿀 수 없는 모든 것들은 아예 관심 밖이고, 시간이 좀 걸린다 싶으면 나 몰라라 한다. 모든 생각은 현실적 이해관계에 따라 돌아가고 다른 것은 모두 뜬구름 잡는다고 여긴다. 신문에 판에 박힌 빈말들이 난무할수록 사람들은 큰 도리(大道理)를 점점 멀리하게 되고 현실적 이해관계를 따지는 사소한 도리를 당당하게 탐닉하게 되었다. 오늘날 중국은 이렇게 사소한 도리만을 따지는 시대가 된 것이다.

그러나 실제로 사소한 도리는 큰 도리에 의해 좌우된다. 오늘날 중국인들이 말하는 그 사소한 도리들의 배후에는 분명 몇 가지 큰 도리가 자리잡고 있다. 예를 들어 '사람은 이익을 추구하는 동물'이랄지, '시장경제만이 살 길이다'라는 것 등. 인류는 오늘날 아직 대동(大同)을 구현하지 못했다. 잇속을 차리는 자와 손해를 보는 자, 억압을 하는 자와 억압을 당하는 자 모두 각자의 큰 도리가 있는데 자신의 큰 도리가 무엇인지 알지 못하면 다른 사람의 큰 도리에 끌려다니게 된다. 그러므로 사람들이 현혹되어 사소한 도리만 말하게 되는 시대일수록 우리는 큰 도리를 더욱 이야기할 필요가 있는 것이다.

지식 자산화에 대해 최소 두 가지 층위의 큰 도리를 논하지 않을 수 없다.

첫째, 인류의 지식은 자산화될 수 있는가? 혹은 마땅히 그래야만 하는가? 어떤 이론이나 발명, 통계수치 혹은 이러한 것들에 대한 서술 등은 세탁기와 화폐처럼 자산화시켜 권리 주장에서 오는 혼란을 방지할 수 있을 것인가? 서로 다른 유형의 지식생산 과정은 이 문제를 한마디로 이야기하기 더욱 어렵게 만들 수 있지 않을까? 학술논문 한 편에는 대개 몇 십 개의 주석이 달리는데 이는 저자가 다른 곳에서 얼마만큼의 아이디어를 얻었는지 얼마나 많은 수치와 관점들을 인용했는지를 드러낸다. 만일 정말 엄격하게 지식을 자산화한다면 논문을 쓰기 전에 먼저 자료의 사용권을 일일이 얻어야 하니, 황당한 일이 아닌가?

만약 지식이 완전히 자산화되고 자산화를 제한할 어떤 것이 없다면 인류의 지식 생활은 어떻게 달라질까? 축산업과 같이 투입-산출식의 논리의 지배를 받게 되지 않을까? 사람들이 공부하고 사유하고 상상하고 창조하는 능력이 어쩌면 사료나 트럭, 돼지우리를 짓는 데 사용하는 벽돌과 나무처럼 사고팔고 필요에 따라 제조가 가능한 것이 될 수 있지 않을까? 현재 정부의 수많은 학술연구기금 지원 방식은 이미 기술시장의 입찰 공고를 닮아가고 있다. 며칠 전 출판사의 마케팅에 의해 문학 천재로 포장된 14세의 중학생은 자신의 블로그에서 이렇게 말하고 있다. "교사들은 학생을 위한 서비스를 하는 사람이라고 불려야 마땅하다. 왜냐하면 학생이 학교에 들어가는 것은 슈퍼마켓에 들어가는 것과 마찬가지이기 때문이다…." 황당하다고 느껴지는가? 그러나 그의 논리는 지식 자산화에 의해 생겨난 것이 아니고 무엇이겠는가?

두 번째 측면에서의 큰 도리는 중국과 같이 피동적으로 현대화의 길을 걸어온 국가에서 특히 다음과 같은 것들이 거론되어야 한다. 식민주의, 제국주의, 서양화, 현대화 그리고 지구화의 과정에서 지식의 정의는 어째서 끊임없이 수정되어 왔는가? 어떠한 정치, 경제, 문화 그리고 군사적 조건이 이런 지식의 의미를 제약했는가? 마지막에 가서 지식에 대한 사회의 요구는 어떻게 '지식시장'에 대한 요구로 바뀌게 되었는가?

17세기 서양 선교사가 중국에 와서 성경을 번역 · 인쇄하여 배포하면서 판권을 운운하는 것을 본 적이 있는가? 오늘에 이르기까지 미국과 유럽의 선진국들은 중국에 각종 제도와 규칙 그리고 가치관을 확산시키면서 중국이 그들과 '합류'할 것을 요구했지만 이런 것들을 전파하기 위해 전매특허를 신청하거나 가격을 매기거나 '합류비용'을 요구한 적은 없었다. 지난 백여 년 동안 대대로 중국 지식인들은 '프로메테우스'를 자처하며 서양 현대문명의 불을 '훔쳐왔지만 누가 그들이 '권리를 침해했다'고 말한 적 있는가? 중국인이 붓을 버리고 만년필, 타자기, 컴퓨터를 사용하게 되었을 때 만년필 회사나 컴퓨터 회사는 어째서 '만년필로 글자 쓰는 법'과 '컴퓨터로 글자 쓰는 법'을 '창의적 지식'으로 정의하여 '애호가들에게 훗날 빌 게이츠가 말한 것처럼 그것은 절도라고 주의를 주지 않는 것인가? 그러나 좀 거칠게 말하자면 우리가 '서양화'의 길을 가게 되면서 컴퓨터 없이는 글자를 쓸 수 없게 되었기 때문에 Windows XP 정품 프로그램이 그렇게 비싸게 팔릴 수 있게 된 것 아닌가?

여기서는 중국이 서양화를 해야 하는지와 같은 문제는 언급하지 않기로 하자. 서양의 좋은 물건들은 당연히 루쉰이 말한 대로 '가져와야(拿來) 한다. 더군다나 엄밀히 말해서 자유, 민주, 신속, 청결 등의 이상 역시 서양의 전유물은 결코 아니다. 내가 지적하고 싶은 것은 어떤 것은 지식으로 여겨지고, 어떤 것은 지식이 아닌 것으로 간주되고, 어떤 것은 금전적 가치가 커서 급히 자산화되고, 어떤 것은 금전적 가치가 낮아 버려진 채 아무도 관여하지 않고, 지식 시장에서 누군가는 자원을 독점하여 창고 가득 쌓아두고, 누군가는 텅 빈 두 손으로 어쩔 수 없이 다른 사람에게 비싼 가격으로 살 수 밖에 없고…. 이런 것들은 모두 지식 자체의 우열 때문이 아니라 생활방식과 사회제도, 가치 관념의 변천 때문이라는 점이다. 150여 년 동안 식민주의, 제국주의, '서양화' 등은 중국인의 생활 상태를 깊이 변화시켰고, '지식'에 대한 지배적인 정의와 수요도 바꾸어 놓았다. 바로 이러한 변화로 인해 우리가 오늘날 지적 재산권에 대해 말하면서도 스스로 논리적 빈곤을 느끼는 것이다.

　그러므로 지적 재산권은 절대로 법적 문제에만 해당하는 것이 아니며 또한 문화만의 문제도 아니다. 그것은 무엇보다도 정치적인 문제이다. 인류 사회는 평등하게 공유해야 하는가 아니면 승자가 통째로 집어삼키는 것인가? 지식 생활은 마땅히 자유롭고 민주적이며 다양해야 하는 것인가 아니면 시장화되어 자본과 이윤의 단일한 지표에 의해 지배되어야 하는 것인가? 이것은 역사 문제이기도 하다. 즉 자본주의가 추진한 '현대화'와 '세계화'가 이미 세계 각지의 인류가 창조한 풍부하고 다양한 지식을 강제적으로 구분하고 선별하여 일부분을 발전시켰고 나머지 대부분을 소멸시켜 버렸다. 이러한 역사를 우리는 어떻게 볼 것인가? 이러한 역사가 인류의 지식생활에 대해 미친 영향은 소수의 선진국이 지식의 기준을 독점하고 그 나머지 대부분의 국가들은 그 기준에 의거하여 복제할 수밖에 없으니 우리는 이것을 또 어떻게 대처해야 하는가? 더욱 중요한 것은 이런 역사가 중국사회 내부에서 다시 되풀이된다면 우리는 어떻게 해야 하는가이다.

지식의 자산화는 엄청난 사건이다. 그것은 중국사회의 현재 상황과 미래에 생사가 걸린 문제라고 할 수 있다. 아마도 우리는 지식의 자산화를 완전히 거부할 수 없을 것이다. 우리도 어쩌면 지적 재산권을 보호해야 할 필요가 있을지도 모른다. 그러나 이와 동시에 건전한 지식 생활에서 자산화는 독성이 가장 큰 방법임을 우리는 반드시 알아야 한다. 따라서 지적 재산권의 침해에 제한을 가함과 동시에 지적 재산권의 보호에도 제한을 가해야 한다. 인류는 현실의 이해관계를 초월하는 수많은 목표가 있는데 눈앞의 작은 이해득실 때문에 큰 도리를 잊어서는 안 된다.

2008년 3월 상하이

『신지문학』(新地文學), 2008년 제6기에 게재

[요약]

중국에도 문화콘텐츠산업 열풍에 따라 지적 재산권이 중요한 쟁점으로 떠오르고 있다. 다시 말해 시장경제 시대에 지식의 자산화가 요청되고 있다는 것이다. 지식의 자산화, 즉 학술 연구와 이에 대한 지원 방식은 기술시장의 공고입찰과 닮아가고 있으며, 지식과 배움을 마치 사고파는 것과 같은 방식으로 여기는 것은 부의 극대화를 따지는 시장경제 논리에서 기인한 것이다. 지적 재산권은 문화와 법적 문제일 뿐 아니라, 나아가 정치적, 역사적 문제이다. 인류 사회가 평등하게 공유해야 할 지식의 독점에 관한 문제이자, 현대화와 선진화가 강제로 선별 발전 시키는 지식 표준에 관한 문제이다. 그러나 이런 견해들은 자본주의 시대의 '작은 도리'에서 비롯된 것이며, 현실적 이해관계에 따라 '큰 도리'가 점차 경시되고 있다. 특히 사람들이 '작은 도리'에 현혹되는 시대일수록 더욱 '큰 도리'를 논할 필요가 있다.

번역 및 요약_고윤실

쓰촨 지진과 오늘날 중국대륙의 국가정체성[*]

쓰촨(四川)·산시(陝西)·간쑤(甘肅) 지역에 지진이 일어난 지 이미 반년이 지났다. 지진 피해자 규모에 대한 통계보도도 이미 각종 매체에서 사라졌다. 내가 상하이의 신문에서 마지막으로 본 통계수치는 (2008년) 8월 중순 "8월 12일까지, 쓰촨 지진으로 인한 사망자는 69,225명, 부상자는 374,643명, 실종자는 17,923명이다"라고 보도된 것이다. 이 두 줄짜리 기사는 국내뉴스란 우측 하단 구석에, 재난지역 재건과 관련한 투자 총액 소식 아래에 횡선 하나를 사이에 두고 표제도 없이 실려 있었다.

1_

지진이 난 지 3개월이 지났는데 여전히 "실종자는 17,923명"이다.

---

* 원제: 今日中國大陸的國家認同─從川陝甘地震談起

그렇게 많은 시체가 폐허 속에 묻혀있는데, 아직도 다 찾아내지 못했다니! 이 한 마디만으로 재난의 참상을 깨닫기에 충분하다.

여러 가지 측면에서 이 참상을 설명할 수 있다. 강도 8의 강진, 계속된 여진, 복잡한 지형 등. 그러나 여러 해 축적된 각종 정치적 폐단이 재난 상황을 가중시켰음에 틀림이 없다는 사실을 말하지 않을 수가 없다. 이 재난 지역의 사상자들은 지진으로 죽거나 다친 것이면서도, 아무런 대비가 없었음으로 인해, '부실공사'로 인해, 또 장기간의 빈곤으로 인해, 통신, 교통, 의료 설비의 부족으로 인해, 그리고 일상적인 관리에서 긴급구조에 이르는 각종 체제의 경직과 취약함으로 인해 죽거나 다친 것이기도 하다.

현대사회에서 순수하게 자연재해만으로 피해를 보는 일은 극히 드물다. 대다수의 자연재해에는 모두 인재(人災)의 요소가 뒤섞여 있다. 사람으로 인한 재난이 자연재해가 발생했을 때만 드러나는 것은 아니며, 자연재해가 발생한 지역에만 화를 입히는 것도 결코 아니다. 하지만 보통 때에는 그것이 지속적이고 분산적이라 후유증이 나중에야 나타나며, 피해자가 재난을 피할 수 있는 다른 길이 있기 때문에, 대체로 격렬한 반응을 불러일으키지 않을 뿐이다.

그러나 자연재해는 섬뜩한 방식으로 인재를 집중적으로 폭로하여, 사람들이 평소처럼 그것을 무관심하게 내버려두지 못하게 만든다. '부실공사'는 중국 곳곳에 퍼져 있어 많은 사람들이 오랫동안 이를 지적해 왔지만 아무 소용이 없어 보였다. 그러던 것이 이번에 수천수만의 학생들을 부실공사로 지은 교실 밑에 산 채로 묻어버렸다. 이런 상황에서 어느 누가 여전히 무감각한 얼굴을 하고 있을 수 있으며 아무런 느낌도 없을 수 있겠는가? 피해학생의 부모들에게 시위를 멈추라고 요구하면서 재해 지역의 당서기(최고책임자)는 무릎을 꿇을 수밖에 없었다. 처참한 재해 상황이 이미 이것은 인재임을 그렇게도 분명히 드러내고 있으니, 제아무리 목석같은 관료도 예전처럼 위엄에 찬 얼굴로 그들을 대하기는 어려웠을 것이다.

재난은 민중을 자극하여 그들이 다시금 인재를 경계의 눈길로 주시하게 했다. 재난은 또 인재를 만든 많은 사람들을 제 발 저리게 만들어서, 그들은 적어도 한동안은 의식적으로든 아니든 주춤하며 위축되어 있을 것이다. 재난을 당한 사람들이, 직권을 이용하여 구호품을 사적으로 빼돌린 양심 없는 국영 상인들을 비판했을 때, 항의자들이 경찰을 마주하고 분노하여 "지금 같은 때 아직도 이런 식이라니, 정말 기 막혀!"라고 말했을 때, 전국 각계각층에서 기부금의 향방을 감독하라는 강렬한 요구가 있었을 때, 심지어 구이저우(貴州) 웡안(甕安)에서 민원이 폭발하고 인터넷에서 의론이 끊이지 않자 중앙정부에서 직접 개입하여 일을 저지른 관료를 즉시 파면했을 때,[1] 우리는 처참한 재난이 위축되어 의기소침했던 사회 분위기를 타파했으며, 그런 의미에서 현실적 힘의 균형이 바뀌기 시작했음을 분명히 느낄 수 있었다.

---

[1] 구이저우(貴州) 웡안(甕安)의 민원(民怨): 2008년 6월 22일 강물에 빠져 숨진 중학교 2학년 여학생의 사인을 둘러싸고 의혹이 계속되는 가운데, 6월 28일 토요일, 죽은 학생의 친척들이 300여 명을 모아 플래카드를 들고 시위를 시작했다. 시위대가 경찰서로 향하는 길에, 원래 경찰과 그 지방 관료에게 불만이 많던 사람들이 가세하여 사람 수가 점점 많아졌다. 경찰서 앞에 도착하여 시위를 하다가 앞장섰던 사람들이 이성을 잃고 경찰서 내의 설비를 부수고 경찰차를 불태웠으며, 잠시 후 현(縣) 위원회와 현 정부의 건물에서도 깨고 부수고 태우는 일이 발생했다. 이를 "6.28사건"이라고 부른다. 그 후, 현 위원회 서기(書記)와 현장(縣長)은 면직되었다. -옮긴이

물론 정반대의 가능성도 보게 되었다. 최근 반년 동안 주류 매체는 계속해서 자연재해만을 논하고 인재는 말하기를 꺼렸다. 학생들을 산 채로 매장시킨 학교 건물에 대해서조차도 책임부서의 한 관료가 나서서 그 건물의 부실 문제를 공공연히 부인했다. 너무 황당하다고 생각하지 마시라. 1950년대 말의 그 대기근2)도 '자연재해'라는 이름을 붙여, 신문 사설과 역사 저서 그리고 교과서 등에 기록하는 방식으로, 직접 겪지 않은 많은 사람들을 그렇게 믿게 만들어 오지 않았던가? 오늘날 아직도 많은 젊은이들이 당시 굶어 죽은 사람들의 천문학적 숫자에 반신반의하며 "그런 일이 있었어요? 과장된 것 아니에요?"라고 한다.

과거 자연재해와 함께 인류를 위협했던 많은 인재가 제때에 폭로되지 않았고 심지어는 성공적으로 은폐되었기 때문에, 오늘날 쓰촨 지진을 포함한 각종 자연재해가 수많은 인재로 인해 훨씬 더 큰 파괴력을 지니게 된 것이다. 만약 이번에도 예전처럼 그렇게 지나간다면, 몇 년 후 사람들은 헤아릴 수 없는 자연의 위력과 전국이 함께 애도했던 것 외에는 이번 재난에 대해 어떤 다른 인상도 갖지 못할 것이다. 그렇게 되면 재해지역의 10여 만에 이르는 사망자들과 수십만의 부상자들 그리고 삶의 터전을 잃은 더 많은 사람들은 정말 헛되이 죽고, 헛되이 다치고, 헛되이 고통을 받은 것이 되는 셈이다.

이러한 악순환은 반드시 타파해야 한다!

---

2) 대기근은 1959년에서 1961년까지, 대약진 운동과 농업을 희생하여 공업을 발전시키자는 정책 등으로 인하여 일어난 전국적인 식량부족과 기근을 말한다. 80년대까지는 3년 자연재해라고 불렸고, 그 후에는 3년의 곤궁했던 시기(三年困難時期)라고 부르고 있다(百度百科).-옮긴이

2_

타파할 수 있을까?

오늘날 중국은 정부만 유독 크기 때문에, 이 악순환을 타파할 수 있을지를 알려면 먼저 정부를 봐야 한다.

이번에 이재민 구제에서 중앙정부가 보여준 세련된 처리, 빠른 반응, 행정과 군사 및 상징자원을 동원한 강력한 힘 등은 모두 1949년 건국 이래 한 번도 없던 모습이었다.

대체로 권력의 집중도가 비교적 높은 정부는 일단 긴급한 상황이 닥치면 본능적으로 통제를 강화하여 무엇이든 손에 쥐고 있기를 가장 좋아한다. 그러나 이번에 중앙정부는 명백히 이러한 본능을 자제했다. 많은 지원자들이 재난지역에 들어가는 것을 허락했고 국외의 구조대가 수색 구조에 참여하는 것도 허락했으며 또한 '뉴보 네트워크'(牛博網)[3]와 같은 비정부 모금 통로의 지속적인 운영 등도 허락했다. 이것은 1949년 이래 결코 본 적 없는 일이다.

'당과 정부'의 '대변인'인 중앙TV방송국(CCTV)을 중심으로 한 TV매체들도 이번에 훌륭한 모습을 보여주었다. 24시간 내내 방송을 내보냈고, 날마다 사상자 통계수치를 공표했으며, 지진 발생 이튿날 사망자가 5만 이상 될 것이라고 보도했다. 그때 사실 확인이 가능했던 사망자 수는 아직

---

3) 뉴보 네트워크(牛博網)는 중국대륙의 신흥 인터넷 블로그 사이트이다. 2006년 베이징 신둥팡학교(北京新東方學校)의 전임 강사이자 "뤄씨어록"(老羅語錄)의 주인공인 뤄융하오(羅永浩)가 베이징에서 창설했다. 무료 회원가입과 공간 제공은 똑같지만, 다른 유행하는 블로그 사이트와는 다르게, 블로그의 신청과 개통을 주로 자기 추천의 방식으로 관리원에게 제출, 심사를 거친 후 할 수 있게 되어 있다.—옮긴이 http://hanyu.iciba.com/wiki/index.php?doc-view-2042

2만 명이 되지 않았다. 이어서 민정부(民政部, Ministry of Civil Affairs)의 국내외 기자회견을 생방송했는데, 이미 재난지역으로 7만 자루의 시체를 운구할 포대를 보냈다고 했다. 여러 해 지나서야 사람들이 탕산(唐山)지진으로 인해 죽은 사람이 당시 정부가 공표한 10만 명이 아닌 24만 명이었음을 알게 되었던 것과는 크게 대조를 이루는 일이었다. 이번의 공식 매체의 대규모 민간 재난 상황에 대한 실황 보고의 수준 또한 1949년 이래 본 적이 없는 것이었다.

이치상으로 보면 정부의 이재민 구제는 당연한 일이다. 이것은 정부가 반드시 이행해야 하는 공적인 책임이며 전혀 자랑할 만한 일도 아닐뿐더러 국민들이 뜻밖의 일이라고 좋아하며 감격할 필요도 없는 일이다. 만약 이렇게 지나치게 자랑하고 좋아하며 감격한다면 이것은 중국인들의 기억(자국에 대해서만이 아닌)이 너무 암담하다는 것을 설명해 줄 뿐이다.

그러나 '당연히 어떠해야 한다'는 척도만으로는 현실 세계를 다 측량할 수 없다. 사람들이 중앙정부에게 엄지손가락을 치켜드는 이유, 그 심리는 사실 상당히 복잡하다. 절실한 감사의 마음도 있다. 재난 지역에 있는 작은 읍의 한 면직(下崗) 여공은 "이번에 해방군이 없었으면 우리 서민들은 정말 큰일 날 뻔 했어요!"라고 나에게 분명하게 말했다. 또 무의식중에 어쩔 수 없다고 생각하기도 한다. 그날 벌어 그날 먹고 사는 사람들은 아무 것도 의지할 데가 없으니 정부가 아니면 누구에게 의지하겠는가? 과거와 비교해 스스로 위안하는 감개한 마음도 있다. 과거야 어찌되었든 이번에는 분명 진보하지 않았는가! 또한 미래에 눈을 돌리는 기대 심리도 있다. 이 방향으로 계속 노력해 나갑시다! 지혜로운 어머니가 아들이 계속 바른 길을 가도록 격려하고 인도하는 것과 같이….

'정부'는 결코 두 글자만도 아니고 한 분야도 아니다. 정부에는 물론 이익을 추구하는 본능이 있지만 '이익'이란 다양한 것이다. 지역, 부서의 이익인가, 정부 전체의 이익인가? 눈앞의 유혹인가, 긴 앞날의 효과인가? 그 머릿속도 단순하지 않아서, 기관에서 오랜 기간 길러진 관성, 정책 결정자 개인의 품성, 적나라한 실리적 저울질, 일시적 충동만은 아닌 도덕적 자부 등이 뒤섞여 있다가, 일단 이익을 저울질하기 시작하면 이것들이 모두 뛰쳐나와 싸움을 한다. 정부는 또한 역사와 현실의 여러 조건들의 속박을 받는다. 해방군이 길에서 노숙하면서 상하이 시민들에게 폐를 끼치지 않았던 모습을 담은 사진4)에서부터, "3차 세계대전을 치룰"5) 준비를 하자는 터무니없는 말까지, '3년 자연재해'6)와 '4.5 톈안먼 사건'7)에서부터 '백성을 근본으로 함(以民爲本)과 '인민을 위해 봉사함(爲人民服務)까지, 이 모두가 정부 시정(施政) 전통의 일부분이다. 올해 초봄의 폭설, 올림픽 성화, 티베트 소요, '동 투르크' 폭발사건, 20년간 재화 총량의

---

4) 1949년 5월 27일, 중국 인민해방군이 상하이시를 (국민당군에게서) 탈환한 후 상하이 시민들에게 폐를 끼치지 않으려고 노숙을 했다고 한다.-옮긴이 http://news.xinhuanet.com/foto/2010-06/30/c_12282535.htm

5) 마오쩌둥은 3차 세계대전이 폭발하면 세계의 대동이 실현될 수 있다고 생각했고("第三次世界大戰如果爆發, 就可以實現世界大同"), 이 세계대전으로 중국의 4억 인구가 죽을 수도 있지만, 중국의 3분의 2 인구(당시 중국의 인구는 6억이었다)의 희생을 통하여 대동 세계를 이룰 수 있다면 그럴만한 가치가 있다("這樣的一場世界大戰中國可能會死掉四億人口。但是中國用三分之二人口的犧牲, 却換來一個大同的世界還是値得的")고 한 적이 있다.-옮긴이 http://apps.hi.baidu.com/share/detail/15810888

6) 주2의 대기근과 같은 것, 주2 참조-옮긴이

7) '문화대혁명' 시기인 1976년 1월 8일 저우언라이(周恩來)가 사망하자 많은 사람들이 추도하려고 톈안먼광장으로 몰려들었는데, 당시 정부에서 이를 '반혁명사건'으로 선포하고 4월 5일 군대를 동원하여 진압한 일.-옮긴이

급격한 증가와 분배의 불공평, 사회 내부의 각종 모순의 점진적인 격화, 이미 정해진 '세계와 발맞추자'는 국가 정책, 미얀마 군사정부가 외부지원을 거절한 것의 악영향 등, 국내외의 갖가지 현실 상황이 모두 정부의 이번 구조 활동에서 그 영향을 드러내고 있다.

정부가 과거 하나의 의지만을 가졌던 것은 아니며 전부 자기 고집대로만 할 수도 없었다고 한다면, 오늘날은 더욱 그럴 수 없게 되었다.

구체적인 예를 들어서 정부가 이번에 어떻게 여론을 통제했는지를 살펴보자. 지진이 일어난 이후, 선전 부서는 해오던 대로 고삐를 단단히 조이며 전화로 지령을 하나하나 내려보냈다. 그러나 많은 기자들이 벌떼처럼 쓰촨으로 몰려들었고 그 중 많은 수는 자발적으로 온 것이었다. 처참한 재난 상황은 그들이 보낸 사진과 글을 통해 각종 매체의 편집국과 보도국을 신속하고 맹렬하게 뒤흔들었고 이를 통해 자극을 받아 생긴 보도 충동은 그 전화 몇 통으로는 완전히 가라앉힐 수 없는 것이 분명했다. 당시는 올림픽을 개최하기 직전이라 해외의 기자들이 일찌감치 중국 내에 운집해 있었다. 인터넷 시대이기 때문에 재난 지역 안팎의 열정적인 네티즌들은 누구나 휴대폰과 컴퓨터에 진실과 거짓이 뒤섞인 소식들을 올릴 수가 있었다. 이런 상황에서 아직도 전면적인 정보 봉쇄로 스스로 피동적이 될 생각을 하는 사람은 없지 않겠는가? '통제'와 '방임'의 결합, '방임' 중에 '통제'를 꾀하는 것이 거의 유일하게 실행 가능한 방법이 되었다.

바로 이러한 여러 요소들이 합쳐져서 정보 통제와 여론 유도의 새로운 방법이 만들어졌다. 즉 민간의 재난상황 보도에 대한 제한은 풀어주되 초점을 자연재해에 맞추고 인재에 대해 논하는 것은 피할 것을 요구하며, 민간의 구조 작업을 소개하는 것은 허가하되 정부를 더욱 드러나게 선전할 것을 요구하는 것 등이다. 바로 이러한 새로운 방법이 민간의 재난상황을 뚜렷이 드러내는 새로운 공간을 창출해 냈으며, 그것은 매체 종사자들이 처음에 느낀 대부분의 감정적 반응을 충분히 수용할 수 있었다. 하루 이틀이라는 짧은 시간 내에, '24시간 생방송', '민간 재난상황 실황 보도', '비통한 심정의 강도 높은 과장'과 '정부 지도자들의 친근한 이미지 강조' 등을 주요한 특징으로 하는 새로운 전파 양식이 그 속에서 빠르게 형성되었으며 첫 주에 많은 관중들의 공감을 얻어냈다.

어느 정도 풀어주어 '놀람'과 '비통함'과 '사랑'을 털어놓을 길이 마련되었기 때문에 그 후의 점진적인 통제가 순조롭게 진행될 수 있었던 것이다. 전체적으로 보아 이번에 정부가 행한 여론 통제는 상당히 성공적이었다. 주로 텔레비전 방송국과 신문 잡지 그리고 포털사이트에서 발표한 정보가 기본적으로 일치했으며 의견 차이도 아주 적었다.

그렇지만 제한적인 방임이었기에, 사람들의 눈을 사로잡은 새로운 보도 공간은 또한 그 경계가 분명하고 제한적이라는 한계를 금방 드러냈고 전체 매체의 운용도 그에 따라 매너리즘을 드러냈다. 10여 년간의 기형적인 '시장화'가 양성한 매체의 습성, 즉 컴퓨터 기술에 과도하게 의존하고, 이목을 더 끌기 위해 다른 것은 상관하지 않으며, 종사자들의 다수가 필요한 지식과 사유능력이 부족하다는 점 등이 이 비좁은 공간에서 주류 매체의 성패가 달린 난처한 상황을 더욱 증폭시켰다. 즉 주류 매체들이 확실히 사람들의 감정을 부추겨 끌어내고 민심을 모을 거대한 에너지를 드러내긴 했지만 그와 동시에 만약 다양한 공공 정보와 깊이 있는 분석 등의 보충이 없다면 이 에너지는 빠른 속도로 소모되어 없어지고 말 것이라는 점도 드러냈던 것이다. 이에 따라 사방으로 흩어진 공중 (公衆)의 정보 수요는 세차게 흐르는 거침없는 강물과 같이 어느 때고 장애를 만나게 되면 새로운 긴장을 조성할 수 있는 것이다. 윈안 민란 후에 보인 인터넷의 반응들이 바로 그 분명한 예라고 하겠다.

중국의 '정부'는 정말 다른 부문에 비해 많이 '크다'. 정부가 무너진다 면 헌법, 국기, 정치, 경제제도 내지 영토가 모두 그에 따라 변할 것이 틀림없다. 정부와 국가는 사실상 이미 혼연일체를 이루고 있다. 최근 반 세기가 넘는 시간 동안, 처음에는 '사회주의', 그 다음에는 '중국 특색'의 '시장경제'가 사회에 원래 존재하던 각종 경락(經絡)을 싹 쓸어버렸고 정 부가 유일한 통합 시스템이 되었다. 이번 재난 지역에서도 정부의 관리가 느슨해진 곳은 곧 큰 혼란이 생겼다. 이미 국가와 혼연일체가 된 정부는 사회와도 거의 혼연일체가 된 것이다.

바로 이 '크다'는 것이 정부에게 중국을 동원하고 통제하는 거대한 힘을 주기도 했지만, 이 '크다'는 것은 종종 정부가 기민하게 돌아가는 통일된 유기체가 되지 못하고 부품이 사방으로 흩어져 각기 따로 돌아가 게 만들기도 했다. 또한 그것은 윤곽이 뚜렷한 안정적인 물체와도 달라 서, 체제 안팎 내지는 중국 내외의 많은 경계들이 나날이 모호해지고 있기도 하다.

따라서 '정부'라는 각도에서 보면 우리는 다음과 같은 전경을 보게 된다. 방대한 행정과 체제의 힘이 깊고 넓은 사회의 거대한 변화 속에서 솟아올랐다 가라앉았다 하는 것이다. 정부는 대개 자신의 의견을 고집하 지만 때로는 시대의 추세에 순종하지 않을 수 없다. 고질적인 습관이 나올 때면 정부는 사회를 이끌고 과거로 되돌아가려 한 것 같지만 사실상 그것은 불가능하다. 열어놓은 일부 문과 창문을 다시 잠그지 못했으며 새로운 일부 공간을 없애지도 못했다. 정부는 지금 여러 종류의 세력들을 안에 축적하고 있는데 그 중 거의 모두가 체제 내지는 국경 바깥의 동류와 서로 호응을 이룬다. 이 세력들 간의 응집과 마찰은 틀림없이 휘저을수록 더 커질 것이다. 겉으로 보기에 파도가 거세지 않은 것 같아 보여도 대부분 물 밑에서 보이지 않게 쏟아지며, 그 소용돌이가 날로 퍼지고 깊어져서 이미 전 사회가, 심지어는 세계의 많은 부분이 그 속에 휩쓸려 들어갔다. 이런 세력들 속에 특히 기세가 **흉흉한** 것이 있는데, 그것은 왼손에는 권력을 쥐고 오른손에는 돈을 틀어쥐고서 오직 중국을 '귀족자본주의'의 궤도로 밀어넣어 경제성장의 성과를 독식하려는 생각뿐이다. 그러나 그것이 목표에 다가가면 갈수록 사회는 더 심하게 요동치며 다른 세력들의 반격도 이에 따라 시작된다. 이러한 반격들이 그것을 완전히 저지할 수는 없지만 경보기를 울릴 정도는 되어서, 점점 더 많은 사람들이 사회가 경도된 것이 이제 위험한 지경에 이르렀으며, 저 방대한 행정과 체제적인 힘도 더 이상은 우리에게 익숙한 그 '정부'와 같은 형태로만 나타나지는 않게 되었음을 깨닫고 있다.

이 말은 곧 가장 좁은 의미에서이긴 하지만 '정치'가 계속 변화하고 있음을 의미한다. 이 영역에서 과거 우리에게 익숙한 그 정부는 울타리를 치고 경계를 긋고 높은 곳에서 군림하면서 모든 것을 통제하는 것이었다. 그러나 지금은 달라져서, 울타리는 반 이상이 망가졌고 땅에 그은 선은 엉망진창이 되었으며, 관리자는 여전히 가장 많은 도구와 자원을 쥐고 있지만 그 얼굴과 몸체는 나날이 모호해져서 어떤 때는 심지어 이 땅 위에 '감독과 관리'가 없어져서 어떤 세력이라도 들어와서 한 몫 할 수 있는 것처럼 느껴지기도 한다. 이러한 현실을 목도하면서, 정치에 대해 이상을 품고 있는 사람은 대부분 김이 빠지지 않겠는가? 그러나 자세히 분석해보면, 상황이 그렇게 아무 희망이 없는 것만은 아니라는 생각이 들 것이다. 이번 재난이 각계각층에 미친 충격은 중국인들에게 정치에 대한 여러 긍정적인 느낌을 주었다. 비록 우리도 일단 상황이 변하면 분명 다른 느낌이 밀려올 것임을 알기는 하지만 말이다. 따라서 내가 '먼저 정부를 봐야 한다'고 말하는 것은 모두가 목을 빼고 정부가 우리에게 얼마나 큰 믿음을 주는가를 지켜보며 기다릴 수밖에 없다는 말이 아니라, '정부'라는 창으로부터 행정과 체제적 역량의 변화를 이해하고 그 활동영역의 새로운 상황을 파악해야 한다는 말이다. 이 영역은 지금 크게 확장되었고, 경계 또한 더 이상 예전처럼 그렇게 봉쇄되어 있지 않다. 이번의 이재민 구제는 부정적 요소의 빈번한 개입뿐 아니라 긍정적 요소도 개입할 수 있으며 상당한 영향력을 발휘하고 있음을 더욱 확실하게 드러냈다. 정치 변화가 안고 있는 부정적 경향을 의식할 때, 긍정적인 경향도 똑같이 존재함을 충분히 보아내야 한다.

바로 이러한 의미에서 나는 저 악순환을 타파하는 것은 가능한 일이라고 말하고 싶다.

3_

이번에 가장 믿음직스러웠던 것은 역시 민중들이었다. 이렇게 많은 액수의 민간 모금과 신속한 헌혈은 모두 근래 없던 일이었다. 먼 지역에서 온 많은 자원봉사자들은 주로 선진국의 중산층이었으며 다른 지역의 노동자나 농민도 있었다. 이렇게 많은 자원봉사자들이 쓰촨까지 가서 이재민 구제활동을 한 일은 더더욱 전에 없던 일이다. 관료, 자본가, 다른 공인들보다, 일반 민중들이 이재민 구제에 훨씬 열성적이고 적극적이었다.

이 열정의 이면에는 희미하게 공동운명체 정서가 존재한다. 비록 중국과 외국의 구별이 있어 쓰촨 지진의 피해자들에게 가졌던 큰 동정심이 미얀마 재난 피해자들에게까지 확대되지는 않았고 이후에도 이웃의 재난에 대다수의 중국인들은 여전히 아주 냉담할 것으로 예상할 수 있음에도 불구하고, 분명 점점 더 많은 사람들이 자기 자신의 사사로운 이익을 초월한 모습을 보였다. "다른 것은 다 치워라, 사람을 구하는 것이 시급하다!" "누구에게나 재난이 닥칠 수 있다. 이런 때 네 것, 내 것 구분하지 마라!" "너무 끔찍하다. 나도 무엇인가 해야겠다!" "무사하면 됐다. 앞으로는 삶을 소중히 여겨야겠다!" 등등. 3개월 동안, 재난 지역 안팎에 널리 퍼진 이런 말과 행동들은, 그것이 적극적이든 소극적이든 모두 재난이 닥쳤을 때 사람들은 평화로운 때와는 다르게 진정으로 마음의 문을 열 수 있음을 강렬히 느끼게 해주었다.

이러한 열정의 원인을 어느 한 역사적 시기, 그것이 '마오쩌둥 시대'든 '개혁개방' 시기든 한 역사적 시기로 돌릴 필요는 없다. 물론 이러한 시기들로부터 자양분을 얻기는 했다. 1950년대에 형성된 '한 지역이 어려워지면 사방에서 지원한다'는 전통, 1980년대의 '인도주의' 사조 등이 모두 이번의 이재민 구제활동 속에서 반짝하고 빛났다. 그러나 이 시기들은 악영향을 남기기도 했는데, '문화대혁명'이 만들어냈고 적어도 두 세대가 갖게 된 '사람의 마음'(人心)에 대한 의구심, 1989년 이후 민중 공공 의식의 보편적 쇠퇴는 지금까지도 아주 심각하게 남아있다. 내 생각에, 사람들의 이번 열정은 사실 훨씬 더 긴 역사적 근원을 지니고 있다. 적어 도 청말 이래로 매번 중국에 큰 어려움이 닥칠 때마다 민중들은 모두 구원에 대한 거대한 열정과 운명 공동체적 감각을 드러내었다. 다소간의 역사적 지식이 있는 사람들은 누구나 감격적이고 눈물겨웠던 과거를 잊 지 못할 것이다.

중국은 이렇게 크고 이토록 유구한 문명의 역사를 지니고 있기에, 민간에 축적되어 있는 이러한 폭발적인 정신 에너지는 어떤 열악한 상황 을 만나더라도 완전히 소멸될 리 없다. 일시적으로 중상을 입었다 하더라 도 몇 십 년간 평화를 유지하며 일반 사회의 상황이 아주 긴장되지만 않는다면 점차 회복되어 다시 성장할 것이다. '문화대혁명'이 끝난 후 지 금까지 30여 년 동안 큰 전쟁이나 사회적 분쟁도 없었고 사회적 재화의 총량도 급속히 증가했으며 보통사람들의 생활수준도 이전보다 나아졌다. 중상층은 말할 것도 없고 많은 보통사람들도 타인을 도울 만한 경제적 능력을 지니게 되었다. 게다가 이번의 시각매체는 전에 없는 규모와 빈도 로 재난상황을 실시간 보도해 애통함을 퍼뜨리기도 했다. 이러한 상황들 속에서 민중들이 어떻게 구조작업에 분연히 나서지 않을 수 있었겠는가?

물론 아무리 대단한 에너지도 재난으로 인해 갑자기 일어난 것이라 면 대부분은 재난에서 회복되면서 빠르게 줄어들 것이므로, 사람들의 '달 라진' 모습이 재난 이후에도 오랫동안 지속되기를 기대할 수 없으며, 잠 시 억눌렸던 낡은 정신적 습관들이 되돌아오는 것도 피할 수 없다.

그렇지만 이번 상황은 조금 다른 것 같다. 지진 이전에 있었던 티베트

사태와 올림픽 성화 사건8)이 먼저 민중을 강하게 자극했고 그 후에 지진이 일어나니, 민중들, 특히 대도시의 사무직 젊은이들과 대학생들의 감정 폭발은 분명 내지의 재난에만 초점이 맞춰진 것이 아니라 동시에 해외로부터의 압력을 향한 것이기도 했다. 피해자들에 대한 깊은 동정과 서양 매체의 무지와 오만에 대한 반감, 역경 속에 있는 약자와의 동일시 및 공동운명체 정서, 우리의 머리를 누르는 모든 곤란과 싸워 이기고자 하는 강렬한 바람 등. 이전 몇 개월 동안 자극을 받았던 애국 정서가 신속하게 '중국'과 중국이 '반드시 강대해질 것'에 대한 격정적 찬동으로 모아졌다. 5월 19일은 전국적인 애도의 날이었는데, 수만 명의 사람들이 톈안먼광장에 모여들었고 눈물과 주먹이 서로 어우러졌다. "쓰촨이여, 버텨라!" "중국이여, 버텨라!" "중국은 반드시 강대해질 것이다!" 지난 10년 동안 대규모의 애국 열정이 이렇게 자발적으로 드러나는 것을 본 적이 없다. 이러한 구호와 표어, 기치의 물결 속에 있으면 아마도 누구라도, 사람들의 마음이 다시는 차가워지지 않을 것이며 역사의 새로운 페이지가 열린 것이라고 생각하지 않을까?

　이러한 상황에서 긍정적인 의미를 찾기는 어렵지 않다. 그것은 공공생활에의 참여에 대한 중국인들의 열정과 믿음이 어떠한 좌절을 겪더라도, 또한 '시장경제개혁'이 사람들을 개인의 물질생활에만 집중하도록 어떤 당근과 채찍을 쓰며 유혹하고 압박하더라도, 혹은 매체가 어떻게

---

8) 티베트 사태: 2008년 티베트에서 반중국시위대와 중국 경찰이 충돌하여 발생한 유혈사태. 올림픽 성화 사건: 2008년 베이징 올림픽 성화가 프랑스 파리에서 티베트 독립을 지지하는 반중국 시위대에 의해 세 차례나 꺼지고 결국 주자 없이 버스로 이동하게 된 사건. 이 사건 등을 계기로 프랑스에 항의하는 중국인과 화교들의 민족주의 시위도 거세게 일었었다.-옮긴이

사람들을 '숭고'에서 멀어지게 하며 '소비'에서 '인생'과 '성공'의 의미를 체득하도록 유도한다고 할지라도, 수많은 중국인들은 여전히 모종의 정신적인 가치(들), 개인적 물질생활 이외의 더 큰 무언가를 필요로 한다는 점이다. 적어도 현재 중국인은 '경제적 동물'에 만족하는 민족이 아니다.

그렇지만 사회 각계각층의 사람들이 보편적으로 난민들을 동정하는 것과는 달리, 지금까지 그저 일부의 민중들만이 '중국'과 중국의 '강대함'에 대해 찬동을 명확히 드러내고 있다. 이는 지극히 정상이다. 통신이 아무리 발달한 사회라도 언제나 일부 사람들만이 자신을 표현할 조건을 가지며 대개 다수인 다른 사람들은 침묵하며 소리를 내지 않는다. 텔레비전과 주류 신문잡지 그리고 인터넷이 우리로 하여금, 경제가 발달한 지역 특히 대도시에서 1980년대와 그 후에 태어난, 중산층에 속하거나 대학에서 공부하고 있는, 대부분은 직접적으로 재난의 피해를 겪거나 목격하지는 않은 사람들이 애국 열기의 주체를 이루고 있다고 느끼게 할 때, 우리는 반드시 대다수 사람들은 아직 입을 열지 않았으며 그들이 어떻게 생각하는지는 모른다는 점을 기억해야 한다.

이렇게 침묵하고 있는 사람들 중에는 틀림없이 그런 애국 열기에 찬동하지 않거나 심지어 그것을 개의치 않는 사람들도 있을 것이다. 그러나 어떻게 정의하느냐에 따라 그들은 자신이 생활하는 이 땅을 살갑게 여기는 것만으로도 자신을 애국자라고 여길 수 있다. 그렇다고 매체에서 보여준, 큰 소리로 '중국'을 외치는 사람들이 모두 조작된 허상은 아니며 저 소리 없는 대다수 사람들 속에서라 할지라도 어느 정도 대표성을 지닌다고 나는 믿는다.

만약 이 두 가지 가정이 크게 틀리지 않은 것이라면 일련의 의문들이 그에 따라 생겨난다.

첫째, 저 애국 열풍의 주체들이 말하는 '중국'이란 무엇인가?

앞서 말했듯이 현대 중국혁명의 정치적 결과 중 하나는 중국은 모던 서양과 완연히 다른 정부/국가/사회 상태를 이루어 정부와 국가를 분리하기가 어려울 뿐 아니라 사회도 이들과 깊이 결합되어 있다는 것이다. 이와 함께 이런 정치적 개념에 대한 현대 중국어의 명명과 사용도 애매모호하다. 예를 들어 영어에서 country와 state는 차이가 아주 크지만 중국에서는 모두 '국가'라고 부르며, 심지어 government, 즉 정부도 종종 스스로를 '국가'라고 부르기도 한다. 그래서 보통 사람들은 표현하거나 인식할 때, 서로 다른 함의를 가진 '국가'를 구분하지 않곤 하며, 심지어는 '정부'와 '국가'를 구분하지 않기도 한다.

바로 이러한 현실적 혼란과 명명의 애매모호함이 '국가'에 명목상 최상의 가치를 충당할 가능성을 주었다. 적어도 최근 반년이 넘는 시간 동안 그것은 극도의 응집력을 드러내었고 '민족', '중화문명', '현대화', '세계화' 등등을 자신의 일부분으로 모호하게 흡수했다. '국가'는 많은 중국인들이 공적으로 인정하는 가장 중요한 대상이 되었고 한 시대를 풍미했던 다른 개념들, 즉 '인류', '세계', '개인', '인민', '사회주의', '계급' 등의 개념들은 모두 그와 필적할 힘을 잃은 것 같다.

그러나 바로 이러한 현실과 명명이 실제로는 우리로 하여금 '국가'에 대해 곤혹스러움도 느끼게 한다. 정부와 기본 제도에 크게 반감을 가진 사람은 쉽게 국가와 사회에 냉담해지고 그것이 자신과는 아무런 관계가 없다고 생각한다. 사방을 둘러보기만 해도 정말 이런 사람들이 적지 않음을 알 수 있다. 아마도 다른 많은 사람들은 그렇게까지 느끼지는 않아서 여전히 어느 정도는 이 나라를 사랑하기를 원할 것이다. 그렇지만 그들이 사랑하는 '나라'는 보통 '중화 문명', '우리나라 우리국민' 등과 같이 추상적인 것으로, 그들은 구체적으로 존재하는 정부와 정치제도만 피하면 마음 편하게 애국할 수 있는 것 같다. 그밖에 또 현대사에서의 굴욕적 기억을 포함한 다른 나라와의 관계에서 '국가'의 의미를 체득하는 사람들도 있다. 여권, 관세, 영토, 에너지 부족, 난징 대학살 등. 그러나 이러한 체득은 보통 국내의 실제 정치생활과의 거리 유지가 보장되어야 하며, 일단 이 거리가 축소되거나 사라지면 아주 쉽게 해체되어 버린다. '아편전쟁'과 '난징 대학살' 같은 역사적 지식에만 의지해서는 애국심을 오래 유지하기 어렵다.

여러 사람이 한 자리에 앉아 있을 때 모두들 자신은 애국자라고 하지만 더 자세히 질문해보면 그들이 사랑하는 '나라'는 십중팔구는 서로 다르다. 이러한 상황이 이미 만연해 있지 않은가?

중국 현대화의 길이 다른 많은 나라들과 달랐으므로, 중국인의 '국가'에 대한 인식도 분명 다른 나라 사람들과는 다를 것이다. 이 애국 열풍의 주체들이 사랑하는 것은 도대체 무엇일까? 위에 나열한 몇 가지는 더 이상 아니지 않을까? 그렇다면 무엇일까? 제도와 영토, 인구 및 그 기호체계로 구성된 현실의 '국가'인가? 아니면 중앙정부가 장악하고 있으며 나날이 강해지고 있는 '국력'인가? 혹은 위에 나열한 몇 가지보다 더 모호하며, 정치/언어 현실처럼 어렴풋하고 명확하게 표현하기 어려운 정감상의 '중국'인가?

둘째, 그 주체들은 어떠한 정신적 혹은 물질적 경로를 통하여 '중국'을 자신과 동일시할 만한 가치가 있다고 느꼈을까?

나는 우선 다음과 같은 경로들을 생각해 보았다. 이번 이재민 구제작업에서 최선을 다하는 중앙정부의 모습은 '국가'의 힘과 중요성을 충분히 보여주었다. 또 인구와 영토 대국에 사는 국민이지만, 최근 30년 동안 서양에 비해 '낙후'했다는 열등감을 절실히 느껴왔고, 거기에 더하여 유구한 문명의 역사적 기억을 지녔기에, 자연히 중국의 강대함에 대한 진심에서 우러나오는 열망을 응집해내게 된 것이다. 최근 20년 동안 GDP는 계속 증가했고 중산층의 물질생활도 눈에 띄게 개선되었으며, 아파트와 차를 사고 해외여행을 하며 뉴욕 5번가와 파리 라파이예트 백화점에 가서 쇼핑을 할 수 있게 되었다. 베이징, 상하이와 런던, 도쿄 사이의 '하드웨어'상의 차이도 빠른 속도로 줄어들고 있다. 이런 것들이 아마도 중국의 '굴기'(崛起)를 확증하고 있으며, 이 모든 것을 동반하거나 주도한 정치와 사회 제도에 대해 사람들이 쉽게 호감을 갖게 되는 것 같다.

물론 또 다른 경로들도 있다. 그리고 위에서 나열한 것들도 모두 진일보한 연구를 통해 확인할 필요가 있다. 그렇지만 여기에서는 그 경로들이 분명히 드러내는 방향을 따라가면서 계속해서 질문을 해나가도 무방할 것이다.

4_

오늘날 중국에서 여러 사상들이 첨예하게 부딪히는 지점은 최근 25년간의, 특히 1992년 이후의 '개혁'을 어떻게 평가할 것인가 하는 부분이다. 이번의 애국 열풍은 어떤 측면에서 이 논쟁에 끼어들게 될까? 내가 앞에 나열한 경로들을 보면, 그것의 중요한 근원 중 적어도 하나는 경제의 지속 발전과 소비수준의 점진적 향상, 국가의 각종 실제적인 힘의 명백한 증대 등 물질적 상황에 대한 그 주체들의 피부에 닿는 체험이다. 이것은 그 사람들이 대표하는, '중국'에 대한 새로운 정체성 '개혁'에 대한 총체적 긍정을 내포하고 있음을 의미하는 것은 아닐까?

1990년대 중반부터 점차 '마오쩌둥 사상'과는 분명히 다른 새로운 주류 이데올로기가 형성되었다. 1992년 다시금 박차를 가한 '시장경제 개혁'의 쌍둥이형제로서, 그것은 아주 자연스럽게 이번 '개혁'의 수석 홍보 대사 역할을 담당했고, 따라서 나도 그것을 임시로 '개혁주의'라고 부르고자 한다. 이번 애국 열풍이 '개혁'을 긍정하는 목소리를 사실상 증가시켰다고 한다면, 그것은 '개혁주의'와는 어떤 관계가 있는가? '개혁'에 대한 긍정적이면서도 새로운 인식을 제공해 '개혁주의'에 대한 모종의 돌파구를 형성했는가? 아니면 반대로 그것이 '개혁주의'의 파생물이며 '개혁주의'의 국제화 추구가 형체를 이루기 시작했음을 상징하고 있는가? '개혁주의'의 유행하는 기호를 써서 말하자면, 21세기의 '성공인사'는 여전히 영어를 입에 달고 다닐 뿐 아니라 이제는 '대국'의 '굴기'를 떠들어대기 시작했다. '미국 모델'에 대한 숭배와 비교해보면, 아마도 이렇게 떠드는 소리야말로 '성공인사'의 성숙한 정치의식과 세계에 대한 관심을 더욱 잘 드러낼 수 있으며 그의 이미지를 완성시키는 것이 아닐까?

사람들은 종종 1989년 이후의 정치, 경제 상황이, 중국인들이 자기 삶의 의의를 '사회'와 '정신'이 아닌 '개인'과 '물질'의 측면에서 확인하도록 만들었다고 말하곤 한다. 최근 20년 동안의 사회현실은 기본적으로 이 주장을 실증했다고 하겠다. 그렇다면 이번의 애국 열풍은 이런 현실을 변화시킨 것인가? 만약 변화시켰다면 변화의 정도는 어떠한가? 개인의 사사로운 이익에 대한 민중들의 상당히 보편화된 초월이라는 각도에서 볼 때, 애국 열풍이 분명 '개인'의 측면에 의해 가려졌던 '사회' 혹은 '공 공'의 측면의 부분적 재출현을 촉진했다고 할 수 있다. 또한 어느 정도는 그것이 '물질'적 측면에 의해 왜곡되었던 '정신'적 측면의 재출현을 가져 왔다고도 할 수 있지 않을까?

만약 대답이 긍정적인 것이라면 이번에 출현한 것은 어떠한 정신적 측면인가? 앞서 논한 그런 종류의 추상적인 '역경'에 대한 체험적 인식인 가? 사람들이 '지진'과 '서양'을 하나로 묶어 '쓰촨'과 '중국'이 함께 '버텨내 자'고 소리 높여 외칠 때, 다음과 같은 체험적 인식이 끓어오르고 있음을 확실히 느낄 수 있었다. 재난에 대한 놀람, '서양'에 대한 실망, 굴욕적 역사에 대한 기억, 현실생활의 압박, '그냥 이렇게 넘어가'는 것을 불만스 러워 하는 충동, 어떻게 해도 버리기 어려운 승부욕과 자존심 등. 일단 어떤 돌발 사건이 이 모두를 하나로 흡수하여 '역경에 처해도 노력을 멈추 지 않는다'는 상상적 위치를 형성하면, 삶과 세계에 아직도 희망을 품고 있는 많은 사람들, 특히 젊은이들은 쉽게 그것에 매료되어 그 속에서 격려 받기를 원하게 된다. 청말 이래 이러한 정경은 여러 차례 반복해서 나타나 곤 했다. 내 생각에는 오늘날 이렇게 역경에의 자각 위에 세워진 정신의 위치는 '전통문화'나 '황색 피부에 검은 눈동자'보다 훨씬 감화력 있고 실 제로 사회의 서로 다른 위치에 있는 사람들을 훨씬 잘 하나로 묶어, 그들 이 '우리는 모두 중국인'이라고 느끼게 할 수 있는 것 같다.

만약 앞의 문제에 대한 대답이 부정적이라면 그것은 또 어째서인가? 이번 애국 열풍이, 적어도 그것의 핵심적인 구성요소 예를 들어 앞서 말한 저 주체들이 '중국'을 사랑하게 된 경로가 여전히 심각한 경제 지상(至上), 심지어는 물질 지상의 경향을 드러내고 있어서, 중국 특색의 자본주의 '소비'라는 부처의 손을 전혀 벗어나지 못했기 때문일까? 아파트와 자동차가 강력하게 우리의 '개인'에 대한 인식을 만들어낸 것처럼, 월급, 상업지구, 해외여행의 비행기티켓 등 또한 '국가'에 대한 우리의 인식을 강력하게 견인하기 시작했다. 이러한 측면에서 보면, 이번 애국 열풍은 어떤 부분에서 '소비=인생'이라는 지구적 가치 확립 모델의 거대한 확산력을 기이하게 체현한 것은 아닐까?

이번 애국 열풍의 주체들은 기본적으로 체계적인 학교교육을 받은 젊은이들로 구성되어 있다. 1990년대 중반 이후 학교교육의 경사가 점점 심각해져서 입시교육 모델이 사실상 중고등학교 및 초등학교의 모든 단계를 잠식했다. 대학교육은 나날이 기초학문을 경시하고 실용학문을 중시하며 고소득 지향으로 흐르고 있으며 역사와 문화 교육의 공백은 점점 더 커질 뿐 줄어들지 않고 있다. 일반적인 이해에 비추어보면, 이런 교육을 받아온 사람은 대개 머리가 비교적 단순하고 기계적이며 사회에는 관심이 없고 개인의 물질생활과 성공에만 신경을 쓴다. 그런데 이번에는 평소에 분명 이런 것 같던 많은 젊은이들이 적극적으로 몸을 던져 이재민 구제활동에 참여하고 '중국'을 외치고 '중국'을 위해 눈물을 흘렸다. 이것을 어떻게 이해해야 할까? 오늘날의 학교교육은 도대체 중산층 젊은이들과 그 후보군의 사람들에게 어떠한 낙인을 새겨놓은 것인가? 그것은 어떻게 그들의 사회/정신적 시야와 정치적 태도 및 사유능력에 작용하는가? 또한 그것은 어떻게 마찬가지로 이러한 방면에 작용하는 대중매체나 직장, 교육 등과 같은 다른 사회 '교육'과 서로 결합하거나 충돌하는가? 대학을 졸업한 한 사무직 직장인은 『Time Out』의 정기구독자로, 길에서 구걸하는 노파를 한 번 제대로 쳐다보지도 않고 매일 부지런히 돈을 벌어 대출금을 갚고 있었다. 그런 그가 이번에 TV에 나온 국기를 대하며 눈물을 뚝뚝 흘리고는 베이촨(北川) 현에 가서 자원봉사를 하겠다고 충동적으로 지원을 했다. 비록 나중에 가지는 못했지만. 만약 당신이 그와 마주하고 있다면 당신은 그를 어떤 식으로 이해하겠는가? 그의 내면이 분열되었다고 생각하겠는가? 아니면 그는 아주 정상이고, 모순처럼 보이는 이러한 심리와 행동들은 사실 더욱 깊은 곳에서 서로 통하며, 이 서로 통하는 것의 기초를 닦은 것 중 하나가 바로 그가 일곱 살 때부터 16년 간 받아온 학교교육이라고 생각하겠는가?

5월 19일 톈안먼광장에서 격한 감정을 드러낸 젊은이들은, 제3세계 사람들의 사회정체성 혹은 집단정체성이 보통 제1세계에 대한 저항 속에서 동력을 얻는다는 것을 다시 한 번 증명하는 듯했다. 청말 이래의 거의 모든 정치적 인물들, 군인, 문화인들은 '신(新)중국'을 논할 때면 언제나 그것이 어떤 색깔이건 간에 반드시 '강대'해야 한다고 주장했으며, 마치 '굴기'하지 않으면 중국의 '새로움'(新)은 없는 것 같았다. 그러나 이 '강대함' 혹은 '굴기'의 구체적인 내용은 항상 때에 따라 달랐다. 어떤 때는 아주 분명했고 어떤 때는 아주 모호해서 한 마디의 구호뿐이기도 했다. 그렇다면 이번 애국 열풍에서 나온 '강대함'이라는 말은 어떤 의미를 내포하고 있는가? 세계 제일의 부유함인가? 가장 센 군사적 위력인가? 혹은 민권의 발달인가? 정신문화의 지구적 활보인가? 아니면 이전에 여러 차례 출현했던 것과 같이 아무런 분명한 함의가 없는 그저 모호한 것인가?

현재로서 그 답은 후자인 듯하다. 반 년 남짓, 격앙된 젊은이들은 말할 것도 없고 정치인과 문화인들이 그려온 국가의 미래에 대한 그림은 여전히 그 선이 아주 거칠다. 그것도 그럴 것이, 오늘날 전 세계에서 머리를 좀 쓴다 하는 사람들도 인류의 미래에 대해 아주 막막함을 느끼고 있다. 자본주의 이외의 길은 모두 끊어진 것만 같은데 자본주의 자체의 결함은 오히려 나날이 심각해지고 있다. 기존의 각종 정치·사회 이론은 또한 충분히 빛을 발하지 못하고 있어 암흑 같은 현실 속에서 사방을 모색하는 것이 모두의 공동 운명이 되었다. 우리도 물론 예외가 아니다.

　이것은 일반적으로 말한 것이고, 중국은 또 더 특수한 점이 있다. 오늘날 중국의 대지 위에 있는 지배적인 정치, 경제 및 문화적 실천들은 이미 기존의 이론으로 조명할 수 있는 범위를 훨씬 넘어섰으며, 또한 분명히 서양의 주류 현실이 지시하는 방향에서도 벗어났다. 따라서 이후의 실제적 국가형태이든 국가에 대한 사람들의 인식이든, 또 일반적인 입장에서 봤을 때 그것들이 위안이 되던 근심거리가 되던, 이 모두는 반드시 우리가 20세기에 익히 보아온 것과는 다른, 새로운 모습이자 새로운 길이기도 하고 새로운 긴장이기도 할 것이다. 이정표가 없는 황무지를 걸으면 아무리 순조롭더라도 빨리 가지 못하는데, 하물며 자주 길을 잃고 한 걸음 나아갔다 두 걸음 돌아가는 식이라면 더욱 시간이 걸릴 것이다. 이런 측면에서 보면, 이번 애국 열풍이 국가정체성의 측면에서 보인 공허함과 모호함은 피할 수 없을 것이다. 그러나 오히려 그렇기 때문에 다음과 같은 낙관적인 질문이 가능할 수도 있다. 그것들은 새로운 사회사상과 실천을 위해서, 끊임없이 '국가 정체성'을 채워 넣을 드넓은 공간을 비워

내고 있는 것은 아닐까?

　사회의 분위기가 명확히 변화하는 시기에 지식인들은 항상 무척 민감하다. 중앙정부와 민중들의 적극적인 이재민 구제는 상당수 지식인들의 격찬을 이끌어냈고, 그들은 이를 통해 신문화운동 이래 지식계의 언행 전통을 반성했다. 예를 들어, 항상 비판적 입장에서 현실을 대했던 것이나 민중은 쉽게 기만당한다고 생각한 것 등을 반성했다. 만약 1990년대 내내 지식계에서 '좌파와 우파'를 구별하는 주요한 경계가 '개인'의 자유를 숭배하느냐 아니면 '계급' 모순, 혹은 좀 부드럽게 말하자면 '계층' 갈등을 강조하느냐에 있었다고 한다면, 지금은 제3의 지점이 부상했으니 바로 '국가'의 '굴기'이다. 이 '국가'의 함의는 비록 논란이 분분한 것 같지만 그 사이에 존재하는 하나의 경향만큼은 상당히 분명하다. 그것은 복잡하고 변화가 많은 국내외 정세에 직면해서는 현실적인 '국가 이익'이 취사선택의 주요한 기준이 되어야 한다는 것이다. 30~40대건, 50~60대건, 또 이전에는 사람들에게 어떤 '주의'로 간주되었건 간에, 점점 더 많은 지식인들이 모두 '국가'를 논하기 시작한 듯하며, 이 새로운 애국 열풍의 용솟음 속에도 지식인들의 모습이 적잖이 보였다.

　전체적으로 보면, 이것은 물론 일부 지식인들의 역사적 민감성을 드러내는 것이다. 캉유웨이(康有爲)의 시대에서부터 중국인들은 줄곧 자신의 나라가 '일어서기'를 고대해 왔다. 정치적 인물들은 여러 차례 이미 '일어섰음'을 선포했지만, 사람들은 똑바로 서려면 아직 멀었음을 발견하고는 매번 실망했다. 그러나 이번에는 좀 다른 것 같다. 150년 만에 처음으로 중국이 GDP라는 절대수치에서 계속 폭풍 성장을 하며 세계

상위의 국가들에 근접해가고 있어, 서양 사람들 중에도 50년 후에는 중국이 경제 방면에서 세계 제일이 될 것이라고 예측하는 사람들이 있다. 바로 이러한 새로운 상황 때문에, 많은 사람들이 중국이 이번에는 정말로 '대국 굴기'의 역사적 전환점에 근접했다고 믿게 되었으며, 지식인들은 새로운 구상을 내놓으며 더욱 적극적으로 행동을 전개해야만 하게 되었다.

그렇지만 구체적인 원인들은 따로 나눠서 논해야 한다.

근래 한편으로는 사회모순이 팽창하고 현실이 점점 더 가혹해지고 있으며, 다른 한편으로는 지식계와 사회 전체의 사기가 떨어져서 의기소침해져 있다. 이 두 가지가 모여 사람들, 특히 젊은이들의 강한 불만을 불러일으켰다. 그들은 절박하게 무엇인가 단단하고 믿을 만한 것을 붙잡아 스스로를 격려하고 싶어하고 있다. '국가'든 '국민'이든, 이 순간은 언제나 사람들을 발붙일 곳 하나 없게 하는 푸코식의 급진적 이론보다는 훨씬 실용적이 되기 때문에, 지식인들도 물론 실용적인 것으로 돌아서게 되었다. 1990년대 이후, 푸코와 데리다를 비롯한 서양 비판이론들은 중국의 대학캠퍼스 안팎에서 줄곧 큰 영향을 미쳐왔다. 그러나 오늘날, 만약 격렬하다 할 만한 이 지식인들의 변화가 계속해서 퍼져나간다면, 서양의 비판이론이 그러한 영향력을 계속 유지할 수 있을까? 더 중요한 것은 변화하고 있는 지식인들이 자신의 사상 속에 이미 쌓여 있는 그러한 급진적인 이론의 단편들을 어떻게 처리하는가이다.

오늘날 30세 미만인 사람들은 1989년의 거대한 풍파를 보편적으로 잘 알지 못하며, 오늘날 40세 이하의 사람들은 '문화대혁명'과 1950년대 중반 이후의 정치 및 사회 상황에 대해서 일반적으로 잘 알지 못한다.

이러한 역사적 기억의 결핍들이 '국가'의 실제 모습에 대한 사람들의 판단에도 분명 영향을 미쳤을 것이다.

현대에 접어든 이래 중국의 지식계는 줄곧 세계 속에서 중국의 문제를 파악해 왔다. 비록 각기 다른 시각으로 보았고 파악한 모습도 완전히 달랐지만 말이다. 오늘날 세계에는 미국을 중심으로 한 서양만이 유독 크게 존재한다. 이러한 현실을 받아들이고 싶지 않을수록, 어떻게 미국의 독주를 제재할 수 있을까 하는 문제에 관심을 가질수록, 중국이 강대해져야 하고 중국의 발전은 '강대함'이 최우선의 목표여야 한다고 생각하게 된다. 중국의 정치와 사회 현실을 이해할수록, 당신은 또, 아마도 다른 선택의 여지가 없으며 중앙정부에 희망을 걸 수밖에 없다고 생각할 수도 있다. 단 하나의 강력하면서 동시에 비교적 개명한 중앙정부만이 관료제도의 부패를 억제하고 사회의 안정과 국가의 통일을 유지할 수 있으며 나아가 중국을 강대하게 할 수 있다. 이러한 사고방식 속에서는 현실적 행동 가능성이 사고의 으뜸가는 내용이 되며 세계정세에 대한 관심은 또한 '강대함'에 대한 추구만으로는 해결할 수 없는 중국사회 내부의 문제들을 소홀히 하게 만들기 쉽다.

재미있게도, 바로 중국과 미국 혹은 중국과 서양의 관계 속에서 중국이 억압받는 약자의 위치에 있음에 대한 충분한 자각이, 자기 나라 안에서 강자, 즉 '국가를 존숭해야 한다는 사고방식을 낳았다. 국제적으로는 이러하고, 국내에서는 오히려 저러한, 이 둘 사이의 갖가지 불일치가 현대 중국의 좌익 사상과 혁명 실천의 모종의 역설적 숙명을 드러내고 있는 것은 아닐까?

...

문제들이 꼬리에 꼬리를 물고 이어져 나온다. 적어도 지금은 완벽한 답이 나오기는 어렵다. 그렇지만 나는 밀려든 물이 빠져나가고 나면 지형이 바뀌어 있으리라는 것을 이로써 분명히 깨달았다. 이재민 구제에서 보여준 사람들의 열성과 애국에의 열정이 점차 흩어질 때가 와도, 그것들이 만들어낸 사회 속의 공간과 사람들 마음속의 공간, 새로운 사상과 정신, 행동에 대한 그것들의 소환은 계속해서 존재할 것이다.

5_

쓰촨 지진 이후에 나타난 새로운 분위기를 다음과 같이 나열해볼 수 있다.

중앙정부와 재난지역의 각 지방정부가 민의에 따라 개방한 약간의 공간, 특히 '자원봉사자'들의 대규모 행동 양식과 공간이다.

각계에서 앞다퉈 이재민 구제에 참여하면서 부상한 '인민'과 '80년대에 태어난 사람들' 등에 대한 긍정적인 이미지가 오래 누적되어온 만연한 낙담과 포기의 마음을 부분적으로 해소할 수 있었다.

전 국민의 이재민 구제와 애국 열풍이 드러낸, 인민에게 내재해 있던 공공의식에의 요구. 이 요구는 근 20년 내에 처음으로 이러한 규모로 방출되어 나왔다.

비상시국으로 인해 형성된, 관료부패 등에 대한 민중들의 무감각한 대응이 아닌 분개하여 싸우려는 열정. 이것은 처음에 주로 재난 지역에서 드러났지만 다른 지역으로 확산되었다.

민중들이 실제 이재민 구제활동을 통해 획득한, 현실조건 속에서 공공행동을 전개한 경험. 그 중에는 물론 긍정적인 부분만이 아니라 부정적인 부분도 있지만, 이 또한 상당히 좋은 의미를 지닌다.

지진과 그 전후의 사건들이 제공해준 새로운 관찰 지점과 분석의 측면. 지식계가 만약 제때에 이 새로운 사유조건들을 파악할 수 있다면 설득력 있는 현실 분석이 가능해질 것이다.

그러나 상황의 또 다른 부분들도 경시해서는 안 된다.

재난지역에서는 일단 최초의 무질서 상태가 지나고 나면 새로운 정부 통제체계가 다시 수립될 것이고 이재민 구제 과정에서 개방된 여러 공간들은 축소되거나 폐쇄될 가능성이 있다.

만약 재난 후의 재건을 위한 거액의 투자자금을 여전히 지방정부가 손에 쥐고 분배한다면, 만약 집과 생계가 심각하게 파괴된 현지 민중들이 재난 전보다 훨씬 더 정부에 의존할 수밖에 없게 된다면, 새로운 횡령과 부패는 아주 쉽게 증가할 것이고 지진 발생 전보다 더 거리낌 없어질 것이다.

사실상 현실 사회의 여러 가지 부정적 상황과 어느 정도 누적 형성된 정부와 국가기구의 운용 관행이 지금 재난 지역만이 아니라 격동하고 있는 사회를 갖은 방식으로 과거의 활기 없는 상태로 돌려놓으려 하고 있다. 위에 나열된 여러 새로운 분위기들을 유지하고 또 확산시키고 싶다면 지금의 추세를 따라 사회의 긍정적 변화를 밀고 나가야 하는데, 이는 결코 쉬운 일이 아니다.

이처럼 두 가지 측면이 혼란스럽게 뒤섞인 상황 속에서 나 같은 대학 내의 지식인들은 무엇을 할 수 있을까?

다양한 재난 상황과 구조 활동 정보를 이해하고 전파하려고 노력하며, 항상 누군가는 은폐하고 싶어하는 인재(人災)를 들춰내서 그것을 만들어낸 자의 책임을 계속해서 추궁할 수 있다.

이재민 구제와 재건의 자금 문제에 계속 관심을 가질 수도 있다. '400억 위안(元)이 넘는 사회 성금이 어떻게 사용되는지'부터 '모든 공적 자금이 어떻게 사용되는지'까지, 각급 정부 예산의 투명성과 공평도를 증진시키는 것에서부터 공공자금 분배제도를 구축하여 효과적으로 감독하는 것까지. 비상사태로 인해 생겨난 각종 제도 수립에 대한 관심을 평상시에 일어나는, 더 넓은 범위에서의 유사한 현상에 대한 관여로 확장시킬 수 있다.

직접 참여와 지지 발언 등의 방식으로 이재민 구제활동 중에 개방된 민주 참여의 실천 공간을 확대할 수도 있다. 이러한 공간이 국가기관과의 필연적인 대립을 의미하지는 않는다. 그와는 반대로 실제 상황은 거의 국가기구의 운용과 다양한 비대항적 관계를 맺게 된다. 이것은 그러한 공간이 만들어지는 전제조건이기도 하다. 그렇지만 이러한 공간은 점진적으로 '민간'적 의미를 확대해가야 하며, 마지막에 국가기구의 일부분으로 재편되어서는 안 된다. 그렇게 되면 사회나 국가, 정부 어느 곳에도 득이 되지 않는다.

또한 눈을 크게 뜨고 재난 재건의 전 과정을 꼼꼼하게 지켜보면서, 관료와 국내외 자본가가 손잡고 이익을 가로채서, 재난을 당한 사람들과 중앙정부 및 각지의 기부자들의 부담을 가중시키는 것을 경계할 수도 있겠다. 만약 각 방면에서 노력하여, 재난에 맞서면서 생겨난 강렬한 민중의 기운을 지속적인 참여와 재건 사업을 감독하는 긍정적인 역량으로 전환할 수 있다면, 재건은 모종의 긍정적이고 건설적인 '실험'적 프로젝트로 발전할 수 있으며 전 사회의 전면적인 개선에 경험과 교훈을 제공할 수 있을 것이다.

물론 이상의 네 가지 일에 비해서, 우리가 더욱 해야만 하고 잘 할 수 있는 일은 다음과 같은 다섯 번째 일이다. 즉 새로운 공공의식을 발전시키고 사회에 긍정적 변화를 촉진할 정신적 기반을 형성하도록 하는 것이다.

현대사회가 오랫동안 안정을 유지하고자 한다면, 각 계층 간의 그리고 계층 내부의 이익 균형에만 의존해서는 안 된다. 반드시 공공정체성을 세워 자신의 정신적 지주로 삼아야만 한다. 만약 오늘날, '국가를 어떻게 볼 것인가'가 이미 현재 중국인들 공공정체성의 보편적 상태를 반영하는 가장 효과적인 리트머스시험지가 되었고 심지어 일정 범위 안에서는 '국가'가 공공정체성의 새로운 초점이 됐다면, 지식인들이 구축할 긍정적인 공공정체성이 우선적으로 힘써야 할 것도 바로 '국가'여야 한다.

'사회주의'시기와 '개혁' 이후 20년 동안 종종 다른 유행어가 '국가'를 압도했지만, 중국인들은 그래도 줄곧 나라를 사랑해왔다. 바로 그 때문에 만약 앞에서 묘사한 여러 가정과 예측들이 실증될 수 있다면, 앞의 서술로부터 우리는 다음과 같은 사실을 알 수 있다. 이번 애국 열풍은 중국인이 '국가'를 인식하는 다소 새로운 형식을 드러냈다는 것이다. 개인의 물질적 생활에 대한 '긍정적' 체험, 중앙정부의 행정과 자금 및 군사력에 대한 '긍정적' 인상 등이 그것이다. 이것은 사람들이 과거에는 이런 종류의 체험과 인상을 갖고 있지 않았다는 말이 아니라, 적어도 최근 30년 내 처음으로 이런 종류의 체험과 인상이 이처럼 보편적이고 강렬하게 표현된 것 같다는 말이다.

그간 계속 나에게 지구화 시대가 되었고 '국가'는 중요하지 않게 되었다는 것을 알려주는 웅변가들이 있었다. 나처럼 루쉰의 글을 읽으며 자랐고 나중에는 또 맑스의 글을 읽은 적이 있는 사람들은 정말로 '국가'가 아주 신성하다고 생각하지는 않을 것이다. 그런 내가 이번 전 국민이재민 구제활동을 중시하고 또 이번 애국 열풍을 중시하는 것은, 그것이 사람들의 공공정체성의 깊은 잠재력을 드러냈기 때문이다. 오늘날의 중국은 이 잠재력의 발양이 너무나도 필요하다. 우리는 갖가지 일들로 인해 교활해지고 사분오열하고 있다. 지금은 몸과 마음을 편안히 하고 정신을 가다듬어 정정당당한 중국인이 되는 것이 너무나도 필요하다!

그러나 바로 그렇기 때문에, 중국인의 공공정체성은 '국가'에만 묶여 있어서는 안 된다. 중국인들의 '국가'에 대한 애정 또한 개인수입과 국가의 경제력 향상에 대한 자기만족에만 의존해서도 안 된다. 그것들은 모두 안정적이지 않으며 대부분은 오래 지속되지 못하는 것들이어서, 한동안 경제가 정체되면 도처에서 정치에 대한 부정적 감정이 생겨나 '국가'에 대한 애정을 극도로 파괴할 것이고, 나아가 심리적 에너지만이 아니라 그것을 통해 드러난 귀중한 사회적 에너지까지도 꺾어버릴 것이다.

따라서 지식인들은 더욱 큰 소리로, 더욱 다양하게, 더욱 변증법적으로 '국가'를 논해야 한다. 저 새로운 애국 체험과 느낌을 찬탄하는 데 그치는 것이 아니라, 그것들을 계속해서 이야기해 내려가고 논의를 확장시키고 풍부하게 함으로써, 중국인의 공공정체성의 다음과 같은 더욱 폭넓은 전망들을 창조해내야 한다.

― 인간 삶의 온전한 윤곽, 특히 일상적 소비문화에 의해 은폐된 삶의 내용을 그려낸다. 자신이 의식하고 있는 삶의 경험은 단편적이라는 것을 사람들이 발견할수록 그들은 경제발전과 같은 하나의 목표에만 만족하지 않고 인간 삶의 전면적인 개선을 요구할 것이다.

― '현실'에 대한 사람들의 이해를 더욱 확장하고 개인과 사회, 국가, 지방, 계층 등의 요소들 간의 상호관계를 깊이 있게 분석한다. 사람들이 일단 '정부만이 유독 큰 정치상황'과 '실제 사회생활의 다양한 관계 및 잠재에너지' 사이의 심각한 모순을 인식하게 되면, 그들은 '정부/국가가 더 이상 자신의 시야 전체를 가로막지 못하게 할 것이고, 이에 따라 적어도 '국가'와 똑같이 중요한 사회의 다른 영역들에 대한 체험과 관찰이 계속해서 깊어져, '현실' 범주에 대한 사람들의 이해도 틀림없이 크게 확장될 것이다.

― 중국이 현대화를 받아들여야 했던 150년 굴곡의 역사를 깊이 있게 그려낸다. 특히 '국가', '민족', '사회주의' 등의 개념이 이 역사 속에서 형성되고 변천해온 풍부한 과정을 기술하여, 현행 교육과 대중매체의 이 시기 역사 서술에서의 심각한 한계를 타파한다. 바로 중국 현대사에 대한 기본적 이해가 중국인들이 현실의 자극 앞에서 각성할 수 있게 하며, 깊은 체험과 동시에 상황을 판단할 능력을 잃지 않을 수 있게 할 것이다.

― 중국인의 국제관계와 세계문제에 대한 이해를 심화시킨다. 특히 중국이 세계에 대해 가져야 하는 역사적 책임을 강조한다. 서양이 주도하는 현행 국제 질서가 심각하게 경도되어 있으며 계속되기 어렵다는 것을 충분히 인식하고 동시에 중국이 도의에 맞는 세계

질서를 찾는 데 영향을 미칠 수 있다는 것을 인식해야만, 사람들이 지금과 같이 '지구화'에만 몰두하지 않을 것이며, 두 눈을 국제경쟁에 고정시키고 도의를 머릿속에서 지워버리지 않을 것이다. 또한 진정으로 도량 있고 책임감 있는 대국의 국민/정부의 정신과 풍모를 발전시키고자 할 것이다.

— '우리가 희망하는 국가'에 대한 충분한 토론을 전개하여, 이로부터 국가정체성의 '미래'를 지향한다. 사실상 이러한 지향이야말로 피동적으로 현대화를 이룬 사회가 국가정체성 측면에서 영국과 같이 일찍이 현대화를 이룬 사회와 갖는 가장 큰 차이점이다. 만약 이러한 지향을 충분히 전개해 나갈 수 있다면, 정부, 국가, 사회가 뒤섞여 있는 오늘날의 기본적 정치 현실이 중국인들에게 주는 곤혹감을 해결할 수 있으며, '국가'가 권력계층의 도구가 되는 것을 피하고 정부와 사회의 긍정적인 변혁을 추진하는 중요한 기반이 될 것이다.

···

한 마디로 말해서, '국가'와 국가정체성의 함의를 확장하는 데 힘써야 한다. 이것은 또한 핵심적인 측면에서 중국인의 공공정체성의 함의를 확장하는 것이기도 하다.

거의 전적으로 이익추구 논리에 지배 받고 있는 냉혹한 정부든, 근시안적이며 정치의식이 결핍된 자본가든, 그들은 모두 '국가'와 국가정체성의 함의를 축소하고 사람들의 공공정체성 요구를 말살하기 위해 전력을 다할 것이다. 지식인들이 해야 하는 것은 이와는 정반대의 일이다. 어떤 의미에서는 '국가'가 다양한 측면을 지닌 미래 지향적인 가치목표가 되어야만, 우리의 시선을 '국가'보다 훨씬 넓은 세계로 이끌 수 있을 것이다. 또한 그래야 이러한 국가에 대한 우리의 애정이 비로소 시련을 견뎌낼 수 있으며 우리도 걸핏하면 무관심과 공허에 빠지지는 않을 것이다.

2008년 10월 수정, 상하이

『문화연구』(文化硏究), 2009년 제8기에 게재

[요약]

2008년 5월 중국에 일어난 지진은 그 피해가 막대했지만, 그 재해 복구 과정에서 중앙정부와 각지에서 온 자원봉사자들, 그리고 각종 미디어들이 여러 측면에서 이전과는 다른 성숙한 모습을 드러내기도 했다. 무엇보다도 지진으로 인해 놀란 사람들이, 부실공사 등 인재로 인한 피해의 은폐나 재해 복구비용의 착복 등 부당한 처사에 대해 침묵을 깨기 시작한 것은 주목할 만한 일이다. 지식인들은 이러한 활기를 지속시키기 위해서 지속적인 노력을 기울여야 하며, 또한 지진을 겪으며 일어난 애국 정서의 모호하고 공허한 국가정체성을 대체할 새로운 공공정체성을 발전시켜 사회의 긍정적인 변화를 꾀해야 한다.

번역 및 요약_김소영

문을 열어야 할 때[*]

언제나 근사하게 느껴지는 상하이대학 원형회의실에서 일년 전 '공화국문학'이라는 주제로 토론회가 열렸었다. 그 중 한 분과의 주제가 '문학과 사회의 관계 재건'이었는데 이는 정곡을 찌르는 주제였다.

'재건'이라 말하는 것은 당연히 문학과 사회의 현재 관계에 불만이 있기 때문이다. 그러나 '재건'은 결코 쉬운 일이 아니다. 그 주제의 키워드인 '문학'과 '사회'는 오늘날 더 이상 사회적으로 공유된 인식을 갖지도 못하고 일목요연하지도 않다. '사회'라는 키워드를 보자. 오늘날 중국은 도대체 어떠한 사회인가? 중국에 대한 각계 인사들의 판단에 큰 차이가 있었던 것은 1930년대 이래 한 번도 없었던 일이다. 지난 20년 동안 중국 지식계의 거의 모든 중요한 논쟁의 초점은 이 문제에 머물러 있었다고

---

* 원제: 是推開門窓的時候了

할 수 있다.

마찬가지로 오늘날 중국의 '문학'은 무엇인가? 이것 역시 견해 차이가 심해서 논단하기가 쉽지 않다. 왜 쉽지 않은가? 여기서 대략 두 가지를 말해 보겠다.

첫째, 인터넷, 휴대폰, 전자책 리더 등을 보면 알 수 있듯이 20년 전과 비교했을 때, 오늘날 평소에 글을 읽는 사람, 범위를 축소하자면 평소에 문학책을 읽는 사람은 결코 큰 폭으로 감소하지 않았고 오히려 증가하고 있다고 할 수 있다. 최근 10년 간 '문학' 서적의 출간 수는 전체적으로 증가했다. 10년 전에는 상하이에서 중문학과가 있는 대학이 4개밖에 안 됐는데 지금은 7개로 증가했다.

20년 전 사람들이 공인한 '문학', 예를 들면 모옌(莫言)[1])과 왕안이(王安億)[2])로 대표되는 그런 문학이 사회생활에서 갖는 영향력은 지속적으로 감소했고 최근 10년간 뚜렷한 감소를 보였다.[3])

---

1) 모옌(莫言): 중국현대작가. 1981년, 『봄밤에 내리는 소나기』로 데뷔. 1987년, 중국 민초들의 항일투쟁 이야기를 담은 『홍가오량 가족』(红高粱家族)을 발표하여 중국문학계에 큰 반향을 일으켰다. 장이머우 감독이 이 작품을 영화 <붉은 수수밭>으로 만들어 베를린국제영화제에서 황금곰상을 수상하였다. 2012년, 중국 국적의 문학가로는 처음으로 노벨문학상을 수상하였다. 그의 작품은 중국의 설화와 역사, 현대중국의 모습을 뒤섞어 표현하여 모옌 특유의 환영적인 사실주의를 보여주고 있다. 주요 작품은 『달빛을 베다』, 『열세 걸음』, 『티엔탕 마을 마늘종 노래』, 『인생은 고달파』 『풀 먹는 가족』 등이 있다. -옮긴이

2) 왕안이(王安億): 중국현대작가, 현재 상하이작가협회 주석, 푸단대학 중문과 교수. 1980년대 '지청문학', '심근문학'의 대표작가. 문혁기간 동안 농촌에 하방되어 생활함. 그의 작품은 대부분 평범한 인물의 평범하지 않은 인생을 주로 묘사하면서 인간에 대한 깊은 이해와 애정을 표현하고 있다. 주요작품은 『장한가』, 『부평』, 『계몽시대』 등이 있다. -옮긴이

3) 이렇게 두루뭉술하게 '문학'을 '사회생활'에서의 '영향'의 '감소'와 '증가'로 단정짓는 것은 임의적이고 독단적인 폐단을 드러내기 쉽다. 그럼에도 불구하고 이렇게 말하는 까닭은 다음과 같다. 첫째는, 최근 10년 동안 모옌과 왕안이(여기서는 단지 그들을 한 유형의 작가의 대명사로 사용하는 것이지 그 두 작가를 지칭하는 것은 아니다.) 같은 작가의 작품 판매량은, 더 정확하게

이와 동시에 우리가 공인한 '문학' 이외에 다른 형태의 '문학'과 다른 형태의 작가들이 대대적으로 새롭게 나타났다. 그 중에는 한한(韓寒)[4]처럼 자기만의 색깔을 갖춘 이도 있지만 궈징밍(郭敬明)[5]처럼 서로 모방하는 작가들이 더 많다. 그들의 독자는 양적인 면에서 모옌을 확실히 넘어섰으며 그들 작품을 게재하는 『최소설』[6] 같은 잡지의 판매량도 분명 『수확』[7]을 넘어섰다. 그들은 온라인에서 영웅으로 불리며 지면도 종횡무진으로 장악하고 있다. '청춘로맨스', '추리', '역사', '시공초월'(타임슬립), '동성애'(퀴어), '무협', '공포' 등등 이런 장르문학에 대한 넘쳐나는 추종의 물결은 폭풍처럼 일어나고 있다. 20년 전과 비교했을 때, 중국대륙의 문학세계는 완전히 달라졌다.

그렇다면 이 새로운 세계를 어떻게 봐야 할까?

사람들은 말한다. "모옌은 순문학이고 궈징밍은 통속문학이다. 모옌

말하자면, 그들의 작품 판매량이 전체 문학도서 판매량에서 차지하는 비중이 뚜렷하게 하락했다는 것이다. 물론 이 원인은 다양하며 절대로 독자에게만 원인이 있는 것은 아니다. 둘째는, 내 생각에 이러한 하락세는 전체 사회의 문화상황이 나날이 악화되고 있는 증상 중의 하나라는 것이다. 한 작품의 판매량과 그 사회적 영향력의 크기 사이에 간단하게 등호를 그릴 수 없듯이, 한 작품의 사회적 영향력의 크기도 그 예술적 가치의 높고 낮음과 간단하게 등호를 그릴 수는 없다.

4) 한한(韓寒): 중국현대작가, 카레이서 선수, 1999년 『삼중문』으로 데뷔. 이 책이 200만부 이상 팔리면서 명성을 얻게 된다. 자신의 블로그를 통해 중국사회에 대한 의견을 제기하는 등 중국사회에 논쟁을 불러일으키는 젊은 세대를 대표하는 작가이다. 주요 작품은 『삼중문』, 『그의 나라』, 『1988』 등이 있다.-옮긴이

5) 여기서 '한한'과 '궈징밍'도 모두 대명사로, 결코 그 두 사람을 지칭하는 것이 아니다.

6) 『최소설』(最小說): 청춘소설 작가 궈징밍이 주관하는 청춘문학잡지. 2006년부터 2008년까지 월간, 2009년부터는 격월간으로 발행. 젊은 독자와 학생들이 가장 좋아하는 청춘소설잡지로 발행부수가 상당하다.-옮긴이

7) 『수확』(收穫): 1957년 작가 바진(巴金)과 진이(靳以)가 창간한 중국 제일의 문학잡지. 중국에서 현재 영향력 있는 작가 대부분은 『수확』에 작품을 발표할 만큼, 중국당대문학사에서 가장 영향력 있는 문학잡지이다.-옮긴이

은 문학연구의 대상이고 궈징밍은 음…문화연구의 대상이다." 어떤 사람들은 이렇게 말하기도 한다. "모옌도 문학의 한 종류이고 궈징밍도 문학의 한 종류이다. 다원화, 얼마나 좋은가!"

그러나 이렇게 그럴듯하게 말할 때 모옌과 궈징밍의 커다란 차이는 오히려 모호해져 버렸다. 이 차이를 좀 거칠게 말하자면 그것은 "작가는 누구인가?"라는 점이다. 모옌의 소설을 읽었을 때 이러한 의문은 들지 않을 것이다. 때로는 글의 행간에서 국제문학상의 영향을 읽어내고 제목과 분량 그리고 줄거리에서 출판사의 손길을 느끼겠지만, 모옌이 소설의 주재자라는 점은 의심할 바 없는 사실이며 모옌이 없다면 이러한 소설도 없는 것이다. 그러나 궈징밍을 읽는 것은 다르다. 비록 궈징밍이 한 글자 한 글자 친 것이지만 글자를 치는 그 두 손이 또 다른 손의 조종을 받고 있는 것은 아닌가 하는 의구심이 들게 된다. 더 많이 읽을수록 궈징밍이 사실은 복합체라는 것을 발견하게 될 것이다. 작가의 모습이 있다면, 에이전트의 모습도 있고, 더 나가면 출판업자의 모습도 있다. 그 작품의 텍스트 내용과 형식은 작품에 대한 마케팅의 내용과 형식에서 나온 것이다. 따라서 궈징밍 자신의 여러 손이 함께 타자를 칠 뿐만 아니라 그의 배후에서 궈징밍의 각기 다른 손을 지배하고 있는 더욱 큰 사회세력이 함께 글자를 치는 방향을 이끌고 있다. 때로는 궈징밍이 꼭두각시처럼 얼핏 보면 무대 위에서 뛰어노는 것 같지만 실제로는 모두 막후에서 조종하고 있다는 생각이 들 것이다. 나날이 거대해지는 중국 특유의 문화산업8)이야말로 궈징밍 식 '문학'의 진정한 작가인 것이다.

---

8) 지금 상황에 대해 말하자면, 이 문화산업—아도르노의 개념을 빌려 사용하고 있다—의 주요 근간은 종이출판업과 영화나 텔레비전 연속극 같은 전통적인 영상산업 및 정부의 문화 관리체

이 작가의 차이를 훑어가다 보면 일련의 더 큰 차이를 이끌어낼 수 있다. 그 중의 하나가 바로 문학과 현실 질서 관계의 차이이다. 적어도 지금까지는 우리가 일반적으로 생각하는 문학이란 삼국시대 촉나라의 명장 위연(魏延)처럼 앞에서는 머리를 숙이고 네네 하더라도 뒤통수에는 반골이 있는 것과 같다고 사람들은 생각하고 있었다. 문학은 한편으로 아름답기도 하고 비참하기도 한 인생사에 감동을 불러일으키기도 하고, 또 한편으로는 이 감동으로 딱딱하게 굳어 생기가 없고 무지막지한 것들에 대한 회의와 불공정과 억압에 대한 혐오를 불러일으키기도 한다. 멀리 갈 것도 없이, 최근 30년 동안 이런 문학을 읽고 성장한 '문학청년'은 세대, 성별, 계층, 지역 간의 차이가 많았음에도 불구하고 대체로 다정하고 선한 마음과 반골의식을 여전히 표현하였고, 많은 경우 '문학청년'과 '분노하는 청춘'은 서로 호환가능한 말이 되었다.

그러나 궈징밍 식의 문학은 달라졌다. 그것은 보기에 대단한 '청춘'이고 '환상도 많아졌지만 그 속에 빠져들게 하는 방식은 아주 노련하고 실제적이다. 즉 허구의 가상세계를 만들어 꿈을 체험하게 하는 방식으로 독자를 이끌어 일상의 여러 가지 욕망을 그 속에 투영한다. 약간 부정적이지만 아주 사소한 일을 묘사해 독자에게 원망과 슬픔의 감정을 느끼게 하여 부지불식간에 청춘기의 불만을 소진시켜 버린다. '성공'한 '작가'를 우상으로 포장하여, '글쓰기'가 얼마나 빠르게 인세와 출연료와 기타 스타 효과로 이어지는 레드카펫을 펼칠 수 있게 하는지를 가감 없이 보여준

게 이외에 점점 더 인터넷을 주요 기반으로 하는 기타 산업 예를 들면, 중국 최대의 온라인게임 회사인 '성다게임'(盛大遊戱)으로 대표되는 온라인게임 및 그와 관련된 상품의 생산 및 운영업체 등을 뚜렷하게 흡수했다.

다. 트렌디한 디자인과 다양한 인터넷광고와 프로모션을 이용하여 지속적으로 독자를 자극하여 스스로 그것에 공감한다고 생각하게 하는 동시에 중국 특색의 상업 시스템의 거대한 힘을 느끼게 한다.

이런 문학의 노련함에 놀랄 필요는 없다. 그것은 그 밖의 몇 가지 새로운 매체인 온라인게임, TV드라마, 전광판 광고의 노련함과 같이 모두 동일한 제작자의 장기이다. 중국 특색의 문화산업은 이미 상당한 규모를 가지고 사회의 지배구조 속에서도 그 위치가 점점 중심을 향해 이동하고 있다. 따라서 문화산업은 사회재생산에 더 큰 범위로 참여하여 자신의 역할을 더 효과적으로 발휘할 것이다. 사회재생산의 핵심은 사람의 재생산이다. 루쉰의 말을 빌려 말하자면 눈을 뜬 채 깊은 잠에 빠진 자들을 생산해낼 수 있어야만 쇠로 된 방이 오래도록 존재할 수 있는 것이다. 현대사회의 특징은 사실 사람들이 이미 눈을 뜨긴 했지만 여러 가지 원인으로 계속 자는 척하는 것이 좋다고 생각한다는 것이다. 이 '여러 가지 원인' 중에는 물론 폭력과 빈곤 같이 물리적인 억압도 있지만 무취의 독가스가 서서히 사방으로 퍼지듯이 젊은이의 몸과 마음에 폭넓게 침윤된 연약함과 무력감이 점점 더 크게 작용하는 것 같다. 문화산업이 가장 잘하는 일이 바로 이러한 연약함과 무력감을 길러내는 것이다.9) 『최소설』과 <몽

---

9) 이러한 연약함과 무력감은 모두 '마음'에서 나오는 것은 아니며, 여러 가지 사회조건에 의해 제한되고 변화되어 만들어진 우리의 나약한 '몸'에서 나오는 경우가 더 많다. 또한 이것들은 이런 '몸'과 좁고 사소한 '마음'이 상호작용한 결과이다. 따라서 중국 특색의 문화산업은 이런 연약함과 무력감을 만들어낸 것 중 하나이다. 지배적인 사회구조의 다른 부분, 예를 들면 중국 특색의 주택, 자동차, 옷 같은 소비재의 시장기제와 점점 더 엄밀해지는, 공장의 작업라인부터 외자기업의 사무실까지 임금노동의 근무시간 시스템도 모두 중요한 영향을 끼치고 있다. 물론 이런 것들과 비교했을 때, 문화산업의 수단은 그 특별한 효과가 있다. 이는 반드시 주의해야 한다.

환서유>10) 속에서 함께 꿈속을 거닐며 흐느껴 울고 원망과 분노에 비명까지 지르며 가졌던 '궈바인'(過把癮)11) 식의 흥분도 일단 잡지를 덮고 pc방을 나오게 되면 자기도 모르는 사이에 바로 가라앉아 버린다. 쓰레기 가득한 현실 앞에서 사실 보잘 것 없는 젊은이들이 무료함을 달래거나 웃음을 자아내는 것 외에 무엇을 할 수 있겠는가?

둘째, 문학세계를 구성하는 내용이 달라져서 문학이 자신을 드러내는 곳도 자연히 과거와는 아주 달라졌다. 모옌과 왕안이 같은 문학이 현신하는 범위는 여전히 과거와 비슷하다. 소설, 시, 산문, 희곡 외에 간혹 몇 편의 영화와 드라마의 각본을 더한다 하더라도 이외에 다른 것은 없었다. 그러나 눈을 좀 더 크게 뜨고 기타 장르의 문학을 보면, 오늘날 중국에는 문자와 블로그 같은 것이 끝없이 생기는 인터넷 공간은 더 말할 필요 없고 모든 TV연속극과 상업광고, 연예뉴스 보도와 여행정보, 그리고 온라인게임의 거의 모든 곳에 문학이 있다는 것을 발견할 것이다. 물론 모옌과 왕안이와는 다른 문학이다.

인쇄매체를 한 예로 들면, 많은 대기업은 모두 정기적으로 정교하게 인쇄한 '사보'를 발간한다. 이런 사보는 거의 예외 없이 적지 않은 분량의 시와 산문에 단편소설까지 게재한다. 그 중의 어떤 작품은 유명한 문학가로부터 나온 것이다. 이러한 '작품'이 사장의 말씀과 사원의 결심, 그리고

---

10) <몽환서유>(夢幻西遊: 2003년 중국 게임회사가 자체 개발한 온라인 게임으로 중국 고전 서유기를 바탕으로 하고 있다. 2012년 기준으로 온라인게임 사용자가 3억 명을 넘어섰다고 한다.-옮긴이

11) <궈바인>(過把癮): 1994년 중국 전역에 방영된 8부작 TV드라마. 중국 소설가 왕쉭(王朔)의 『죽어도 좋아』(过把癮就死) 등 세 편의 소설을 각색한 것으로, 남녀 간의 애증을 다루고 있는 멜로드라마이다. 당시 선풍적인 인기를 끌어 중국 드라마의 새로운 이정표를 세웠다고 평가받고 있다.-옮긴이

광고 사이에 세심하게 배치되어 서로 적당한 조화를 이루면 우리는 '문학'과 '기업문화' 내지는 '기업홍보' 사이의 다층적인 상호작용을 알아볼까? <우리 부대장, 우리 부대>[12] 같이 한때 대단한 인기를 모았던 연속극의 문학성 풍부한 대사나 '프로방스'라는 이름의 부동산 개발 소개서에서 인용했던 피터 메일(Peter Mayle)의 산문, 더 나아가서는 온라인게임의 고전소설과 그 이미지에 대한 점점 더 광범위해지는 '소재개발'은 문학이 어떻게 각 분야에서 대량으로 신성하게 사용되고 있는지를 분명하게 보여주고 있지 않은가?

이런 '사용'을 얕보지 마라. 그들의 규모는 계속해서 확대되고 있으며 사용된 내용에 대한 변경도 더욱 더 심각해지고 있다. 오늘날 도시에 사는 열 살 쯤 되는 소년 중에서 온라인게임을 하지 않은 아이들은 거의 없다. 그들이 잠시 컴퓨터를 끄고 소설잡지를 뒤적거릴 때도 온라인게임을 하면서 길러진 감응과 이해 습관은 그들의 독서 체험에 암암리에 영향을 미칠 것이다. 만약에 그들 중 누군가 글을 쓴다면 온라인게임에서 익힌 리듬감과 상상 방식, 구성능력이 자신도 모르는 사이에 체화되어 무의식의 측면에서 그의 문학 구상에 개입할 것이다. 오늘날 온라인게임이 신인작가의 글쓰기에 미친 영향은 이미 드러나기 시작했다. 10년, 20년 후에 이 영향이 도대체 어느 정도일지 예측하기는 더 어려울 것이다.

온라인게임은 하나의 예에 불과하며 비슷한 경우는 더 많다. 문학이

---

12) <우리 부대장, 우리 부대>(我的團長我的團): 2009년 중국에서 방영된 군대를 소재로 한 TV연속극. 작가 란샤오롱(蘭曉龍)의 동명소설을 각색한 것으로, 1942년 항일전쟁 시기를 배경으로 군인과 민간인이 서로 힘을 합해 일본에 저항하는 과정을 감동적으로 그려 당시 대단한 인기를 끌었다.—옮긴이

이루어지는 과정과 쓰임이 이와 같은 방식으로 범위를 확대할수록 이후 문학의 구조와 모습은 이 새로운 영역의 지배적 힘에 따라 더 많이 만들어질 것이다. 비평가와 문학교수 심지어는 작가조차도 아마 주변으로 밀려나게 될 것이다. 출판업자, 광고업자, 게임개발자, 기타 다양한 분야의 자본가와 상품기획자들이 문학의 중심무대를 차지할 것이다. 문학의 모든 생산기제에는 이미 큰 변화가 일어났다. 우리에게 익숙한 문학 개념인 '창작', '작가', '문학 장르'로부터 '문학청년', '심미', '독자와 문학작품의 관계' 등은 현재 모두 하나씩 새로 작성되고 있다. 그 중 새로 작성하는 힘은 이후에 더 커질 것이라고 추측할 수 있다.

옛말에 사람은 환경의 산물이라는 말이 있다. 만약에 같은 관점에서 문학을 본다면 앞으로 문학의 모습은 더 의미가 없어질 것이라고 믿지 않을 수 없을 것이다. 그러나 코와 귀 자체가 꼭 어떻게 변한 것은 아니지만 코와 귀 사이의 관계 혹은 귀코와 손발의 관계는 모두 변했다. 코와 귀의 윤곽이 여전히 예전과 같다 하더라도 그 역할은 아주 달라졌다. 예를 들면, '문학성'13)이란 과거에는 언제나 문학은 현실에 반항하는 무기라고 간주되던 것이었다. 그러나 미래는 말할 것도 없고 현재 상황을 자세히 보면 이미 의미하는 지점이 달라졌다. 이 '문학성'은 '반항'과 가까운 것 같기도 그렇지 않은 것 같기도 한 채로, 어떤 때는 거꾸로 '현실'이 문학성을 장악하고 있는 것 같을 뿐 아니라 더 거리낌 없이 휘두르고 있는 것 같다.14)

---

13) '문학성'에 대한 이해는 예로부터 의견이 분분했다. 여기서 말하는 것은 주로 '심미'와 '언어의 자각' 측면에서 문학의 '문학성' 개념을 정의하는 것이다. 1980년대 이후 이러한 개념은 중국대륙에서 점차로 주류가 되었으며 오늘날도 여전히 이와 같다.

이런 방향으로 미래를 본다면 상황은 김샐 것이다. 오늘날 모옌과 왕안이 같은 문학은 오래지 않아 사회와 인생의 주변적 위치조차 지키지 못해 박물관으로 직행하게 될 것이다. 이런 문학에 주목하는 '문학연구' 도 현실에서 더 멀리 떨어져서 소수 대학의 연구실에 갇히게 될 것이다. 박물관과 연구실 밖에서는 새로운 주류문학이 한 손으로 하늘을 가리고 있다. 그것은 사회의 주류 정치, 경제를 바싹 뒤쫓으며 때로는 불평해 보기도 하겠지만 큰 방향에서는 주류 사회의 법칙 안에서 주류 정치, 경제와 이익을 골고루 나눠 가질 것이다. 그것은 물론 우리가 오늘날 공인하는 문학은 아니지만 꼭 문학이 아니라고 말하기도 어렵다.

물론 이것은 현실의 한 방향일 뿐이며 현실에 이런 방향만 있는 것은 아닐 것이다. 위에서 말한 불길함 가득한 암담한 상상을 받아들일 수 없을수록 더 상반된 방향으로 더 매섭게 힘을 써야 할 것이다. 솔직히 말해 나는 현대사회에서 문학은 당연히 주변화될 것이라는 그런 상투적인 말을 전혀 받아들이지 않는다. 세계가 이렇게 넓고 각 지역의 역사와 현실이 모두 다른데 어떻게 문학의 과거와 미래가 모두 같을 수 있겠는가? 아마도 미국 같은 사회에서는 문학이 점차 쇠락할 것이다. 그러나 중국 같은 곳에서는 문학이 중요한 역사적 역할을 담당해왔기 때문에 과거에 그랬던 것처럼 미래에도 그래야 할 것이다!

사실 오늘날 문학세계에서 참신한 기상이 아주 자취를 감춘 것은 아

---

14) 이 부분에서 가장 잘 드러난 예가 바로 2000년 이후 부동산 광고업자가 하이데거의 '시의의 깃듦' 같은 개념을 대규모로 차용한 것이다. 이런 명목으로 전개된 '시의'와 '개성'이 풍부한 생활과 삶의 취향에 대한 산문 스타일의 과장된 수사는 각종 부동산 광고 팸플릿에서 넘쳐흘러 나오고 있다.

니다. 잡지를 예로 든다면, 『최소설』이 아주 떠들썩한 가운데 『수확』조차 한 동강 점령당한 것 같지만, 의외의 곳에서 『독창단』(獨唱團)이 나와 단번에 전환의 조짐을 일으켰다.[15] 따라서 문학과 사회의 관계는 지금 우리가 걱정하는 것처럼 꼭 그렇게 부정적으로만 변해가는 것은 아니다. 중국의 문학은 타락해가는 사회를 따르기만 해서는 안 된다. 뜨거운 여름 초원의 세찬 비바람 같은 체호프의 문학처럼 사람의 마음을 세차게 뒤흔들어 힘차게 일어서게 하는 새로운 문학이 반드시 있어야 한다.

사정이 쉽지 않지만 서둘러야 한다. 1980년대가 우리에게 가르쳐준 문학에 감응하고 문학을 이해하는 방식은 대부분 이미 활용하기에 부족하다. 반드시 새로운 사유방식을 발전시켜야 한다. 이 발전의 첫걸음은 말할 필요 없이 서가에서 책—설사 새로 나온 서양서적이라 하더라도—을 펼치는 것이 아니라 창과 문을 열어 현실을 똑바로 직시하는 것이다. 오늘날 중국의 문학세계는 도대체 어떻게 구성되었나? 어떤 새로운 힘이 문학의 창조와 생산과 보급에 깊이 개입하고 있는가? 새로운 주류 문학은 형성되고 있는가? 그렇다면 그것은 어떠한 것인가? 관리체제와 문화산업의 강력한 영향 아래에서 어떤 새로운 '문학성'이 이미 생겨나 문학세계를 장악하고 문학청년을 빨아들이고 있는 것은 아닌가? 한마디로 말하면, 오늘날 중국의 문학 생산기제는 어떤 방향으로 변화하고 있는가? 문학의 생산기제는 전체 사회의 지배적 문화—물론 또 다른 지배적 역량을 망각해서는

---

15) 아마도 기대가 너무 높았던지, 『독창단』은 제1집 출간 이후 실망했다는 평가를 불러일으켰다. 그러나 기존의 출판검열제도와 시장상황을 고려했을 때, 나는 어려운 상황에서 세상에 나온 이 잡지가 어떤 긍정할 만한, 문학과 사상적 입장을 대체로 유지했다고 생각한다. 특히 중요한 것은 『독창단』 같은 잡지는 『최소설』 같은 잡지가 문학을 좋아하는 청년들에 대해 끼치는 부정적 영향에 대해 일정한 균형과 제재를 가하는 역할을 할 수 있다는 것이다.

안 된다—의 생산기제와 어떤 새로운 상호작용을 이루고 있는가?

우리가 이 문제에 대해 조금도 머뭇거리지 않고 대답할 수 있을 때 아마도 창조성이 풍부한 문학창작과 비평이 강력하고 날카롭게 현실에 반격할 수 있을 때일 것이다.

2010년 8월 상하이

『당대작가평론』(當代作家評論), 2011년 제1기에 게재

[요약]

오늘날 중국은 어떤 사회인가에 대한 문제는 중국 지식계의 거의 모든 논쟁의 초점이다. 이와 마찬가지로 오늘날 중국의 문학은 무엇인가에 대해서도 논단하기가 쉽지 않다. 왜냐하면 문학의 내용이 변화했기 때문이다. 모옌과 왕안이로 대표되는 문학은 점점 퇴조하는 반면에 한한과 궈징밍으로 대표되는 다른 형태의 문학이 등장했다. 이 문학은 주로 문화산업의 시스템 속에서 만들어져 작가가 누구인가에 대한 문제제기를 일으키기도 하지만 그렇다고 문학이 아니라고 할 수도 없으며 그 영향력은 갈수록 확대되고 있다. 다른 하나는 문학이 드러나는 매체가 다양해졌다는 점이다. 이제 문학은 소설, 시, 산문, 희곡, 영화와 드라마의 각본뿐만 아니라 인터넷 공간과 상업광고, TV연속극과 연예뉴스와 여행정보, 온라인게임에서도 그 모습을 드러내고 있다. 문학의 이런 다양한 쓰임은 문학성이 가지고 있던 의미를 변하게 했다. 따라서 작가와 비평가는 오늘날 중국의 문학 생산기제는 어떤 방향으로 변화하고 있으며, 중국사회의 지배문화와 어떤 상호작용을 이루고 있는지 성찰해야 한다. 그래야만 현실에 저항하는 문학성을 다시 일으킬 수 있을 것이다.

번역 및 요약_고재원

문화연구의 세 가지 난제:

상하이대학 문화연구학과를 중심으로[*]

1_ 기본 상황

중국대륙에서 본격적인 학술-사상운동으로서 문화연구는 1990년대 말과 2000년대 초에 비로소 전개되었는데[1] 이는 홍콩(香港)과 타이완(臺灣)에 비해서 적어도 10년은 늦었다. 그러나 문화연구가 일단 시작되자 열기가 급속히 확산되었다. 2004년 전국의 수많은 대학, 특히 베이징(北京)과 상하이(上海) 두 지역의 대학에 강좌와 강의가 연이어 개설되었고 서양 문화연구서를 번역 출판했으며 연구 프로젝트를 기획하고 전문적

---

[*] 원제: 文化研究的三道難題－以上海大學文化研究系爲例
1) 1990년대 중반에 다이진화(戴錦華) 같은 예민한 학자들은 문화연구와 유사한 방법을 이용하여 영화와 도시에서 유행하는 문화를 분석했다. 또한 리퉈(李陀) 같은 학자가 문화연구를 공개적으로 제창했으나 당시에는 호응을 불러일으키지 못했다.

인 연구기구와 교학기구를 건립하여 '문화연구 붐'을 형성했다. 이 '붐'은 지금까지 여전히 계속되고 있다.

무슨 이유로 이렇게 되었을까? 대체적으로 두 가지 원인이 있다. 첫째는 학술/대학 제도 운영상의 필요 때문이었고, 둘째는, 보다 중요한데, 사회현실의 자극 때문이었다.

첫 번째 측면에서 보자면, 1980년대 초기부터 중국의 학술/대학 제도는 유럽과 미국의 학술조류를 추수하는 경향[2]이 형성되었는데, 이런 특징은 1990년대 중기 이후 더욱 심해졌다. 이때 문화연구는 서양에서 '인기 있는 학과'였지만 중국에서는 체계적으로 소개되지 않았던 유일한 '새로운' 학술 자원이었다. 이 때문에 지식을 생산하는 대학에서든, 담론 권력을 도모하려는 학술계에서든 그것은 매우 중요했으며, 관심과 도입, 모방의 대상이 되었다.

두 번째 원인은 약간 더 복잡하다. 20년 동안의 '개혁'을 거치면서, 중국사회—특히 동남 연해(沿海)지역과 대도시—는 변화가 극심하여 모습이 전혀 달라졌다. 이것은 인문학자와 사회문화를 연구하는 사회과학자 사이에 확연히 다른 견해를 낳았다.

일부 사람들은 중국이 이미 소비사회와 대중문화의 시대로 들어섰고 서양식 자본주의가 이미 중국사회의 주도적인 역량이 되었으며, 이로 인해 문화연구의 이론—주로 1970년대 이후 미국식—을 도입해 문화연구를 통해 이 새로운 현실을 확인하는 것이 필요하다고 생각했다.

---

2) 19세기 말기부터 중국 학술은 이미 '서세동점'이 시작되었지만, 1940년대까지 이 '서양 풍조'의 범위는 비교적 넓어서 단지 유럽과 미국만을 가리키는 것이 아니었다. 1950년대 초에는 유럽과 미국을 배척하고 소련을 학습하는 풍조가 형성되었다.

다른 일부 사람들에게는 위에서 말한 이런 확신이 없다. 반대로 그들은 사회의 거대한 변화에 대하여 의혹이 가득하다. 중국은 확실히 1950-70년대와는 완전히 달라졌다. 정치나 경제를 막론하고 모두 더 이상 '사회주의' 사회가 아닌 것은 분명하다. 그러나 최근 20여 년 동안 중국은 결코 서양식 자본주의 사회에 그다지 가까워지지 않고 여전히 중앙집권체제이며 여론을 통제하고 게다가 날로 더 부패해지고 있다. … 중국은 흡사 인류의 현재 지식으로는 아직 확인하기 어려운 어떤 방향으로 미끄러져 가고 있는 것 같다. 중국은 어디로 가고 있는가? 장차 어떻게 변할 것인가? 이처럼 변화하는 중국은 또 세계에 어떠한 영향을 가져올 것인가? 이들 큰 문제에 대해 이 사람들은 깊은 곤혹감을 느낀다.

이런 곤혹감이 있기 때문에 이들은 첫째, 중국의 현실과 미래에 대해 낙관적인 태도를 갖지 못하고 더욱 비판적인 시각으로 현실을 대하는 경향이 있다. 둘째, 현재 가장 절박하게 필요한 것은 당대 사회현실을 연구하는 것이며, 오직 이런 연구를 통해서만이 비로소 사회의 거대한 변화를 이해할 수 있다고 느낀다. 셋째, 이런 연구는 반드시 기존 학과의 경계를 넘어서야 하며, 전체적으로 문화현실을 분석해야 할 뿐만 아니라 반드시 문화와 그 문화에 내재적으로 함께 결합된 정치·경제 등 기타 요소를 연계시켜서 분석해야 한다고 생각한다.

바로 이런 상황이 이들의 시선을 1960년대 버밍엄학파식의 문화연구로 이끌었다. 그들이 실제로 하고 싶어 했던 것은 비판적 사회연구(critical social studies)와 유사했다. 그러나 오늘날 중국의 특수한 상황에서 그들은 새로운 사상적 자원3)이 필요했을 뿐만 아니라 새로운 명칭도 필요했다.

주로 이 두 가지 측면을 고려해 그들은 '문화연구'를 차용해 스스로를 명명해도 된다고 여겼다. 그리하여 그들은 1990년대 미국에서 '인기 있는 학과'가 되어 지나치게 강단화되고 점차 사회적 영향력을 상실한 '미국식' 문화연구를 상당히 경계했다. 그들은 자신들이 마지막에 그렇게 변하는 것을 바라지 않았다.

한마디 덧붙이자면, 나는 곤혹감을 느끼는 이들에 속한다.

바로 이러한 배경 아래 상하이에서 문화연구의 연구와 교학 그리고 그와 결합된 학과 건립 활동이 계속 전개되었다.

2001년, 상하이대학은 중국당대문화연구센터(Center for Contemporary Cultural Studies, CCCS)를 설립했다. 이것은 중국 대륙의 최초의 문화연구기구이다. 그 후 4년 동안 상하이의 각 대학들[4]은 유사한 연구기관을 계속 설립했다. 이 기관들은 문학·역사·사회학·인류학·매체연구·영화연구 등의 방면에서 문화연구에 뜻이 있는 학자들을 영입했다. 그 구성원들은 또한 서로 교차되기도 한다. 예를 들면, 상하이사범대학 도시문화E연구소(E-Institution of Urban Cultural Studies of Shanghai Normal University)의 문화연구 부분은 주로 상하이대학 중국당대문화연구센터의 연구원들로 구성되었다. 후자는 상하이대학에서 일하는 연구원 이외에 상하이의 다른 대학과 연구소의 학자 10여 명을 겸임 연구원으로 초빙했다.

---

3) 중국 지식계가 1980년대에 습득한 기계적이고 이분법적인 사고, 예를 들면 현대/전통, 사회주의/자본주의, 계획경제/시장경제, 공산당 독재/자유 민주 등등은 이때 이미 기본적으로 효력을 상실했다.

4) 예를 들면 상하이사범대학(上海師範大學), 화동사범대학(華東師範大學)과 통지대학(同濟大學)이 그러하다.

이들 연구기관은 모두 각자의 연구프로젝트를 전개했다. 그 중 상하이대학 당대문화연구센터의 연구프로젝트의 규모가 가장 크다. 2003년 이 센터는 5년 기한으로 '1990년대 상하이 지역의 문화 분석'이라는 주제로 연구를 진행했는데, 8가지 세부주제5)가 포함되었다. 2008년 이 센터는 규모가 더욱 큰 10년 기한의 연구계획을 수립했는데, 그것은 '당대문화 생산기제 분석'이라는 제목으로, 첫째 '새로운 지배문화의 생산기제 분석', 둘째 '중국 사회주의문화 문제 분석'의 두 부분을 포함하고 있다.

비록 서양과 일부 아시아 지역(예를 들면 일본과 한국)에서 문화연구는 기존의 대학제도로 편입되기를 원하지 않지만, 중국 대륙에서의 문화연구는 오히려 대학 안에서 자신의 교학 공간6)을 만들어내는 것이 절실히 필요하다. 상하이에서는 1999년부터 여러 대학7)에서 학부 3 · 4학년 학생을 대상으로 문화연구 선택과목을 연이어 개설했다. 2002년과 2003년 상하이대학 사회학과와 중문과에서는 문화연구 전공의 박사과정 협동프로그램을 개설했고, 2004년 상하이대학은 문화연구 과정(Program in Cultural Studies)을 설립했다. 이는 중국대륙 최초의 전문적인 문화연구 교학기구이다.

---

5) 그 각각의 내용은 매체(텔레비전), 부동산 시장과 광고, 거리의 시각형상, 노동자 신촌, 공장과 노동자의 문화사, 문학사이트, 도시의 새로운 공간, 유행 패션 등이다. 이러한 연구 성과는 이 센터에서 주관하는 '열풍(熱風)시리즈(上海書店出版社 출판)로 2008년부터 단행본 형식으로 계속 출판되고 있다.

6) 이에 대한 주요 원인은 이 글의 2장에서 설명할 것이다. 여기에서는 우선 부차적인 원인을 말하겠다. 문화연구의 거대한 임무와 비교하여 현재 중국대륙(상하이 · 베이징 등을 포함한 문화연구가 상대적으로 활발한 지역)에는 문화연구에 참여하는 젊은이들이 너무 적다. 대학교육이 이러한 인재를 배양하는 효과적인 경로임은 의심할 여지가 없다.

7) 화둥사범대학, 푸단대학, 상하이대학, 상하이사범대학, 통지대학 등.

2006년 5개 대학/연구소(상하이대학, 화둥사범대학, 상하이사범대학, 푸단대학, 상하이사회과학원 문학연구소)의 문화연구학자들이 연합하여 대학/연구소의 경계를 넘어 문화연구 석사과정 연합과목을 개설했다. 이 강의는 학제간 프로그램으로 구성되었고[8] 지금까지도 계속되고 있다.

이들 커리큘럼은 상하이대학 문화연구학과의 사이트(www.cul-studies. com)에 각각의 커리큘럼 토론게시판을 열어서 교수와 학생들이 다른 지역의 관심 있는 네티즌들과 의견을 교환할 수 있도록 했다.

범위가 더욱 넓은 연합교학 및 관련된 교류계획은 지금도 계속 전개되고 있다. 상하이대학 문화연구학과를 예로 들면, 2007년 '중문세계의 문화연구'라는 제목으로 하계 워크숍[9]을 개최했다. 2008년과 2009년에는 와세다(早稻田)대학의 '중국문학과 문화 연구소'와 함께 양측 박사과정 학생들의 토론 활동을 연속하여 조직했다. 2010년부터는 '인터아시아 문화연구'(Inter-Asia Cultural Studies)라는 제목의 아시아문화연구 연합과정에 참가하고, 아울러 '문화연구방법론'을 주제로 하는 하계워크숍[10]을 개최할 예정이다.

상술한 이런 활동들은 구체적인 실천과 이론적 사유에서 몇 가지 곤

---

8) 현재 이미 강의한 과목으로는 '문학/영상 텍스트 분석', '문화연구이론서 강독', '중국 사회주의문화 문제', '개혁과 중국 현대성 문제' 등이 있고, 상술한 5개 대학/연구소의 문화연구학자들이 돌아가며 강의한다. 강의를 계획하고 있는 과목으로는 '중국현대사상문선', '당대의 지배문화 분석'과 '문화연구방법' 등이 있다.

9) 이 워크숍은 베이징, 홍콩, 타이완과 상하이의 11명의 문화연구학자들을 초청하여, 홍콩, 타이완과 중국 대륙 각 대학에서 온 30여 명의 소장 학자들과 박사과정 학생들이 5일 동안 좌담회를 열었다. 이 워크숍의 보고서 모음집은 교학 참고서로 출간되었다. 왕샤오밍(王曉明) 편, 『중문세계의 문화연구』(中文世界的文化硏究), 上海書店出版社, 2012.

10) 이 워크숍은 중국 대륙 각지의 대학에서 강의하는 문화연구과정의 소장 학자들을 대상으로 한다.

란함 또는 어려운 문제를 불러일으켰다. 다음은 그 중에서 세 가지를 선택하여, 상하이대학 문화연구학과의 교학실천을 예로 삼아 순서대로 소개하니 동업자 여러분들의 가르침을 구한다.

2_ 문화연구와 대학제도

반체제는 문화연구의 기본입장 중 하나이다. 그러나 중국은 현재 정부가 모든 것을 독점하고 있는 체제로 거의 모든 중요한 사회적 자원은 체제 안에 있다. 그러므로 만일 현행 대학체제에 들어가지 않는다거나, 이 체제의 힘(정보망, 경비 등)을 빌리지 않고서는 문화연구를 근본적으로 전개할 수가 없다.

더 중요한 것은 성숙한 현대사회일수록 학교교육의 역할이 더욱 커지는데, 불평등한 사회구조가 학교교육에 미치는 영향은 더욱 심각할 것이다. 오늘날 중국에서 저소득층 아이들의 지력 손상은 이미 학교교육이 현존 사회의 불평등구조를 신체적으로 복제—타파가 아니라—하는 주요한 장소[11])가 되었음을 알려준다. 이런 상황에서 문화연구가 어찌 대학교육에 개입하지 않을 수 있으며 사회의 미래를 결정하는 이 영역에 대한

---

11) 예를 들어 문학교육을 이야기하면, 1980년대에 비판적 사유를 이끌었던 '중국현대문학'과 '문예학', '비교문학' 등의 교육이 1990년대에 들어서 체제에 순응하고 생기가 전혀 없는 상태로 변했다. 이런 상황은 기타 영역에서도 많이 발생했다. 이와 동시에 대학에서 공부를 한다는 것은 졸업장을 따서 고수입을 얻을 수 있는 직업을 갖는 입장권으로 생각하는 그런 견해가 대학 캠퍼스 내에서 나날이 유행했다. 더욱 놀라운 것은 1990년대 중반 이후 학비가 오르고, '전인교육' 등을 강조하는 일련의 요소가 팽창함에 따라서 가난한 집 아이들이 대학에 들어가는 길이 점점 더 좁아졌다는 것이다.

투쟁을 포기할 수 있겠는가?

그러나 위험도 반드시 고려해야 한다. 당신이 체제를 이용하고 싶어 하는데 체제 또한 어찌 당신을 이용하려 하지 않겠는가? 문화연구가 점차 대학에 진입해 과목을 개설하고 학과를 건립함에 따라, 그것은 예를 들어 30년 전의 '비교문학'처럼, 비판과 사회실천의 힘을 점차 잃어버려 경직된 학과가 되어버리지 않을까? 한마디로 결국 누가 누구를 이용하는 것인가?

우리의 현재 방법은 다음과 같다. 위에서 말한 위험의 심각성을 깊이 인식하고 있으므로, 눈 딱 감고 현행 대학체제[12]에 들어가는 동시에 될 수 있는 한 문화연구의 '학제간 연구의 특성'을 개척하고 유지한다. 2004년 상하이대학에 문화연구학과를 설립할 때, 우리는 명확하게 한 가지 원칙을 강조했다. 문화연구는 '중국현대문학'과 같은 하나의 전공이나 학과(discipline)가 아니고, 하나의 방법론(approach)이라고 할 수 있으며, 문화와 사회를 다루는 사상적 방법이며, 협애한 전공의 제한을 받지 않는 넓은 시야라 할 수 있다.

우리는 각종 방법을 이용하여 위에서 말한 원칙을 실행했다.

첫째, 문화연구의 학사학위과정을 설립하지 않고 학부의 선택 과목[13]만을 개설했다. 우리는 학생들이 어떤 전공의 체계적인 지식과 훈련을

---

12) 이것은 결코 쉽지 않다. 지금까지도 중국교육부의 학과 목록에는 '문화연구'가 들어있지 않다.

13) 이런 유형의 선택과목으로는 모두 세 과목이 있다. '문화연구입문', '문화연구 이론 강독', '문화연구의 방법과 실천'이 있는데, 모두 학부 3, 4학년 학생이 대상이다. '문화연구입문'이라는 과목은 2009년부터 전체 학부생을 대상으로 하는 상하이대학교 문학원 학부 필수과목인 네 과목의 전공수업 과목 중 하나로 들어갔다. 학생들은 이 네 과목 중 두 과목을 선택하면 되기 때문에 이 과목은 여전히 상당히 큰 선택과목의 성격을 지니고 있다.

완전히 받은 이후 문화연구의 과목을 선택하도록 권하고 있다.

둘째, 비록 대학원 학위과정으로 문화연구를 설립했지만, 석사과정이든지 박사과정이든지 모두 하나의 연구방향(track)을 구성할 뿐, 전체 전공이 특정 전공14)에 예속되지 않는다. 2008년부터 우리는 여러 전공의 석사과정 1학년 학생들에게 필수과목으로 문화연구입문15)이라는 과목을 개설했는데, 이것은 실제로 문화연구의 입문과정을 '통식'(通識, general education)과목으로 개설한 것이다. 이후에 우리는 대학원 커리큘럼을 더욱 많이 마련해 연구생 과정을 이수한 학생들이 계속해서 단일한 전공교육을 초월하도록 할 것이다.

셋째, '학과의 경계를 뛰어넘는' 커리큘럼과 더불어 문화연구학과는 소규모의 전임교수진(faculty)16)을 구성하고, 학과의 최고기구로 학과위원회(Department Committee)를 두고, 학과주임을 포함한 11명의 위원들은 학교 내의 다른 5개 기구—중문과, 사회학과, 영상예술학과, 매스미디어학과, 지적재산권 대학—의 대표로 구성되었다. 이러한 제도를 이용해 문화연구의 제도화 교학이 필연적으로 갖게 될 전공화 경향을 극복하기를 희망한다.

마지막으로, 문화연구의 교학이 대학의 담장을 넘어 광활한 사회 속

---

14) 상하이대학 문화연구학과에서 개설한 석사학위과정은 5개의 전공에 속해 있었다. '중국현당대문학', '문예학', '인류학', '영상예술학', '신문방송학'이 그것이다. 박사학위과정은 '사회학'과 '중국현당대문학'에 속해 있다. *2012년부터 독립 단위로 학생을 모집하고 있다.

15) 예를 들면, 중문과의 석사 1학년생들은 5개의 전공('중국현당대문학'과 '중국고대문학', '문예학', '세계문학', '비교문학')으로 세분되었는데, 그들을 위해 '문화연구와 중국현대성 문제'라는 통식(通識)과목을 개설했다.

16) 2009년 9월까지의 기간으로 보면, 이 학과에는 전임교수 3명이 있으며, 그들의 박사학위는 '문학', '사회학', '젠더연구'로 나뉘어져 있다.

으로 들어가도록 끊임없이 추동한다. 위에서 소개한 학교의 경계를 넘는 석사과정 연합수업, '인터 아시아' 다국(지역)의 대학원생 연합과정에 참여하는 것 이외에, 가장 발전의 잠재력이 있는 것은 '당대문화연구 사이트'에 있는 문화연구과정 토론게시판이다. 2009년 현재 이 토론게시판에는 각 대학(상하이대학만이 아닌)에서 개설한 서로 다른 학년을 대상으로 하는(주로 대학원생을 대상으로 하는데, 학부 3, 4학년을 대상으로 하는 과목도 있다) 7개의 문화연구 과목[17]이 있는데, 각 과정마다 모두 독자적인 BBS토론게시판이 있다. 이 BBS게시판의 좋은 토론은 사이트의 주요 논단 '열풍'(熱風)으로 즉시 옮겨서 더욱 광범위한 읽기와 토론이 전개되기도 한다. 이러한 방식으로 각 학교의 문화연구 교학을 이론적으로 세계적인 독자의 참여와 결합시키면 문화연구 교학의 개방성을 확대시킬 수 있다.

이상에서 말한 것은 모두 교학제도에 관한 것이다. 그러나 이러한 교학제도가 다음과 같은 난제를 완전히 해결하지는 못한다. 대학에서 문화연구의 독립적인 공간을 개척하려면 반드시 먼저 문화연구의 독립적인 '학과'로서의 지위를 확보해 주어야 하고, 문화연구가 독립적인 '학과'라고 말하려면, 그것만의 전문적이며, 다른 학과의 시각으로는 보아낼 수 없는 연구대상 및 그에 상응하는 분석이론과 방법을 반드시 확정해야 한다. 그것을 하나의 연구방법론(approach)이라고 말하는 것만으로는 확

---

17) 이 토론게시판의 과목은 실제 강의하는 상황에 따라서 변화하거나 증가 또는 감소될 수 있다. 담당교수는 일반적으로 강의계획서와 도서목록 등을 그 과목의 토론게시판에 올려두고 (어떤 교수는 그 수업의 강의안을 계속 올리기도 한다) 학생들은 대부분 수업 후의 느낌(의문을 포함하여) 및 일부 도서목록의 전자판 파일을 올린다.

실히 부족하다. 내가 보기에, 이것은 아마도 현행 대학체제의 가장 강력하고 교묘한 방법이다. 그것은 독립된 '학과'로서 문화연구의 학과 내용을 구성하도록 강요하며, 이 구성 과정이야말로 문화연구를 길들이는 '현혹의 안개'[18]를 끊임없이 방출해낸다.

이것은 바로 문화연구의 학과 내용이 다음과 같은 이중 효과를 확립해야 함을 말한다. 그것은 대학제도가 요구하는 독립적인 학과로서의 형식을 부분적으로라도 만족시킬 수 있어야 하며, 이런 형식적 울타리를 타파하는 에너지를 보존하고 심지어는 발전시킬 수 있어야 한다. 이 측면에서 우리의 현재 노력은 다음의 두 가지에 집중되고 있다.

첫째, 중국대륙 문화연구의 기본대상을 확립한다. 최근 30년 동안의 급격한 사회 변화 속에서 중요한 점은 1950-70년대의 '마오쩌둥 사상'과는 완전히 다른 새로운 지배문화가 형성되었다는 점이다. 중국 특유의 형성, 운용, 전파 기제에 의거하여, 그것은 가치 관념에서부터 물질생활의 각 측면까지 퍼졌고 그리하여 전체 사회 재생산의 중요한 경로가 되었다.

더욱 주의할 만한 것은 이 새로운 지배문화와 1950-70년대의 '사회주의' 역사와의 관계이다. 만일 '사회주의' 역사가 없었다면 오늘날 새로운 지배문화가 중국에 형성되지 않았을 것이다. 그런 의미에서 새로운

---

18) 그 '현혹'의 힘은 대학제도의 문화연구 '학과화'에 대한 요구가 '인재 시장'의 요구와 긴밀하게 결합된 것에 있다. '무엇이 문화연구의 학과내용인가?'라고 물을 때 실제로는 '문화연구 학위를 받은 학생이 졸업 후에 어떤 직업에 종사할 수 있는가?'를 묻는 것이다. 교수로서 우리는 취업에 필요한 학생들의 요구를 당연히 중시해야 한다. 그러나 문화연구의 교학이 그 필요에 적절하게 대응하는 동시에, 현행하는 대학체제와 '중국 특색'이라는 시장체제의 이중의 압박 아래에서, 전문화된 노동력 배양으로 재빨리 변질되는 것을 어떻게 피할 수 있을까 하는 것은 결코 쉬운 일은 아니다.

지배문화는 바로 '사회주의' 역사의 산물이다. 다른 측면에서 새로운 지배문화의 관건은 '사회주의' 역사에 대한 대중(그 시대를 경험했는지 아닌지를 막론하고)의 인식을 지배하는 데에 있다. 이 관점에서 보면, 오늘날 무수한 중국인의 머릿속에 '살아있는' 그 '사회주의' 역사는 넓은 의미에서 이 새로운 지배문화의 산물이다.

바로 위와 같은 인식에 근거하여 우리는 '당대 지배문화의 생산기제' 및 이 문화와 '사회주의' 역사의 상호 생성 관계를 오늘날 중국대륙 문화연구의 주요 대상으로 확립했다. 이러한 대상, 혹은 그것의 완전한 윤곽은 우리가 이해한 문화연구의 창을 통해야 비로소 똑똑히 볼 수 있을 것이라고 깊이 믿는다. 심지어 바로 문화연구라는 창을 통해서만 비로소 이러한 대상이 형태를 드러낼 수 있다고 해도 무방하다. 물론 이러한 연구대상은 어떤 단일한 학과(문화연구를 포함)에 얽매인 연구자는 통찰할 수 없으며, 그가 끊임없이 학과의 경계를 넘어서서 다른 분야에 이미 있는 혹은 새로운 연구방법의 힘을 빌려야 비로소 진정으로 자신의 인식을 발전시킬 수 있다고 우리는 더욱 깊이 믿는다.

둘째, 중국대륙 문화연구의 방법론의 윤곽을 그린다. 중국대륙 문화연구의 근본 목적은 사회의 문화상황 및 그 배후의 억압적 기제를 비판적으로 분석하는 것만은 아니다. 여기에는 또 하나의 중요한 사명이 있는데, 그것은 바로 사회와 일반 문화상황의 건전한 개혁을 촉진하는 것이다. 중국대륙에서 문화연구의 기본목표를 이와 같이 이해하는 까닭은 다음과 같은 판단에서 나온 것이다. 오늘날 중국대륙은 비록 심하게 편향된 새로운 사회구조를 이미 형성했으나 이 구조가 완전히 굳어지지는 않았으며, 지속적인 경제와 정치·문화적 혼란은 이 새로운 구조의 정착과 구조 자체의 완성을 분명히 지연시키고 있다. 따라서 이런 현실이 걱정되기는 하지만 완전히 희망이 없는 것은 아니다. 만일 건전한 요소가 충분히 개입한다면 사회는 비교적 좋은 방향으로 변화할 가능성이 있다.

바로 이러한 인식에 기초하여, 우리는 중국대륙 문화연구의 방법론을 다음과 같은 '이중 노선'으로 구상하게 되었다. 그것은 '비판적 분석'이면서 '적극적 개입'이다. 1950년대의 정치개념을 빌리자면, '파괴'(破)이자 '세우는'(立) 것이며, 둘은 서로의 조건이 되며 서로 짝이 되어 공생한다. 우리는 이러한 방법론을 빌려, '실천'의 관점에서 문화연구의 지속적인 경계 넘기를 촉진시킬 수 있으며, 이 학과와 저 학과의 경계를 넘을 뿐만 아니라 대학의 학문과 사회문화, 심지어는 사회운동의 경계를 넘을 수 있기를 바란다.

상술한 문화연구의 '학과내용'의 확립19)은 앞에서 언급한 교학방면과 힘을 합쳐야, 현행하는 대학체제의 강력한 동화력에 저항할 수 있다. 그러나 효과가 어떠할지는 괄목상대해야 할 것이다.

3_ 문화연구와 사회의 양성(良性) 변혁

이 난제는 앞 문제와 긴밀하게 연결된다. 문화연구를 대학 내의 연구

---

19) 문화연구가 독립적인 '학과'로서 완전히 확립되려면 '연구대상'과 '방법론' 이외에 또한 반드시 '분석이론'에 대한 구상이 필요하다. 이 방면에서 우리의 초보적인 노력은 이 글의 제4절에서 상세히 볼 수 있다.

로만 여기지 않고 현실에 개입하여 현실을 바꾸려 한다면 사회의 양성 변혁의 동력 문제를 반드시 고려해야만 한다. 오늘날 중국에서 도시화가 급속하게 진행되면서 '승자독식'에 가까운 사회 분화가 엄중하다. 이런 상황에서 양성 변혁의 사회동력은 어디에서 나올 것인가? 지난날의 각종 혁명이론은 모두 유효한 답안을 제공할 수 없는 것 같다. 우리는 반드시 스스로 분석해야 한다.

현재 문화연구 영역에서는 대체로 두 가지 논의가 있다. 하나는 사회 변혁의 주요한 동력이 도시의 중간소득계층('중산계급'이 아니다)에서 나온다고 여기는 것이다. 이 계층의 구성은 복잡하다. 그 중의 다수[20]는 지배문화의 영향을 깊이 받고 있으며 스스로가 '시장경제개혁'의 수혜를 받았다고 생각한다. 그리하여 어느새 '신부유층'[21]의 편에 서있다. 그렇지만 상당 부분의 사람들은 자신의 진정한 사회적 지위를 잘 알고 있으며, 또한 어느 정도의 문화와 경제적 자본이 있다. 그래서 그들은 변혁을 원하고 있으며 또한 변혁의 에너지가 있다. 말이 나온 김에 덧붙이자면, 나는 현재 이 주장에 찬성한다.[22]

---

20) 예를 들면 일반 기업의 '화이트칼라' 관리자와 중급 이하의 공무원 중의 수많은 사람들이다.
21) 이것은 최근 30년의 사회계층 분류에서, '기층'과 함께 생겨난 새로운 계층인데, 현재 이 계층의 주체가 되는 무리는 다음과 같은 세 부류의 사람으로 구성된다. 이른바 '민영기업가, 고위공무원 및 각종 일반기업의 고위급 관리자이다. 이 계층은 실제로 오늘날 중국의 통치계급을 구성한다.
22) 필자가 두 번째 주장을 취하지 않는 까닭은 주로 다음과 같은 고려에서 나온 것이다. 오늘날 중국은 이미 고도로 현대화된 사회이다. 전통사회처럼 그렇게 민간에 수많은 정치와 경제, 문화공간을 계속 남겨두는 것이 불가능해졌다. 그리하여 기층 민중은 각 방면에서 철저히 박탈당했고 이러한 상황에서, 그들은 가장 억압을 받고 있음에도 불구하고 오히려 사회에 대한 반항의식은 많이 부족하다. 그들의 수많은 극렬한 반항은 현존하는 사회구조에 대해 진정으로 역량 있는 파괴력을 발휘할 수 없다. 그러므로 사회의 양성 변혁의 주요 동력을 '기층'에게서 기대할 수 없다.

다른 주장은 양성 변혁의 진정한 동력은 도시와 농촌의 기층 민중으로부터 나온다고 여기는 것이다. 주로 도시의 저소득 계층, 농민공과 농촌에 남아있는 가난한 농민(그들은 농촌인구의 대다수를 차지한다)인데, 그들이 가장 많은 억압을 받고 있기 때문이다. 마오쩌둥 식의 사고방식을 따르면 "억압이 가장 큰 곳에 반항도 가장 크다"는 것이다.

이 두 주장 사이의 논쟁은 문화연구가 도시의 중간소득계층과 '기층' 그 각각의 정치와 경제, 문화상황에 대한 세밀한 분석23)을 하도록 촉진했다. 이와 동시에 그것은 당연히 문화연구의 교학방식에 대한 성찰을 불러일으켰다. 간단히 말하면 이렇다. 오늘날 중국대륙의 문화연구 교학은 마땅히 대학의 커리큘럼, 신문이나 잡지 등의 글, 인터넷 사이트, 강연, 학술논문 같은 도시 중간소득계층에 더 적합한 방식을 위주로 할 것인가, 아니면 야간학교, 농민공 자녀 학교, 농촌건설운동24)같은 비제도권 교육방식을 위주로 할 것인가?

이 양자 사이에서 취사선택을 하는 것은 결코 쉽지가 않다. 그러나 도시에 위치하고 있기 때문에 상하이대학 문화연구학과의 교학활동은 적어도 지금까지는 대체적으로 앞의 주장에 따라서 전개되고 있다. 구체적인 것은 생략한다.

그러나 우리는 두 번째 주장도 경시할 수 없다. 그 자체는 문제가 있을지도 모르지만, 그것은 또 다른 연관된 문제를 이끌어낸다. 즉 문화

---

23) 이에 대한 상황은 이 절의 두 번째 부분에서 자세히 소개할 것이다. 여기에서는 덧붙이지 않겠다.

24) 원톄쥔(溫鐵軍) 등이 1990년대 말기에서 2000년대 중기까지 허베이(河北) 딩셴(定縣)에서 건립한 '농촌건설학교'(農村建設學院) 같은 것이다.

연구 교학과 중국 농촌의 관계인데, 이는 매우 중요하다. 중국 곳곳이 모두 도시화되고 2억 넘는 농민이 도시에 들어와 일을 한다고 하더라도, 여전히 중국 대부분의 지역은 농촌이며 대부분의 인구 또한 농민이다. 그러나 적어도 지금까지 중국 대륙의 문화연구는 기본적으로는 여전히 '도시'만을 주목하고 있으며 문화연구는 거의 도시문화연구[25]와 같다고 할 수 있다. 오늘날 중국 농촌현실에 대한 문화연구계의 소원함과 이로 인해 조성된 여러 착각[26]은 모두 대단히 눈길을 끈다. 이러한 상황에서 문화연구를 어떻게 가르칠 것인가? 아예 농촌의 문화상황을 언급하지 않고 도시문화만을 이야기할 수 있을까?

최근 6, 7년, 상하이대학 문화연구과정에서 공부하는 대학원생 중에 상당히 많은 사람들이 농촌에서 왔거나 농촌의 중·고등학교에서 가르친 적이 있는데, 그들은 오늘날 농촌의 실제 상황을 경험한 적이 있다.[27] 그러나 농촌에 살았다고 해서 농촌을 이해했다고 할 수는 없다. 관건은 그들이 자신의 생활에서 경험한 바를 어떻게 다루는가를 봐야 한다. 예를 들면, 동부지역의 농촌은 일찍이 도시의 주류문화가 대세를 이루어, 그곳의 젊은이들은 신분이 농민이지만, 자신과 자신의 삶에 대한 그들의 감각

---

25) 이런 현상을 조성한 원인은 매우 많다. 첫째는 '태생적' 이론의 한계이다. 서양의 문화연구 이론은 모두 고도로 도시화된 사회조건에서 형성된 것인데, 이런 이론이 중국대륙에 들어온 이후 매우 자연스럽게 사람들의 시선을 도시로 이끌었던 것이다. 둘째, 현실의 자극도 있다. 오늘날 중국은 많은 부분에서 여전히 농업 국가이지만 실제로는 도시에 의해 주재되고 있다. 중국을 제대로 이해하려면 도시를 주목하지 않으면 안 된다. 셋째, 문화연구학자들은 일반적으로 대학에 적을 두고 도시에 거주하는데, 이런 실제 경험의 한계가 또 다른 중요한 원인이다.
26) 그 중 가장 분명한 것은 오늘날 중국대륙 대부분의 농촌이 도시와 뚜렷이 다른 '농촌문화'를 여전히 유지하고 있다고 여기는 것이다.
27) 이런 상황은 물론 상하이대학에만 있는 것은 아니다. 다른 대학도 마찬가지 상황이다.

과 인식은 오히려 상당히 '도시적'이며, 도시의 주류문화에 의해 끌려 다니고 있다.[28] 수업 토론 중에 다음과 같은 현상을 종종 보게 된다. 농촌 출신 학생들은 도시에서 자란 학생들보다 도시 주류문화의 속박에서 벗어나기가 더 어렵다. 오늘날 중국의 넓은 농촌은 이미 도시가 주도하는 사회의 네트워크에 깊이 편입되었다. 지배하는 쪽이나 지배당하는 쪽을 막론하고, 사실은 도시와 농촌이 하나이며 서로 밀접한 관계를 이루고 있다. 그러므로 문화연구의 교학이 도시만 논하고 농촌을 이야기하지 않는다면, 그것은 스스로 자기를 제한하는 것과 같으며 자신의 한쪽 눈을 가리는 것이다. 한쪽 눈만 가진 선생님이 사회의 전모를 통찰하는 안목 있는 학생을 어떻게 배양할 수 있겠는가?

그러나 문화연구의 방법을 이용하여 농촌문화의 문제를 교실에서 어떻게 토론할 것인가? 2004년, '삼농'(三農)[29] 문제 토론의 영향을 받아서 우리는 대부분 대학원생인 학생들이 농촌(산둥의 빈곤 지역과 후베이의 생산 구역) '교육 지원'(支敎)[30]을 조직하고, 농촌문화와 사회를 조사하기 시작했다. 농촌에 가는 것 이외에, 또한 일부 학생들은 상하이 교외의 민공자녀학교(民工子弟學校)[31]에 가서 무료교육을 했다. 현재의 상황을

---

28) 현대사회는 고도로 이데올로기화된 사회이다. 중국대륙의 동부 농촌의 젊은이들은 여태까지 'modernization' 같은 단어는 몰랐으나, 오히려 텔레비전과 중·고등학교 교과서의 영향 아래, "도시는 선진화되고 농촌은 낙후되었다. 인생의 의의는 농촌에서 빠져나와 도시인의 삶을 사는 것이다"라는 현대화 이론의 통속화된 버전에 따라 자신의 일상생활을 다루는 데에 익숙해졌다.

29) '삼농'(三農)은 농업과 농촌 그리고 농민의 약칭이다. 2003-2006년 사이에 '삼농' 문제와 관련있는 토론이 전국에 유행했고 최종적으로 중앙정부의 농업세 취소를 초래했다.

30) '교육 지원'(支敎)은 농촌교육 지원의 약칭이다. 그 주요한 형식은 대학생들(대학원생 포함)이 농촌학교에 가서 단기간 교육을 담당하고 농촌학교가 도서관을 세우고 확충하는 것을 돕는 것이다.

보면, 이러한 활동은 젊은 학생들에게 좋은 영향을 끼치곤 했다. 예를 들면, 농촌문화 현실에 대한 그들의 직접적인 경험은 역으로 그들이 도시 주류문화의 작동방식을 이해하는 데 도움을 주었다. 어떤 학생들은 더 나아가 그들이 방문한 적이 있는 농촌의 문화상황 개혁에 장기적인 참여를 계획하는 동아리를 조직했다.

저항과 어려움도 매우 많았다. 지방의 관리들은 학생들의 조사를 저지하기도 했고, 농촌학교의 교장은 '교육지원'자를 이용하여 사욕을 채우려고 했다. 이런 상황에서 심지어 공안당국의 주시를 받기도 했다. 여기에 대해서는 상세히 말하지 않겠다.

구체적 연구사례가 부족한 상황에서, 학생들의 단기간 농촌방문 방식에 의지하는 것만으로 농촌 분야(dimension)에 대한 문화연구 교학을 효과적으로 전개할 수 있을 것인가 하는 점이 가장 큰 어려움이었다. 이것은 대학의 교육공간 일부를 다시 농촌으로 확장하는 것이고, 앞에서 서술한 동력문제에 대한 두 번째 주장과 서로 조화를 이루는 새로운 교학 방법[32]을 다시 시도하는 것이다. 다른 관점에서 보면, 이것은 마치 가설된 다리와 같은데, 만일 다리의 양끝(대학과 농촌)이 견고하지 않으면 다리는 반드시 흔들릴 것이다. 분명한 것은 정말로 농촌과 농촌문화 문제에 대한 교학공간을 견실하게 하려면 아직도 해야 할 일이 많다는 점이다.

---

31) 2007년부터 상하이시가 농민공의 자녀를 상하이에 있는 학교에서 공부할 수 있게 함에 따라 각종 농민공 자녀 학교도 문을 닫았다. 이에 따라 학생들의 무료교육 활동도 끝이 났다.
32) 일찍이 1950년대에 마오쩌둥이 제창한 '교육혁명'의 내용 중 하나로, 수많은 대학들은 학생들이 농촌에 가도록 조직했으며 심지어 논밭 사이의 나무 아래에서 수업하기도 했다.

어쨌든 문화연구 교학이 사회변혁에 어떻게 효과적으로 참여할 것인가는 현재 우리에게 여전히 어려운 문제이다. 우리는 몇 가지 방법을 시도했으나 그 효과를 말하기는 아직 어렵다.

4_ 문화연구의 '중토성'

우리가 직면한 것은 다음과 같은 현실이다. 한편으로는 거의 150년 동안의 피동적인 현대화 과정을 거치면서 중국은 이미 현대화/지구화의 거대한 소용돌이에 휘말려들었다. 오늘날 대륙의 거의 모든 구석은 이 소용돌이와 긴밀히 연계되어 있다. 다른 한편으로는 각종 역사와 현실적인 원인[33]으로 인해 중국은 여전히 상당히 눈에 띄는 특별한 점을 가지고 있는데, 현대의 역사든지 아니면 현재의 사회상황이든지를 막론하고 모두 서양과 뚜렷이 다르다. 그러므로 중국대륙의 문화연구는 이런 복잡한 현실에 적합한 '중토성'(中土性)[34]을 발전시켜야 한다. 실제로 우리가 '문화연구'라는 말을 선택하여 스스로를 명명한 이유 중의 하나는 바로 문화연구가 '본토성'(本土性)을 중시하는 정치적 풍격을 지니고 있기 때문이다.

---

33) 이런 원인 중에 가장 중요한 것은 다음과 같은 네 가지가 있다. 인구와 국가영토에 의해 결정된 중국의 거대함과 중국의 지리적 위치, 중국과 서양 열강이 조우한 시간, 세계에서 유일하게 5천년 문명의 역사를 가진 중국의 거대한 역사 관성.

34) 여기에서 말하는 '중토성'은 주로 '지구'와 '중국'을 일체로 보고, '지구' 속의 '중국' 영향과 '중국' 내의 '지구적 요소'를 동시에 체험하고 살필 수 있는 시야와 이해력을 가리킨다. 이 관점에서 보면, '중토성'을 갖추어야만 중국대륙의 문화연구는 비로소 진정으로 유효한 지구적 시야와 관심을 발전시킬 수 있다.

이 '중토성'을 어떻게 창건(創建)할 것인가? 가장 중요한 것은 당대 중국인의 생동하는 일상경험을 직면하는 것이다. 우리는 주로 다음과 같은 두 가지 측면에서 교육하려 한다.

첫째, 2006년부터 각 학년별 문화연구입문 강의의 내용을 조정했는데, 문화연구의 역사와 개념을 먼저 강의하는 것—만일 이렇게 강의하면 서양의 사회상황과 이론을 장황하게 먼저 이야기해야 하는데, 이것은 학생들로 하여금 거리감을 느끼게 한다—이 아니라, 당대 중국인, 더욱 정확하게 말해서 교실에 앉아있는 학생들의 생활경험, 즉 그들의 과거의 경력, 현재의 정신적 스트레스, 미래에 대한 염려와 희망 등을 먼저 이야기하는 것이다. 이어서 학생들에게 그러한 생활경험을 가져다준 당대 중국사회의 일반상황을 이야기했다. 그 다음에는 비판적 지식생활에 대한 현실의 도전, 그것이 어떤 중대한 문제를 제기했고, 지식계가 반응하도록 했는지를 이야기했다. 마지막에 가서야 '문화연구'를 강의했는데, 중국지식계가 현실의 도전에 반응하는 중요한 방식으로서 그것을 소개하고, 그것이 계승한 역사와 이론적 자원 및 현실분석의 기본 전략을 소개했다.

이러한 강의는 서양 이론에 대한 소개는 줄었지만 문화연구의 본토 의미에 대한 학생들의 이해를 증강시킬 수 있었고 이후 그들의 참여 열정을 불러일으킬 수 있었다.

둘째, 이와 거의 동시에 문화연구의 이론 강의를 개혁하기 시작했다. 전문 저서를 읽는 이론 수업 이외에 별도로 '이론과 실천'이라는 말이 들어간 커리큘럼[35]을 만들었다. 이런 커리큘럼은 두 부분을 포함하는데, 하나는 기존의—주로 서양—사회와 문화연구 이론에 대한 전문적인 소개이고, 둘째는 중국대륙 문화연구의 사례에 대한 분석이다. 만일 조건이 허락된다면, 강의 후에 교수는 커리큘럼 내용과 관련 있는 연구자를 초청하여 자신의 견해를 강의하게 할 수 있다. 물론 견해를 강의하는 범위는 완성된 연구에만 그치는 것이 아니라 진행 중인 연구도 포함한다.

실천과 분석을 결합한 이런 이론 강의에서 만일 강의가 적절하면 이중의 효과를 얻을 수 있다. 각각 '서양'과 '중토'에 해당한다고 할 수 있는 '이론'과 '실천'이 서로 합치된다면 당대 세계의 보편적인 상황을 이해할 수 있다. 그러나 이 양자가 합치되지 않으면 본지 현실의 관건이 어디에 있는지 그리고 이후 문화연구의 실제 분석과 이론적 창신(創新)의 요점이 어디에 있는지를 분명히 알 수 있다. 그러므로 이것은 교학의 관점에서 문화연구가 '중토성'을 형성하게 하는 좋은 방식이다. 중국대륙의 문화연구가 시작된 지 얼마 되지 않았기 때문에 의미 있는 성과가 너무 적고 커리큘럼을 만드는 것도 매우 느려서 지금은 단지 큰 틀만 갖추고 있으며 체계적이지 못하다. 그러나 우리는 이 일을 계속해나갈 것이다.

문화연구의 '중토성'에는 '중국혁명의 사상과 실천의 역사'라는 또 한 가지의 풍부한 자원이 있다.

중국은 서양 제국주의의 침략에 의한 분할의 상황에서 현대사를 시작했고 나아가 현대사상을 형성했다. 그러므로 중국의 현대사상은 시작에서부터 언제나 억압당하는 자의 관점에서 세계를 바라보았고 약육강식의 현대질서를 받아들이지 않았으며 현대의 서양보다 더 민주적인 사회구조를 창조하려는 이상을 품고 있었다. 19세기 말기부터 20세기 중엽

---

35) 학년과 학과가 다른 대학원생들을 대상으로 하므로 이 커리큘럼의 이름은 각각 다르지만 모두 '이론과 실천'이라는 말이 들어가 있다.

까지, 넓은 의미에서의 좌익사상은 줄곧 중국현대사상의 주류였고 아울러 사회의 각 방면에 파급되어 적어도 반세기 동안 지속된 사회변혁과 해방운동을 촉진시켰다. 이것이 바로 내가 말한 '중국혁명'36)이다.

여기서는 지면이 제한되어 있으므로 '중국혁명'의 풍부한 성과를 구체적으로 소개할 수는 없다. 그러나 오늘날의 현실에 대한 성찰과 이로 인한 중국 현대사에 대한 회고를 거치면서, 우리는 정신적 자원으로서든지 현실 속에 흔적이 남아있는 사회 유산으로서든지 이 '중국혁명'이 모두 오늘날 중국 지식인들이 가장 귀하게 여겨야 하는 전통이라는 점을 점점 더 확신하게 되었다. 최근 20여 년 동안 그것은 마치 땅속에 묻혀버린 것 같았다. 그러나 루쉰이 말한 것처럼 그것은 완전히 사라져버린 것이 아니라, 땅속의 불37)과 같이 여전히 어둠 속에서 타오르고 있다. 실제로 오늘날 중국대륙에서 '문화연구'의 사상과 학술활동은 바로 이 어둠 속의 불이 땅위로 솟아오른 것이다. 맑스에서부터 '버밍엄학파'까지 서양의 각종 비판적 이론과 실천도 물론 중요한 사상자원이지만, 우리

---

36) 1949년 중화인민공화국 건립은 시대에 획을 그은 '중국혁명'의 승리이다. 1950년대 중국공산당의 수많은 급진적 사회개조 조치들은 이 혁명을 계속 추진하는 것이었다. 그러나 1950년대 중기부터 중국공산당이 이끄는 '사회주의' 사업은 점차 변질되었고 사회 내부 모순은 더욱 더 심화되어서, 1966년에 이르러서는 '문화대혁명'이 폭발했다. 또한 '문화대혁명'의 실패로 인해 추동된 1980년대 '개혁'은 결국 1989년의 '6.4풍파'를 야기했다. 이때에 이르러 '중국혁명'의 사상과 사회운동의 에너지가 거의 다 소진되었고 사회는 전면적으로 우경화되었다. 중국은 현대사상 처음으로 우익세력이 주재하는 '반혁명' 또는 '포스트혁명'의 단계에 들어섰다. 이 관점에서 보면, 1950~70년대의 '사회주의' 시기는 바로 '중국혁명'이 고조를 이루었다가 쇠퇴에 이른 전환시기였다. 그러므로 이 글에서는 '중국혁명' 전성기의 하한선을 '20세기 중엽'으로 하겠다.

37) 루쉰은 『야초』(野草) 「서문」(題辭)에서 "땅속의 불은 땅 아래에서 움직이며 질주한다"(地火在地下運行, 奔突)고 했다. 저자가 여기에서 말하는 땅속의 불(地火)은 중국혁명이 최근 20년 동안 땅 속에 묻혀버린 것 같지만 여전히 땅속에서 움직이고 있음을 의미한다.-옮긴이

에게는 '중국혁명' 전통이 더욱 실제적이고 내재적이며 더욱 견고한 정신적 지주인 것이다.

2007년에 우리는 석박사과정의 이론수업에 '중국현대사상 특강'이라는 필수과목[38]을 증설했고 2년 동안 좋은 성과를 거두었다. 학생들은 이전에는 들어본 적 없는 많은 사상과 사회역사의 자세한 내용을 이해했고 그리하여 '현대중국'과 '중국혁명', '사회주의'에 대한 인식의 폭을 크게 넓혔다. 더욱 중요한 것은 이 시기 역사의 풍부한 가르침을 거쳐 그들이 오늘날의 현실을 대하는 시선과 초점도 더욱 현실에 부합하게 되었고 서양이론을 맹신하는 잘못된 사고에서 어느 정도 벗어날 수 있게 되었다. 이것은 새로운 세대의 연구자들이 정곡을 찌르는 분석과 현실에 개입하는 능력을 발전시키는 데 분명히 큰 도움이 된다.

최근 10여 년 동안 많은 사람들이 비판적 사상과 지식활동의 세계적인 결함에 대해 모두 주목했다. 그 결함이란 통행되고 있는 서양의 비판적 이론 이외에 다른 종류의 사고와 개념, 방법을 발전시키는 것이 매우 어렵다는 점이다. 예를 들면, 비(非)서양 지역의 문화연구의 실천은 모두 정도는 다르지만 서양이론에 갇혀있다. 비록 구체적인 분석은 계속 진행되고 있지만 이론과 개념, 방법에서의 발전은 뚜렷하지 않다. 이 상황의 한 결과로서 이들 지역(중국대륙 포함)의 문화연구 이론 교학은 쉽사리 서양 이론 일변도이다.[39]

---

38) 이 과목의 교재는 『중국현대사상문선』(中國現代思想文選, 王曉明·周展安 편)으로, 上海書店出版社에서 2013년에 출간되었다.

39) 물론 다른 하나의 가능성을 고려해야 한다. 비(非)서양 지역에 서양의 주류 비판이론과 다른 이론적 발전이 전혀 없었던 것은 아니지만, 세계적인 지식생산의 구조적인 불균형으로 인해 이러한 발전은 각지의 문화연구자들에 의해 공유되지 못했다.

이러한 상황에서 2000년 이래 중국대륙의 지식계가 '중국 경험'을 강조하는 경향을 보이는 것은 특별히 의미가 있다. '중국 경험'이라는 이 단어는 의미의 폭이 매우 커서 각 방면에서 사용될 수 있다.[40] 그러나 그렇기 때문에 문화연구는 더욱 깊이 개입해야 하며 성찰과 개척의 의미를 지닌 내용을 이 단어의 추상적인 광대한 공간[41]에 채워넣어야 한다. 무엇이 '중국 경험'인가? 바로 일상생활의 경험을 직시하고, '중국혁명'의 풍부한 기억을 계승하며, 현실내부의 억압적 구조를 규명하는 것이다! 일단 이러한 '중국 경험'이 대량으로 발전하면 문화연구의 '중토성'도 그 속에 들어있게 될 것이다.

2006년 1월 초고 상하이
2009년 9월 수정 충밍(崇明)

『상하이대학 학보: 사회과학판』(上海大學學報: 社會科學版), 2010년 제1기에 게재

[요약]

상하이대학은 2001년에 중국당대문화연구센터를 설립하고, 2004년에는 문화연구학과를 설립하여, 대학제도권 내에서의 문화연구 교학을 시작한다. 이 글은 상하이대학 문화연구학과에서 문화연구와 교학을 진행하면서 부딪치게 되는 세 가지 난제에 대해 논하고 있다. 첫째, 문화연구와 대학제도이다. 문화연구는 하나의 전공이나 학과(discipline)가 아니고, 방법론(approach)이라고 할 수 있는데, 대학체제는 독립된 '학과'로서 문화연구의 '학과 내용'을 구성하도록 강요한다.

---

40) 우익세력(예를 들면 협의의 민족주의)에 의해 사용되는 것도 포함된다.
41) 이 공간의 경계는 이미 확정된 것이 아니라 끊임없이 변화한다. 따라서 이 공간의 내용도 한 번 이루어졌다고 해서 불변하는 것이 결코 아니며, 끊임없이 고쳐 쓰고 다시 채워 넣을 수 있으며, 그러므로 그것은 실제로 새로운 가능성이 충만한 공간으로 이해될 수 있다.

그렇다고 그것을 하나의 연구방법론이라고 말하는 것만으로는 확실히 부족하다. 둘째, 문화연구와 사회의 양성(良性)변혁이다. 문화연구 교학이 사회변혁에 어떻게 효과적으로 참여할 것인가는 여전히 어려운 문제이다. 셋째, 문화연구의 '중토성'이다. 이제까지의 문화연구의 이론교학이 서양이론 일변도였는데, 당대 중국 사회의 일상경험을 직시하는 '중국 경험'과 '중국혁명'의 문화자원에서 현재 직면한 당대사회의 모순을 해결하는 출로를 찾아야 한다.

번역 및 요약_김명희

오늘날 중국문학의 육분천하[*]

1_

불과 10여 년 만에 중국 대륙의 문학지형에 큰 변화가 일어났다.1)

먼저 중국 특유의 현상이라 할 수 있는 '인터넷문학'을 살펴보자. 세
계 곳곳에 인터넷문학이 있긴 하지만 그 기세는 중국만 못하고, '인터넷
문학'의 '종이문학에 대한 충격파 또한 중국에 미치지 못한다. 1992년을
전후해 '투야'(圖雅) 등의 시와 소설로 시작된 중국의 인터넷문학 역사는
20년도 채 되지 않는다. 그러나 만약 주요 문학사이트에 매일 발표되는

---

* 원제: 六分天下—今天的中國文學
1) 여기에서 의미하는 '10여 년'이란 큰 변화가 뚜렷하게 나타난 시간으로, 실제 이 변화는
1990년대 초 왕쉬(王朔)의 소설이 베이징을 넘어 베이징 억양에 낯선 각지의 많은 사람들로부터
열렬한 공감을 불러일으켰을 때부터 시작되었다.

신작 소설의 글자 수(字數),[2] 일부 인기 있는 인터넷소설 조회 수와 댓글,[3] 대형서점의 신작코너에서 인터넷소설이 차지하는 비율,[4] 인터넷소설이 영상화된 규모, 그리고 지하철과 병실에서 젊은이들이 모바일소설을 읽어대는 열정[5] 등을 살펴보면 당신은 분명 인터넷문학이 종이문학과 천하를 양분했다고 말할 것이다.

---

2) '성다문학 주식회사의 홈페이지(www.sd-wx.com.cn) 통계에 따르면, 2010년 3/4분기까지 이 회사 소속의 7개 문학사이트에서 매일 전송되는 새로운 작품의 총 글자 수는 약 8,300만자이다. 2010년 12월, 이 회사 CEO 허우샤오창(侯小强)은 중앙텔레비전의 비판에 대응하면서, 매일 새로이 증가되는 수량이 '억에 이르는 숫자라고 했다. 상업 선전과 '위기대처 홍보'이기 때문에 이런 설명은 과장된 면이 있다고 볼 수 있지만, 이를 감안하더라도 종이출판의 글자 수(2010년대 후반 매년 새로이 출판되는 장편소설은 1,000~2,000부, 매 부를 30만자로 계산하면 일년 동안의 총 글자 수는 성다주식회사 산하의 사이트 일주일 증가분에도 못 미친다)에 비해, 인터넷문학작품의 증가 속도는 놀랍다.

3) '피쯔차이'(痞子蔡)의 『첫 번째 친밀한 접촉』(第一次親密接觸, 1998)이 온라인에서 큰 인기를 얻은 것을 시작으로 일부 유명한 인터넷소설들이 단시간 내에 많은 방문 횟수를 기록했다. 예를 들어 무룽쉐춘(慕容雪村)의 『청두여, 오늘밤 나를 잊어주세요』(成都, 今夜請將我遺忘, 2002)는 일주일도 안 되는 기간에 20여만의 방문 횟수를, "톈야란야오스"(天涯藍藥師)의 『80년대—둥관에서 잠들다』(80年代一睡在東莞, 2009)는 반년도 안 되는 기간 동안 200여만이 넘는 방문 횟수를 기록했다.

4) 인터넷에서 유명해진 문학작품의 대규모 종이화는 직접적으로 종이문학작품의 서점 분할 몫을 차지하는 것 외에 더 깊은 의미에서 후자 자체의 '인터넷문학화'를 일으킨다. 인터넷문학과 종이문학을 구분하는 가장 중요한 것은 물질형식(컴퓨터 모니터나 종이)이 아니라 각기 다른 물질/기술조건이 작품을 이루는(창작에서 읽기) 데 있어 깊이 관여하고 이로 인해 생겨나는 작품의 내부적 논리로, '핸드폰 소설과 류전윈(劉震雲), 장웨이(張煒) 같은 대작들과의 형식적인 차이만 보더라도 이러한 내재적 논리상의 차이점을 분명하게 알 수 있다. 극단적으로 말해, 만약 서점에 있는 대다수 문학작품들이 인터넷문학의 내재적 논리에 의해 창작된 것이라면(다행인 것은 현재까지 아직 현실로 이루어지지 않음) 이 같은 작품들이 인터넷에서 먼저 발표되던 안 되던 문학의 '종이성'의 전체적인 붕괴를 의미한다.

5) 물론 핸드폰으로 소설을 본다는 것이 꼭 인터넷소설을 본다는 것은 아니다. 2008년 7월, 내가 상하이 북부 어느 중형전문병원 입원병동에 있을 때, 5명의 젊은 환자와 보호자들을 만나볼 기회가 있었는데, 그녀(그)들은 모두 핸드폰으로 소설을 봤다. 편리하면서 돈을 절약할 수 있다고 했으며, 핸드폰에 저장된 소설 중 약 2/3는 종이문학의 인터넷판이었다(기타는 모두 인터넷소설이었다).

이는 이상할 것도 없다. 중국은 문자대국으로 해마다 문학청년을 꿈꾸는 이들로 넘쳐나지만 이 거대한 흐름과는 상대적으로 문학청년이 되는 길은 좁기만 하다. 다른 부분은 차치하고 문학 영역만을 보더라도 중요한 종이문학 매체는 거의 모두 각급 정부에 속해있으며, 1990년대 각종 문학매체에 대한 정부의 통제 기준은 전반적으로 엄격해졌다. 또한 장기 집권체제 하에서 형성된 이른바 '문학계'의 공고화된 규정 및 단체의 폐쇄성은 이 시기에도 점점 심해졌다.6) 뿐만 아니라 정부와 관방에서 운영하는 출판사/서점과 각종 '2차 수단의 민간자본7) 합작으로 형성된 도서시장이 비록 빠른 속도로 작가협회를 대신해 문학창작에 영향을 미치는 세력이 되었지만 그것이 갖는 관행적 구속과 편협함 그리고 보수적 성향은 오히려 작가협회에 조금도 뒤지지 않았다.

이러한 상황에서, 일단 컴퓨터가 보급되고 광범위한 네트워크가 형성되자 막혔던 문학의 봇물이 얼마나 격동적으로 터져나올지 당신은 상상할 수 있을 것이다. 종이에서 문학의 꿈을 이루지 못한 많은 젊은이들이 즉시 인터넷으로 몰려들었고, 그중 상당수는 종이문학에서의 양대 금기 영역인 '정치'와 '성'으로 직접 뛰어들었다. 거침없는 풍자와 욕설, 그리고 초기에 약간은 절제되었던 선정적 묘사 등이 노골화되며 곧 아무런

---

6) 작가협회를 예로 들면, 1980년대와 비교했을 때 1990년대는 창작일선에서 활약했던 작가들의 중앙에서 지방까지로의 영향력은 점차 약해졌고, 갈수록 많은 관리(각급 선전부에서 나온 많은)들이 작가협회 및 그 소속잡지의 담당자가 되었다. 그 중에는 창작활동을 하고, 심지어 상당한 실력을 갖춘 사람들도 있으나 신분은 작가가 아닌 관리다. 동시에, 각급 작가협회의 신인작가들에 대한 영향력은 꾸준히 약해지고, 이 시기 나타난 신인작가들 대부분은 다시는 주동적으로 작가협회에 신청하지 않았다.

7) 주요 형식은 이른바 '민영'서점으로, 예를 들어 순식간에 체인점으로 확장된 '시수(席殊)서점'이다.

거리낌 없이 인터넷상에서 폭발적으로 퍼져나갔다.

종이문학 세계에서 금기 영역을 무너뜨리려한 작가가 없었던 것은 아니다. 모옌(莫言)의 『천당 마늘종의 노래』(天堂蒜苔之歌, 1998), 자핑와(賈平凹)의 『폐도』(廢都, 1993), 그리고 한 번에 이 두 영역을 파괴하려한 옌롄커(閻連科)의 『인민을 위한 복무』(爲人民服務, 2005)는 대표적인 예다. 하지만 이어진 각종 제재와 처벌로 작가들은 창작활동을 잠정적 또는 장기적으로 중단해야 했고, 이후 도전적 움직임은 끝내 사라지고 말았다.

온라인상에서는 다르다. 어떤 사람이 앞장서기만 하면 곧이어 수많은 사람들이 앞다투어 글을 써내려가고 이 글은 키보드를 누르기만 하면 실리게 되는데 독자의 반응 또한 빠르게 나타난다. 사람들은 가명을 사용하기 때문에 내가 누군지 찾으려 해도 찾을 길이 없다.[8] 이러한 표현의 자유에 대한 흥분은 인터넷문학의 첫 번째 파란을 일으켰다.[9]

---

8) 물론 롱수사(榕樹下) 사이트는 조사원을 두고 있다. 단지 기준이 상대적으로 느슨할 뿐이다. 치거(七格) 등, 『신성한 글쓰기 제국』(神聖書寫帝國, 上海書店, 2010) 참조. 인터넷 붐이 일기 시작한 1990년대 말 행정 분야와 기술 조건의 제약으로 정부는 효율적인 감시 시스템을 갖추지 못했던 탓에 당시 온라인상의 표현 공간은 상당히 컸다. 예를 들어, '무once쉐춘'의 말에 따르면 그의 인터넷 성공작인 『청두여, 오늘 밤 나를 잊어주세요』가 2002년 4월 톈야(天涯) 웹사이트에 처음 발표되고 인터넷상에서 놀라운 반응을 얻은 후 비록 청두 공안부의 주목을 받았지만, 그의 자유로운 활동에는 그다지 큰 제약을 받지 않았다고 한다. 이 같은 상황은 당시 주류적 민의를 '인터넷은 자유스럽다'라고 믿게 했고, 2002년 6월 신문출판서와 정보산업부가 연합해 「네트워크 출판 관리 잠행규정」 반포 시 천융먀오(陳永苗) 등 백여 명(대다수 인터넷 이름을 사용하여 서명)은 인터넷상에 '고소장'을 발표했다. 이는 정부의 종이매체에 대한 장기 관리감독을 묵인했던 것과는 상당히 대조적인 민의라고 할 수 있다. 물론 지금의 상황은 완전히 달라졌다. 1999년 인터넷에 칼럼을 개설한 장신신(張辛欣: 1980년대 명성이 자자했던 작가)은 2010년 말 "한때는 자유와 환상의 제4공간이었으나 지금은 종이매체보다 더욱 조심해야 할 지뢰밭이 되었다"라며 한탄한다. 수진위(舒晉瑜): 『張辛欣: 我』, 中華讀書報, 2010. 12. 22.
9) 롱수샤의 창립자 주웨이롄(朱威廉)은 '인터넷문학'을 "인터넷상에서의 '대중문학'으로 출판사

자유의 바람을 타고 나타난 제1세대 인터넷문학 작가들은 대부분 종이문학에 대한 도전적 자세를 숨기지 않았는데, 이 같은 도전적 자세는 순식간에 '종이'는 '전통'이라는 인식을 세상에 심었다. 당시 중국에서 '전통'의 일차적 의미는 '시대에 뒤떨어지다'라는 것이었다. 2000년 1월 '룽수샤(榕樹下) 사이트가 주최한 '제1회 인터넷원작문학작품시상식'에서 신진 인터넷작가인 리쉰환(李尋歡), 안니바오베이(安妮寶貝), 닝차이선(寧財神), Singe 등과 경력 및 자격이 풍부한 유명 문학 작가인 위추위(余秋雨), 왕안이(王安憶), 왕쉬(王朔) 등이 나란히 무대에 올라 심사위원 신분으로 상을 수여했다. 상하이쇼핑몰(商城)에서 펼쳐진 이 화려한 의식은 새로운 문학세계의 '굴기'를 여실히 보여주었다.

2_

그러나 이는 단지 현상의 일부에 불과하다. 인터넷문학이 자유의 깃발을 휘날리며 전진할 때 대자본의 손길도 함께 뻗쳐왔다. 중국에서는 1990년대 중반부터 각종 '민영'자본이 다양한 방식으로 문화 영역에 침투하지만 그 자체가 가지고 있는 규모의 한계와 '문학'의 시장가치가

와 간행물 편집의 심사를 피해 자유롭게 발표할 수 있다'라고 정의하고 있다. 1990년대 말 무렵 중요한 인터넷 작가 싱위썬(邢育森)도 자신이 인터넷에 작품을 발표하게 되는 동력을 다음과 같이 말하고 있다: "인터넷을 하기 전에는 내 생명 중 많은 부분이 사회적 역할과 일상생활 속에서 억압받고 있었다. 인터넷, 인터넷에서의 교류는 나로 하여금 내 안에 있는 순수한 무언가를 속박으로부터 자유롭게 해주었다…"(뤄예페이톈[落葉飛天], 「중국 인터넷문학의 발전과 현상」[論中國網絡文學的發展與現狀]). www.googmood.cn 참조.

그리 크지 않다고 판단했기 때문에 '민영'자본의 인터넷문학 영역으로의 대대적인 진입 현상은 나타나지 않았다. 반면 외국자본은 한때 신중히 반응을 살폈으나 살피는 데 그쳤을 뿐 큰 움직임은 보이지 않았다.[10] 하지만 2000년대 후반기에 들어 상황은 달라졌다. 텔레비전에서 인터넷게임까지 각종 시각문화 생산이 꾸준히 혼전 양상을 보이는 가운데 이미 상당한 규모를 갖춘 '민영'회사가 양성됐고, 10년간 인터넷문학의 지속적인 성장을 주시하면서 이곳에 엄청난 상업적 기회가 있다는 것을 간파했다.

2008년 7월 인터넷게임을 시작으로 사업을 일으킨 성다회사(盛大公司)가 상하이에 본사를 설립했고, 수억 원의 자금을 투입해[11] 한 번에 중국에서 4위 안에 링크된 4개의 문학사이트를 인수했다. 여기에 일찍이 손에 거머쥔 '치뎬중문사이트'(起點中文網)[12]가 합쳐진 '성다문학(盛大文學)[13]주식회사는 기세등등하게 일련의 '원작(原創)문학'이 창출해낼 수 있는 이윤의 새로운 패턴들을 선보인다. 예로, 간단하고 빠른 '유료

---

10) 1998년 8월 주웨이롄이 '상하이 룽수샤 컴퓨터 주식회사'를 설립해 처음 개인 홈페이지 방식으로 존재했던 '룽수샤'를 정식적인 '원작문학' 사이트로 전환할 당시 그가 투자한 금액은 120만 달러다. 2002년 베르텔스만 중국회사는 1,000만 달러에 '룽수샤' 사이트를 인수했는데, 이는 해외자본이 가장 큰 규모로 인터넷문학 영역으로 진입한 사례다. 그러나 인수한 후 베르텔스만은 많은 경비를 투자해 이 사이트를 재조정하진 않았다.

11) 2008년 한 해만도 '치뎬중문사이트'에 대한 투자는 인민폐 1억 원에 이른다.

12) 각각 '훙슈톈샹(紅袖添香)사이트', '진장(晉江)문학성', '룽수샤'와 '샤오숴열람사이트'. 나중에 '샤오샹(瀟湘)서원(書院)', '치뎬중문사이트'가 분설한 '치뎬여성사이트', 2011년 초까지 성다문학 회사가 운영하는 '원작 문학사이트'는 7개에 달했다. 그 밖에 '치뎬중문사이트'는 '모바일 사이트'를 설립해 모바일 화면까지 장악하려 하고 있다.

13) '성다문학'을 함의가 상당히 명확한 신조어로 본다면 인터넷문학 중 대자본에 의해 양성된 부분을 칭하는 데 사용할 수 있다. 그것은 '성다'와 같은 문학회사에 속하며 이로 인해 빠르게 팽창해 '성다'의 규모로 승리를 이끌어낸다.

온라인 서비스', 사람들의 눈을 현혹시키는 각종 매스미디어—종이 매체까지 포함—의 확충, 작가와 다양한 형식과 관련된 이윤분할 등을 들 수 있다.

대자본의 직접적인 개입으로 인한 온라인상에서의 문학 이윤 창출 방법의 보급은 '자본증식'에 대한 욕망이 '자유창작'의 정신을 대신해 인터넷문학을 이끄는 제1견인차가 되어버리게 할 정도로[14] 인터넷문학의 기본 방향까지 변화시켰다. 잠재적 독자들에 대한 정확한 파악을 통해 '성다문학' 회사 및 동종 관련 업체에서는 '장르'소설을 문학전시 코너의 중심을 차지하게 했고, 이 기초 하에 더욱 기세를 몰아 이미 확보하고 있는 기타 각종 문화와 기술 매체를 동원하는데, 특히 다양한 인터넷 시각 상품을 통해 문학 '장르' 및 문학을 뛰어넘는 매개적 속성을 대폭적으로 확충했다. '치뎬중문사이트'를 예로 들면, 본 사이트 첫 페이지에 열거된 16개 문학 장르 중[15] 과반수 정도는 인터넷문학 열풍이 일기 전 통속소설에서는 없었던 것—혹은 안정된 장르가 아닌 것—이고,[16] 1/3정도는 일반적으로 통용되는 '문학' 범위를 벗어나고 있다. 그것들은 소설 같지만

---

14) 주로 컴퓨터 클릭 수에 따라 결정되는 작가의 소득 분배 방법의 자극 하에 "독자가 무언가를 좋아하면 나도 그것을 쓴다." 이는 대다수 영리성 문학사이트와 계약을 체결한 작가들의 최우선 창작원칙이 되어버렸다.

15) 제1장르 아래는 수량이 다른 제2장르가 또 있다. 예를 들어 이 사이트의 '치뎬수쿠'가 2009년 7월 발표한 분류표를 보면 이 16개 장르 중 첫 번째에 위치한 '환타지'(奇幻)장르 아래 '마법학교', '서양환타지', '흡혈가족' 3개의 제2 장르가 있다. 두 번째에 위치한 '환타지' 장르 아래는 '변신정원'(變身情緣), '동방환타지' 등 6개의 제2 장르가 있다. 요컨대 이 사이트는 작가의 투고와 독자 반응의 변화에 따라 일정 시간을 두고 장르를 조정하는데 그 중 제2장르와 제3장르는 종종 큰 변화를 보인다. 첫 페이지에 열거한 제1장르는 대체적으로 변화가 없다.

16) 예를 들어 '奇幻', '玄幻'중의 대부분 제2장르, '軍事' 중의 일부분(특히 '전쟁환상' 부분), '경기'(競技), 그리고 모든 '비'문학'요소와 결합되어 생겨난 새로운 장르

기타 문화형식의 문자각본과도 같은 애니메이션, TV드라마, MTV, 인터넷 게임[17] 등으로 채워져 있다.

이는 산업화 방식을 취해 대규모적으로 문학을 경영하는 것이다. 인터넷 작가의 정신노동, 패턴화된 통속소설 애독자의 독서습관, 매체를 넘나드는 젊은 인터넷 세대의 독서 취향 등이 모두 생산수단이 되었다. 다른 나라의 대자본이 영상·건축·음악·미술·인터넷 게임에 뛰어들어 '창의산업' 열풍을 일으킬 때, 중국의 대자본은 오히려 독특한 안목으로 문학에 진입해 일확천금의 기회를 노린다.[18] 그 첫 단계를 바로 '성다문학'이 선도했고, 모든 인터넷문학을 독식했다.

2단계, 3단계도 있다. '성다문학' 회사의 운영자 허우샤오창(侯小强)은 '성다문학'의 비약적 발전에 따라 인터넷문학과 종이문학이 다시 하나로 합쳐질 것이라고 예언했다: "전통문학이니 인터넷문학이니 하는 것은 없다. 문학은 문학이다. 이른바 '인터넷문학'이라는 용어는 역사 무대에서 물러날 것이다. 미래 문학은 인터넷상에서 통일을 이룰 것이다. 이것이 바로 '성다문학'이 하고 있는 일이다. 우리는 이미 중국 작가협회와의 합작을 이루어냄으로써 한걸음 더 주류의 승인을 얻어냈다."[19]

거대한 자본만이 이렇듯 큰 야심을 배양할 수 있다.

---

17) 예를 들어 '게임', '애니메이션', '각본'의 몇 개 큰 장르 중 대부분 제2장르.

18) '성다그룹 총재 천톈차오(陳天橋)는 "새로운 네트워크 스타일을 이용해 인터넷 게임을 성공적으로 발전시킨 후, 동일한 방법으로 기타 전통적인 문화산업에 복제할 수 있을지를 성다는 계속 고민하고 있다"고 분명히 말한다. 쳰이쟈오 (錢亦蕉), 「문학, '꿈이 시작되는 곳―성다문학 회사 CEO 허우샤오창 특집탐방」(文學, '夢開始的地方―盛大文學公司CEO侯小强專訪), 『신민주간』(新民周刊), 2009년 2기.

19) 같은 글.

3_

그렇지만 적어도 지금까지의 상황으로 봐서는 '성다문학'이 인터넷 세계를 점령하기에는 거리가 먼 듯하다. 대자본의 식욕이 왕성하긴 하지만 흥미는 오히려 한정되어 있으며, 대자본이 마치 모든 것을 돈이 되는 것으로 만들어 버리는 것 같지만 일단 수지가 맞지 않다고 생각되면 설사 이미 손에 넣었던 것이라도 재빠르게 놓아버린다. 예를 들어 작가와 독자 간의 '실시간' 소통은 인터넷의 일대 발명으로 처음부터 '성다'식 문학산업의 눈에 들었으나, 이러한 상호작용의 산만함과 다변적인 특징은 '성다문학'이 추구하는 스타일과는 상당한 거리가 있어[20] 아직까지 대자본에 의해 구체적으로 개척되지 않은 황무지라 할 수 있다. 그러나 바로 이러한 상호작용은 인터넷문학이 막 일기 시작했을 때의 자유스러운 분위기가 사그라진 후 '성다문학'의 울타리 밖에서 특별한 세계를 구축하는 데 자양분이 되어주고 있다.

이 세계의 경계는 확실하지 않다. 마치 동쪽에 건물 하나 서쪽에 방 하나가 곳곳에 산발해있던 중세기 유럽 도시의 대학들처럼 하나로 연결되어 있지도 않고 수시로 변화하고 있다. '성다문학'의 공격으로 유명 문학사이트는 하나둘씩 백기를 들고 서서히 블로그와 소규모사이트의 개인홈페이지로 이동했고, 요란스러운 '성다문학' 스타일과는 상대적으로 '작은 범위'의 전파 방식으로 퍼져나갔다. 물론 이러한 방식도 오래가지 않을 것이다. 현재 이 같은 블로그식의 공간 형식 및 그것을 읽고 토론하

---

20) 이러한 패턴화의 주된 표현형식은 이미 기존의 다양한 형식들이 점차 통합된 것 같은 모습을 띠고 있지만 사실은 근본적 변화가 없는 일회성 변신에 지나지 않는다.

는 집단은 계속해서 변화하고 있다. 하지만 삶 속에서, 특히 오늘날 영원히 변치 않는 형식은 없을 것이며, 어떤 종류건 불변하는 모든 것은 '변화' 속에서 비로소 존재할 수 있다. 나는 우선 '블로그문학'이라는 용어로 이 새로운 세계를 지칭하고자 한다.

각양각색의 사람들이 블로그에 작품을 발표하고 있다. 유명한 종이문학 작가가 퇴직 후 가명으로 블로그에 장편소설을 발표하고 수십 명의 독자들이 게시판에 들어와—그 중 북미에 있는 독자도 있다—끊임없이 연구하고 토론하는데 어찌 기쁘지 않겠는가. 1부가 끝나면 이어 제2부를 쓴다. 명문대학 정치학과를 졸업한 70년대생 전문직 남성은 분명 눈코 뜰 새 없이 바쁠 텐데 시간만 나면 블로그에 동성애소설, 특히 여성동성애소설을 쓰며 창작 경력 또한 짧지 않다. 산골 마을의 어느 젊은 여성은 낮에는 여관 안내 데스크에서 아르바이트를 하고 저녁이 되면 3, 4일에 한 번씩 블로그에 길고 짧은 에세이 식 소감을 실으며, 누군가 댓글을 짧은 한마디라도 남기면 기쁨에 찬 나머지 한보따리 늘어지게 답글을 보내곤 한다.

다양한 내용을 담은 이 같은 예들은 얼마든지 있으며 이들 사이에는 어느 정도 상통하는 부분이 있다. 그들은 대부분 돈을 보고 모여든 것이 아니다. '블로그문학'의 배후에는 글자 및 클릭수를 통계하는 사람이 없다. '블로그'와 개인홈페이지가 존재할 수 있는 것은 대부분 자본 논리의 작동과 관계가 있긴 하지만21) 이 많은 남녀노소들이 블로그에 들어와

21) 예를 들어 상업사이트를 이용해 인기를 얻는 것이다(신랑[新浪] 사이트가 바로 시초다). 일부 문학 블로그는 사실 크고 작은 '성다'식 회사로 눈에 든 계약 작가를 돕기 위해 만들었거나 혹은 선전을 위한 도구로 자금을 투자해 유지하고 있다. 또 일부 '블로그문학'의 작가들은

지속적으로 '글을 *끄적거리는*' 주요 원인은 이곳에 돈보다 더 그들을 유혹하는 독자가 있기 때문이다. 산만한 정신으로 반복해서 클릭을 해대거나 단지 스트레스를 해소하기 위해 오는 것이 아니라 관심을 가지고 꼼꼼하게 작가와 대화하려는, 심지어 이를 위해 먼 곳에서 찾아와 준 독자들이다. 조금 거칠게 표현하면 그들은 단지 표현을 하러 온 것이 아니라 경청해주길 원하고 관심을 사기 위해 온 것이다. 현대사회에서 작가는 표현에 여러 가지 제약을 받겠지만 그보다 더욱 간절한 것은 작가의 표현에 대한 독자들의 경청과 관심이다.

이곳에는 확실히 엄청난 수의 독자가 있다. 그들은 읽는 것에 그치는 것이 아니라 평론까지 하고—어떤 이는 심지어 계속 잔소리를 해대고 건의를 한다—어떤 평론은 상당히 전문적이기까지 하다. 또 심하게는—작가가 업그레이드를 제때 안할 때—팔을 걷어 부치고 기술을 전수하기까지 하는데, 이 과정에서 원래 독주를 감상하는 것만 같았던 차분한 한 장면이 '소싸움' 식의 단체경기가 되어버리곤 한다. 여기에는 종이세계에서와 같이 경계가 확실한 일방적인 쓰기→읽기도 있지만, 더욱 많은 것은 읽기-쓰기와 읽기-읽기 심지어 쓰기-쓰기의 여러 가지 상당히 즉흥적이고 자유분방한 쌍방향 관계이다. 이러한 관계는 작가와 독자의 위치를 부단히 변화시키고, 끝내는 그들의 신분을 바꿔놓기도 한다. 인터넷 밖에서 길들여진 각종 제한과 등급은 이곳에 오면 자신도 모르게 혼란스러워지고 만다. 외부 세계가 예측 불가와 약육강식의 세계라면 이곳에는 적잖은 호응과 어느 정도의 포근함이 있다. 문학의 범위를 다소 벗어나도 얼마

이곳을 발판으로 먼저 단련하고 인기를 얻어 앞으로 더욱 순조롭게 '성다문학 혹은 기타(종이 포함) 시장으로 진출하고자 한다.

간 안정적으로 '준(準)공동체'의 인정을 받는 것도 이곳에서 시작된다.

이는 '블로그문학'의 두 가지 모순된 특징을 형성한다.

첫째, 공간의 분산과 읽기와 쓰기의 상호작용으로 인해 '블로그문학'은 상당히 빠르게 무질서로 질서화된 것 같은 성장패턴을 형성했다. 종이 문학이 벼락부자들의 화원과 같이, 대형 가위로 재단된 듯 등급이 엄격하다고 할 수 있다면, '인터넷문학'은 온갖 풀과 나무가 함께 양보 없이 자라는 성 밖의 들판이라 할 수 있다. 한 예로, 신문이 최초로 만든 '연재' 방식이 여기에서 광범위하게 응용되었다. 그러나 루쉰(魯迅), 장헌수이(張恨水)와 같이 독자 앞에서 우월한 지위를[22] 유지하기란 그리 쉽지 않다. 몇 십 명의 독자가 매일 밤 자신의 블로그에 들어와 다음 회를 기다린다는 것을 생각한다면, 아무리 느긋한 성격의 작가라도 조급해지지 않을 수 없다. 만약 당신에게 반복된 건의와 용기를 주어 당신의 의식 속에 늘 자신과 함께 하는 '경력과 경험'이 풍부한 독자라고 생각한 사람들이 어느 날 갑자기 보이지 않는다면 당신이 아무리 자신 있는 사람이라 해도 어찌 낙담하고 당혹스러운 마음이 생기지 않겠는가?

세상에는 진정한 무질서가 존재하는 곳은 없다. 눈앞의 질서가 사라지면 조금 먼 혹은 다음 차례가 수면에 떠올라 묵묵히 이를 대체한다. 1980년대 출생한 다수의 인터넷 작가들은 '진정한 인터넷문학'이란 다른 것이 아니라 바로 '전 국민의 오락'으로서 '부담 없고, 재미있으며, 심심풀

---

22) 신문의 연재소설 혹은 기타 문체의 칼럼에는 비록 독자들의 의견으로 줄거리, 작가를 조정하는 일이 자주 발생하고, 심지어 연재가 중단되는 상황이 있긴 하지만 전체적으로 봤을 때 신문 연재는 여전히 작가와 신문경영자의 영향력, 더 나아가 독자를 움직임에 있어(이른바 '독자들의 입맛을 저울질하는'[吊讀者胃口]) 우세적 지위를 보여주고 있다.

이'라고 자신 있게 말한다.23) '블로그문학'은 전체적으로 여가활동 수준을 벗어나지 못하면서 독자들의 원망을 샀으며, 특히 상상력과 돌파력 측면에서는 지금까지 '블로그문학'이 당초 기대했던 만큼 발전도 없고, 1980년대의 소설과 비교했을 때도 '형식'과 '내용'면에서 상당히 보수적이다.24) 이러한 상황을 목도하면서 당신은 사회 속 깊이 뿌리 내린 고질적 강제력이 얼마나 견고한지를 느꼈을 것이다. 순간의 자유는 오랜 세월 고착화된 편협함과 척박함을 한 번에 제거해버릴 수는 없다. 하물며 요즘은 오죽 하겠는가? 인터넷세계라 할지라도 구속은 존재할 수밖에 없다.

그러나 또 두 번째가 있다. 들판에서 일시적으로 우수한 문학의 꽃을 피울 수는 없지만 무성한 잡초들 틈에서 문학과 비문학간의 경계가 무너진 것은 확실하다. 이곳에서는 종이세계처럼 경계를 나누고 유지하는 대학 중문과의 학과분류, 문학잡지 칼럼, 출판사의 경영범위, 서점의 분류 기준, 작가협회 조직 등의 제도들이 쓸모없다. 반면 다른 어떤 무형의 요소가 영향을 미친다. 예로, 스킵식(skip) 클릭이 주가 되는 인터넷 독서방식, 인터넷 밖의 생활 중 매체 간 상호 영향 하에 형성된 느낌과 표현 습관, 작가/독자 간 상호 작용과정에서 생겨나는 기상천외한 생각 등. 천성적으로 스릴 속에서 기쁨을 맛보는 열정적인 작가들은 당연히 '블로그문학' 속을 넘나드려 한다.

---

23) 2010년 12월 '中文在線' 하의 '이치칸 소설 사이트'(一起看小說網)가 베이징에서 개최한 제4회 작가 연차 총회에서 많은 젊은 인터넷 작가들은 유사한 생각을 발표했다(『中華讀書報』의 '인터넷 시대'면 보도 참고).

24) 표면적으로 '블로그문학'은 마치 모든 것이 다 있는 것 같지만 만약 '사회의 주류 가치 관념, 사유방법, 정감취향, 표현 방법 등에 대한 차이성/도전성'을 문학 상상력에 있어 불가 혹은 결핍된 요인으로 본다면 오늘날의 '블로그문학'은 상상력에 있어서 전체적으로 보수적인 면이 여전히 뚜렷하다.

4_

바로 이 인터넷상에서 불타오른 '경계 넘가'의 충동은 다양한 인터넷 문학의 새로운 공간을 만들어냈다. 이곳은 '블로그문학'처럼 조용하지 않고 크고 작은 갖가지 자본들이 이리저리 기웃거리며 들어와 자리를 차지했다. 반면 일부 원래 충동적이기만 한 생각들은 오히려 이들 자본의 힘을 빌려 여러 가지 새로운 문체, 심지어 더욱 큰 규모의 뉴매스미디어를 만들어낼 수 있다. 승자가 아직까지 독식하지만 않았다면 자본 활동은 때로 기타 충동을 위한 행동 조건을 제공하기도 한다.

그 중 두드러진 추세로는 문자와 영상, 문자와 음악의 혼합이다. 애니메이션처럼 영상이 주도적이나 문학과 음악 요소를 적지 않게 차용한 것, 또 『차오니마의 노래』(草泥馬之歌, 2009), 『충칭 서양인거리 표어 걸작집』(重慶洋人街標語集錦, 2009)처럼 문자 위주지만 영상과 음악의 외피를 입힌 것도 있다. 대부분 상업적인 것이지만 아닌 것도 있고, 자체 규율이 엄격하고 규율에 어긋나는 경우가 극히 드물지만 풍자와 욕설이 적나라하게 펼쳐지기도 한다.25)

문자작품이더라도 문학과 비문학간의 혼합은 날로 다양해지고, '당녠밍웨'(當年明月)의 『명나라 그 일들』(明朝那些事)과 같은 장편 대작에서26)

---

25) 예를 들어 2010년 3월 왕이(網易)부동산논단에 나타난 영상작품 <러우스 춘절 파티>(樓市春晩)는 전체 14분으로 풍자색채가 강한 대사, 가사, 배경소리, 악의적 인명과 지명의 해음(諧音)자 등이 춘절 파티의 화면에 결합되어 부동산 가격 상승에 대한 분노의 마음을 날카롭게 표현했다. 같은 해 1월 투더우사이트(土豆網)에서 알려지기 시작한 64분에 이르는 영상작품 <칸니메이의 인터넷 중독 전쟁>(看你妹之網癮戰爭)은 사회와 정치에 대한 비판을 한층 더 강화해 한때 큰 인기를 모았다. 또한 투더우사이트와 중국은행(中銀) 그룹이 공동개최한 '2010투더우영상제'에서 '진투더우(金土豆)상'을 수상했다.

유명인사의 연설을 패러디한다거나, 우화식 농담, 대련(對聯), 노래가사와 시어를 개작[27]하는 등 가지각색의 풍자문까지, 장르가 불분명한 작품들이 줄지어 나오고 있다. 그 중 무수히 많은—종종 편폭이 아주 작은—작품들의 생동감 있고 예리한 문자, 사고의 영민함과 기상천외함, 거리낌 없이 찾아내는 핵심어의 표의적 잠재력은 나를 놀라게 하곤 한다. 현대생활의 어떠한 특징과 역사 속에 새겨넣을 만한 가치가 있는 고도로 압축된 어휘와 어법, 예를 들어 '다장유'(打醬油)[28]와 '베이(被)…' 등은 바로 이러한 작품에 의해 널리 유행되었다. 만약 티파(剔發)문자[29]가 어떤 힘을 가지고 있다면 그것은 바로 일상생활에서의 어떠한 특징을 억압의 시대에 저항할 수 있는 도구로 삼는다는 데 있다. 장르가 애매모호한 이러한 작품들이야말로 이 시대의 특징들을 잘 꼬집어 내주고 있다.

더욱 주의 깊게 볼 것은 문학과 오락의 결합이다. 중국에서 남자 청소년들에게 특히 많은 영향력을 행사하는 인터넷게임은 그 규모가 세계 2위, 설계능력 3위의 거대 산업이 되었으며, 중국 게이머들의 기술 수준은 이미 세계 2위라고 한다. 문학은 원래 인터넷게임 개발의 기초가 될

---

26) 이 일련의 작품들은 '백화산문체사서'(百話散文體史書)와 '역사소설'의 두 가지 특징을 동시에 가지고 있으며, 2010년 『남방주말』(南方週末)이 조직한 '10년간 최고의 인터넷문학'(十年給力網絡文學)에서 9위를 차지했다.

27) 엄격하게 말해 현재 온라인상에서 전파되는 이러한 혼합형의 풍자문은 극소수(예를 들어 '익명의 말')를 제외하고는 대부분 인터넷 붐이 일기 전에 이미 있었으며 절대 인터넷의 산물이 아니다. 그러나 인터넷의 실시간 전파와 모바일 문자를 타고 인터넷이 닿지 않는 곳으로 전파되면서 이러한 풍자문이 구체적으로 겨냥하는 대상과 형식의 자유 정도는 한층 더 강화됐다. 예를 들어, 구소련에서처럼 편지와 구두로 전달했던 시기의 정치우스개 소리와는 절대적으로 비교할 수 없다.

28) 인터넷상의 용어로 '떠들썩한 분위기를 만들어내다'라는 의미로 젊은이들 사이에서 자주 사용됨.-옮긴이

29) 인터넷상에서 새로운 의미가 부여된 일상생활 속의 용어들.-옮긴이

수 있다. 중국의 인터넷게임 개발 산업은 최근 몇 년 민족특색을 지닌 콘텐츠가 개발되기 시작했고 문학 텍스트의 이용—인터넷문학뿐만 아니라—을 한층 더 강화했다. 특히, 인터넷게임을 하면서 성장한 인터넷 게임 1세대 혹은 2세대들은 10년도 안되어 문학의—온라인이든 오프라인이든—중요한 독자군과 작가군이 될 것이므로 인터넷게임이 앞으로 문학에 얼마나 지대한 영향을 끼칠지는 두말 할 필요가 없다. 사실, 이미 인터넷게임 작품—비문학 경전—을 모티브로 하는 문학, 영상 심지어 건축 작품30)이 생겨났으며, 각종 장르와 매체간의 상호 관계는 날로 깊어지고 있다.

여기까지 말하면 당신은 다음과 같은 사실을 발견했을 것이다. 인터넷문학의 각도에서 과거의 이 새로운 공간을 본다면 그것은 이미 문학에만 속한다고 말하기 어렵다. 이 공간에서 나온 새로운 것은 일단 성장하면 대부분 문학을 떠나갈 것이다. 그러나 분가했다 하더라도 그것들은 거꾸로 문학에 영향을 줄 것이다. 그것들이 한 집에서 같이 살았고 다소간 비슷하기 때문에 이 영향은 매우 크다. 그러므로 그것들이 문학의 공간을 비집고 들어오고 문학의 출로를 큰 폭으로 변화시키는 것이 가능하다. 하지만 인터넷문학의 에너지도 이러한 복잡한 관계의 과정을 거쳐 더 넓은 전장으로 나와야 한다. 못이 아무리 깊다 해도 물은 여전히 죽을 수밖에 없고 강과 바다로 흐르는 물만이 영원히 맑을 것이다. 『인터넷 중독 전쟁』(網癮戰爭) 마지막에 '칸니메이'(看你妹)가 하늘을 바라보며 도도한 자세로 백여 행의 장시를 읊조릴 때, 아마도 이러한 멀티미디어

---

30) '성다문학'에서 상위를 차지하는, 주로 청소년이 창작하고 읽는 '玄幻'(환타지), '협객'(仙俠)과 '게임'(遊戱)류 소설에서 이 현상은 두드러진다.

공간 속에서 인터넷문학의 힘이 비로소 가장 호소력 있게 터져나오는 것이 아닐까 하는 생각을 금할 수 없었다.

5_

다음으로 종이문학을 보자.

먼저 생각나는 것은 모옌과 왕안이를 대표로 하는 '엄숙문학'이다. 내가 계속해서 상당히 모호한 이 단어를 쓰는 것에 대한 양해를 구한다. 이는 백년 전 신문화운동의 계보를 잇는 중국 현대문학의 직계 계승자이며 나와 같은 연령층이 일반적으로 인정하는 문학의 정통이기도 하다. 오늘날 대학 중문과와 중·고등학교 국어수업에서 가르치는 '당대'문학, 각급 작가협회 소속 간행물 및 대다수 평론가가 이해하는 '당대'문학도 이런 종류의 문학을 의미한다.

2010년, '엄숙문학'은 여러 차례 매체의 관심을 모았지만[31] 전체적으로 봤을 때 이 문학의 사회적 영향은 하향세를 보이고 있다. '엄숙문학'을 주로 게재하는 잡지의 판매량은 정도가 그다지 심하진 않지만 계속 감소하고 있으며, 대표 작가의 작품 판매량도 계속해서 하위권에 머물고 있다. 중요한 공공문제 토론에서는, 온라인이든 오프라인상에서이든 '엄숙

---

31) 예를 들어 스톄성(史鐵生)의 죽음, 장웨이(張煒)의 10권 시리즈 소설(그 중 대부분 구작)의 출판, 옌롄커(閻連科) 등 작가들의 신작(예로 『四書』) 등의 완성, 『수확』(收穫)과 『상하이문학』(上海文學)의 원고료 대폭 인상(일반적으로 천자 인민폐 60~100에서 인민폐 150~200) 등. 스톄성의 『나와 디탄』(我與地壇)은 베이징 싼렌타오펀서점(三聯韜奮書店)의 2011년 순위 차트에서 단번에 상위 10위권에 진입했다.

문학 작가의 목소리가 있긴 하다. 이러한 상황은 이미 10여 년 지속되고 있으며 작년에도 마찬가지였다. '엄숙문학' 작가들이 창작한 문학형상 및 스토리는 대중이 바라보는 세태와 공감하는 부분이 거의 없어 광범위하게 발췌되거나 차용 및 개작되는 경우가 흔치 않다.[32]

6_

'엄숙문학'의 평온함과 선명한 대조를 이루는 것은 새로운 문학의 요란함이다. 궈징밍(郭敬明)은 그 중요 작가라 할 수 있는데, 그가 주관하는 『최소설』(最小說) 및 '最'자 시리즈 잡지도 『인민문학』(人民文學), 『수확』(收獲)과 같은 '엄숙문학'의 대표적인 종이매체처럼 종이매체로 알려져 있다.

이 문학은 초기 혼란기 과정[33]을 포함한다 해도 15년을 채 초과하지 않는 짧은 역사를 가지고 있으나, 2010년까지 『최소설』의 단기 판매량은 30만부로 『인민문학』과 『수확』의 판매량을 넘어섰다.

만약 '엄숙문학'의 기준에 따르면 당신은 분명 "궈징밍의 문학이 무슨

---

32) 1920~30년대 창작되고 오랫동안 공공의 이미지가 된 '아큐'(阿Q), '광인'(狂人), '집'(家), '변성'(邊城), '우쑨푸'(吳蓀甫)로부터, 1940~60년대 창작되고 적어도 20년 동안 사람들의 입에 오르내린 문학형상인 '샤오얼헤이'(小二黑), '량성바오'(梁生寶), '린다오징'(林道靜) 그리고 '찻집'(茶館) 등, 1990년대 중반 이후 '엄숙문학'에서는 이 방면의 쇠퇴가 상당히 눈에 띈다. 물론 습관적으로 '엄숙문학'에 속하는 작가와 작품의 상황은 다르고 중요한 작품도 적지 않다. 그러나 전체적으로 말하자면 '엄숙문학'은 이 논문이 중점적으로 다루려는 것은 아니므로 여기에서는 분석을 전개하지 않기로 한다.
33) 예를 들어 『맹아』(萌芽) 개정판에서 '신개념작문대회'(新概念作文大賽)를 기점으로 한다.

문학이냐?"고 할 것이다. 물론 중국작가협회 회의에 분장사를 데리고 참가한 이 청년은 형상에서 정체성까지 너무 문학적이지 않다. 그는 혼신의 힘을 다해 자신을 스타로 만들었고, 더욱이 그는 의식적으로 문학을 하나의 사업으로 취급했다. 2007년 그의 회사와 후원자들이 연합해 전국에 1년 넘도록 '문학 스타' 대회를 개최했고, 그 규모는 갈수록 커졌다. 2009년 베이징의 어느 고등학교 강당에서 개최된 대회의 마지막 무대에서 수만 명의 팬—대부분 중고등학생—들이 열광적으로 소리를 질러댔는데, 이는 이러한 문학의 기본 특징을 적나라하게 보여주고 있다. 그것은 중국 특색의 '문화산업' 제품으로, 먼저 자본가, 다음으로 대중스타, 마지막에서야 작가로서의 궈징밍 본인의 정체성 서열을 설명하고 있다.

『최소설』에서 작가를 소개할 때의 일반적인 격식이 "어느 해 어느 회사와 계약한 작가, 어느 어느 작품 출시"로 되어있는 것이 이상하지 않다.34) 이런 맥락에서 본다면 궈징밍의 두 번째 장편소설이 법원으로부터 '표절' 판결을 받은 후 그가 어떻게 "나는 절대로 사과하지 않겠다"라고 선언할 수 있었고, 수많은 팬들이 궈징밍의 블로그로 몰려들어 "그가 표절을 했어도 나는 여전히 그를 좋아한다"라며 궈징밍을 옹호35)했던 것도 이상할 게 없다.

이는 확실히 '엄숙문학—우리가 여전히 이 단어를 사용한다면—과는 완전히 다른 새로운 문학이고, 예전의 '통속소설', 예를 들어 중화민국

---

34) 여기서 작품이 출판되고, 서점에 진열된 것을 두고 '출시'라고 말하는 표현 습관이 생겼다. 예를 들어 한한(韓寒)이 주최한 『독창단』에서도 이렇게 말하고 있다.

35) 「궈징밍 표절사건: '샤오쓰(궈징밍의 팬들이 궈징밍을 부르는 애칭)'의 놀이터에서 길을 잃다」(郭敬明抄襲案迷: 迷失在"小四"的遊樂場). http://wenxue.xilu.com/2009/0911/news_51_15153_2html

초기에 유행했던 애정소설 및 나중의 무협소설과도 완전히 다른 새로운 소설이다. 그것은 작가와 그 작품 간의 새로운 위치 관계를 기초로 하는데, 이 같은 관계 속에서 작가가 대중의 우상이 되어갈수록 작가 본인은 작품보다 앞서게 된다. 더욱이 이 문학은 작가/작품 그리고 독자 사이의 새로운 상호관계에 기반하며, 이런 관계 속에서는 작가의 표절 여부, 작품의 참신성은 중요하지 않으며, 독자에게 자아확인을 돕고 나아가 정체성을 나타내는 물건을 충당하는 화려한 기호를 제공할 수 있는가의 여부가 가장 중요하게 된다.

이 같은 의미에서 이 문학은 이미 오늘날 통치계급의 유능한 조수 역할을 담당하기 시작했으며, 사회의 지배 구조에 진입하는 일환으로 사회재생산의 매우 중요한 부분에 참여하고 있다. 그것은 지속적으로 멍청하지 않으나 끝내 순종하는 다수의 청소년들을 길러내 그들의 젊은 열정을 환상과 원망으로 변화시킨다. '신자본주의'라는 말은 비교적 정확하게 현 사회의 기본 특징을 개괄한다고 할 수 있으며, 귀징밍과 최소설을 대표로 하는 이러한 문학은 분명 '신자본주의문학36)이라고 할 수 있다.

흥미로운 것은 신자본주의문학을 바라보는 '엄숙문학' 측의 변화된 반응이다. 예전과 같은 경멸하는 태도는 오래가지 못했고 오히려 '투항

---

36) 현대사회의 큰 특징으로는 '문화산업'과 유사한 경제, 문화 및 정치제도를 통해 일종의 새로운 문학을 다량 생산한다. 이 문학의 주요한 기능은 독자들의 풍부한 '미'의 감동을 일으켜 깊게 사고하게 하지 않는다. 반대로, 표면적으로는 마치 다변적, 실질적이나 오히려 극히 틀에 박힌 이야기와 형상을 통해 갈수록 오락성을 추구하는 독자들의 정신요구를 만족시켜 부지불식간에 독자들의 정신세계의 기본 구조를 변화시킨다. 전체적으로 볼 때, 이러한 문학의 주요한 사회효과는 독자를 자신이 처한 사회구조에 서서히 적응하게 해 의식하건 의식하지 않건 사회 현실질서에 적응하게 만든다는 데 있다. 1930년대의 파시즘문학과 나치 독일, 1960년대 이후 일기 시작한 소비주의 문학과 소비사회는 바로 이러한 문학과 그것이 속한 사회의 기본 관계에 있어서 두 가지 좋은 예다.

하거나 영합하려는 움직임이 두드러졌다. 전례에 따르면 일단 주요 작품이 법원에서 표절 판결을 받으면 이미 회원이라 할지라도 제명을 당해야 하는데 궈징밍은 중국작가협회로부터 가입 요청을 받았고, 그의 신작은 계속해서 『인민문학』과 『수확』의 중요한 위치에 실렸다. 반면 『최소설』은 계속해서 모옌 또는 왕안이 같은 문학작품들을 단호히 배제했다. 일부 50~80대의 유명 작가들은 신바람이 나 궈징밍—혹은 유사 인물—이 주도하는 각종 '문학' 시상식에 참여해 가장자리에 서서 팬들의 환호를 나눠 갖는다. 그들은 젊은이들을 사로잡는—독자는 물론 작가—경쟁에서 '신자본주의문학'이 한참이나 앞서 있다는 것을 벌써부터 알고 있었다.

비록 내키지는 않지만 나는 적어도 현재 상황에서는 종이세계에서의 '신자본주의문학'의 기세, 특히 그 미래[37)는 갈수록 '엄숙문학'을 압도할 것이라는 말을 해야 할 것 같다.

7_

종이문학의 세계에는 또 다른 종류의 문학이 있다.

'엄숙문학'이든 '신자본주의문학'이든 그 배후에는 모두 일련의 체제

---

37) 요컨대 '신자본주의문학'은 상당한 유연성을 가지고 있으며 이로 인해 극히 다변적이다. 신자본주의문학은 언제든지 그것을 따랐던 대표적 작가, 작품과 유통 매개를 버리고 동시에 새로운 대체물을 내보낸다. 때문에 궈징밍이든 『최소설』 시리즈이든, '인기가 있는' 기간은 '엄숙문학'의 대표적 작가보다도 훨씬 짧다. 그러나 자신의 대표부호와 매개가 이렇게 빠른 속도로 교체되고 조정되기 때문에 '신자본주의문학'은 오히려 치열한 생존 및 경쟁능력을 보여주고 있다.

가 뒷받침하고 규제하고 있다. 그것은 각종 관방 혹은 유사 관방 기구[38]가 힘을 합쳐 구성한 주류문학 생산체제와 중국 특색의 '문화산업'―그것은 지금 더욱 더 합법적인 문화콘텐츠산업이라는 명칭이 있다―이 주도하는 종이도서의 생산체제[39]다. 이 두 체제는 서로 다르며 격렬하게 충돌할 때도 있으나 명확하게 분리되지도 않는다.[40] 그리하여 문학이 내포하고 있는 반속박과 반규범의 거대한 에너지를 기획하고 길들여 자신의 것으로 이용한다는 한 가지 목표를 공유하게 된다.[41]

그러나 문학이 얼마나 길들여지기 어려운지를 결정하는 두 요인이 있다. 먼저 '경전'으로 구성된 문학의 역사, 다음으로, 더욱 중요한 것은 매년 '문학인구'에 새로 가입하는 젊은이들이다.[42] 단지 젊은이들의 젊음, 활력 때문이 아니라 현실적 압박이 그들을 신음하게 하고 외치게 한다.

---

38) 이러한 주요 기구로는 관영간행물, 출판사, 도서발행중심, 중선부(中宣部), 신문출판서, 중학어문과, 대학중문과, 작가협회, 서점 및 주류문학평론과 연구권이 있다.

39) 이 체제는 몇몇의 특별한 기구―예를 들어 각종 비관영의 도서출판과 발행회사―의 강력한 추동 외에, 주류 문학 생산체제의 각종 부분을 이용해―정부관리 부문 포함―전개된다. 10년 동안 이러한 상황은 갈수록 보편화되고 확실해졌다. 요컨대 이런 도서물 생산체제가 단지 협의의 '문학작품'만 생산하는 것이 아니라는 것이다. 판로만 있다면 어떠한 도서물이라도 생산이 가능하다. 때문에 그것은 각종 도서물의 경계를 결코 중시하지 않고 도서 시장의 판세에 따라 부단히 각종 장르 간 형식의 경계를 허물고 뒤섞고 혼합시키는―일반적으로 이해하는 새로운 내용의 창작이 아니라―방식을 통해 '새로운 내용'을 만들어낸다. 이로 인해 이 시스템이 잘 운영되고 규모가 커질수록 문학과 비문학경계를 무너뜨리려는 움직임도 더욱 거세질 것이다.

40) 위의 주 참고. 다른 관점에서 보면, 될 수 있는 한 법률 혹은 규정, 타인의 이익을 범하지 않고, 심지어 스스로 위험범위를 설정할 정도로 자신에게 엄격함을 요구하기 때문에 '문화공업'이 주도하는 종이 도서물 체제는 사실 정부관리 부문의 금지기제도 흡수하여 자신의 일부로 만든다고 할 수 있다.

41) 바로 이 공통점이 그것들을 자주 일정 정도 협력하게 한다. 1990년 초와 비교했을 때 이러한 실질적인 협력 관계는 오늘날 더욱 깊어지고 빈번해졌다.

42) 단지 작가 신분으로 가입한 젊은이들 말고도 독자와 평론가 신분으로 가입한 젊은이들도 있다. 상술한 바와 같이 인터넷 시대는 이렇게 한 사람이 두 가지에서 여러 가지 역할까지 하는 상황이 갈수록 편리해지고 보편화되고 있다.

입시교육, 취업전쟁, 비싼 집값, 정보 유통에 대한 통제, 관방에 뿌리를 둔 사회 부패, 짧은 안목(近視), 소극적(消極), 공리주의적인 주류문화 등이 하나가 되어 젊은이들의 분노의 심정을 짓누를 때 무수한 반항의 힘은 여전히 체제가 유도하지 않는 방향으로 번져나갈 수 있다.

이러한 에너지는 문학이 수용할 수 있는 것은 아니지만 만약 기타 영역에서의 저항이 거세거나 위험하면 대부분 문학으로 방향을 돌리게 된다.[43] 억압적인 사회구조에서 문화적 지탱력이 나날이 커지게 되면 다른 측면에서 이 구조에 대한 반항을 촉진시키게 되는데 그것은 대부분 문화영역에서 시작하게 되고 문학은 그 선봉을 맡게 된다. 문학으로 진입한 에너지 중 대다수는 온라인상으로 모여들지만 오프라인에도 적지 않은 수가 머문다. 온라인상에서 문학의 경계가 모호해질수록 더욱 더 많은 에너지가 종이문학으로 수용될 수 있다. 비록 종이문학이 받아들일 수 있는 범위가 넓진 않지만 기존의 각종 체제 밖에서—좀 더 정확히 표현하면 그것들 간의 주변과 그 사이—신음하고 외치는 문학은 분명 존재한다.

10년 동안 이 같은 문학이 생겨나는 현상이 주위에서 나타나기 시작했고[44] 일단 하나가 되면 어마어마한 잠재력이 될 수 있음을 당신은 느낄

43) 이러한 현상은 단지 문학 영역에서만 나타나는 현상이 아니라 모든 문화 심지어 더욱 광범위한 범위에서 나타나고 있다. 예를 들어, 갈수록 많은 젊은이들은 '신자본주의'의 요구에 '적극적으로 부합'하여 순종하는 노동력이 되는 것을 거부하고 고집스럽게도 '잡'에서 인터넷 세계, 게임, 대화, 인터넷 쇼핑몰 개설, 구경, 의견발표, '소문' 전파, 단편풍자 영상 제작 등에 몰두한다. 생명 및 그 반역과 반항의 힘을 어떻게 문화영역으로 진입/전이시켜 그 속에서 소비되고 축적 혹은 폭발되는 복잡한 상황을 특별한 각도로 보여주고 있다.

44) 1990년대 말에 연이어 나타난 '70년대 세대', '80년대 세대'처럼 명명하는 것이 유행한 것은 평론계의 이러한 새로운 유형의 신음과 외침에 대한 비교적 무력한 반응이다. 2010년 한한이 편집한 『독창단』 제1집이 출판된 것은 그들을 위해 첫 번째 상대적으로 독립된 새로운

것이다. 하지만 아직까지 전체적인 윤곽이 형성되지 않았다. 여기에서 나는 몇몇 가능한 특징을 간략하게 정리해 보고자 한다.

그 주요 작가군을 이루는 '80'에서 '90'년대 출생한 대다수의 젊은이들은 귀징밍 식의 창작 스타일을 저질이라며 무시한다.[45] 그러나 모옌 식 창작을 따라 『인민문학』과 같은 엄숙문학 문 앞에서 오래 기다리는 것도 원치 않고, 작가협회에 가입하는 것은 더 더욱 생각지 않는다.

비록 분노로 시작했지만 이 문학은 전체적으로 정신적 엄숙함보다는 조소와 해학적인 태도를 취하고 있다. 각양각색의 무기력한 '듯한'(貌似), 의기소침한 '듯한'(貌似), 아무 생각 없는 '듯한'(貌似) '우스개' 방식으로 사회와 인생에 대한 심정을 진지하게—내지 격렬하게—표현하고, 이 부분에 있어서의 많은 표현들은 사실상 '문학의 반항'이란 무엇인지에 대해 이미 새로운 정의를 내리기 시작했다.[46]

온라인상의 비슷한 부류와 마찬가지로 그것은 독특한 형식을 좋아하고 금기 영역으로 접근할수록 혼합장르의 모습을 띠게 된다. 『독창단』

공간을 만들어준 것으로 볼 수 있겠다.

45) 그 중 일부는 여전히 '계약 작가'의 신분으로 잠시 '문화산업' 성격의 문학회사에 의지하고 있다.

46) 이러한 현상이 왜 나타나는지는 지면 관계상 자세히 다루지 않겠고 반드시 고려해야 할 몇 가지만 언급하려 한다. '문학'식 이데올로기의 환상이 깨지고 생겨난 '숭고'한 이상에 대한 거리감, 관료부패 및 각종 '거짓말'로 인해 형성된 '엄숙'정신에 대한 보편적 불신, 생활 스트레스로 인한 심신의 피로를 풀기 위해 '그저 편해지고 싶다'라는 생각이 야기한 인생의 아픔을 회피하고자 하는 심리 경향 및 학교와 가정교육, 매체 정보, 도시물질 공간 등이 합쳐져 생겨난 '거대 사물'에 대한 무반응적인 정신 상태. 그 밖에 인터넷문학 유행의 영향도 원인 중의 하나다. '써우써우원원사이트'(搜哦問問網)에 베테랑 작가가 어느 신진 작가의 "어떡해야 독자들의 클릭 수를 늘릴 수 있습니까"라는 질문에 '생활화', '감정화', '자신의 스타일 찾기', '유머감각'의 4가지 요소를 들었다. 특히 일반적으로 온라인상에서 소설을 읽는 독자는 즐거움을 추구하니 골치 아픈 일들은 쓰면 안 된다고 했다. '반탄문학'(反彈文學)과 이 풍조와의 관계에 주목할 필요가 있다.

(獨唱團) 제1집에서 한한(韓寒)들은 다량의 그림문자를 배치하고 또 "모든 사람들이 모든 사람들에게 묻는다"라는 코너를 만들어 각종 괴상한 질문들과 형식적인 내용의 답변들을 나란히 실었다. 이는 의식적으로 자신을 비문학의 틈새로 숨어들게 하는 것이다. 2011년 정월 초하루 『남방주말』(南方周末)은 전면에 '내 아버지'를 소재로 하는 추억의 산문 16편을 실었으며, 지면 가장자리의 공백에는 베이다오(北島), 하이쯔(海子), 리얼커(裏爾克) 등의 시를 올렸다. 엄연히 문학신문이지만 사실은 아니다. 대다수는 기자가 정리한 구술 기록으로 '가족'적인 어투로 한해의 핫뉴스를 다시 서술하고 있다.[47] 마치 문학의 우산을 펼쳐드는 것 같지만 비문학에 대한 관심을 토로하고 있다.[48] 한편 가수 저우윈펑(周雲蓬)을 포함해 아슬아슬한 경계의 길을 선택한 젊은 작가들은 이 길을 빌어 입장해 일반적으로 기쁜 소식들로 넘쳐나야 할 신문지면에 주류적 내용과는 어울리지 않는 문장을 실어 함께 게재된 다른 문장들과 대립하며,[49] 아무리 작은 틈에서라도 얼마든지 충돌할 수 있다는 현실을 부각시키고 있다.

그것은 지금까지 안정된 공간을 확보하지 못했다. 『독창단』 제1집의 판매량이 150만부에 달했으나 제2집은 강제로 소각됐으며 무기한 정간

---

47) 이러한 구술은 모두 4편으로 각각 폭스콘(富士康)사건, '토지 수용 불복 가구', 강제 철거 중 사망한 사건과 여대생이 캠퍼스에서 교통사고로 사망한 사건이다.
48) 흥미로운 것은 이틀 후(2월 5일), 상하이 해방일보에도 '신재경주간'면에 천자 정도 되는 시민—특히 젊은 시민—들의 직업 선택, 주택, 결혼 스트레스 등 경제 사회문제에 대한 다양한 이론이 담긴 12편의 산문을 발표되었다.
49) 16편의 산문 중 충칭 탐관오리 원창(文强)의 아들의 서명이 있는 문장이 있는데 아버지 원창의 탐관오리가 아닌 다른 이면을 피력하고 있지만 혹여 사실일지라도 자연스럽게 독자들의 반감을 불러일으켰다.

에 들어갔다. 그것은 어쩔 수 없이 이곳저곳을 두리번거리며 유격전을 펼칠 수밖에 없다. 틈과 함정이 교차하고 지극히 쉽게 호환될 수 있는 세계에서 서로는 서로의 힘을 필요로 할 수밖에 없다. 그것의 진면목은 텍스트에서 유통에 이르기까지 수시로 변화하고 애매모호한 색채들을 띤다. 예를 들어 현재 그 분야의 대표 작가인 한한은 원래 소설로 시작했지만 지금은 시사평론과 산문이 혼합된 블로그 문자로 독자들과 만나고 있다. 2010년 9월 그의 장편 신작 『1988─나는 이 세계와 마음을 나누고 싶다』(我想和這個世界談談心) 단행본은 놀랍게도 100권을 한정판으로 매 권 998위안, 10그램 무게의 금세사를 서비스로 얹어 판매했다![50]

비록 불분명과 불확실이 이처럼 많이 존재하지만 나는 여전히 이 넓은 땅에서 체제 외부의 신음과 외침이 종이세계라 할지라도 끊임없이 이어질 것이라고 믿고 싶다. 그것들은 대부분 어쩔 수 없이 계속해서 잡다한 다른 형식 속에 혼재되어 있을 것이며, 때문에 상당수는 변화될지도 모른다. 그러나 우리는 더욱 유심히 귀를 기울여야 하고 한층 더 정확하게 그것을 구별해내야 한다. 안정적이지 못한 외형은 바로 새로운 사물의 특징 중의 하나라 할 수 있으며, 중국문학의 생명력, 종이세계에 있어서는 아마도 엄청난 부분이 바로 이곳에 있다고 할 수 있다.

---

50) 상당히 악습이라 할 수 있는 조작적 선전은 많은 독자들의 반감을 불러일으키고 인터넷상에서 순식간에 파란을 일으켰다. 이는 많은 독자들이 한한과 궈징밍을 서로 다른 작가로 보기 때문에 이번의 조작적 선전을 받아들일 수 없는 것이다. "당신도 어떻게 이럴 수가?!" 이렇게까지는 부각되지 않았지만 2008년부터 장웨란(張悅然)이 편집한 일련의 '테마서' 『리』(鯉)에서도 유사한 애매한 남녀관계를 표현했다. 조심스럽게 사방을 두드려보는 듯한 주제곡(예를 들어 '고독', '중독', '호르몬')과 책속의 일부 작품 간의 장력(張力) 및 책 속 각기 다른 작품 사이의 장력은 상당히 뚜렷하다.

8_

'절반'과 '육분'은 모두 비유에 지나지 않는다. 문학의 영역은 원래 이렇게 숫자로 나눌 수 없다. '성다문학', '블로그문학', '엄숙문학'과 '신자본주의문학'도 불가에서 말하는 '편한 법문'과도 같은 것이지 면밀히 사고를 거친 개념은 아니다. 사실, 내가 분리하여 설명한 문학 사이에도 상통하는 부분이 있다. 이 부분이야말로 그들 간의 거리감과 상이함보다 더욱 중요하다.

예를 들어 인터넷 상의 '성다문학'은 적어도 그 주체 부분이 『최소설』식의 종이문학작품과 같이 이 시대의 '신자본주의문학'에 속할 뿐 아니라 그 중에서도 핵심 부분의 최근 몇 년간 합작 정도는 빠른 속도로 확산되고 있다.[51] 온오프라인 상의 각종 경계를 넘나드는 창작, 특히 정치성이 비교적 강한 작품들은 처음 시작부터 상호 자극하고 지속적으로 보완한다.[52] 원래 문자성의 풍자적 영감은 빠른 속도로 단편영상, 니얼거, 기타 곡, 소품문 등으로 거듭나 단시간 내에 중국 전역으로 퍼져 나가곤 한다. 이러한 상황은 거의 매일 일어나고 있다. 이에 반해 많은 '블로그문학'과 '엄숙문학' 작품은 문학 내용과 형식면에서 '보수'연맹이 뚜렷이 나타나고 있다.[53] 아직까지, 여전히 '엄숙문학'의 사회적 비판을 고수하는 일부

---

51) 2009년 성다문학 회사는 궈징밍과 계약을 맺고 신작 『소시대』(小時代)의 인터넷 저작권('치덴중문사이트'에서 전문 연재)을 구매한 것은 좋은 예다.

52) 상호 보완 속에서 발전한 경계 넘기 창작과 중국특색의 '문화산업' 및 그 '성다문학'이 추동한 경계 넘기 창작 간의 복잡한 관계는 깊이 분석해볼 가치가 있다.

53) 여기에서 '보수'의 함의는 간단하게 말해 이러한 작품이 독자에게 "이건 무슨 작품이야? 소설? 산문? 아니면…"이라는 등의 큰 의혹을 갖게 하지 않는다. 또한 독자들로 하여금 기타 방면(주제, 구조, 서술 방식 등)에서 뚜렷하게 '낯설다는' 자극도 주지 않는다.

우수한 작가54)—그 중 대다수는 중년 내지 그보다 더한 연장자—와 젊은 이들이 주축이 되어 사방에서 피어나는 '체제 외' 문학, 이 양자 사이의 상호관계는 눈여겨볼 만하다.

그러나 중국문학은 정말이지 놀라운 변화를 보였고, 분명한 것은 우리가 반드시 그것을 설명해야 한다는 것이다.

9_

최근 30년간 정치·경제·문화 영역을 막론하고 일어난 놀라운 사회변화의 기본 조건 및 규칙 그리고 지배적 힘은 1970년대와는 완전히 다르다. 문학세계를 '육분천하'라고 한 것은 바로 이러한 엄청난 '다름'의 결과다. 물론 부분적으로는 '다름'의 일부 원인이 되기도 했다. 하지만 정치·경제·문화 등 전체적인 변화와 다양한 문학이 존재하는 현실 사이에 일련의 연결고리가 있으며 이 부분에 더욱 더 많은 주의를 기울여야 할 것이다. 바로 이 중간 매개들이야말로 문학이 어떻게 변화되고 또 어떻게 문학을 변화시킨 요인들을 바라보는지 설명할 수 있기 때문이다.

내가 볼 때 가장 중요한 매개 고리는 새로운 지배문화의 생산기제다.55) 그것은 1990년대 중반 이후 급속히 성장하여 문학의 기본 '생산조

---

54) 오늘날 중국의 '엄숙문학'은 전체적으로 비록 규범과 그것을 지탱하는 주류문학 생산 체제의 제약을 심하게 받고 있으나 이 문학에 잔존하는 '엄숙성'은 끊임없이 이어지는 일부 작가들의 이 체제로부터의 속박을 끊어버리려는 시도에서 표현되고 있다. 이러한 점에서 이 일부 작가들의 창작은 본문 7장에서 설명한 바 있는 체제 외의 '신음과 외침'의 문학과 상이한 부분보다 상통된 부분이 많다.

건을 변화시켰으며 더 나아가 모든 문학을 변화시켰다.

지면 관계상 여기서는 이 지배문화의 생산기제의 '새로움'이 어디에 있는지, 이러한 '새로움'이 어떻게 문학의 생산조건을 변화시켰는지 구체적으로 설명하기 어렵다. 하지만 그 중 몇 가지 중요한 핵심만 짚어보면 새로운 지배문화의 생산기제가 오늘날 문학에 있어 얼마나 중대한 책임을 지고 있는지 알 수 있으리라 본다.

국내외적인 일련의 사건들—1980년대 말부터의 격랑, 1990년대 초 소련과 동유럽지역의 사회 대변동, 1990년대 중반 이후 '귀족자본주의'의 팽창 및 전 세계의 '미국식 모델' 복제에 대한 환상의 파멸 등등—로 인해 강화된 보편적인 정치 무력감.

보통사람, 특히 도시—혹은 도시로 진입하려 노력하는—젊은이들의 일상생활에 있어 갈수록 심해지는 이데올로기 기능, 만약 유심히 이 생활의 경제부분을 들여다보면 그 이데올로기의 기능이 얼마나 큰지 발견할 수 있다.

초등학교 때부터 강화된 '입시교육'이 청소년들에게—단지 학습능력

---

55) 일반적으로 한 사회는 늘 어떠한 지배적 문화를 형성한다. 그것은 전체 문화영역에서 지배적 역량을 갖고 있을 뿐만 아니라 기타 문화적 힘을 견인하거나 휩쓸어 그것이 의도하는 방향으로 사회의 기타 분야에서 오랫동안 각기 다른 정도의 영향력을 발휘한다. 이러한 의미에서 지배적 문화가 참여하지 않는다면—지배적 문화가 비록 명확하게 구별해낼 수 있는 시스템을 갖추고 있지 않다 하더라도—사회의 재생산은 지속될 수 없다. 현대사회일수록 지배적 문화는 고대사회처럼 오랜 시간을 통해 형성될 수 없기 때문에 많은 '우연'적 요인들의 영향을 받는다. 갈수록 치밀하고 복잡해지는 현대사회의 구조적 특징—형식상 잦은 변화로 나타나 사람들로 하여금 어떠한 확신도 주지 못하는 '치밀함'이지만 그 지배적 문화의 형성, 변화, 파멸 등을 결정하는 데 있어 피할 수 없는 일종의 '피생산'적 특성을 갖게 한다. 다시 말해 모두 비교적 직접적으로 사회의 각종 기본적인 제도적 역량간의 힘겨루기/협력의 제약을 받는다. 이로 인해 현대사회의 지배적 문화는 일반적으로 힘겨루기/협력이 형성한 각종 '불문율'의 협력 하에 형성된다. 이 같은 '불문율'은 이 지배적 문화의 기본적 생산 기제를 구성한다.

과 지식, 지능이 아니라―미친 영향력.

각계각층―현장 생산 라인에서 일하는 육체노동자뿐만 아니라 금융, IT업종을 풍향계로 하는 각양각색의 화이트칼라 직업, 교육, 신문 등 '사업' 단위―의 고용노동의 강도 및 휴식시간표의 현저한 변화.

갈수록 심화되는 도농문화차, 내륙과 중소도시에 비해 압도적인 문화적 우위에 있는 연해 거대도시―일반적으로 '국제대도시'.

개인컴퓨터, 위성TV, 인터넷, 고속인터넷, 휴대폰 등과 같은 새로운 통신과 전파 기술 및 그 하드웨어의 보급.

갈수록 유통고리인 문화와 정보로 치중되는 감시제도, 바로 이 감시제도의 전이는 1980년대 수많은 젊은이들을 설레게 하고 신성시했던 '자유창작'이라는 말을 더 이상 쓸모없는 단어로 만들어버렸다. 이는 문학 안팎에서 일어난 거대한 변화에 있어 비록 작지만 깊은 의미를 내포하고 있다.

몇 가지 더 언급할 수 있겠으나 상술한 7개 부분이 가장 중요하다고 볼 수 있다. 그 중 상당 부분은 우리가 예전에 주의를 기울이지 않아 거리감을 느끼게 된다. 이 거리감은 우리가 자각하지 못하는 사이에 생겨나는 위축감과 밀접한 관계를 가지고 있다. "이것들은 모두 문학 이외의 일이고 나는 문학을 연구하는데 이것이 나와 무슨 관계가 있는가?" 10년 동안 이와 비슷한 의혹의 소리를 얼마나 수없이 들었는지 모른다.

여기서 거칠게 한마디 함을 양해해주기 바란다. 오늘의 중국문학을 제대로 이해하고 앞으로의 변화를 예측하려면 반드시 상술한 방면을―그리고 본문에서 열거하지 않은 기타 중요한 것들―이해하고 설명하려고 노력해야 한다. 만약 이것이 문학연구의 영역을 확장시켜 연구에 있어 어려움이 따를지라도 우리의 지식과 사고 분석 및 연구수단을 확대해야 한다. 어느 관점에서 보면 문학의 범위는 점차 확장되고 있다. 문학에 대한 압력과 이용이든, 문학의 몸부림과 반항이든 갈수록 많은 부분이—갈수록 현저히—우리에게 습관화된 그 '문학' 밖에서 일어나고 있다. 이런 현실은 우리를 더 이상 가만있을 수 없게 하고 있다.

10_

1980년대 중반, 사회에 대한 문학의 직접적인 영향이 급격히 위축되고, 문학잡지의 판매량도 몇 백만 몇 십만부에서 몇 만부 몇 천부로 줄어들어 '현대사회에서 문학은 적막'하다는 판단이 유행하기 시작하는 데 가장 좋은 예로 미국을 들 수 있다. 심지어 어떤 이는 문학의 상실이란 '놀라운 효과'로 중국의 현대화를 반증하기도 한다. 10년도 안 되는 시간 속에서 갈수록 많은 작가와 연구자들이 이러한 견해를 받아들였고 더 이상 당황하지도 원망하지도 않으며 안정을 찾아갔다. 물론 더 이상의 반성도 없이.56)

하지만 지금 우리는 현재 세계 각국의 문학 현실이 일률적이지 않고 천차만별이라는 것을 확인할 수 있다. 미국과 같은 사회에서 포크너, 헤밍웨이식의 문학은 확실히 힘을 잃었다. 하지만 유럽, 남미와 아시아 등

---

56) 내 생각에는 '엄숙문학'이 최근 30년 동안 '외롭게' 지속적으로 확대되고 있는 것은, 작가와 연구자의 입장에서 볼 때 상술한 '문학은 필연적으로 적막하다'(文學必然寂寞論)도 중요한 요인 중의 하나라고 본다.

많은 국가에서 문학은 정신생활에서 여전히 중요하며 사회적 영향력 또한 크다. 특히 오늘날의 중국에서 인터넷의 보급과 인터넷문학의 번영으로 평소 일정량의 문학작품을 읽는 데 습관이 되어 '문학인구'에 포함되는 독자의 수와 이와 관련된 각종 문학작품의 출판량은 사실 증가하고 있다. 앞서 내가 소개한 내용은 바로 종이의 '엄숙문학'이 전체 문학세계에서의 점유율이 서서히 감소하는 동시에 이 문학세계의 영역은 오히려 확대되고 있다는 것을 설명하고 있다.

다시 말해 100년간의 상황과 근본적으로 큰 차이가 없고, 오늘날 중국사회의 정신적 힘은 여전히 문학세계에 응집되어 있음을 알 수 있다. 이 점에서, '성다문학'의 운영자들은 나와 공통된 판단을 하고 있으며 앞으로 상당 기간 동안 문학은 여전히 중요할 것이라 믿고 있다. 물론 문학이 왜 중요한지에 대한 견해 차이는 있다. 그들은 중국인의 대부분 '창의'는 문학 속에 있고 이 시대에 있어 '창의'는 가장 돈이 되는 것이라 믿는다. 나는 사회 전체가 자신에게 적합한 현대를 향해 고군분투할 때 중국에도 19세기 러시아 문학처럼 민족문화와 사회적 정신을 보존하고 제고하는 위대한 문학이 있을 수 있다고 확신한다. 물론 톨스토이와 도스토예프스키 그리고 체호프와 같은 문학일 수는 없지만.

당대문학에 대한 큰 실망을 느끼지만 여전히 그것을 중시하며 심지어 '문외한'으로서 가질 수 있는 거리감을 피하지 않고 감히 오늘날 문학의 변화도를 스케치해 본 것은 바로 이러한 믿음에서였다. 뿐만 아니라 이 믿음은 스케치하는 과정에서 일부 확신을 얻었다.

『문학평론』(文學評論), 2011년 제5기에 게재

[요약]

최근 15년 사이 중국대륙의 문학지도는 분명히 변했다. '인터넷문학'이 맹렬히 불어나고 급격히 분화됐을 뿐 아니라, 지면문학 내부에서도 빠르게 영토의 재분할이 일어나, 『수확』(收穫)이나 『인민문학』(人民文學)을 앞세운 '엄숙문학'의 영향 범위는 눈에 띄게 축소됐으며 『최소설』(最小說) 류의 '신자본주의문학'이 급격히 확장됐고 『독창단』(獨唱團) 같은 새로운 세력이 출현해 '제3의 방향'이란 이정표를 세우기도 했다. 문학지도의 거대한 변화 배후에는 사회 구조와 과학기술 조건, 정치/경제/문화 메커니즘 및 그와 관련된 심각한 변화가 존재한다. 이와 같은 새로운 문학의 국면을 대면해서 평론가와 연구자들은 시야를 넓히고 사고방식을 전환해 새로운 분석 도구를 발전시켜야만 한다. 당대 세계에서 문학이 절대로 '주변'으로 밀려날 운명이 되지 않게 하는 일은 문학인들이 어떻게 하느냐에 달려 있다.(왕샤오밍 요약)

본문 번역_변경숙 / 요약문 번역_김소영

푸둥에서 충칭까지

―새로운 길은 어디에?*

1_

나는 중국 현대문학과 문화를 연구하는 사람으로서 부족한 역량이지만 '중국 경제'에 관해 논의하고자 한다.

최근 30년간 중국 경제의 거대한 발전에 대해 누구도 부인하기 어려울 것이다.[1] 최근 5, 6년간 중국의 세계 GDP 순위는 지속적으로 상승했고, '우리도 부자가 되었다'라는 졸부식 오만이 중국 전역에 넘쳐나고 있다.[2]

---

* 원제: 從"浦東"到"重慶"―新路何在?

1) 2012년 1월 말 『이코노미스트』 표지에 실린 「국가 자본주의의 부상」(The Rise of State Capitalism)에서 언급한 첫 번째 예가 바로 중국이었다. 거의 비슷한 시기에 중국 대륙의 인터넷에서 회자되었던 중국 정부의 '개혁' 30년에 대한 평가는 '경제적으로는 성공, 정치적으로는 절반의 성공과 절반의 실패, 문화적으로는 전면적 실패'였다. 이런 평가는 중국 정치와 문화의 현실에 불만인 사람들조차도 최근 30년간의 중국 경제가 이룩한 거대한 발전을 부인하기 어려움을 보여준다.

그러나 다른 목소리도 들려오기 시작한다.

실제 상황을 이해하고 있는 경제학자와 관료들은 중국 경제가 얼마나 더 이렇게 고속 성장을 지속할 수 있을지에 대해 공개적으로 곤혹스러워하고 있다.

더 넓은 시야를 가진 다른 사람들은, 설령 고속 성장의 상황이 지속될 수 있을지라도 이런 GDP 중심의 경제가 지배하는 생활세계가 진정 중국인이 원하는 것이었는지, '중국 경제 기적'의 이면에 있는 문제에 대해서도 점점 더 의문을 품기 시작했다.

···

후자 차원의 문제가 분명 훨씬 근본적이고 중요한 것이다.

오늘날 중국 경제 규모는 이미 커다란 정도로 중국과 동아시아뿐 아니라 세계 미래를 결정하는 요소가 되어버렸을 만큼 팽창했다. 그렇기 때문에 구체적으로 어떤 주제의 연구를 막론하고 현실과 미래의 인식과 관련된 것이라면, 최근 중국 경제의 거대한 변화를 어떻게 평가해야 하는지, 이런 경제가 어떤 방향으로 가는지에 대해 고려하지 않을 수 없을 것이다.

보충하자면, 여기서 말하는 '중국 경제'는 GDP, 국민 수입 등과 같은 일반적인 협의 경제를 일컬을 뿐 아니라, 이런 협의의 '산경제'와 함께 '발전해온 중국적 특색을 분명히 가지는 '산정치'와 '산문화'이다. 최근 30년간의 '개혁'은 협의의 '정치', '경제', 그리고 '문화'의 긴밀한 상호작용—'문혁' 시기와는 전혀 다른 상호작용이자, 삼자 간의 경계가 날로 모호해지는—을

---

2) 이는 전형적으로 세계 각지의 중국 여행자들의 소비 능력에 대한 각 매체의 과장으로 드러난다.

분명히 드러내고 있다.

예를 들어 '혁명'으로 국가를 일으킨 중국 공산당(이하 중공)은 '세계와 도킹'을 기본 국책으로 삼았고(여기서 '세계'는 실제로 서양 자본주의세계) 이는 중공의 정치 통치의 기본 내용, 합법성, 그리고 사회 기초가반드시 경제의 거대한 변화와 함께 변화하며 서로 인과관계를 가진다는것을 의미한다.3) 마찬가지로 '신부유층'과 그 이데올로기가 도시 주민의일상을 주도하며 점차 새로운 지배문화를 생산하는 거점이 되고 있으며,이는 새로운 경제와 문화구조가 필연적으로 서로를 포함하며 함께 확대되고 있음을 의미한다.

'경제'라는 것은 동시에 '정치'와 '문화'이며, 뒤집어 말해도 마찬가지다.4) 그렇기 때문에 '중국 경제'라는 것은 우리가 현실을 분석하고 미래를 상상하는 중요한 시각이라고 할 수 있다. 마찬가지로 '경제'와 함께형성되며 그것과 상호 침투하고 있는 새로운 '중국 정치'5)와 '중국 문화'6)

---

3) '함께 변화'하며 '서로 인과관계를 가진다'는 말에 대한 예로, 최근 30년간 경제 '발전'에
대한 중대한 사회적 후과 중의 하나는 '신부유층'의 부상과 이와 관련된 중국 공산당 간부,
정부 관료(많은 수의 하급 간부와 관료를 포함해서)들이 보편적으로 부유해졌으며 그 가운데
상당수가 각종 합법/불법적 방법으로 경제활동을 통해 치부한 것을 들 수 있다. 바로 이런
상황은 가장 역량 있는 측면에서 중국 공산당이 지속적으로 집정하도록 하는 기본적 내용과
합법성, 그리고 사회적 기초를 변화시켰다. 당은 실제로 사회주의/공산주의 혁명이라는 목표를
방기했으며, 경제 사정과 인민이 부유해지는 것을 집권의 주요 합법적 근거로 삼았으며, 여유
계층과 상대적으로 부유한 계층은 정치를 안정시키는 사회의 초석이 되었다. 이런 변화는 또한
거꾸로 '신부유층'의 부상과 간부, 그리고 관료들이 자연스럽게 부유해진 것에 대해 입증해준다.
4) 이렇게 경제, 정치 그리고 문화가 혼합되어 변화하고 서로 포함되는 것은 바로 최근 30년간
의 '지구화'의 두드러진 특징으로, 중국 대륙에서만 일어나는 일이 아니라 심지어 전면적이고
심층적으로 세계 각지에서 일어나고 있다. '문화경제학', '미디어 정치경제학'과 같은 새로운
학과가 집중적으로 생기는 것이 바로 이런 특징이 학술 영역에 반영된 것이다.
5) 최근 10년간 '중국 모델' 및 '중국의 길'과 관련된 토론에서 새로운 '중국 정치'라는 것이
확실하나마 초보적으로 생성되었음을 말해준다. 내가 보기에 이런 정치의 가장 중요한 두 가지

역시 중요한 시각이 되어야 하며, 혹은 더 정확히 말해 그것은 이런 시각의 일부라고 할 수 있다.

2_

오늘날 중국에서는 위에서 언급한 바와 같이 다양한 목소리로 비교적 광범위한 의미에서 '중국 경제'에 대한 토론이 일어나고 있다. 예를 들어 '마오파', '신자유주의', '신좌파', '국가주의'라고 불리는 주장들[7]이 이미 다양한 층면에서 매우 격렬한 논쟁을 벌이고 있다.[8]

내용은, 첫째, 전면적으로 '중국혁명'(1880-1940년대)이 만들어낸 이상주의적 색채가 가득한 현대 정치 전통과 분리되면서 사회와 개인의 이상이라는 범위가 대폭 축소되었고, 이런 현상의 후과 가운데 하나가 바로 협의의 '경제'(GDP와 개인 소득)가 이상의 핵심으로 확대된 것이다. 둘째, 협의의 '경제'와 '문화'가 심층적으로 혼합되면서 1990년대 중반 이전까지 사회 전반에 대한 국가장치의 통제력에 심각한 타격을 입었던 것이 효과적으로 회복되었다. 설령 이렇게 회복된 새로운 통제라 하더라도 1990년대 중반 이전과 비교해 보았을 때 (그 통제력이) 적지 않게 느슨해졌다.

6) 이것은 1990년대 형성되기 시작해 최근 10년간 지속적으로 팽창해온 새로운 지배적인 문화를 가리키며, 그것은 가치 관념, 생활 문화와 인간관계를 비롯한 물질적 문화제도 등 각 층면들을 두루 포함하고 있다. 그것의 '새로움'은 기본적으로 1950-1970년대 마오쩌둥 사상(이는 그 시대의 지배적 문화의 전형적 표현이다)과는 완전히 다른, 나아가 오늘날 중국사회가 형성하고 발전시킨 지배적 문화의 전체 문화 생산기제로 표현되며, 1990년대 이전과도 확실히 달라졌다.

7) 예를 들어 '우유즈샹'(烏有之鄉)이라는 인터넷 사이트를 주요 언론 기지로 하는 이곳에는 양심적이지만 통상 상당히 격렬한 방식의 장쥐지(張巨集)의 비평과 정부 체제 내 경제학자의 경제와 사회 상황에 대한 우징롄(吳敬璉)의 우려 및 국유 경제를 다시 진작시켜 새로운 방식을 창조하고자 하는 추이즈위안(崔之元)의 논의들이 있다. '중국 모델'을 긍정하는 것을 기조로 하는 또 다른 논의들은(상당수가 경제학자들이 아님) '국가주의' 혹은 '권위주의' 입장에서 출발하는 목소리로 볼 수 있다.

8) 2010년 이래로 이런 쟁론은 심지어 국가 지도자들(예를 들어 원자바오[溫家寶] 총리와 우방궈[吳邦國] 인민대표위원회 위원장)과 지방의 지도자들(예를 들어 보시라이[薄熙來] 충칭시위원회

중국 대륙의 광의의 문화연구9)적 시점에서 본다면, 이런 토론의 핵심 문제는 만약 사회와 정치 안정을 단기적 안목에서 보는 것이 아니라 사회와 인류의 장기적 상황에 초점을 맞춘다면 우리는 최근 30년의 '중국 경제'의 고속 발전을 어떻게 평가해야 하는가이다.

이 문제는 다양한 방면으로 전개될 수 있지만 지면상의 한계를 고려해 간략하게나마 그 가운데 세 가지를 열거해보면,

첫째, 중국인(물론, 중국뿐만 아니겠지만)에게 있어 가장 필요한 생활 조건인 토지, 물, 공기, 식생(植生), 인간의 정신적 시야, 도덕심, 문화전통, 사회 내부의 계급 관계, 국제 관계 등을 충분히 고려한다면 우리는 경제 총량이 빠른 속도로 팽창함에 대해 놀라움을 느끼겠지만, 더 나아가 이 경제 '기적'의 부정적인 면에 대해서 분명히 확인해봐야 하지 않겠는가? 분명한 것은 최근 30년간 이런 기본적 생활 조건이 정도의 차이는 있지만 심각하게 악화되었다는 것이다.

둘째, 총체적으로 기본적인 경제적 결핍이 극복된 후10) 미래의 경제

서기와 왕양(汪洋) 광둥성위원회 서가—그들은 중공중앙정치국 위원회 위원들이기도 하다)의 공개적 언사에 영향을 미치기 시작했으며 일정 정도 그들을 그 안으로 끌어들였다.

9) 문화연구의 특성은 중국 대륙의 문화연구가 반드시 다른 곳의 문화연구와 분명히 다른 특징을 형성하게 될 것임을 결정지었다. 최근 10년간 이런 특징은 점차 형성되었는데, 그 가운데 하나가 바로 1880-1940년대 형성된 중국 혁명사상 전통을 서양 이론보다 더 중요한 자신의 정신적 근거로 보도록 점차 자각하고 있다는 것이다.

10) 식량, 의복, 거주, 실질적 구매력을 가지는 화폐, 상업과 공공교통 설비, 철강, 전력, 심지어 학교 교실 등의 총량으로 보아 오늘날 중국이 달성한 경제 규모와 총 국민소득이 비교적 공평하게 분배된다면 전체 중국인이 모두 안정된 생활을 누리며 곤궁한 생활을 하지 않아도 될 것이다. 오늘날 중국에 여전히 거대한 규모의 빈곤인구가 존재하는 주요 원인은 사회적 부의 분배 제도(이와 더불어 이 제도 배후의 사회구조)가 한쪽으로 너무 기울었기 때문에 여러 계급, 도시와 향촌 그리고 지역 격차는 소수의 사람들이 너무나 많은 사회적 부를 지속적이고 '합법적'으로 차지하도록 했다.

에 대한 계획과 노력은 사회 재산의 분배, 사람과 자연의 관계, 지식과 도덕 상황, 생활의 다양성과 같은 화폐나 심지어 숫자로 평가할 수 없는 방면을 개선할 수 있도록 최대한 협력해야 하지 않겠는가?

셋째, 이와 상응해 사람을 철저히 경제적 동물로만 바라보는 정치의식[11]과 물질적 재화의 극단적 풍부함이 자유해방의 전제라고 여기는 정치적 신념,[12] 그리고 '인류는 우주의 중심', '대자연의 무한한 풍부함과 이를 끝없이 사용하는 것', '과학 기술 만능'과 같은 더 광범위한 영향력을 갖는 개념 역시 반드시 하루빨리 타파되어야 하지 않을까?

지금까지 이런 생각들은 그저 인터넷과 지면상의 목소리로, 현실을 바꾸기에는 턱없이 모자란 역량들이다. 그러나 이 목소리들은 이미 지구적 자본주의의 틀을 타파하고 진정으로 인류와 사회의 장기적 발전을 전면적으로 추진할 수 있는 방향을 명확하게 그려내었다. 만약 앞으로 중국이 점차 그런 방향으로 갈 수 있다면, 인류 외의 모든 생명체와 자연적 체계를 포함해 중국은 물론이고 동아시아와 모든 세계 역시 안도의 한숨을 내쉴 수 있을 것이다.

3_

다시 한 번 현실을 바라보자.

---

11) 어떤 의미에서 말하자면 '동양'이든 '아시아'에서든 집권 전제제도와 독재세력이 공유하고 있는, 그 정치 활동의 사상의 근거가 되는 이런 정치의식은 거의 가지고 있다.
12) 대개 자본주의가 주도하는 사회에서 만들어지는 혁명사상(맑스주의 포함)은 모두 그러한 신념을 가지고 있으며 이것을 역사를 평가하고 사회를 개조시키는 기본 이념 가운데 하나로 삼는다. 오히려 '경제가 발전하지 않은' 지역에서 생겨난 혁명 사상(예로 인도의 간디 그리고 중국의 장타이옌[章太炎]의 사상)이 기본적으로 그런 신념의 지배를 받지 않는다.

지금까지 중국 정부는 중국 경제의 주된 조타수였다. 중국 정부가 위에서 언급한 논의들에 어떻게 응답하고, '중국 경제'가 내포하고 있는 심각한 위기를 어떻게 이해하고 있는가는 매우 중요한 문제이다.

정부의 공개적 언급을 보면 정부는 문제가 어디서 비롯된 것인지 잘 파악하고 있는 것 같다. 몇 년 전 정부는 '과학 발전관'의 기치를 내걸었고 최근에는 관방 매체의 GDP 지수에 관한 각종 비판을 허용했으며 '에너지 과소비, 고도의 환경오염'이라는 경제성장 방식을 바꾸어야 함을 부단히 선포했으며, 국내외의 '생태보호', '이산화탄소 배출량 감소'라는 각종 '녹색' 요구에 대해서도 적극적 반응을 보이는 태도를 취하기 시작했다.

이런 반응들 가운데 현재와 같은 경제성장을 지속하기 어려울 것이라는 우려 때문에 경제성장 방식의 변화를 요구하는 것처럼, 여전히 협애한 공리적 관점을 중시하는 것에서 비롯된 것들이 있다. 다른 한편으로는 '지속 가능 발전'과 같은 개념은 이미 관방 문서와 지도자들의 상용어가 되어버렸지만, 이는 정부와 통치 집단의 이익을 장기적으로 고려한 것에서 비롯된 것이라 할지라도 위에서 말한 논의의 부분적 영향을 받지 않을 수 없었기 때문에 중국 경제의 나아가야 할 길에 대해 비교적 진지하게 반성하고 조정 작업을 시작했다는 것을 말해준다.

물론 어떻게 해야 할지 아는 것과 실제로 어떻게 행하느냐는 통상 전혀 다른 일이다. 한 정부의 경제에 대한 실제 평가와 기획을 살펴볼 때 가장 중요한 것은 정부가 어떻게 말하느냐가 아니라 어떻게 처리하느냐이다.

구체적 예로 '도시화'를 들 수 있다. 이는 오늘날 중국 최대 규모의 사회적 프로젝트로, 먼 곳의 시골에 사는 수많은 농민을 포함해 거의 모든 중국 사람들의 생활을 철저히 변화시켜놓았을 뿐 아니라 대규모로 중국 지형의 모습을 영원히 바꾸어 놓았다.

그것(도시화)이 이렇게 대단한 이유는 그 배후에 거대한 손, 즉 중앙에서 지방, 가장 낮게는 촌 단위에 이르는 각급(級)별 정부가 추진하고 있기 때문이다.[13] 물론 또 다른 손이 함께 작용하고 있다. 자본가는 도시화가 최대의 이윤을 가져다줄 수 있다고 확신하고,[14] 부패한 관료는 마치 파리처럼 여기에 가장 농후한 기름이 넘쳐난다는 것을 알고 날아든다. 나날이 쇠락하는 시골을 견디지 못하는 젊은이들 역시 각지에서 부단히 확장되는 도시의 주변부로 모여들지만 그들은 달리 갈 곳이 없다. 그러나 정부는 의심할 여지없이 오늘날 중국 도시화를 밀어붙이는 가장 큰 손이다. 특히 최근 몇 년간 각급 정부가 전력으로 추진하는 가장 큰 사업이 바로 이 도시화이다.

정부가 도시화를 기본적인 국가 정책으로 정했기 때문에 위에서 언급한 다양한 이윤 추구의 욕망과 구생(求生)의 본능은 도시화라는 바퀴를 점점 더 세차게 굴리는 거대한 야만적 역량이 될 수 있었다. 2011년 중국

---

13) 주로 세 가지 원인이 각급 정부의 도시화에 대한 광풍을 만들어냈다. 첫째, 정치적 안정이라는 목적이다. 중앙 정부는 경제의 실질적 성장이 매년 8%대를 유지하려고 하기 때문에, 현재까지도 GDP 성장은 상급 정부가 하급 정부를 심사하는 첫 번째 지표이지만 과거 20년간 경제성장을 자극하는 각종 수단(생산 원가 절감에서부터 세금 환급을 통한 수출 장려에서 통화량 증가에 이르기까지)을 모두 다 이용했기 때문에 도시화는 GDP 성장률을 유지하기 위한 최후의 수단이 되었다. 둘째, 각급 지방 정부는 도시화를 통해 거금의 토지 임대 자본을 얻을 수 있다. 셋째, 관료들이 보편적으로 현대화 이론을 받아들이면서 도시화를 사회 발전의 올바른 형식으로 생각하고 있다.

14) 현재 중국 대륙의 각종 자본 영리 활동 가운데 토지를 주요 운용 대상으로 하는 자본 활동이 이윤을 가장 많이 남기며 도시화의 가장 중요한 내용이 토지를 새롭게 기획하고 이용하는 것이기 때문에, 도시화는 자연히 금융과 여타 다른 것보다 더 자본을 흡수할 수 있었다.

에서는 남에서 북에 이르기까지 도시화라는 바퀴가 지면과 거세게 마찰하며 귓가를 찌르는 듯한 날카로운 소리를 일으키고 있는 것을 어디에서나 볼 수 있다. 광둥 우칸촌(烏坎村) 사람들의 분노의 외침15)이 바로 그 가운데 하나이다.

그렇기 때문에 도시화는 오늘날 중국에서 정부가 통합한 각종 사회적 역량이 실제로 최근 30년간 '중국 경제'의 거대한 변화와 미래의 나아가야 할 방향에 대한 기획을 어떻게 이해하고 있는지를 비교적 분명하게 보여줄 수 있는 좋은 사례이다. 이를 통해 우리들도 가까운 미래에 중국 사회가 점차 위에서 말한 새로운 방향으로 변해갈 수 있는 가능성이 얼마나 있는지 대략적으로 판단할 수 있다.

다음은 상하이와 충칭을 예로 든 한 간단한 분석이다.

4_

1920-1940년대 상하이는 이미 '극동 아시아 최대의 도시'라 일컬어졌다. 1950-1980년대 상하이는 '사회주의 공업도시'로 거듭나면서 도시 구조에 큰 변화가 생겼고16) 시가지도 지속적으로 확대되었다. 그렇기

---

15) 우칸촌은 광둥성의 동남부에 위치한 만여 명의 거주민이 있는 촌락이다. 2011년 9월부터 주민들은 마을의 공유지가 부패한 관료에 의해 독단적으로 처리되는 것에 불만을 느껴 이에 항의했다. 수천 명의 주민이 시정부로 몰려가 시위를 하자 군경이 마을을 포위했고, 이에 마을 사람들이 거리에 바리케이드를 설치하며 저항했다. 이후 광둥성 정부가 개입하면서 시위 주동자들을 해산시켰고 거의 반년이 넘는 시간의 투쟁 조정 과정을 거쳐 안정을 되찾았다.
16) 다음은 이런 도시 구조 변화를 잘 드러낼 수 있는 세 가지 사례이다. 이것들은 단지 물리적 공간이라는 의미만을 포함하지 않는다. 즉 외국 조계의 철저한 소멸(1941년 상하이 전체를

때문에 상하이 지역의 도시화는 실제로 줄곧 확장되고 있었다. 물론 1992년 '푸둥 개발'을 기폭점으로 하는 새로운 도시화 모델은 도시가 팽창하는 속도를 더욱 가속화시켰다.

본래 상하이와 같은 대도시에서의 도시화는 실제로 두 가지 방면을 포함한다. 첫째는 시가지 범위의 지속적인 확장이고, 둘째는 기존 도시의 사회적 구조와 도시 생활의 질을 지속적으로 개선하는 것이다. 이 두 가지를 비교해 보았을 때 후자가 더욱 중요하다.[17]

그러나 20년간 이루어진 상하이 도시화의 성과는 주로 첫 번째 방면에 집중된 것 같다. 시가지 규모는 급속도로 확장되었으며 놀랄 만큼 거대한 면적의 논밭 그리고 기타 농경지가 콘크리트에 덮여 시가지의 일부가 되었다. 이런 신시가지에는 무수히 많은 고층건물 그리고 아스팔트와 콘크리트 도로, 고속도로 심지어 지하에 10여 개 선이 지나는 지하철이 생겨났고, 수많은 자동차가 다니고 보도블록이 깔렸다.[18] 시가지 면적과 실제 거주 인구로 말하자면[19] 오늘날의 상하이는 지구에서 가장

점령했던 일본이 조계지를 취소한다고 선포했으나 조계지의 각종 정치와 경제적 특징이 완전히 없어진 것은 1950년대 이르러서였다), 공업 공간의 전면적 팽창, 광장과 집회장을 특징으로 하는 정치 집회 공간이 급속도로 생성되고 확장된 것이다.

17) 이것의 중요한 근본적 원인은 시가지 규모의 확장에 있다. 특히 그것의 확장 속도가 빠르게 진행될 때 반드시 기존의 시가지 안의 사회적 생활이 갖고 있는 거의 대부분의 것들이 새롭게 재조직된다. 그렇기 때문에 이 재구성 과정에서 기존 시가지의 사회적 생활을 개선할 수 없다면 도시는 규모의 급속한 팽창으로 인해 '점차 확대되면서 악화되는' 악성 순환에 빠지게 될 수 있다.

18) 이렇게 시가지 규모가 급속히 팽창한다는 것을 증명할 수 있는 예로, 1990년대 중반부터 상하이에서 시작된 합병 방식으로, 농업을 위주로 하는 '현(縣)'을 도시의 '구(區)'로 편입시키는 방식을 들 수 있다. 교외에 있는 농업을 위주로 하는 10개의 기존의 현 가운데 (충밍 현 하나만을 남기고) 9개의 현이 없어졌다.

19) 2011년 5월에는 (외지 호적을 가진 상주인구를 포함해) 2,300만 명이었다.

큰 도시 중 하나가 되었다고 할 수 있을 것이다.

위에서 언급한 두 번째 방면에 있어서의 상하이는 곤혹감이 들게 한다. 도시생활의 질적인 면, 특히 하드웨어적인 부분은 분명 현저히 개선되었다. 인터넷이 보급되었고 주거 공간 면적이 대폭 증가했으며[20] 공공교통이 확충되고 도로 면적도 현격히 확장되었다. 상업 시설(특히 각종 상점)의 수량과 면적 모두 대폭 증가했고, 사람들의 평균 수입 역시 지속적으로 증가하고 있다.

그러나 다른 한 편으로 물, 공기, 토지, 식생(植生), 빈부 차이, 공중도덕, 관료의 청렴도, 청년들의 자신감과 이상 등과 같이 상하이 도시 생활에 장기적 영향을 미치는 대부분의 사회적 조건은 정도의 차이는 있지만 오히려 더 악화되었다.

바로 이런 장기적 (영향을 미치는) 조건의 악화는 정도의 차이는 있지만 사람들이 일반적으로 '개선'과 '진보'라고 여기는 많은 것들에 대한 이해를 바꾸어 놓았다. 예를 들어 어린이들이 집을 나서면 상업적 환경에 완전히 둘러싸여 상품과 광고 외에 다른 것은 보지 못하거나 다른 의미를 파악할 수 없게 되었는데도 상업시설의 광범위한 증가를 개선과 진보라고 말할 수 있겠는가? 부동산 개발업자가 사실상 도시 공간의 수석 기획자가 되고 젊은이들 대부분이 자신의 저축으로 집을 구매하는 것에 대해 절망감을 느끼고 있는데도, 콘크리트로 만든 새로운 빌딩 숲을 여전히 상하이 도시화의 공적이라고 여길 것인가? 강남 수향의 비옥한 토양이 최소 천년 이상의 세월에 걸쳐 만들어진 것이라는 것을 떠올

---

20) 2011년 6월, 조성된 주거 면적은 1인당 35㎡이다.

리면, 현재 대규모 면적의 토양이 척박해지고 심각한 오염으로 인해 독성을 띠게 되었는데도 아무 거리낌 없이 사통팔달의 고속도로를 마주할 수 있겠는가?[21)]

그렇기 때문에 상하이 지역의 도시화는 최근 30년간 경제 '발전'의 표본으로 간주될 수 있다. 그것은 현재까지의 발전의 기본 형태를 분명하게 보여주고 있다. 그것은 GDP가 이끄는 협의의 경제적 효과(즉 자본의 가치 증가)를 주요 동력으로 하는 활동[22)]이며, 또한 발전의 두 가지 기본 특징 및 그 상호작용, 즉 협의의 사회적 부의 증가와 각종 장기적 (영향을 미치는) 생활조건의 정도의 차이가 있는 악화[23)]를 분명히 드러내고 있다.

더 나아가 현재까지 중국 대륙 전체에서 도시화의 대부분의 상황이 상하이와 거의 다를 바가 없기 때문에 이를 '푸둥 모델'이라는 말로 개괄할 수 있다.[24)]

---

21) 이와 비슷한 상황은 이밖에도 수없이 많다. 의료 시설의 보편적 개선과 더불어 눈에 띄게 악화되는 전체 의료 서비스의 수준, 캠퍼스 시설의 보편적 개선과 더불어 지속적으로 저하되는 교육의 질, 세수의 증가와 날로 형식화되는 법규와 제도의 건설 및 낮은 수준에 머물러 있는 정부의 공공 서비스 등등.

22) 최근 20년간 상하이시 정부는 여러 차례 도시 발전의 목표를 조정했다. '공업 중심', '경제 중심', '금융 중심', '상업 및 무역 중심', '제조업 중심', '물류 중심', '서비스 경제 중심', '항공 운수업 중심' 등등, 몇 년에 한 개 혹은 여러 개의 새로운 개념을 발표했다. 그러나 실제로는 정부의 정책 결정의 가장 중요한 지표는 GDP 증가폭이다. 2011년 말까지 상하이시의 GDP 증가폭은 전국 최하위권이었고, 시정부는 경제 모델 개혁의 결단을 내려 이를 위해 GDP '0%'대 성장의 압력을 극복하기 위해 노력을 아끼지 않았다.

23) 이러한 특징 및 형태 그리고 그 상호 작용은 사실 여러 종류의 자본주의 발전의 공통 현상이다. 현재 보이는 최근 중국의 30년간의 경제발전은 최소 그런 현상과 같은 것일 뿐이며, 이런 현상은 매우 분명하게 두드러진다.

24) 10년간 현(縣)과 도시 그리고 향(鄕)과 진(鎭)에서 전개되고 있는 도시화 혹은 '도회화(城鎭化)' 역시 마찬가지로 기본적으로는 토지를 구획하고 도로를 건설하고 부동산을 개발하고 주변 상가를 건설하는 것을 주요 내용으로 한다.

오늘날 중국의 도시화는 다른 식의 방향과 가능성이 있을까?

이제 충칭에 대해 말해야 할 것 같다. 최근 3년간 수많은 학자들은 중국 내륙지역에 위치한 거대한 규모의, 상하이보다 더 놀라운 '발전' 속도의 이 도시에서 도시화 내지 전체 경제발전의 새로운 모델을 보았다고 믿고 있다.[25]

5_

최근 10년간 충칭 지역에서 협의의 경제 상황을 보면, 세 가지 특이한 점을 발견할 수 있다. 첫째, GDP 증가 폭이 매우 크고,[26] 둘째, 대형 공업 프로젝트가 밀집되어 발전하고 있으며,[27] 셋째, 토지 개발이 전체 경제발전에 가장 중요한 부분을 차지하고 있는 점[28]이다. 물론 위와 같은

---

25) 2009년 2월 홍콩의 『아주주간』(亞州週刊)에서 최초로 쓰인 '충칭모델'이라는 개념이 표지에 큰 글자로 실렸다. 2011년 1월 쑤웨이(蘇偉) 등이 중국경제출판사에서 『충칭모델』이라는 제목으로 책을 출판했다.

26) 2005년 이후 계속해서 10% 이상의 성장을 보였고, 2011년에는 16%를 넘어서면서 전국 도시 가운데 가장 높은 성장률을 보였다.

27) 예를 들어 독일의 바스프(BASF) 회사의 거대한 화학공장을 중심으로 하는 화공기업들과 미국 휴렛패커드(HP)사, 타이완의 폭스콘(Foxconn)사와 훙지컴퓨터(弘基電腦) 기업 등을 중심으로 하는 노트북 컴퓨터사와 협력 네트워크를 구축했다.

28) 여기서 주의를 기울일 만한 것은 첫째, 충칭시 정부가 토지저축센터(土地貯備中心, 합법적 방식으로 얻은 토지 사용권과 그 토지들을 정리하고 모아두었다가 토지 개발과 건설 용지로 제공하는 센터)을 만들어 토지 개발 속도와 단계를 조절해 토지 가치 상승에 따른 대부분의 이익을 얻는 것. 둘째, 전국 유일의 '지표' 교역 제도를 만들어 통상 경제적 부담으로 여겨지는 빈곤 지역의 토지를 교환할 수 있는 토지 자본으로 전환시킨 것. 셋째, 충칭시 정부가 8곳의 투자회사를 세워 실질적으로 충칭시의 모든 토지 개발의 대형 프로젝트를 독점하고 있는 것이다. 주로 이 세 가지 수단을 통해 충칭시 정부는 대량의 자금을 얻어 경제와 도시의 방대한

사실만으로 더 큰 규모와 속도로 '푸둥모델'을 복제하는 것에 불과한[29]
이 같은 경제발전이 얼마나 많은 새로운 의미를 가지는지 판단하는 것은
쉽지 않을 것이다.

충칭에서 경제성장의 두드러진 특징은 바로 도시화가 급속히 추진된
것인데, 경제성장과 도시화가 거의 완벽하게 동시에 이루어졌다는 것이
다. 그렇기 때문에 충칭의 도시화에 대한 관방의 슬로건식 표현 즉, '5개
의 충칭', 즉 '살기 좋은 충칭', '교통이 편리한 충칭', '안전한 충칭', '삼림
충칭', '건강한 충칭'을 볼 수 있다. 마치 GDP 이외의 몇 가지 요소들을
드러내려고 한 것 같은데, 이런 표현과 무엇이 대응되고 있는지 분석해볼
필요가 있다.

2010년 여름, 충칭의 어느 싱크탱크 학자는 '살기 좋은 충칭'의 가장
핵심이라 할 수 있는 '공공임대주택' 건설[30]이 사실 충칭 곳곳의 상업
지구 개발과 긴밀하게 맞물린 것으로 경제발전에 필요한 다양한 노동자
들의 거주 문제를 동시에 해결하는 것이라고 설명했다. 마찬가지로, '교
통이 편리한 충칭'과 '안전한 충칭'의 주요 내용은 시가지의 길을 정비하
고 다리와 고가도로를 건설하고 '어둠의 세력'들을 몰아내고 유라시아
대륙을 가로지르는 철도의 다국 통관 합작 계획 등을 수립하는 것인데,
이 모든 것 역시 투자 환경을 개선하고 경제 수익과 서비스의 질을 제고

발전 기획을 지탱하고 있다.

29) 충칭경제개발계획을 실제로 기획하고 실행을 담당하고 있는 관료인 충칭시장 황치판(黃奇
帆)은 바로 1990년대 푸둥개발계획을 기획하고 담당했던 관료들 중 하나였으며, 당시 상하이
푸둥신구(浦東新區)의 부구청장을 역임했다.

30) 상하이와 대부분의 다른 대형 도시의 부동산 가격이 치솟으며 저소득자와 젊은이들의
절망감이 깊어지고 있을 때, 충칭시 정부는 3년 내에 4,000만㎢의 공공임대주택을 건설할
계획을 추진했었다. 그 가운데 약 1,400만㎢의 아파트가 2011년에 건설을 시작했다.

하기 위한 것이다.[31] 이는 충칭의 도시화 역시 GDP와 자본의 가치 증대를 중심으로 하며 새로운 의의가 부족한 것임을 다시 한 번 일깨워 주는 듯하다.

'삼림 충칭'은 어떠한가? 충칭 시가지 안팎에 대규모로 나무를 심는 것[32]은 당연히 '투자 환경을 미화'하기 위한 것이라고 풀이될 수 있을 것이다. 정부는 이를 위해 많은 자금을 쏟아 부었지만[33] 분명 다른 차원의 고려도 있었을 것이다. 그 가운데 가장 중요한 것은 분명 이른바 '녹색 경제'라는 요구에 부합하기 위한 것으로, 충칭시는 이미 이러한 요구를 단순히 일반적 사회여론으로 표현하는 것에 그치지 않고 나아가 중앙정부의 명확한 지령으로 표현하고 있다.[34] 그렇기 때문에 제조업 발전과 환경오염 위험이 큰 화공기업을 유치하는 데 노력을 기울일수록 충칭 정부는 '녹색' 방면에 더욱 신경을 쓰는 것이다. 이런 '윈윈'(win-win)의 의도는 어떤 새로운 상황을 만들어낼 가능성이 있지 않을까?

'건강한 충칭' 역시 여러 지향점이 있는 것 같다. 충칭 정부는 세 가지 방면[35]에서 '건강'을 정의하고 있다. 첫째 전문 문화. 이는 기본적으로

---

31) 쑤웨이(蘇偉), 「보시라이의 새 정부와 충칭모델」(薄熙來新政與重慶模式), 펑황재경넷(鳳凰財經網), 2010. 6. 9.

32) 2010년 충칭의 식수량(植樹量)은 대략 지난 12년간의 식수량 총합과 맞먹는다. 그 가운데 대부분이 과거 충칭에서는 보기 힘든 은행나무였다. 보시라이 시위원회 서기가 직접 대량의 낙엽수를 심는 것을 건의했다고 한다.

33) 충칭에서 대량의 나무(특히 은행나무)를 공급하는 일이 어려워져 각지에서 구입했기 때문에 묘목이 아니라 다 자란 나무를 옮겨 심는 방식으로 비용이 많이 발생했고, 정부는 이를 위해 대량의 자금을 투입했다.

34) 2009년 1월 26일 국무원의 「충칭시 도시-향촌 개혁과 개발의 총괄적 기획 추진에 관한 약간의 의견」(關於推進重慶市統籌城鄉改革和開發的若干意見)이 발표되었다. '환경보호와 자원절약을 촉진하고 창강 상류 생태보호구역을 조성하는 것'이 충칭 경제와 사회 발전의 목표 가운데 하나로 확정되었고 이를 위해 '발전 방식 전환에 힘쓸 것'이 요청되었다.

노동력 시장의 요구에 따른 것이다. 둘째 강건한 신체. 이것은 바로 단순히 노동력만 고려한 관점을 벗어나고 있다. 셋째 정신적 심리적 건강. 이것의 함의는 더욱 많은데 '혁명가 부르기, 사회 평등, 가정 만들기 등이 모두 여기에 해당한다고 할 수 있다. 더욱 정확하게 말해, 새로운 요소의 공간에 채워질 수 있는 것은 5개 충칭 가운데 상대적으로 '건강한 충칭'의 개념이 포함하고 있는 것들이다.

내가 이렇게 말하는 근거는 바로 2010년 충칭 정부가 각급 정부 단위와 빈곤한 농촌과 직접 협력해 '농촌빈곤퇴치' 프로젝트를 전개한 것이다.[36] 이와 동시에 일련의 사회 평등의 개념, 즉 '공공의 부(富)', '케이크 분배',[37] '민생' 등을 강조했는데 이는 지도자 성명(聲明), 텔레비전 토론 프로그램과 뉴스 헤드라인 등의 방식으로 관방 매체에 의해 지속적으로 선전되었다. 공공임대주택, 주식회사형 공기업,[38] 지표교역제도,[39] 호적

---

35) 여기서는 보시라이가 공적 발언에서 자주 언급했던 '건강한 충칭'에 대한 그의 견해를 인용한 것이다.

36) 충칭시 정부는 관할 구역 내의 마을 2000곳을 '빈곤촌'으로 규정하고 이와 관련해 충칭의 교외에 있는 구와 현 40곳 가운데 14곳이 중앙 정부가 지정한 '빈곤현(貧困縣)'이다. 이른바 '농촌빈곤퇴치' 프로젝트는 바로 각급 정부기관이 1대 1의 방식으로 자금 제공, 간부 파견, 조직적 이주, 발전 기획 수립을 돕는 것, 농민 교육 등의 방법을 통해 빈곤촌의 상황을 개선시키려는 것이다. 충칭 정부가 제공한 자료에 의하면 2011년 8월 이미 260여 개의 마을이 기본적으로 '빈곤에서 벗어났다.

37) 1990년대 중반부터 지금까지 중국 관료들은 줄곧 사회적 부를 습관적으로 '케이크'로 비유하곤 했는데, 이른바 '케이크 분배'는 바로 사회적 부를 분배하는 것을 말한다.

38) 정부가 일정량 이상의 주식을 보유함으로써 기업을 지배하는 기업형태.-옮긴이

39) 지표교역제도(地票交易制度)는 2007년 국무원이 도시 향촌 종합 도시 실험구역을 설정한 이후, 2008년 충칭 지역에서 본격 시행된 제도로, 국가 소유권과 토지 경영권이 분리된 기존의 '농촌 토지 상속 책임제'에 변화를 가져온 제도이다. 지표 교역 제도는 농민의 토지가 실물처럼 거래되는데, 택지와 농경지, 향진기업용지, 농촌 공공시설, 농촌 공익사업 용지 등이 교역 대상에 해당한다. 토지 관리 부문은 해당 용지와 불모지를 개간해서 만든 농경지를 심사 후, 경영권을 가진 농민에게 지표를 발급한다. 이 지표는 지표 교역소에서 현금화할 수 있다. 여기서

개혁,40) 24시간 운영되는 거리의 개방식 검문초소 등 각종 함의를 가지는 '제도 혁신' 역시 이런 새로운 개념 하에 새롭게 해석될 수 있다.41)

오늘날 중국은 자본적 사고방식의 역량이 전례 없이 강성해지고 있다. 그렇지만 아마도 사회에 잔존하는 '중국혁명'의 에너지42) 역시 무시할 수 없을 것이다. '이 세상에서 사람이 사람을 핍박하고 착취하는 것을 용인하지 못하는' 신념은 일찍이 중국 땅에 최소 근 50년간 피어났었다. 설령 훗날 그것이 시들어졌다 해도 땅 속 뿌리 깊은 곳에 남아 여전히 건재해 부분적이나마 흙과 물을 간직할 수 있었고, 사회라는 토양이 과도하게 척박해지지 않도록 했다. 또한 이러한 이유로 오늘날 작은 도시 하나가 변화하더라도 분명 다양한 특징을 포함하고 있기 때문에 다양한 가능성을 갖게 되는 것이다. 설령 그것이 처음에는 '오른쪽'에서 출발했다 하더라도 중간에 다른 요소들이 참여하고 역량이 충분히 커지게 되면 그것은 '왼쪽'으로 방향 전환할 충분한 가능성이 있다. 이런 관점에서 볼

얻는 수익은 국가에 지불하는 약간의 세금을 제외하고 모두 농민 소유이며, 농촌의 공공시설 부지 등 집단 소유지 같은 경우에는 수익의 전부가 농촌 복지를 위한 기금으로 쓰인다. 기업들은 지표 교역소에서 매입한 지표를 근거로 (국가 소유의) 도시의 개발 용지의 이용권을 얻는 방식이다.—옮긴이

40) 충칭은 현재까지 전국에서 유일하게 (호적 개혁이) 허용되었고, 심지어 농민들이 도시의 호구를 신청하도록 권장하고 있는 곳이다. 물론 신청에는 시내에 아파트를 구입하고, 지속적이고 안정적인 직장은 물론 수년간 일정액 이상의 세금을 납부했고 사무직과 상점 등에 투자하는 것 등 상당한 물질적 조건이 있어야 한다.

41) 충칭 정부만 이렇게 해석하고 있는 것이 아니다. 추이즈위안(崔之元), 원톄쥔(溫鐵軍), 황쭝즈(黃宗智)와 같은 해외의 일부 학자들도 서로 다른 방식으로 이와 같이 해석하고 있다.

42) 여기서의 '중국혁명'은 마오쩌둥을 중심으로 하는 중국 공산당이 영도하는 혁명이 아니라 시간과 공간의 범위가 더욱 큰 역사적 운동을 말한다. 그것은 19세기 말에 형성되었고 1940년대에 최고조를 이루었으며 1960-1970년대부터 전면적으로 변질되고 쇠락하기 시작해(물론 그 사이에 격렬한 반응과 몸부림이 있었음), 1990년대 중반에 이르러 종결되었다.

때, 충칭 도시화 과정 가운데 비자본주의적 요소들을 발굴해내려는 노력은 긍정할 만하다.

6_

그러나 이로 인해 "'민생'론과 자본주의의 논리는 대체 무슨 관계가 있는가"라는 첨예한 문제도 갑자기 나타났다.

일찍이 쑨중산이 1910년대 '자본 통제'와 '평균지권'을 주요 골자로 삼는 '민생주의'를 대대적으로 선전했을 때, 그것은 '사회주의'가 아니라 '사회정책'(social policy)이며, 자본주의에 대해 근본적 도전이 될 수 없을 뿐 아니라 오히려 자본주의가 한층 발전하도록 하는 선결 조건이 될 수도 있다[43]는 적지 않은 날카로운 비판을 받았었다.[44]

1990년 이래로 '복지국가', '공공의 부' 정책 등이 '민생 프로젝트'를 구성하면서 러시아의 '10월 혁명' 혹은 중국의 '해방전쟁'처럼 전면적인 사회 재건이라는 의미에서의 급진적 방안을 명백히 대체했고, 대부분 지역의 진보적인 사회 발전 운동의 주요 내용이 되었다. 설령 표현에 있어 수많은 사회 운동이 결코 이런 것으로 만족할 수 없다 하더라도[45] 말이다.

---

43) 그와 동시에 유럽에서 엥겔스와 번스타인이 대표하는 '제2 국제' 노선과 레닌을 대표로 하는 '제3 국제' 노선의 전략의 불일치가 나날이 심화되면서 문제가 드러나기 시작했고 그 이후 지속적으로 확대되면서 오늘날에 이르러 그 문제가 더욱 심각하게 드러나면서 어떤 엄숙한 정치사상도 그것을 회피할 수 없게 되었다.

44) 예를 들어 스푸(師復)는 1914년에 그 유명한 「쑨이셴과 장캉후의 사회주의」(孫逸仙江亢虎之社會主義)(『민성』[民聲], 제19기)를 발표했다. * 이셴은 쑨중산의 호

45) 이러한 불만족은 다음과 같은 나름의 깊이 있는 사상과 이론적 원인이 있었다. 예를 들어,

그렇기 때문에 '충칭모델'은 광의의 경제 혹은 도시화라는 관점과는 상관없이 매우 강렬한 방식으로, 다음과 같은 세계적 난제를 드러내었다. 위에서 언급한 '민생'에의 요구로부터 진정으로 새로운 의미를 가지는 사회적 목표와 행동의 에너지를 어떻게 끌어내어 자본의 논리가 확장되는 것을 근본적으로 억제하고 인류의 조기 멸망을 막을 수 있는가? 혹은 좀 더 낙관적이 될 수 있는가?

오늘날의 세계는 자본주의가 지구적으로 확장되고 있으며 다른 한편으로는 유럽과 미국식 자본주의 제도(먼저 경제와 정치 방면)가 무기력함을 보이고 있다. 그러나 중국은 경제적으로는 고속 성장을 지속하고 있고, 거대하게 '굴기'하고 있는 세력을 형성하고 있어 유럽·미국과는 완전히 다른 나라로 보인다.

이것이 바로 기괴한 방식으로 세계가 새롭게 재편되고 있는 국면이며, 이는 중국을 위에서 말한 '충칭모델'에 의해 비교적 작은 범위 안에서 드러났던 난제 앞으로 끌어들였다. 즉, 중국 혹은 다른 비서유럽적 방식의 경제가 굴기하고 있는 나라가 정말 수많은 학자들이 예측한 대로 가까운 미래에 유럽과 미국을 대체하게 되어 세계에서 가장 큰 영향력을 갖게 된다면, 중국이 비서유럽적 방식으로 굴기하는 그 길과 자본주의의 지구적 확장은 무슨 관계가 있는가? 그것(자본주의)에 대한 근본적인 억제인

'사회주의'와 '자본주의'의 근본 차이는 무엇인가? 그것의 성숙한 혹은 고급의 단계(소비사회, 후기 현대사회 등등)에 있어 자본주의 사회의 토대는 무엇인가? 생산수단에 대한 사적 소유인가? 아니면 그런 형태가 만들어낸 주류 생활방식/몸과 정신을 구성하는 지배적 문화인가? 더 구체적으로 말해서 '가난한 사람에게 더 많은 돈을 주는 것'과 '소비자를 양산하는 것'은 어떤 관계가 있는가? 이런 현실에 대한 관찰과 이론적 사고는 확실히 '복지국가식의 자본주의는 정말 훌륭하다'라는 느낌을 더 강화시킬 수 있고, 그렇기 때문에 '민생 프로젝트'로는 만족할 수 없는 것이다.

가? 아니면 반대로 유럽과 미국을 대신해서 자본주의의 확장에 새로운 역량을 주입하는 것인가?[46]

중국은 반드시 이 난제에 대답을 해야 한다. 사실상 최근 중국의 거대한 변화 자체가 이미 끊임없이 대답하고 있으며, 게다가 이런 대답에 대해 한 걸음 더 나아간 해석을 이끌어내고 있다.[47] '충칭모델'과 관련된 각종 토론이 바로 그 가운데 매우 중요한 부분이다.

바로 이런 거대하고 첨예한 문제틀 안에서 보고 있기 때문에 나는 중국의 현재 모든 도시화의 상황이 우려되면서도, '충칭모델'로 귀납되는 충칭의 도시화 '혁신' 자체는 아직 진정한 의미에서의 새로운 국면을 만들어냈다고는 말할 수 없지만 최대한 어떤 양심적 방향으로 전환될 수 있는 가능성을 제공해주었다고 생각한다.

다시 말해 아직까지 그런 확신을 줄만한 유력한 근거는 없지만 중국은 지금 분명, 본문의 두 번째 부분 말미에서 언급했었던 '모두가 안도의 한숨을 내쉴 수 있는' 방향을 향해 나아가고 있다.

물론, 진정 근본적 의미에서의 현실 도전이라는 새로운 것이 탄생하고 성장하게 되는 것은 분명 매우 어려운 일이지만, 그렇게 순식간에 이루어지는 '기적'이 일어나리라고는 생각지 않는다. 내가 생각건대, 크

---

46) '중국 모델'의 (이른바 '소프트 파워'라고 일컫는) 문화적 기능이란 무엇인가 하는 것이 아마 이 문제 가운데 가장 깊이 생각을 하게 하는 부분이다. 다양한 각도에서 분석할 수 있지만 먼저 명확히 해야 할 것이 있다. 바로 오늘날 이러한 '중국 모델'이 세계에 미치는 긍정적 영향력의 많고 적음은 자본주의의 주류문화의 긍정적 영향력이 크고 적음과 명확하게 정비례하는 것이다. 당신이 GDP와 개인 수입이 사회적 생활의 첫 번째 표준이 된다고 확신할수록 현재 세계에서 응당 차지하고 있는 중국의 '바람직한 모습'을 다른 사람들도 참고하고 본보기로 삼을 만한 것이라고 느끼게 될 것이다.
47) 최근 몇 년 사이 유행하기 시작한 '중국식 자본주의'라는 개념은 그 가운데 하나의 해석을 대표한다.

게는 광의의 중국 경제가 나아가야 하는 방향과 작게는 충칭의 공공임대주택에 이르기까지 오늘날 중국의 많은 일들이 말해주고 있듯이 세계는 반드시 근본적으로 변화해야 한다. 중국과 인류 세계 모두는 이미 다른 선택의 여지가 없다.

2012년 2월 상하이

『비껴서기: 왕샤오밍 선집』(橫站: 王曉明選集), 2013에 게재

[요약]

　이 글은 충칭시 경제발전을 이끌었던 보시라이가 실각(이른바 충칭사건)하기 전에 쓴 글이다. 저자는 이 글을 통해 지난 30년간의 협의의 경제발전 과정, 이른바 신자유주의적 지향성을 가진 중국 모델이 가져온 영향과 그 후과를 검토하고, 실험적 발전모델인 '충칭모델'을 통해 그 안에서 새로운 의미와 가능성을 진단하고 있다. 중국은 개혁개방 30년이라는 시점에 이르러 중국 내에서의 여러 목소리가 정치와 문화를 포함하는 광의의 경제가 나아가야 할 길에 대한 토론을 벌이고 있다. 이런 상황 하에 충칭모델은 개방성과 인민의 참여적 열망이 동참하는 가운데 염가 공공주택의 공급, 5개 충칭 정책 등 분배에 역점을 둔 실험적 개혁 방안으로 사회주의 개혁 노선이 취할 수 있는 새로운 방법과 가능성을 제시하고 있다고 볼 수 있다.

번역 및 요약_고윤실

해제
왕샤오밍(王曉明) 문화연구와 '비껴서기'

임춘성

1_ 비껴서기(橫站)

중국의 원로 학자 가운데 77학번이 유난히 많다. 이들은 학령으로 치면 1958년 9월부터 1959년 8월까지 출생한 이들에 해당된다. 그러나 1966년부터 1976년까지의 문화대혁명(이하 '문혁') 기간 동안 대학입시 제도가 흐트러져 진학하지 못하고 상산하향(上山下鄉)했거나 아니면 여기저기 소요·유랑하던 이들이 1977년 회복된 대학입학시험, 즉 '고등고시'(高等考試, 약칭 가오카오)에 응시한 것이다. 다시 말해, 66학번부터 77학번까지에 해당하는 인재들이 1977년의 '가오카오'에 몰렸던 것이다.[1] 왕샤오밍(王曉明)도 고등학교 졸업 후 노동자 생활을 하다가 1977년 가오카오를 보고 화둥사범대학(華東師範大學)에 입학했다.

왕샤오밍은 본적이 저장성(浙江省) 이우(義烏)지만, 50세가 되어서야

---

1) 이에 대해 2009년 출품된 장하이양(江海洋) 감독의 <대학입시 1977>(高考 1977)을 참고하라.

처음으로 가보았다고 할 정도로 상하이에서 나고 자란 상하이 토박이다. 그는 1955년 6월, 작가인 아버지와 러시아문학 번역가인 어머니 사이에서 태어났다. 초등학교 4학년이던 1966년 6월 문혁이 일어나면서 아버지가 문예계의 반동파 명단에 들자 한동안 고초를 겪었으며, 17살에 고등학교를 졸업한 후 상하이의 한 공장에서 근무했다. 문혁이 끝나자 대학입시를 치루고 1977년에 화둥사범대학 중문학부에 입학했으며, 2학년 때 대학원에 진학해 중국현대문학을 전공한 후, 1982년에 석사학위를 받고 모교에 남아 강의를 시작했다. 현재는 상하이대학에 재직하면서 화둥사범대학 교수를 겸하고 있다. 화둥사범대학에서는 여전히 중국현대문학을 담당하고 있지만, 상하이대학에서는 문화연구학과를 개설해 대학원생을 배양하고 있으며 중국당대문화연구센터[2]를 운영하며 중국의 문화연구를 주도하고 있다.

중국 근현대사의 재난이었던 문혁을 비켜갈 수는 없었지만, 왕샤오밍은 동세대 다른 이들에 비해 행운이 따랐던 편으로 보인다. 문학적 분위기가 충만한 가정에서 태어나 어려서부터 문학적 감수성과 교양을 키울 수 있었고, 고등학교 졸업 후 노동자 생활도 그리 길지 않았던 데다가, 상하이에서 생활하고 있었기에 문혁 후 처음 실시된 가오카오에 바로 응시할 수 있었다. 더욱 운이 좋았던 것은 1학년을 마친 후 대학원 석사과정으로 월반했고 석사학위 취득 후 바로 모교에 자리잡은 것이다. 물론 이런 혜택은 왕샤오밍만 누린 것은 아니었다. 푸단대학의 천쓰허(陳思和)

---

2) 상하이대학 문화연구학과와 중국당대문화연구센터에 대해서는 임춘성, 「중국의 비판적/개입적 문화연구—상하이 문화연구 그룹을 중심으로」, 『문화연구』 2권 1호, 한국문화연구학회, 2013 참조.

등도 비슷한 경로3)를 통해 석사과정 졸업 후 모교의 교수가 되고 중진학자가 되고 원로학자4)가 되었다. 이들은 본인의 우수한 자질에 힘입은 바 크겠지만, 아무리 뛰어난 자질을 가지고 있어도 포스트닥터 과정까지 수료해야만 간신히 자리를 구하는 요즘과 비교해 보면, 적어도 학문 생애에서만큼은 때를 잘 타고났다 할 수 있다.

왕샤오밍은 상하이 토박이답게 입성과 태도가 세련되고 우아한 편이다. 2000년 여름 화둥사대 재직시절, 찾아가 만났을 때 반바지에 선글라스 차림으로 나와 '베이징은 지주와 사대부의 도시'라고 하던 모습이 지금도 눈에 선하다. 상하이대로 옮긴 후에도 그는 '멋쟁이' 또는 '부르주아'라는 평가를 동시에 듣고 있다. 그의 가장 큰 장점이자 단점은 술을 마시지 않는다는 것이다. 그는 기본적으로 술을 마시고 횡설수설하는 것을 즐기지 않고 후배나 학생들에게도 시간낭비하지 말고 학문에 힘쓸 것을 주문한다. 물론 후배나 학생들이 모두 그의 말을 곧이곧대로 듣는 것은 아니지만.

왕샤오밍은 어려서 심하게 말을 더듬을 정도로 내성적이었다고 한다.5) 자신의 내면에 침잠하는 문학 소년의 특징으로 짐작되는 대목이다.

---

3) 개혁개방 이후 대륙 학술계에 대해 타이완의 뤼정후이는 다음과 같이 개괄했다. "문혁의 영향 때문에 대륙에서는 10년간 연구 인재를 배양하지 못했다. 그로 인해 1978년 후 모집한 몇 년간의 연구생들은 졸업 후 바로 대륙 학술계의 중견이 되었고 그 후 자연스레 각 학과의 리더가 되었다." 뤼정후이(呂正惠), 「비껴서기도 지주가 있어야」(橫站, 但還是有支點), 王曉明, 『비껴서기: 왕샤오밍 선집』(橫站: 王曉明選集), 人間出版社, 2013, 5쪽.
4) 원로라는 개념이 모호하지만, 최근 푸단대학 출판사에서 펴낸 '30년집'(三十年集) 시리즈는 하나의 기준이 될 수 있다. 이 시리즈는 학계에 첫 논문을 쓴 후 30년이 넘은 학자들을 대상으로 매년 1인씩 뽑아 단행본 시리즈를 만들었다.
5) 왕샤오밍은 자신도 모르는 사이 나았다고 하지만, 주위 친구들은 그가 아직도 더듬는 것을 잘 알고 있다.

그러나 그가 성장한 시대는 그를 문학과 내면에 침잠하도록 놔두지 않았고, 그 또한 그런 시대적 분위기의 영향을 적극 수용한 것으로 보인다. 그러므로 그의 학문적 관심은 시작부터 줄곧 문학과 사회의 관계에 경도되어 있었다. 그의 첫 논문[6]은 루쉰의 성격 특징을 사회와 연계시켜 분석한 것이었고, 석사논문을 확대해 출간한 첫 저서[7] 또한 1930년대를 대표하는 소설가 마오둔(茅盾)과 함께 '사회해부파'로 분류된 사팅(沙汀)과 아이우(艾蕪)가 표상한 '어둡고 몰락한 세계'를 연구한 것이었다. 왕샤오밍 스스로도 인간은 역사의 산물이기에 자신이 겪은 인생 경험이 자신을 대신해 자신의 학술 글쓰기의 기본 방향을 설정했다고 인정하고 있다.[8] 그의 내성적인 '기질'과는 달리, 후천적인 삶의 경력이 그의 공부 방향을 '학문과 사회/역사의 관계'로 설정하게 만들었던 것이다.

그는 2001년 출간한 『루쉰전』(수정판)의 「서언」에서 자신의 학문 방향을 루쉰의 말을 빌어 '비껴서기'(橫站)라 했다. 그의 말을 들어보자.

이렇게 어지러운 시대에 처해 당신은 때로 다음과 같이 느낄 것이다. 보기에 매우 복잡한 많은 논설들이 사실은 모두 어떤 것을 은폐하거나 회피하는 것이라고. 그러므로 우리는 얼버무리거나 터무니없고 전면적인 것 같지만 저의가 의심스러운 논설의 진흙탕에 빠져 사회가 더욱 기울어져 움직이지 못하는 것을 눈으로 보는 것보다, 거리낌 없이 그 진흙탕에서 나와 단도직입적으

6) 王曉明, 「시대의 중압 아래—루쉰 성격의 몇 가지 특징」(在時代的重壓下—魯迅性格的幾個特點), 『華東師大學學報』, 1981.
7) 王曉明, 『사팅과 아이우의 소설 세계』(沙汀艾蕪的小說世界), 上海文藝出版社, 1987.
8) 王曉明, 『가까이 살피고 멀리 바라보기』(近視與遠望), 復旦大學出版社, 2012, 279쪽.

로 생각하는 대로 말하는 것이 더 좋을 것이다. 비록 거칠고 단순하지만 짙은 안개를 헤치고 급소를 찌르는 것이다. 그러나 때로 당신은 또 강렬하게 느낄 것이다. 더욱 복잡해지는 이 문화적·사회적 상황에 직면해, 특히 1980년대 대부분의 시간처럼, 한 가지를 붙잡고 전력을 투입하는 것, 심지어 '심층적인 일면'을 붙잡고 스스로 즐거워하는 것은 너무 부족한 것이라고. 그러므로 우리는 더욱 복잡하게 생각해야 하고 가능한 서로 다른 방향을 함께 고려해야 한다. 왜냐하면 오늘날 많은 민감한 지식인들은 사실상 루쉰이 말했던 '비껴서기'의 위치에 놓여 있기 때문이다. 게다가 이 '비껴서기'의 의미는 결코 '적군과 아군'의 확인에 국한되지 않는다.[9]

진흙탕의 현실을 인지하고, 그런 사실을 은폐하거나 회피하기보다는, 단도직입적으로 급소를 찔러 출로를 헤쳐나가는 것은 전사의 행동 양식이다. 그러나 진흙탕의 현실은 그가 생각하는 것처럼 단순하지 않다. '자랑스럽게 나아가 부서지는 것'은 장렬할지는 몰라도 진흙탕 현실을 해결하는 데 그다지 도움이 되지 못한다. 특히 20세기 후반을 지배했던 진영 테제가 무너지고 어제의 적이 오늘의 친구로, 어제의 친구가 오늘의 적으로 변하기도 하는 지구화 시대의 날로 복잡해지는 문화적·사회적 상황에 직면해, 단순히 진흙탕에서 빠져나오는 것으로는 충분치 않다. 복잡한 현실에 단순하게 대응하는 것은 해결책이 아닌 것이다. 이제는 경계가 모호해진 진흙탕뿐만 아니라 그 바깥도 함께 살펴야 한다. 그러기 위해서는 모든 것을 살필 수 있는 '비껴서기' 자세가 필요하

---

9) 王曉明, 「서언」(序言), 『인간 루쉰』(無法直面的人生—魯迅傳), 上海文藝出版社, 2001(수정판). 여기에서는 王曉明, 『비껴서기: 왕샤오밍 선집』, 183-84쪽에서 재인용.

다. '비껴서기'는 '나그네 정신', '절망에 반항', '역사적 중간물' 등과 더불어 루쉰 정신의 핵심이라 할 수 있다. 왕샤오밍은 위의 글에서 루쉰의 '비껴서기'를 전유하면서 거기에 에드워드 사이드의 동시다발적 투쟁과 관련된 지식인론을 접합시켰다. 루쉰의 '비껴서기'를 전유한 때로부터 12년이 지난 시점에 '비껴서기'는 더욱 절실하다. 지구화 시대에 단면적인 사고방식으로는 아무 것도 해결할 수 없기 때문이다. '비껴서기'는 비판적 분석과 촉진적 개입을 지향하는 '유기적 지식인'의 특성이라 할 수 있다.

2_ 문화연구로의 전환과 이데올로기 분석

왕샤오밍이 국내외에 본격적으로 이름을 알리기 시작한 것은 '문학사 새로 쓰기'와 '인문정신 논쟁'을 통해서였다. 그러나 2000년을 전후해 관심이 문학에서 문화로 확장되었고, 상하이 지역의 '문화연구'를 주도해 오고 있다. 실제로 2001년 이후 상하이대학의 중국당대문화연구센터의 주임을 맡으면서 연구 범위와 방법의 전환을 분명하게 선언했다. 문학에서 문화연구로의 전환으로 요약할 수 있는 이 선회는, 급변하는 사회 현실 속에서 새로이 등장한 지배적인 문화생산 메커니즘을 파악하기 위해서는, 사회적 영향력이 나날이 약해지고 있는 좁은 의미의 문학만을 연구하는 것보다는 넓은 의미의 문화연구로 나아가는 것이 훨씬 더 유용하고 현실 파악에 더 적합하다고 보았기 때문이다. 그는 서양 이론을 참고하면서도 중국의 혁명전통 등을 통해 중국 실정에 맞는 문화연구 이론의 정립을 지속적으로 모색하고 있다. 그뿐 아니라 비판적 지식인의 양성을 위해 강단에서도 실천적 노력을 멈추지 않고 있으며, 당대문화연구센터 홈페이지(http://www.cul-studies.com/)를 통해 비판적 글쓰기 및 대중과의 소통을 시도하는 등, 문화연구 이론을 바탕으로 현실에의 개입을 시도하고 있다.

최근 10년 넘게 문화연구를 자신의 연구와 교학의 중심에 놓고 있는 왕샤오밍은 중국 대륙의 문화연구의 임무 또는 목적을, 중국혁명의 정신적 전통에 입각해 광의의 문화 측면에서 중국의 현실에 개입하여 중국사회가 진보적 방향으로 변화하게끔 노력하는 것으로 설정하고 있다. 이를 위해 그는 인간, 즉 지금의 중국인, 특히 중국 젊은이들을 주목해야 한다고 본다. 루쉰의 '아이들을 구하라!'라는 외침과 포개지는 부분이다. 급변하고 있는 중국에서 살아가고 있는 젊은이들은 각양각색이지만, 서로 다른 지역과 다른 상황 아래 있는 젊은이들에게서 공통적인 것을 찾을 필요가 있는데, 이것이 바로 중국대륙의 문화연구가 중점적으로 그 해법을 찾아야 하는 문제 중 하나라고 본다. 이를 위해 왕샤오밍은 몇 가지 과제를 제시한다.

첫째, 오늘날 중국사회에 대한 이해. 이는 문화연구의 시각에서 보면, 오늘날 중국의 지배적 문화가 어떤 것인가를 이해해야 함을 의미한다. 왜냐하면 오늘날 중국 젊은이들의 생각과 상황을 결정하는 일에 이 지배문화가 아주 결정적인 역할을 하고 있기 때문이다. 둘째, 현실분석을 통해 현실을 바꾸는 데 개입하려면 자원이나 도구가 있어야 하는데, 지금의 중국에서 주요한 자원이나 도구는 서양 이론이 아니다. 더 중요한 것은 '중국혁명'의 역사적 전통이다. '중국혁명'의 전통이 무엇인지에 대해 여

러 가지 주장이 있는데, 왕샤오밍이 보기에 그것은 중국공산당보다 훨씬
큰 역사적 운동이다. 중국공산당은 그것의 산물 중 하나였고 또한, 적어
도 지금은, 1940년대의 국민당과 마찬가지로 중국공산당 역시 혁명전통
의 배반자로 보고 있다. 그는 기본적으로 근현대 '중국혁명'의 전통이 해
결하려고 했던 기본 문제가 오늘날 중국 대륙의 문화연구가 다루고자
하는 문제와 동일하다고 보는 것이다. 이 혁명전통의 인도가 있으므로
중국의 문화연구 학자들은 자신도 역사의 일부분으로 여기고 역사에 대
해 책임이 있다고 생각하며 마땅히 역사에 개입해야 한다고 생각하고
있다. 그러기에 그는 역사의 바깥에 서 있는 미국의 문화연구를 거절하
고, 윌리엄스 등이 참여한 영국 문화연구의 장점을 지향한다. 그것은 바
로 현실에의 '개입'으로, 근본적인 의도는 사회현실에 개입하려는 것이다.
이를 통해 그가 추구하는 근본적인 목적은 새로운 문화실천을 전개하려
는 것이다.10)

왕샤오밍이 문화연구의 핵심을 '지배이데올로기 생산기제 파악'으로
이해하고 있는 것은 타당하다. "이데올로기라 말하면 무언가 남는 것 같
고 또 문화라고 말하면 무언가 모자라는 것 같다"라는 스튜어트 홀의
언급에 대해 존 스토리는 "여기에서 홀이 지적하는 개념 공백은 물론 정
치"11)라고 했다. 왕샤오밍의 「새로운 '이데올로기 지형'과 문화연구」(1990年
代與"新意識形態")12)는 중국이 직면한 새로운 시대를 진단한 글로, 리퉈(李

10) 이상 「왕샤오밍-임춘성 인터뷰」, 朱杰·김소영 녹취 번역, 『오늘의 문예비평』 87호, 2012,
104-5쪽 요약 발췌.
11) 존 스토리, 『대중문화와 문화연구』, 박만준 옮김, 경문사, 2002, 3쪽.
12) 이 글은 국내에 세 차례 번역 소개되었다. 『고뇌하는 중국』(왕차오화 외, 장영석·안치영
옮김, 도서출판 길, 2006)에 「'대시대'가 임박한 중국-문화연구 선언」으로, 『역사-아시아

陀)의 '당다이 대중문화비평총서'(當代大衆文化批評叢書) 서문과 함께 중국 대륙 문화연구의 선언문이라 할 수 있다. 개혁개방으로 사회주의가 희석되었음에도 공산당이 지도하는 사회주의 사회가 지속되고 있는 모순적 상황에서 왕샤오밍은 정치경제학의 근본인 계급계층 분석에서 시작한다. 사회주의 시기의 노동자, 국가 간부, 군인, 지식인 등의 계층은 포스트사회주의 시기의 신부유층, 화이트칼라, 실업 노동자(대기발령자와 면직자 포함), 농민공이라는 새로운 계층과 함께 새로운 시대의 복잡함을 구성하고 있다. 이들 새로운 계층은 중국사회의 새로운 분배제도를 대변하고 새로운 문화적 욕구를 만들어내고 있다. 특히 1%도 되지 않는 신부유층에게는 1990년대 중국의 흑막이 집중되어 있다. 포스트사회주의 시기에 개방은 어느 정도 이루어졌지만 그것과 짝을 이루고 있는 개혁은 그다지 성과를 내지 못하고 있다는 것이 왕샤오밍의 진단이다. 이런 상황에서 문화연구는 중국 문제를 고찰함에 새로운 이데올로기 지형을 제대로 파악하고 사회 현실을 시의적절하고 설득력 있게 분석할 수 있는 방법론이다. 특히 비판적 문화연구는 이전과 확연히 달라진 1990년대 이후의 새로운 계층과 새로운 이데올로기를 설득력 있게 분석하면서, 지구화의 추세 속에서 중국 문제를 확실하게 파악하고 광범한 사회 배경에서 특정한 문화현상을 규명할 것을 요구받고 있다.

만들기와 그 방식』(사카모토 히로코 외 엮음, 박진우 옮김, 한울, 2007)에 「위대한 시대에 직면하는 중국—시장경제화 속에서의 새로운 이데올로기」라는 제목으로 번역되었다. 전자는 영문을, 후자는 일본어를 저본으로 삼았다. 그리고 중국어를 저본으로 삼아, 『21세기 중국의 문화지도—포스트사회주의 중국의 문화연구』(임춘성 · 왕샤오밍 엮음, 중국 '문화연구' 공부모임 옮김, 현실문화연구, 2009)에 「새로운 '이데올로기 지형'과 문화연구」라는 제목으로 번역되었다.

「새로운 '이데올로기 지형'과 문화연구」와 더불어 전환의 선언적 글이라 할 수 있는 「반쪽 얼굴의 신화」(半張臉的神話)에서 '신화'는 우리가 새로운 이데올로기를 지각할 수 있게 해주는 '감각적 현실'이다. 이는 롤랑 바르트의 '신화론'에서 차용한 것이다. 언어적 체계인 랑그에서 시니피앙과 시니피에의 결합으로 구성된 기호는, 이차적인 기호학적 체계인 신화에서 새로운 시니피앙이 된다. "신화의 시니피앙은 이중적인 방식으로 제시된다. 즉 신화의 시니피앙은 의미(sens)인 동시에 형태(forme)이다. 다시 말해서, 신화의 시니피앙은 한편으로는 충만한 것이지만 또 다른 한편으로는 텅 빈 것이다. 시니피앙이 의미로서 작용할 경우, 그것은 이미 하나의 해석을 상징한다. 그리고 나는 이러한 시니피앙을 시각적으로 이해한다. 의미로서의 시니피앙은 감각에 의해 포착할 수 있는 현실인 것이다."13) 개혁개방 이후 20년이 경과한 시점에 갑자기 출현한 신부유층은 '성공인사'라는 신화의 시니피앙으로 작용하면서 중국인들의 내면적 욕구를 불러일으킨다. 신부유층이 자신을 '탈명명화'하면서 만들어낸 성공인사의 이미지는 물질적 풍요와 모던한 일상생활의 기준을 제시함으로써 중산층의 선망의 대상이 되었다. 롤랑 바르트는 "부르주아 계급은 사실들에는 만족하지만 가치들과는 타협하지 않기 때문에 자발적으로 자신의 계급을 탈명명화(ex-nomination)한다. 이제 부르주아 계급은 명명되기를 원치 않는 사회적 계급으로 정의된다"14)고 말한다. 아울러 '부르주아의 탈명명화'의 최종 효과에 대해 다음과 같이 말한다. "부르주아가 자유롭게 자신을 탈명명화할 수 있다면, 그때는 오직 하나의 동일한 인간

---

13) 롤랑 바르트, 『신화론』, 정현 옮김, 현대미학사, 1995, 29쪽.
14) 같은 책, 63쪽. 강조는 원문.

본성만이 남겨질 때이다. 부르주아의 탈명명화는 여기에서 완전한 것이다."15) 여기에서 롤랑 바르트가 거론하는 부르주아 계급은 개혁개방 중국의 신부유층과 흡사한데, 이들의 공통점은 '익명성' 뒤에 숨어 자신을 자연화하면서 모든 사람들이 자발적으로 따라오게 만들고 있다는 점이다. 그 결과 수많은 중산층과 노동자들이 신부유층의 호화 아파트와 고급 승용차 그리고 성대한 결혼식 안에서 '자기 자신을 발견'하게 될 때 '탈명명화'는 완전한 효과를 거두게 된다.

왕샤오밍은 '성공인사'의 이미지가 반쪽임을 적시하고 나머지 반쪽은 부패한 권력에 영합해 성공과 부를 추구하는 신부유층의 얼굴임을 우리에게 알려준다. 그의 관심은 바로 지배이데올로기가 '성공인사' 이미지를 만들어 중국인들이 그것을 자발적으로 따라가게 하는 기제, 즉 '지배이데올로기의 작동 기제'를 폭로하는 데 놓여있다. 이른바 '탈신화화'(demystification) 작업이다. 그러므로 2008년부터 10년 예정으로 시작한 2단계 프로젝트의 주제가 '당대 문화의 생산기제 분석'인 것은 조금도 이상하지 않다. 이 주제를 좀 더 직설적으로 말하면 '당대 지배이데올로기의 생산기제 분석'이라 할 수 있다. '새로운 지배문화의 생산기제 분석'과 '중국 사회주의문화의 문제점 분석'이라는 세부 주제는 포스트사회주의 시기의 지배문화/이데올로기를 사회주의 시기와 연계시키려는 의도를 가지고 있고, 앞에서 살펴본 바와 같이 1949년 이전의 좌익사상자료 발굴로 이어졌고, 현재는 그에 대한 창조적 계승을 위한 작업을 진행 중이다. 2003년부터 시작한 1단계 연구주제는 '1990년대 상하이지역 문화 분석'이었다. 1단

---

15) 같은 책, 65쪽.

계를 '비판적 분석'의 단계라 한다면, 2단계는 '촉진적 개입'의 단계라 할 수 있는데, 이는 새로운 이론을 건설할 때 이전 것을 '파괴'하면서 새로운 것을 '구성'하는 것과 맞물린다. 그러나 왕샤오밍은 이를 단계론적으로 보지 않고 변증법적 방법론으로 이해하고 있다. 나아가 그는 "이런 방법론의 내포를 빌어… '실천'의 각도에서 문화연구의 지속적인 경계 넘기를 추동함으로써, 이 학과와 저 학과의 경계를 뛰어넘는 데 그치지 않고 강단 학술과 사회 문화 내지 사회운동의 경계를 뛰어넘기를 희망"[16]하고 있다.

TV드라마(이하 드라마) 연구는 '센터'의 1단계 연구과제의 주요 항목 가운데 하나로 개별적으로 연구를 진행하는 동시에 수시로 논의를 한 것으로 보인다. 그 가운데 2010년 3월 9일과 16일에 진행된 두 차례의 좌담회는 드라마 연구의 의미를 발굴했다는 점에서 의미가 크다. 니원젠, 뤄강, 마오젠, 장롄훙, 레이치리, 쑨샤오중, 니웨이, 왕샤오밍 등이 참석해 '중국 드라마의 중국적 숨결'과 '중국 드라마의 시대의 아픔'이라는 주제로 좌담회를 진행했다.[17] 이런 준비과정을 거쳐 2012년 7월 '드라마와 당대 문화'라는 주제로 개최한 학술대회[18]는 주목을 요한다. 학

---

16) 王曉明, 『近視與遠望』, 269쪽.

17) 두 차례의 좌담회 기록은 쑨샤오중(孫曉忠) 編, 『거대한 변화 시대의 사상과 문화—문화연구 대화록』(巨變時代的思想與文化—文化研究對話錄), 上海書店出版社, 2011에 수록되어 있다. 이 두 편의 글은 임춘성 엮음, 『상하이학파 문화연구: 비판과 개입』, 중국 '문화연구' 공부모임 옮김, 문화과학사, 2014에 나란히 수록되어 있다.

18) 『제8회 중국문화논단: TV드라마와 당대문화, 국산 혁명 역사 제재 드라마 청년 논단(자료집)』(第八屆中國文化論壇: 電視劇與當代文化暨國産革命歷史題材電視劇青年論壇資料集), 2012. 7. 14-16. 이 학술토론회는 중국문화논단의 위탁을 받아 상하이대학 중국당대문화연구센터와 화둥사범대 대외한어학원이 주관했다.

술대회의 취지는 다음과 같다. 당대 사회의 큰 특징은 '통속'과 '오락화'의 문화형식이 나날이 '우아'하고 '경전적'인 문화형식을 대체해 지배적 문화 내지 총체적인 사회구조 재생산의 관건적인 고리가 되었다는 점이다. 오늘날 중국에서 드라마는 이미 사회 영향력이 가장 큰 문예형식이 되었다. 그 제작과 시청, 평론 및 각종 후속 반응(각종 파생 산물의 제작과 판매)은 사회와 인심을 표상하고 문화지향에 영향을 주는 중요한 활동이 되었다. 드라마는 문화 활동으로 그치지 않고 경제활동이자 정치활동이 되었다. 이 학술대회에는 드라마 평론가 및 연구자뿐 아니라 제작자 및 작가, 문화연구 및 문학 연구자 등이 참가해 가능한 다방면에서 심층적으로 오늘날 '드라마 붐'의 전후맥락과 사회적 영향을 분석하고자 했다.

전문가도 아니며 평소에 드라마를 자주 보지도 않으면서 왕샤오밍이 드라마 관련 학술대회를 개최한 이유는 자명하다. 한편으로는 드라마의 각도에서 사회를 이해하려 하고, 다른 한편으로는 드라마를 통해 양성문화의 생기를 탐구하고자 하기 때문이다.

오늘날 중국의 정치, 경제, 사회 구조와 이들 구조의 재생산 과정은 모두 1990년대 이전과 완전히 달라졌다. 문화 각도에서 보면 오늘 중국의 지배적 문화와 그 생산기제, 그것과 사회적으로 배합되지 않고 그것에 복종하지 않는 문화 역량의 충돌 방식 또한 20~30년 전과 완전히 다르다. 엉망인 것은 우리가 매일 이 거대하고 대개는 격렬한 변화에 말려들어가 점점 심각하게 그것들에 의해 개조됨에도 불구하고 우리는 이들 변화를 진정으로 이해하지 못하고 그것들의 성인이 어떠한지, 그것들이 우리를 어디로 데려가는지 알지 못한다는

점이다. 이런 엉망을 의식해 초조함이 날로 심해지는 때 국산 TV드라마가
크게 유행해 자본 동향과 시장 규모, 정부의 대응, 사회심리, 업계 체제, 매체의
작동 등 각 방면의 신속한 변동을 유발해 거대한 덩어리의 스크린을 합성해
오늘 중국의 지배적 문화 및 그 생산 기제의 복잡한 작동을 명료하게 드러내고
있으니, 나는 당연히 목을 빼고 뚫어지게 볼 것이다.[19]

드라마는 당대 지배이데올로기를 비판적으로 분석해 그 가운데에서
양성문화의 생기를 찾아 그것을 토대로 새로운 문화실천을 전개하려는
왕샤오밍의 목적에 정합적인 연구대상이다. 그 속에는 자본의 동향, 시장
의 규모, 정부의 대응, 사회심리, 업계 체제, 매체의 작동 등이 중층적으로
얽혀 있기 때문에 지배문화와 그 생산 기제를 명료하게 살펴볼 수 있는
것이다.

그리고 왕샤오밍은 1989년의 톈안먼 학생운동과 2008년의 대지진
자원봉사활동처럼, 잠류하던 '땅속의 불'이 적당한 조건에서 폭발할 것
으로 기대한다. 그가 보기에 <달팽이집>, <잠복>, <우리 부대장, 우
리 부대>의 높은 시청률은 그런 표현의 하나다. <격정 불타는 세월>
등에 출현한 혁명군과 굳센 노동자들이 매일 저녁 많은 시청자들의 주목
대상이 되고, <우리 부대장, 우리 부대>에 등장하는 남루한 차림의 쓰
촨(四川) '총알받이'들이 지속적으로 수많은 시청자들의 관심을 끌어들이
는 현상에 주목하는 것이다. 드라마 연구는 이후 성과를 기대해 봄직한
분야이다.

---

19) 王曉明, 「왜 TV드라마인가」(爲什麼是電視劇), 『비껴서기: 왕샤오밍 선집』, 395-96쪽.

3_ 당대 사회 현상에 대한 민족지적 관찰

자신의 실천과 연구 영역을 문화연구로 전환한 후, 왕샤오밍은 '비판적 현지조사'를 통해 당대 사회 관찰에 힘을 쏟는다. 앞에서 살펴본 새로운 이데올로기의 출현과 반쪽 얼굴의 신화에 관한 언설도 그런 관찰의 결과라 할 수 있다. 그의 관찰은 제3자의 무심한 관찰이 아니라, 민족지학자(ethnographer)의 '참여관찰'(participant observation)에 가깝다. 그는 자신이 오래 거주해온 상하이 도시문화와 도시화 과정에 주목하고 국가와 시장이 요구하는 문화경쟁력의 허실을 고찰하며 원촨(汶川) 대지진을 통해 국가정체성을 살핀다. 이제 그는 이전과 달리 문학연구를 통해서도 작가와 문학 판도의 새로운 징후를 읽어낸다. 여기에서는 우선 도시 공간 및 도시화에 대한 성찰과 최근 문학에 대한 징후적 독해를 살펴보도록 하자.

1) 도시 공간과 도시화에 대한 비판적 성찰

왕샤오밍은 「오늘날 상하이의 새로운 삼위일체: 부동산 시장을 예로」라는 표제의 영문 발표문[20]에서 자신의 오랜 경험과 섬세한 관찰을 바탕으로 상하이 부동산 시장을 분석하고 있다. 그 분석의 결과로 '부동산-광고-이데올로기'의 새로운 삼위일체(trinity) 모델을 도출해내고 있다. 이때 삼위일체는 새로운 도시 공간, 광고를 통한 새로운 이미지 인지훈련, 그리고 새로운 사회권력/분배 구조이다. 1949년 인민해방군의 상하이 점

---

20) Wang, 「New Trinity in Today's Shanghai: Real Estate Market as A Example」, 『인천세계도시인문학대회』, 2009. 10. 19-21. 이 글은 본 책에 함께 수록되어 있다.

령 후 1950년 「토지법」이 반포되면서 완전히 궤멸되었던 상하이 주택/부동산 시장은, 1980년대 중반 부족한 주택을 공급하고 정부가 개발자금을 마련하기 위해 토지를 상품화함으로써 재건되었다. 현재 주택/부동산 사업은 중국 경제의 기간산업의 하나가 되었고, 2009년에는 중국 경제를 침체에서 벗어나게 하는 기관차가 되었다. 왕샤오밍은 주택/부동산 시장의 팽창과 동보(同步)적으로 전개되는 상하이 도시공간의 새로운 구획에 날카롭게 주목한다. 그는 우선 1980년대 말 이전의 여섯 종류 공간─공공정치 공간, 공업생산 공간, 상업 공간, 거주 공간, 교통 및 기타 사회서비스 공간, 공원 등의 공공사교 공간─의 구성이 개혁개방 이후 크게 변화한 사실을 지적한다. 그 변화는 공공정치 공간과 공업생산 공간이 거의 사라지고, 공공사교 공간은 대폭 줄어든 반면, 상업 공간과 주택 공간 그리고 정치공무 공간이 크게 확대된 것으로 요약할 수 있다. 특히 공공정치 공간의 축소와 정치공무 공간의 확대는 '광장정치'에서 '행정정치'로의 변화를 말해주고 있고, 표준화된 상업 공간의 확대는 자본주의 소비/시장의 확대를 대변하고 있다. 왕샤오밍이 주목하는 공간의 재구성은 바로 '주택 중심의 새로운 조합 공간'이다. 그것은 주택, 상업, 교통간선도로, 대학, 은행 등을 포괄하는 것으로 이는 상하이 도시 공간 변화의 가장 주요한 길잡이 새가 되었다고 한다.[21]

　장기지속(longue durée)의 관점에서 중국 근현대사를 바라볼 때, 개혁개방 30년은 사회주의 30년 이전 시기의 부활(revival)로 볼 수 있다. 왕샤오밍이 주요하게 다루고 있는 주택과 부동산은 사회주의 이전 시기에

---

21) 같은 글 참조

상품으로 거래되었다가 사회주의 시기에는 '자원'(資源)으로 규정되었지만 포스트사회주의 중국에서 상품자본으로 새롭게 부활하고 있다. 왕샤오밍이 분석한 상하이 주택/부동산 시장은 일본 및 한국의 도시화과정과 흡사하다. 일본, 한국, 중국은 약간의 시차와 특수성을 가진 채 각국 특색의 자본주의를 발전시켜 왔지만, 나름의 위기에 봉착해 있다. 따라서 상하이의 '주택 중심의 새로운 조합공간' 문제를 해결하기 위해서는 '동아시아적 시야'(East Asian perspective)에서 일본과 한국의 주택/부동산 정책과 현상에 대한 역사적 고찰을 토대로 삼을 필요가 있다. 주택/부동산 문제는 또한 개인의 욕망과 공공선(公共善)의 문제이다. 미국을 정점으로 하는 신자유주의가 선전하는 '미국식 생활방식'의 표준을 내면화해서 자신의 삶을 수정해가는 수많은 개인들은 바로 '주택 상품화'의 물적 토대라 할 수 있다. 그리고 국가권력을 배경으로 '밑천 들지 않는 장사'(無本生利)를 통해 '토지를 자본화'하고 있는 정부는 공공선과 거리가 있다. 그러므로 주택/부동산 시장은 "개인에게는 가혹하고 정부와 개발업자(또는 투기꾼)에게는 큰 이익을 가져다주는 시장으로 성장"했고 그것은 주식 시장 못지않은 투기의 현장이 되었던 것이다.[22] 이 지점에서 주택 광고는 개인의 욕망을 호명하는 주요한 메커니즘이 된다. 왕샤오밍은 주택개발상들이 주택광고의 문구와 주택을 등호화함으로써, 마치 주택을 구입하면 광고 문구가 현실화될 것처럼 욕망을 불러일으킨다고 분석했다. 주택이라는 1차 의미작용은 광고를 통해 새로운 계층의 부와 문화, 교양을 의미하는

---

22) 여기에서 쑨원(孫文)이 제기했던 토지 공개념의 적실성에 주목할 필요가 있다. '지가확정'(地價確定)과 '토지 공개념'을 골간으로 하는 쑨원의 평균지권(平均地權) 개념은 자본주의와 사회주의 토지제도를 뛰어넘는 의미를 가지고 있다.

2차 의미작용으로 바꾸어 수많은 중산계층을 포섭한다. '주택을 중심으로 형성된 건축 공간, 집을 인생의 중심에 두는 심리구조, 주택과 거주를 핵심으로 하는 일상생활 방식'은 상하이 도시공간을 재구성하는 삼위일체이다. 이것은 새로운 주류이데올로기로 작동한다. 그러나 왕샤오밍은 이러한 주류이데올로기가 오래 지속되지 못할 것으로 전망하고 있다. 많은 사람들이 생활현실과 생활경험과 일상생활에서 가지게 되는 느낌이 주류이데올로기가 이미 드러내고 있는 진퇴양난의 지경과 고질병을 깨닫게 해줄 것으로 본다. 왕샤오밍의 전망이 장밋빛 꿈에 머물지 않기 위해서는 자본주의와 사회주의를 뛰어넘을 수 있는 제3의 출로를 마련해야 할 것이다.

왕샤오밍은 중국의 도시화에 대해서도 비판적이다. 개혁개방 이후 특구의 하나로 지정된 선전(深圳)이 1980년대 도시화를 대표한다면, 상하이 푸둥(浦東)은 1990년대 도시화를 대표하고, 충칭(重慶)은 21세기 도시화 추세를 드러내고 있다. 중국의 도시화는 단계적이면서 선전, 상하이, 충칭의 세 모델이 혼합되어 진행되고 있는 것으로 보는 것이 타당하다. 그 가운데 상하이 모델의 영향력이 가장 크다 할 수 있다. 왕샤오밍은 다음과 같은 진단을 내놓는다. "상하이 지역의 도시화는 정말 최근 30년의 총체적 '경제발전'의 전형적인 표본이다. 그것은 지금까지 발전의 기본 형태를 명확하게 표현했다. GDP가 이끌고 협의의 경제 효율, 즉 자본 증식을 창조하는 것을 주요 동력으로 삼는 활력이다. 그것은 또한 이 발전의 두 가지 기본 특징인 협의의 사회재화의 거대한 증가와 각종 사회조건의 장기적인 악화 그리고 양자의 상호작용을 분명하게 표현했다. … 전체 중국 대륙의 도시화의 절대 부분은 모두 상하이와 비슷하므로 그것은 '푸둥(浦東)모델'이라는 말로 개괄할 수 있다."[23] 그러나 상하이모델에 대한 그의 평가는 그리 높지 않다. 그리고 2012년 4월 충칭에서 새로운 가능성을 모색하는 워크숍[24]을 진행했지만, 지금까지 충칭모델은 상하이모델의 변형에서 벗어나지 못하고 있는 것으로 판단한다.

왕샤오밍은 도시를 단독으로 바라보는 것에 머물지 않고 도시인의 원천인 농촌에 대한 관심을 견지한다. 본인은 아직 본격적인 연구 성과를 내고 있진 않지만, 그가 전체 편집을 주관하고 있는 '열풍서계'(熱風書系)에 『향토중국과 문화연구』[25]를 포함시킬 정도로 관심을 가지고 있다. 뿐만 아니라 대학원생들을 조직해 농촌의 교육을 지원하고 현지조사를 실시하기도 했다. 아울러 지인의 고향마을을 일주일간 현지조사를 통해 참여관찰한 내용을 「L현 견문」(L縣見聞)으로 발표해 '삼농'(三農) 문제의 허실을 민족지적으로 기록한 바 있다.

2) 최근 중국문학에 대한 징후적 독해

개혁개방 이후 중국 문학계에서는 사회주의 시기 '리얼리즘 독존'에 대한 반발로 허구적 특성과 주관적 역할이 중시되었다. 왕샤오밍도 이런 시대적 흐름과 맞물려 '중국 지식인의 사상 문제'와 심미적 각도에서 파악한 '좋은 문학이란 무엇인가'라는 기준을 가지고 근현대 문학과 사상에 관심을 가졌는데, 어느 순간부터 1980년대의 문학연구 분위기를 마뜩찮게 여기고

---

23) 王曉明, 「푸둥에서 충칭까지―새로운 길은 어디에?」(從"浦東"到"重慶"―新路何在), 『비껴서기: 왕샤오밍 선집』, 288쪽. 이 글 역시 본 책에 함께 수록되어 있다.
24) 「'문화 시야에서 바라본 도시화―충칭 사례' 워크숍 핸드북」("文化視野中的都市化―以重慶爲例"工作坊: 會議手冊), 重慶大學人文社會科學高等研究院, 2012. 4. 19-24.
25) 쉐이(薛毅) 編, 『향토중국과 문화연구』(鄕土中國與文化研究), 上海書店出版社, 2008.

문학작품을 '사회분석의 자료로 삼을 만한 것'으로 설정하기 시작했다. 특히 문화연구를 시작하면서 문학작품을 분석할 때 '오늘날의 사회는 어떤 사회인가?'라는 관점을 추가하고 있다. 왕샤오밍의 말을 들어보자.

1980년대에 중국의 비평계는 소설을 사회 분석의 자료로 삼는 일을 보편적으로 반대했습니다. 즉 소설적 묘사와 현실생활 사이에 등호를 긋는 것, 예를 들어 『관장현형기』(官場現形記)에서 청말의 관료사회를 묘사한 것을 두고, 청말의 관료사회는 정말 그러했다고 여기는 것에 반대했습니다. 1980년대에는 많은 사람들이 그렇게 등호를 긋는 것은 소설의 허구적 특성을 간과한 것이며 작가가 현실생활을 그릴 때의 주관의 역할을 간과한 것이라고 여겼습니다. 그러나 1990년대에 이르러, 저는 다시 소설과 현실을 연결시키기 시작했습니다. 이때, 소설의 허구성과 작가의 주관의 역할을 어떻게 처리하는가가 핵심적인 문제가 되었습니다. 소설이 현실분석의 자료가 될 수 없는 것이 아니라, 소설 속에서 어떤 것을 현실 분석의 자료로 선택하는가, 혹은 소설을 구성하는 가장 중요한 요소가 무엇이며 따라서 우선 분석할 만한 자료가 무엇이라고 생각하는가가 관건이라고 생각했습니다. 당시의 생각으로는 '작가가 왜 이렇게 썼을까'가 '그가 무엇을 썼는가'(즉 작품의 내용)보다 더 중요하고, 더 사회분석의 자료로 삼을 만한 것으로 여겨졌습니다. 제가 고찰하고자 했던 것은 어떠한 사회 변화로 인해 왕안이 같은 작가가 '이러한' 소설을 쓰게 되었는가였습니다. 따라서 그 글을 쓸 때, 작가의 창작방법, 인물설정, 서사어조 등의 문제에서부터 손을 대기 시작했는데, 이런 문제들은 그 전에는 보통 '예술기법' 문제로 간주되어 작가의 취미, 풍격 등으로 귀납되던 것이었습니다. 그러나 저는 다소 거칠게 이를 사회의 변화에서 기인하는 것으로 해석했습니다. 사회가 변했기 때문에,

새로운 현실이 나타났기 때문에 작가가 이렇게 소설을 쓰게 되었다고 말입니다.[26]

시계추 진자 운동의 단순 반복과 달리, 왕샤오밍은 리얼리즘 독존론을 부정하고 허구화 특성에 관심을 기울이는 단계를 넘어 새롭게 소설과 사회 현실의 연계성에 관심을 기울인다. 그런 그에게 중요하게 다가온 것은 단순한 재현의 리얼리즘이 아니었다. 한 작가의 서사에 변화가 있다면 그것은 사회가 변화했고 그에 따라 현실이 변화한 것에 기인한 것이고, 문학연구에서 중요한 것은 변화한 현실의 재현이 아니라, 왜 이렇게 썼을까 하는 것이다. "사회가 변했기 때문에, 새로운 현실이 나타났기 때문에 작가가 이렇게 소설을 쓰게 되었다"라는 평가는 누구에게나 해당되는 것은 아니다. 새로운 사회와 새로운 현실에 관심을 가지고 그것을 세밀하게 관찰하는 작가라야만 가능하다. 이는 엥겔스가 발자크 작품을 논하며 거론했던 '리얼리즘의 승리'를 연상시킨다.

왕안이(王安憶)의 『푸핑』(富萍)[27]을 분석한 글 「'·화이하이루'에서 '메이자차오'까지─왕안이의 최근 소설」(從"淮海路"到"梅家橋"─從王安憶近來的小說談起)은 그의 문학연구 전변의 분수령이 되는 글이라 할 수 있다.

---

26) 「왕샤오밍-임춘성 인터뷰」, 101쪽.
27) 王安憶, 『富萍』, 湖南文藝出版社, 2000. 『푸핑』에서 이야기하는 것은 '문혁' 전, 1964년과 1965년의 이야기이다. 당시 상하이 사회조직은 매우 엄밀했는데 작가는 특별히 흥미를 느끼는 주제인 이민에 착상해 상하이인이 어떻게 이 도시에 모이게 되었는지를 묘사했다. 소설 속의 푸핑은 어려서 부모를 잃고 친척집에서 자라다가 '할머나의 손자와 혼약하게 되어 상하이에 온다. 푸핑은 겉으로는 어눌해 보이지만 속으로는 총명하고, 유순해 보이지만 매우 군세어서, 매사 모두 자신의 주장을 가지고 있고 온몸에 청춘의 숨결을 내뿜으며 선명한 향토 기운을 띠고 있다. 상하이에서 그녀의 생활은 단순하고 심지어 폐쇄적이지만 그녀의 생활은 이 도시의 번잡하고 잡다함에 물들지 않고 자신의 개성을 잘 보존한다. http://baike.baidu.com/view/1915468.htm#3

왕샤오밍이 보기에 왕안이의 『푸핑』은 이전 작품과 현격하게 달랐다. 왕안이의 이러한 변화를 왕샤오밍은 '예술기법' 문제로 간주해 작가의 취미, 풍격 등으로 귀납시키지 않고, 어떤 사회 변화로 인해 왕안이 같은 작가가 '이러한' 소설을 쓰게 되었는가에 초점을 맞췄다.

『푸핑』은 양저우(揚州) 시골 처녀가 상하이로 이주해 생계를 도모하는 이야기로 20장으로 구성되어 있는데, 주인공 푸핑은 건강하고 부지런하지만 우둔하지 않다. 그녀는 처음에는 번화가 화이하이루(淮海路)에 살다가 쑤저우(蘇州)강에서 사공을 하고 있는 외삼촌 집으로 옮겼다. 이 두 곳은 왕안이 소설에 자주 등장하는 곳으로, 작가는 이들 거리의 생활에 늘 친밀함을 갖고 있었다. 그런데 소설이 거의 끝나갈 무렵인 17장에서 왕안이와 그 독자들에게 익숙하지 않은 공간이 등장하는데 그곳이 바로 메이자차오(梅家桥)이다. 이곳은 쓰레기장 위에 지어진 낡고 허름한 판자촌이다. 왕안이의 소설 세계에서는 거의 처음 출현하는 곳이다. 더 중요한 것은 작가의 서술 태도의 변화로, 그녀는 푸핑을 통해 이곳 사람들을 "매우 다정"하다고 묘사하고 있다. 그들은 비록 고물을 줍고 막일을 하여, "사람들에게 지저분하고 자질구레하다는 인상을 주"지만, 성실하게 일을 해서 옷과 먹을 것을 얻는다. 돈 한 푼도 땀과 바꾸지 않은 것이 없다. 따라서 이렇게 난잡하고 자질구레한 생활 아래 성실·건강·자존지족(自尊自足)의 열정이 숨겨져 있다. 왕샤오밍은 논문의 마지막 부분에서 다음과 같이 말한다.

친구들과 당대 생활을 주재하는 세력에 대해 이야기할 때, 그들이 주재세력의 무한한 법력을 열거하는 것을 들을 때마다, 그리고 '너는 그걸 막을 수 없어'라고 단언할 때마다, 나는 늘 마음속으로 고집스런 목소리를 내곤 했다. '꼭 그렇지는 않을 거야!' 지금 이 목소리는 더욱 고집스러워졌다. 그런데 나의 그 고집스러움은 왕안이의 최근 소설에서 다시 한 차례 자신의 근거를 발견했다.[28]

　　모두들 난징루(南京路)와 화이하이루를 지향할 때, 어떤 사람은 그곳에서 나와 그보다 하층인 쑤저우강 인근으로 가고 다시 빈민굴이라 할 수 있는 메이자차오(梅家橋)로 이주한다. 그런데 그곳에는 물질적으로 풍요롭거나 화려하지 않지만, 자신의 노동에 의지해 자급자족하고 그런 생활에 자존심을 가지고 사는 사람들이 있는 것이다. 이제 왕샤오밍에게 '지금 여기'의 콘텍스트에서 이탈한 순수한 텍스트 분석은 그다지 바람직한 것이 아닌 셈이다.

　　「'화이하이루'에서 '메이자차오'까지」와 「L현 견문」은 의식적이진 않지만 '민족지'(ethnography)적인 방법과 무관하지 않다. 앞의 글에서 왕샤오밍은 『푸핑』을 당대 사회를 이해하는 자료로 삼고 있으며, 뒤의 글에서는 L현에 머문 일주일 동안 그 지역을 관찰한 것을 기록했는데, 전자는 『푸핑』을 민족지 기록으로 본 것이고 후자는 스스로 민족지 글쓰기를 실천한 것이라 할 수 있다. 이런 필자의 관찰에 대해 왕샤오밍은 '민족지에 대한 자각은 없었지만 그런 판단이 가능하다'[29]는 답변을 했다.

　　왕샤오밍은 미시적 작품 평론과 더불어 거시적 국면 분석을 동시에

---

28) 王曉明, 「'화이하이루'에서 '메이자차오'까지—왕안이의 최근 소설」(從"淮海路"到"梅家橋"—從王安憶小說創作的轉變談起), 『文學評論』, 2002년 제3기, 19쪽. 이 글 역시 번역되어 본 책의 2장으로 실려 있다.

29) 「왕샤오밍-임춘성 인터뷰」, 100쪽.

진행하고 있다. 먼저 「중국문학의 새로운 생산 기제」(面對新的文學生産機制)에서 1990년대의 중국문학이 몸담고 있는 사회 전체의 문화 생산기제에 근본적인 변화가 일어났다는 점을 다음과 같이 지적하고 있다.

1. 국가의 문화정책과 관리조치가 달라져 문학작품 창작 과정에서 출판하고 전파하는 과정으로 관리의 중심이 바뀌고 있다. 2. 독점적인 지위를 가지고 국가정책을 따르며 자각적으로 이윤 극대화를 추구하는 문화/문학의 발표와 전파(출판, 상영, 공연, 판매, 홍보 등) 시스템은 문학 비평의 '상업화'를 초래하고 있다. 3. 실용화되고 '강단화'가 진행되는 문화/문학교육 시스템. 4. 문화/문학에 대한 새로운 소비취향과 소비능력. 5. 보편적으로 도시의 중간계층에 속한 문화/문학의 창작자, 출판(제작)계 종사자, 평론가, 연구자와 홍보자의 새로운 물질생활과 사회적 지위. 6. '거대서사'에 대한 회의와 '개인화 글쓰기'의 추구 등, 공공생활을 멀리하고 '개인' 생활로 전환되는 것에 편향된 집단기억과 그것에 부합하는 문화/문학의 이론적 해석. 7. '소비사회', '오락'문화 등의 관념과 같은, '새로운 이데올로기'가 제공하고 문화/문학의 '현대화'의 전망에 대한 새로운 상상. 8. 다국적 자본의 문화/문학 생산품의 판매, 출판 제작과 광고 홍보 시스템에 대한 침투. 9. 외국어교육과 번역의 주제 선정과 조직방식, 원고료와 출판제도 등의 뚜렷한 변화로 인해 새롭게 형성된 문학 번역과 학술 번역 환경. 1990년대 중반 이후, 유럽, 미국을 제외한 이른바 '소수 언어'로 된 문학작품과 학술 서적은 거의 번역되지 않았다는 점. 10. 이들 상황에 대한 비판적 분석의 글쓰기와 토론 활동은 여전히 진행되고 있지만, 1990년대 이후 그 영향력이 점점 약해졌다는 점.[30]

왕샤오밍의 처방은 그 진단만큼이나 명확하다. 새로운 문화 생산기제에 놓인 문학은 그 현실을 제대로 파악하고 그에 대해 새롭게 대응해야 한다는 것이다. 최근 문학창작과 문학비평 분야에서 새로운 연구대상과 주제를 확립한 것은 고무적인 일이다. 이를테면 문학창작 분야에서 "'현대화' 숭배에 대한 순종과 도전, 최근 소설 속의 '기층'에 대한 상상, 1990년대 공공생활의 거대한 변화와 창작의 '개인화' 경향이 가지는 중층적 관계, '현실'이 다시 창작의 중요한 소재가 되었을 때, 이른바 '리얼리즘 충격파'와 '부패 청산', '관료사회'에 대한 소설의 각도에서 최근 문학의 애매모호한 성격을 보는 것 등등"과 문학비평 분야에서는 "1990년대 여러 가지 새로운 문학에 대한 '명명'('신역사주의', '신상태 소설', '개인서사', '신체서사' 등등)과 새로운 문화/문학 생산기제와의 관계, 문학비평과 '새로운 이데올로기'와의 관계, '순수문학' 개념의 역사와 그것이 가지고 있는 의미의 전환, 새롭게 일어나는 '매체비평', 이른바 '강단화' 비평의 발달과 문학비평의 강단화 문제 등"[31]을 지속적으로 심화 토론해야 할 주제로 선별해내고 있다.

「육분천하: 오늘날의 중국문학」(六分天下: 今天的中國文學)[32]은 특히 새로운 문학/문화 생산기제를 의식하고 최근 15년간의 중국문학을 조감한 글이다. 그는 최근 중국문학을 크게 인쇄문학(紙面文學)과 인터넷문학(網絡文學)으로 나누고, 다시 인쇄문학을 엄숙문학, 신자본주의문학, 제3의 방향으로, 인터넷문학을 성다(盛大)문학을 대표로 하는 웹사이트문학,

---

30) 王曉明, 『近視與遠望』, 178-79쪽.

31) 같은 책, 180쪽.

32) 王曉明, 「육분천하: 오늘날의 중국문학」, 『文學評論』, 2011년 제5기 참조. 이 글은 번역되어 본 책에 함께 수록되어 있다.

블로거문학, 휴대폰문학 등으로 나눠, 이른바 '육분천하'라 유비한 바 있다. 그의 새로운 문학에 대한 '인식적 지도그리기'에 따르면, 이른바 문단의 전권을 쥐다시피 했던 '중국작가협회'를 대표로 하는 엄숙문학이 이제는 문학계의 육분의 일밖에 되지 않음에도 불구하고 여전히 천하를 호령하려 하는데, 이는 문제가 아닐 수 없다. 이러한 문학지도 배후에는 당연하게도 정치, 경제, 사회, 문화의 심층적인 변화가 존재하고 있다. 그러므로 작가와 문학평론가/연구자는 새로운 문학 국면을 냉철하게 직시하고 새로운 시야를 획득하고 사고방식을 전환해 새로운 분석 도구를 발전시켜야 한다. 그러지 않으면 과거 2천년 동안 '대아지당'(大雅之堂)에서 기득권을 누리던 문학은 '주변'으로 밀려나는 신세를 면치 못할 것이라는 것이 왕샤오밍의 경고다. 인터넷문학의 활성화는 중국적 특성이라 할 수 있는데, 재미있는 것은 최초의 인터넷문학 웹사이트인 '룽수샤(榕樹下)[33]도 상하이에서 시작되었고, 현재 최대의 인터넷문학 웹사이트인 '성다문학주식회사(盛大文學股份有限公司)도 본사를 상하이에 두고 있다는 점이다.

4_ 혁명전통과 문화연구의 접합

중국의 혁명전통을 문화연구와 결합시키는 시도는 왕샤오밍 문화연구의 독특한 특색이다. 신민주주의혁명의 결실로 세워진 중화인민공화

---

33) 초기 인터넷문학의 대표적 웹사이트. 1997년 가을 재미화교 주웨이렌(朱威廉)이 개인 차원에서 시작해 1999년 정식으로 회사를 꾸려 웹사이트를 운영. 七格·任曉雯, 『신성한 글쓰기 제국』(神聖書寫帝國), 上海書店出版社, 2010, 3-4쪽.

국의 전기 30년은 폐쇄적인 시공간이었다. 이에 대한 반작용으로 1980년대는 서양 이론을 끌어와 중국의 험난한 사회 변천을 해석하려 했지만, 1980년대 말 1990년대 초 그에 대한 새로운 성찰이 이뤄진다. 왕샤오밍은 '외래의 비판적 수용'이라는 차원에서 문화연구를 방법론으로 삼아 중국의 새로운 사회 현실을 해석하고 중국적 특색을 가진 문화연구를 수립하고자 한다. 이는 혁명전통을 창조적으로 계승하려는 것이다. 이 작업은 우선 1949년 이전의 좌익 사상 자료의 발굴로부터 시작하고 있다. 대학원 강의를 통해 관련 자료를 꼼꼼하게 검토한 후 그 결과물을『중국현대사상문선』[34]으로 출간했다.

『중국현대사상문선』은 '삼천년간 없었던 변국'(變局), '시세'(時勢), '구세'(救世), '심력'(心力), '중국', '체용'(體用), '정체'(政體), '신민'(新民), '개체', '대동'(大同), '혁명' (1) (2), '사회주의', '혁명철학', '농국'(農國), '사회과학과 '사회성질', '문화 본위', '국제주의'와 '세계혁명', '영혼의 깊이', '신중국' 등 20장으로 나누어 120편의 문장을 1,062쪽의 편폭에 수록하고, 편마다 해제(題記)를 달았다. 수록된 글의 필자만 해도 궁쯔전(龔自珍)·웨이위안(魏源)·왕타오(王韜)부터 시작해 캉유웨이(康有爲)·탄쓰퉁(譚嗣同)·량치차오(梁啓超)를 거쳐, 쑨중산(孫中山)과 장타이옌(章太炎), 류스페이(柳師培)·리다자오(李大釗)·옌푸(嚴復)·차이어(蔡鍔)·옌시산(閻錫山)·천두슈(陳獨秀)·루쉰(魯迅)·홍슈취안(洪秀全)·왕궈웨이(王國維)·취추바이(瞿秋白)·랴오중카이(廖仲愷)·장제스(蔣介石)·다이지타오(戴季陶)·마오쩌둥(毛澤東)·펑유란(馮友蘭)·슝스리(熊十力)·량수밍(梁漱溟)·페이

34) 王曉明·周展安 編,『中國現代思想文選』(I·II), 上海書店出版社, 2013.

샤오퉁(費孝通) 등이 망라되어 있다.

왕샤오밍은 총론 격인 「서」(序)[35]에서 '현대 초기 사상'에 대한 세밀한 검토를 통해 '중국이 어디로 갈 것인가'에 대한 계시를 찾고자 한다. 그는 '현대 초기' 혁명사상의 특징으로, 늘 피억압자와 약자 편에 서고, 정신과 문화의 관점에서 변혁을 구상하며, 새로운 중국과 세계의 창조를 제일 동력으로 삼고, 부단하게 실패를 기점으로 삼으며, 고도로 자각적인 실천 및 전략 의식을 가지고 있음을 들었다. 수많은 중국 학자들이 빠지곤 하는 중국중심주의의 함정을 경계한다면, 중국의 비판적 혁명의 사상 자원을 가져와 우리의 사상 자원으로 삼을 수 있고, 나아가 동아시아의 공유 자원으로 삼을 수 있을 것이다. 왕샤오밍의 이후 작업은 20편의 논문을 쓰는 것으로 추정할 수 있다. 20개의 핵심어 가운데 '개체/개인'과 '제국'에 관한 글[36]을 이미 완료했으니 이후 작업을 기대해볼 만하다.

그가 제시한 '현대' 개념과 시기 구분은 문제적이다. 그는 기존의 '삼분법(近代-現代-當代)'을 타파하고 '현대'라는 개념으로 1880년대부터 최근까지를 아우르고 있다. '현대'는 왕샤오밍이 독특하게 사용하고 있는 용어로, 이전 단계의 삼분법 시기를 모두 포괄하면서도 그것과 꼭 일치하지는 않는다. 그 기점을 1880년대로 잡은 것은 캉유웨이(康有爲) 등이 주도한 변법자강운동을 중시한 것으로 보이고, '20세기', '현당대' 등을 마다

---

35) 이 글은 2013년 6월 29일 개최된 한국 문화연구학회 국제학술대회에서 발표했고, 이 책의 자매편인 『상하이학과 문화연구: 비판과 개입』에 「문화연구 관점에서 바라본 중국 현대 초기 사상과 혁명」이라는 표제로 수록되어 있다.

36) 『비껴서기: 왕샤오밍 선집』에 실린 다음 글들을 참고하라. 「'대동'을 향해─중국 현대 초기의 '개체/개인'론」(通向'大同'─中國現代早期的個體/個人'論); 「현대 초기 중국 사상 중 '제국' 의식」(現代早期中國思想中'帝國'意識).

하고 '현대'라는 개념을 제시한 것은 아마도 국제교류의 영향일 것이다. 왕샤오밍은 '현대'를 1880-1890년대에서 1940-50년대에 이르는 약 60년간의 시기, 1940-50년대에서 1980년대까지 약 40년간, 그리고 1990년대에서 오늘까지 약 20여 년의 세 단계로 나누고 있다. 바꿔 말하면 사회주의 30년에 1980년대의 과도기 10년을 더한 40년을 2단계로 삼고 그 이전 60년을 1단계로, 그 이후 20년을 3단계로 설정한 것이다.

왕샤오밍의 현대 시기 구분을 긍정적으로 보자면, 변법유신 이전의 어느 시점을 기점으로 보고 있는데, 『중국현대사상문선』에서 다루고 있는 범위가 아편전쟁 전후에 활동한 궁쯔전까지도 넘나드는 것으로 보면, 그의 시기 구분은 유연하거나 모호하다. 필자는 오래 전부터 여러 글에서 '중국 근현대'라는 개념을 제시했다. 이는 아편전쟁 전후 어느 시점에 시작해 지금까지의 시기를 유기적 총체로 보자는 것이고, 이전 단계의 삼분법 또는 사분법의 단절적 사고를 극복하고자 '중국 근현대 장기지속'이라는 용어를 쓰기도 했다. 그럼에도 단계 구분은 필요하다. 왕샤오밍은 '현대'라는 설정에 대해 우리에게 그 기준과 근거를 명확하게 제시할 필요가 있다.

5_ '비껴서기'의 이론적 지쥬(支柱)로서의 문화연구

타이베이에서 출간된 왕샤오밍 저서의 서문 말미에서 뤼정후이(呂正惠)는 '비껴서기'를 잘 하려면 적어도 두세 개의 지쥬(支柱)를 가져야 한다[37]고 지적했다. 내가 보기에 현재 왕샤오밍은 최소한 세 가지 지주를 가지고 있는 것으로 보인다.

첫 번째는 바로 '상하이학파' 또는 상하이 문화연구 그룹이라는 진지(陣地) 차원의 지주다. 이들은 주로 화둥사범대학 중문학부 출신이 중심을 이루는 2세대 그룹―뤄강(羅崗), 니원젠(倪文尖), 마오젠(毛尖), 레이치리(雷啓立. 이상 화둥사대), 쉐이(薛毅. 상하이사대), 니웨이(倪偉), 뤼신위(呂新雨. 이상 푸단대), 장롄훙(張煉紅. 상하이 사회과학원), 둥리민(董麗敏), 궈춘린(郭春林), 쑨샤오중(孫曉忠. 이상 상하이대) 등―과 이들의 제자 그룹이랄 수 있는 3세대 그룹―뤄샤오밍(羅小茗), 주산제(朱善杰), 가오밍(高明), 저우잔안(周展安), 주위(朱雨. 이상 상하이대), 주캉(朱康. 화둥사대), 차오환장(喬煥江. 하얼빈사대), 장숴궈(張碩果), 주제(朱杰. 이상 하이난대), 장융펑(張永峰. 취저우대) 등―으로 구성되어 있다. 물론 3세대 그룹 가운데에도 왕샤오밍의 제자가 있다.[38] 그리고 현재 대학원 재학생들은 4세대 그룹이라 할 수 있다.

두 번째는 중국 좌익사상이라는 자료 차원의 지주다. 1880년대 말부터 중화인민공화국 건국 이전까지의 약 60년간은, 아편전쟁을 통해 겪은 서양의 충격에서 어느 정도 벗어난 후 새로운 길을 모색하던 시기였다. 이 시기는 "효력을 상실하여 무용지물이 되다시피 한 전통 사상을 대체할 새로운 사상체계의 수립을 모색하던 시기였다." 이 시기에 "전통적 사상체계와 새로운 서양의 사상체계가 그들 앞에 놓여 있었고, 그들은 각자 취사선택했다. 그들의 취사선택은 개인의 기질과 취향에 영향을 받았지만, 그 속에는 시대적 과제와 맞물린 역사의 흐름이 내재해 있었다."[39]

---

37) 呂正惠, 「비껴서기도 지주가 있어야」, 『비껴서기: 왕샤오밍 선집』, 14쪽.
38) 임춘성, 「중국의 비판적/개입적 문화연구―상하이 문화연구 그룹을 중심으로」, 13-14쪽 참조.

리쩌허우(李澤厚)는 이 가운데 사회주의 유토피아 진보사상에 초점을 맞춘다. "중국 진다이의 진보사상이 한편으로 리얼리즘과 유물론을, 다른 한편으로 관념론과 신비론을 동시에 가지고 있었지만, 그 주요한 측면은 진보적이고 변증법적이며 과학적이며 이성적이며 봉건주의 관념론과 투쟁했다는 것이다. 여기에 리쩌허우는 하나를 더 보탠다. 이들은 전통을 창조적으로 계승하기보다는 서양에서 참조할 사상 자료를 취했다는 점이다."[40) 그것은 우선 서학을 참조했고 그것을 중국에 맞게 개량했다. 봉건으로의 회귀를 경계하면서 중국의 사회적 조건과 시대적 임무에 맞는 서학의 사상자원을 찾는 일, 이것이 진다이 사회주의 유토피아 사상이 나아간 길이었다. 이 부분의 인용문은 '진다이(近代) 80년'에 대한 언급이고, 왕샤오밍의 '현대 초기'는 1880년대 말부터 1949년 건국 이전까지의 60년을 가리킨다. '현대 초기'는 '진다이 80년' 가운데 변법유신 이전의 50년을 과도기로 설정하고 그 나머지 30년과, '셴다이'(現代) 30년을 더한 것으로 볼 수 있다. 왕샤오밍의 좌익사상 자료는 바로 리쩌허우가 사회주의 유토피아 사상이라 명명한 맥락과 맞물린다.

세 번째는 문화연구라는 이론적 지주다. 왕샤오밍을 중심으로 한 상하이 문화연구 그룹은 미국식 문화연구를 거부하면서 영국 버밍엄학파의 비판적/실천적 문화연구를 지향하고 있다. 이들의 표현을 따르면 비판적 분석과 촉진적 개입의 접합이다. 그리고 '중토성'(中土性) 즉 중국적 특성을 지향하고 있다. 중국의 혁명전통을 창조적으로 계승해, 비판적으

---

39) 임춘성, 「포스트사회주의 시야로 다시 읽는 '대동'의 유토피아」, 『문화/과학』 68호, 2011년 겨울, 79쪽.
40) 같은 글, 81쪽.

로 수용한 문화연구와 접합시키겠다는 것이다. 그가 말하는 '중토성'은 '중화성', '중국성'과는 다르다. "'중토성'은 주로 '지구'와 '중국'을 일체로 보고, '지구' 속의 '중국' 영향과 '중국' 내의 '지구'적 요소를 동시에 체험하고 살필 수 있는 시야와 이해력을 가리킨다."[41] 이런 맥락에서 보면 이는 글로벌(global)과 로컬(local)의 합성어인 글로컬(glocal)에 가깝다. 그리고 연구와 교학을 결합시키고 있다는 점에서 미래지향적이다. 이 그룹이 설정하고 있는 문화는 광범위하고 다양하다. 상하이지역 문화부터 당대의 새로운 지배이데올로기와 사회주의 문화를 아우르고 있다. 특히 당대의 새로운 지배문화의 생산기제 및 그 작동 방식을 밝히는 작업은 이 그룹의 주요 주제라 할 수 있다.

학계에 입문한 지 30년이 넘은 '노교수'가 된 왕샤오밍은 여전히 반짝이는 눈과 웃는 얼굴로 새로운 것을 모색하고 있다. 그에게서 루쉰 정신을 읽어내기는 어렵지 않다. 이 글의 핵심어인 '비껴서기'부터 '대시대', '땅속의 불' 등은 루쉰에게서 가져와 전유한 것이다. 그의 최근 글쓰기는 루쉰의 '전투적 산문'―취추바이(瞿秋白)가 '잡감문'(雜感文)이라 부른―을 지향하고 있다. 이는 엄밀한 학술 논문과 함께 그의 글쓰기의 두 흐름을 구성하고 있다. 중국 현대문학으로 시작해 당대 사상으로 그리고 중국 고서와 서양 이론을 섭렵하던 그는 오랜 모색 끝에 문화연구를 자신의 무기로 삼은 것으로 보인다. 그런 그이기에, 모교인 화둥사대 중문학부 현당대문학 교연실의 리더 자리를 박차고 상하이대로 옮겨 문화연구학

---

41) 王曉明, 『近視與遠望』, 277쪽 주 34 참조.

과 협동과정과 중국당대문화연구센터를 개설하고, 직함에 연연해하지 않던 그가 명함에 '주임'이란 글자를 박고 다녔다. 그는 문화연구를 자신의 연구와 교학의 중심에 놓고 중국 대륙의 문화연구의 대상을 '당대 지배문화의 생산기제' 및 문화와 '사회주의' 역사의 상호 생성 관계로 설정했다. 그리고 문화연구의 목적을 중국혁명의 정신적 전통에 입각해 광의의 문화 측면에서 중국의 현실에 개입하여 중국사회가 진보적 방향으로 변화하게끔 노력하는 것으로 설정하고 있다.

너도나도 '글로벌 차이나'를 지향하고 '탈아입구'(脫亞入歐)를 추구하고 있는 중국 지식계에서 왕샤오밍은 한국 사회에 지속적인 관심을 갖고 있는 몇 안 되는 중국의 유기적 지식인이다. 정년을 앞둔 그의 다음 행보가 궁금해지는 것은 비단 나 혼자만이 아닐 것이다.

참고로 왕샤오밍의 주요 저서를 기록해 두겠다.[42]

『사팅과 아이우의 소설세계』(沙汀艾蕪的小說世界, 1987), 『솔로몬의 병』(所羅門的甁子, 1989), 『잠류와 소용돌이—20세기 중국소설가의 창작심리 장애』(潛流與漩渦—論二十世紀中國小說家的創作心理障碍, 1991), 『추문록』(追問錄, 1991), 『인간 루쉰』(無法直面的人生—魯迅傳, 1992), 『가시덤불 속의 탐색』(刺叢里的求索, 1995), 『태양이 사라진 후』(太陽消失以後, 1997), 『반쪽 얼굴의 신화』(半張臉的神話, 2000, 홍콩판: 2003, 수정판: 2003), 『사상과 문학 사이』(在思想與文學之間, 2004), 그리고 2012년에 출간된 삼십년 기념문집인 『근시와 망원』(近視與遠望)이 있고, 타이완에서

---

42) 이 부분은 『비껴서기: 왕샤오밍 선집』의 부록 2 「왕샤오밍 저작 목록」을 토대로 작성하고 한국에 번역 소개된 것을 추가했다.

출간된 문화연구 관련 문집 『비껴서기: 왕샤오밍 선집』(橫站: 王曉明選集, 2013) 등이 있다.

저서 이외에도 『인문정신 심사록』(人文精神尋思錄, 1996), 『이십세기 중국문학사론』(二十世紀中國文學史論, 1997, 수정판: 2003), 『비평공간의 개창』(批評空間的開創, 1998), 『'새로운 이데올로기'의 포위 속에서』(在新 意識形態的籠罩下, 2000), 『당대 동아시아 도시: 새로운 문화와 이데올로 기』(當代東亞城市: 新的文化和意識形態, 2008), 『문학경전과 당대의 삶』(文 學經典與當代人生, 2008), 『중문세계의 문화연구』(中文世界的文化研究, 2011) 등 단독 혹은 공동으로 펴낸 책들이 있다. 그리고 무크지 『열풍학술』(1-7 집)과 '열풍서계'(2005-2012, 5개 시리즈 16종 출간)의 주편을 맡고 있다.

한국에 소개된 책으로는 저서 『인간 루쉰』이 있고, 필자와 함께 펴낸 『21세기 중국의 문화지도—포스트사회주의 중국의 문화연구』가 있다. 그밖에 『중국현대문학』, 『황해문화』, 『문화/과학』, 『창작과비평』 등의 간행물에 여러 편의 글이 번역, 소개되어 있다.

또한 왕샤오밍 관련 자료는 다음과 같다.

왕샤오밍, 「건축에서 광고까지: 최근 15년간 상하이의 공간 변화」, 곽수경 옮김, 임춘 성·왕샤오밍 엮음, 『21세기 중국의 문화지도—포스트사회주의 중국의 문화 연구』, 중국 '문화연구' 공부모임 옮김, 현실문화연구, 2009.

_____, 「문화연구의 세 가지 난제—상하이대학 문화연구학과를 예로 하여」, 김명 희 옮김, 『중국현대문학』 제55호, 2010.

_____, 「상하이의 새로운 '삼위일체'」, 고윤실 옮김, 『문화/과학』 63호, 2010년 가을.

_____, 「새로운 '이데올로기 지형'과 문화연구」, 박자영 옮김, 『21세기 중국의 문화
지도―포스트사회주의 중국의 문화연구』.

_____, 「육분천하: 오늘의 중국문학」, 백지운 옮김, 『창작과비평』 제40권 제2호,
2012.

_____, 「천하 6할: 오늘날의 중국문학」, 변경숙 옮김, 『중국현대문학』 제61호,
2012.

_____, 「최근 중국의 문화연구」, 박자영 옮김, 『문화/과학』 42호, 2005년 여름.

_____, 「현대 중국의 민족주의」, 최정옥 옮김, 『황해문화』 40호, 2003.

_____, 「현대 초기 사상과 중국혁명」, 강내희 · 김소영 옮김, 『문화연구』 2권2호,
한국문화연구학회, 2013.

_____ · 백원담, 「21세기 중국과 중국문화, 이해와 소통 그리고 연대의 전망」, 임우경
번역 정리, 『실천문학』 68호, 2002.

_____ · 임춘성, 「왕샤오밍-임춘성 인터뷰」, 朱杰 · 김소영 녹취 번역, 『오늘의 문예
비평』 87호, 2012.

이정훈, 「90년대 중국 문학 담론의 확장과 전변」, 서울대학교 박사학위논문, 2005.

임춘성, 「중국의 비판적/개입적 문화연구―상하이 문화연구 그룹을 중심으로」, 『문
화연구』 2권 1호, 2013.

_____, 「포스트사회주의 시기 상하이 글쓰기와 도시공간 담론」, 『중국현대문학』 제
52호, 2010.

_____, 「포스트사회주의 시야로 다시 읽는 '대동'의 유토피아」, 『문화/과학』 68호,
2011년 겨울.

_____ · 왕샤오밍 엮음, 『21세기 중국의 문화지도―포스트사회주의 중국의 문화연구』,
중국 '문화연구' 공부모임 옮김, 현실문화연구, 2009.

王曉明, 「附錄一: 學術小傳」, 『近視與遠望』, 上海: 復旦大學出版社, 2012.

＿＿＿, 「六分天下: 今天的中國文學」, 『文學評論』, 2011年第5期

＿＿＿, 「從'淮海路'到'梅家橋'―從王安憶小說創作的轉變談起」, 『文學評論』, 2002年第3期.

＿＿＿, 『近視與遠望』, 上海: 復旦大學出版社, 2012.

＿＿＿, 『橫站: 王曉明自選集』, 臺北: 人間出版社, 2013.

＿＿＿ 編, 『中文世界的文化研究』, 上海: 上海書店出版社, 2012.

＿＿＿·朱善杰 編, 『從首爾到墨爾本: 太平洋西岸文化研究的歷史與未來』, 上海: 上海書店出版社, 2012.

＿＿＿·周展安 編, 『中國現代思想文選』(I·II), 上海: 上海書店出版社, 2013.

＿＿＿·陳淸僑 編, 『當代東亞城市: 新的文化和意識形態』, 上海: 上海書店出版社, 2008.

呂正惠, 「橫站, 但還是有支點」, 王曉明, 『橫站: 王曉明自選集』, 臺北: 人間出版社, 2013.

林春城, 「"上海學派"的可能性」, <當代文化研究>(2013. 10. 2). http://www.cul-studies. com/index.php?m=content&c=index&a=show&catid=39&id=496

부 록

학술 자전[*]

왕샤오밍

1_

1955년 6월 상하이에서 태어났다. 본적은 저장성(浙江省) 동쪽의 이
우(義烏)지만, 50세 전까지 그곳에 가본 적이 없으며 그곳 사투리를 알
아듣지 못한다. 중학교 때 단속적으로 농촌에 가서 1년 남짓 노동했고
대학 졸업 후 3, 4년 외지를 방문한 시간 외에는 줄곧 상하이에서 생활
했다.

초등학교 4학년이었던 1966년 6월의 어느 날 오전, 상급생들이 교실
에 찾아와 작가인 아버지의 이름이 신문 일면에 상하이에서 첫 번째로
'문예인사 타도 대상'에 지목되었다면서 청소도구로 온몸을 구타했었다.
그것이 '문혁'에 대한 나의 최초의 뼈아픈 기억이었다.

---

* 원제: 學術小傳

1972년 가을, 4년의 대부분의 시간을 교실 밖에서 보내면서 길가, 작업실, 논밭에서 '공부'한 끝에 중학교를 졸업하고 도시 중심의 어느 작은 방직공장에 취직해 기계공이 되었다. 손에는 금세 굳은살이 생겼고, 한밤중에 기술자들과 같이 공장 밖의 한 작은 식당에 앉아 탕면도 후룩후룩 먹곤 했다.

5년 후 상하이 서쪽 교외에 위치한 화둥사범대학 중문학부에 입학해 대학생활을 시작했다. '77학번'이었지만, 정식으로 리와(麗娃) 강변에 있는 큰 교실에 들어가 수업을 받게 된 것은 1978년 봄의 일이었다. 2학년 가을에는 중문과의 '현대문학 전공' 석사과정으로 옮겨 공부하게 되었다. 그 후 졸업하고 모교에 남아 교직 생활을 시작했고, 매년 입학하는 학생들과 만나면서 스스로 말을 더듬지 않는다는 놀라운 사실을 발견하고(어렸을 때는 심했었다), 교수가 되고, 노교수가 되고…. 그렇게 수많은 일과 경험들이 빼곡하게 들어찬 이 캠퍼스 안에서 생활한 지 어느덧 30년이 흘렀다.

대학원 시절 두 분의 지도교수가 계셨다. 한 분은 1920년대 소설로 이름을 날렸고 1957년 '우파'로 몰려 강단에서 축출되었다가 1978년 '명예회복'된 이후 다시 교편을 잡게 된 쉬제(許杰)선생님이었는데, 당시 이미 75세였다. 그래서 나를 포함한 여섯 명의 학생은 그 분의 첫 번째 제자이자 마지막 제자가 되었다. 너무나 많은 시련과 세상 이치에 대한 통찰 때문이었을까, 쉬제 선생님은 엄숙한 강의보다는 자유로운 토론을 즐겨 하셨는데, 주로 문단의 옛 일에 대한 회고나 현실 정치에 대한 날카로운 비판이었다. 토론이 최고조에 이르면 의자를 심하게 젖히곤 하셔서 우리는 선생님이 넘어가지 않을까 마음 졸이곤 했다. 1980년대 말의 긴장된 봄, 선생님은 가족들의 부축을 받으며 넓은 운동장의 강단 위로 올라섰다. 창로(蒼老)한 목소리로 젊은 학생들에게 '5.4정신'을 드높일 것을 촉구하셨는데, 지금도 그 장면을 떠올릴 때면 당시의 감격을 잊을 수 없다.

다른 한 분은 첸구룽(錢谷融) 선생님으로, 1956년 「문학은 인간학」이라는 장편의 글이 전국적으로 유명해졌으나 이 글 때문에 오랜 기간 고통을 받았다. 내가 대학에 들어갔을 때에도 그 분은 여전히 강사였다. 이일이 학술계의 공분을 사게 되자 선생님은 급히 교수 직함을 받게 되었고 우리 역시 그 분의 첫 번째 제자가 되었다. 선생님의 수업은 아주 꼼꼼했다. 이론서 한 권을 교재 삼아 작은 교실에서 한 장 한 장 함께 공부했다. 저녁 먹기 한 두 시간 전에도 소집되곤 했는데, 선생님이 부르시지 않아도 우리들이 자주 찾아가는 바람에 그 후로는 댁에 모여 토론하게 되었다. 선생님은 온화한 성품으로 알려져 있었으며 학생들을 엄하게 대하는 일이 극히 드물었다. 그렇지만 아마도 그런 점 때문에 선생님의 가르침이 오히려 더 크게 와 닿았다. 처음으로 쓴 글을 선생님께 보여드렸을 때를 아직도 기억한다. 선생님이 자세한 이야기를 위해 저녁에 만나자고 하셨다. 내가 자리에 앉자마자, 내 원고 가운데 잘못 쓴 글자를 손으로 짚으시며 "그 한자를 쓸 수 있는가? 한 번 써보게…음, 쓸 줄 아는군, 그럼 됐네"라고 하셨다. 나는 너무나 부끄럽고 당황해서 그 이후로 글과 논문을 쓸 때 이런 실수를 하지 않도록 노력한다. 지금도 아주 완벽하다고는 할 수 없겠지만, 그 때 선생님의 지적이 없었다면 지금도 그 습관을 고치지 못했을 것이다.

2_

이 두 분의 스승을 모시고 공부하면서 내 '학술' 생애가 시작되었다. 1981년 『화둥사범대학학보』에 최초의 논문 「시대의 중압 아래―루쉰 성격의 몇 가지 특징」(在時代的重壓下―魯迅性格的幾個特點)을 기고했다. 제목에서도 보는 바와 같이 그 글의 내용은 루쉰이 그토록 강렬히 나를 사로잡았던 주요 원인이 무엇인가였다. 1987년 상하이문예출판사에서 첫 저서 『사팅과 아이우의 소설세계』(沙汀艾蕪的小說世界)를 출간했다. 내가 사팅의 소설을 석사논문 주제로 선택했던 이유는 그가 써낸 어둡고 몰락한 세계가 내게 낯설지 않게 다가왔기 때문이었다. 사람은 모두 자기 역사의 산물이기 때문에 20년 남짓의 인생 경험은 내게 학술 글쓰기의 기본 방향을 설정해 주었다. 가끔은 문을 걸어 닫고 들어앉아 곰곰이 생각도 해봐야 밖에서 어떤 일이 일어나고 있는지 정확하게 볼 수 있겠지만, 나는 세상과 단절한 채 홀로 연구에 몰두할 수 있는 사람도 아니었고 그렇다고 '이만하면 괜찮은 걸'이라고 현실에 안주해버리는 사람도 아니었다. 물론 지금은 '앞으로 더 좋아지겠지'라고 말할 수 있게 되었지만.

글을 한 편 한 편 완성시킬 때마다 다루는 범위도 점차 확대되었다. '센다이 문학'에서 '당다이 문학'으로, '셴당다이 문학'에서 '문학이론'으로, '문학사'에서 '사상사'로…. 나는 한때 영문 번역을 시작한 적이 있었는데, 먼저 서머셋 모옴의 평론을, 다음에는 윌리엄 포크너의 중편 소설을 번역했다. 그러던 어느 날 첸 선생님께서 내 번역 중 몇 가지 틀린 부분을 지적하셨는데 그때 번역의 어려움과 깊이를 깨닫고 그만두게 되었다.

당시는 젊은이들이 '재주'보다는 '의지'를 숭상했던 시대였고, '의지가 있는 청년'들이 이해와 관용 심지어 지지를 얻을 수 있다고 믿었던 시절이었다. 내게 도움을 주었던 분들을 일일이 열거할 수는 없지만, 그 중 가장 기억나는 사람을 한 분 꼽는다면 베이징의 왕신(王信) 선생이다.

대머리에 진한 눈썹, 부리부리한 눈과 큰 코, 우람하고 훤칠한 체격, 말할 때 약간 섞인 비음, 예리한 눈매 등으로만 봐서는 '중국사회과학원 문학연구소'에 몸담고 있다는 사실이 도저히 믿기지 않는 외모였지만, 실제로 선생이 그곳에서 편집 업무를 주관하는 7, 8년 동안 『문학평론』은 젊은이들에게 기회의 문을 활짝 열어주었다. 중국 대륙에서 가장 권위 있는 문학연구 간행물 『문학평론』은 1980년대 중반까지 대부분 연륜 있는 학자들이 기고했고, 이제 갓 졸업한 젊은 학자들은 감히 투고할 엄두도 내지 못했다. 그러나 왕신 선생과 편집부 동료들은 스스로 문턱을 낮추고 예민함과 선의로 무장하여 젊은 학자의 사상적 활력을 끌어들였고, 간행물의 권위를 통해서 학술계에 새바람을 불러일으켰다.

1985년 나는 루쉰의 내면의 갈등에 관한 논문을 왕신 선생에게 보냈다. 그는 곧 자세한 분석 및 비평이 담긴 장문의 답신을 보내왔는데, 마지막에 적힌 '행동이 아니라 그 동기만 보고 비판한 글'이라는 말은 상당히 엄중했다. 그렇지만 그는 중국 사회과학원의 『미완의 논고』(未定稿)라는 미성숙한 '신론'들을 등재하는 '내부' 간행물을 소개하며 내 논문을 그곳에 보내고 싶다면서 내 의중을 물어왔다. 나는 당연히 그의 의견에 따르기로 했다. 사람이 일생을 살면서 이렇게 엄격하면서도 따스한 도움을 몇 번이나 받아볼 수 있을까?

1989년 톈안먼 사건이 일어났고 그 후 얼마 지나지 않아 그는 사임했다. 아니 해임되었는지도 모르겠다. 그는 내게 그 일에 관해 자세히 설명하지 않았다. 비록 평소 자주 연락을 주고받았으나 나 역시 쓸데없이 질문할 필요 없다고 생각했다. 그는 편집 일 때문에 거의 글을 쓰지 않았지만, 내가 본 몇 편의 논조는 절도 있고 중후했다. 그는 대부분의 정력을 간행물 편집에 쏟았는데, 만약 구차한 짓을 해야만 계속 주편을 할 수 있었다면 그는 결코 하지 않았을 것이다. 학술은 세상의 공공 기물과 같은 것이라, 역사와 권위가 있는 학술지에서 왕신 선생과 같이 강한 의지와 사심 없는―그는 정말 사심 없다는 말을 들을 만한 사람이다―사람이 주도할 수 있었던 것은, 학술지에게도, 학자에게도 커다란 행운이었다!

3_

그 후로 바쁜 나날들이 흘러갈수록 나의 시선도 점점 분산되어 갔다. 집에서는 선장(線裝)은 아니지만 고서를 읽었고, 친구들과 모여서는 사실 나도 잘 모르는 문제에 대해 토론했다. 생각도 많았고 글도 많이 썼지만 깨달음이 적었고, 발표할 수 있는 글을 써내는 것도 쉽지 않았다. 기존의 세계관이 와해되었고 새로운 세계관이 형성되지 않았었다. 내가 1990년대 공개 발표한 글을 보면 이론과 학술성이 확연히 줄어들고 여러 문제를 가볍게 터치하는 산문 식의 글들이 점차 많아졌다.

2000년 초가을 리어우판(李歐梵) 선생의 도움을 받아 나는 가족과 함께 보스턴 맞은편의 케임브리지에서 1년간 생활하게 되었다. 하버드 대학의 동아시아 학과에서 리선생과 함께 강의한다는 명목이었지만 실제로 강의에 몇 번 나가지 않았고, 한 번은 강의에 참석하지 못하는 바람에 리선생이 급하게 대신 수업하기도 했다. 당시 선생은 분명 심기가 불편했을 것이지만 내게 심한 말 한마디도 하지 않았다. 내가 지금까지 걸어온 학문의 길에서 리어우판 선생은 스승이자 좋은 친구였고 또 나의 은인이기도 하다. 그가 나를 초청한 것은 강의를 맡기기 위한 것이 아니었고, 일전에 시카고에서 그랬던 것처럼 아침 9시부터 저녁 6시까지 도서관에서 연구에 몰두하도록 하기 위해서도 아니었다. 리선생은 내가 상하이에서와는 다른 생활을 하길 원했는데, 아마도 내가 새로운 것을 받아들여야할 시기가 된 것이라고 여긴 듯하다. 또한 선생은 자신의 경험을 통해서 부단한 쇄신이 정신적 퇴보를 지연시키는 것이라고 믿고 있었다.

그 해, 나는 반드시 해야 하는 수업과 강연을 제외하고는 전혀 학자답지 않게 살았다. 일부러 도서관을 피해서 캠퍼스를 누볐고 그러다가 버티지 못하고 대가의 명성을 흠모해 도서관에 들어가게 되더라도 가능한 대충 책을 들쳐보다가 나왔다. 나는 교실만 찾아다녔는데 그것도 여기서 두 시간 듣고 저기서 일주일 앉아 있는 식이었다. 강의를 들으며 학생들 표정을 살피고, 쉬는 시간에는 옆자리에 앉은 학생에게 짧은 영어로 전공이 뭔지, 왜 이 수업을 듣는지를 묻곤 했다. 아마도 그 학생은 내가 왜 그런 걸 묻는지 어리둥절했을 것이다.

더 많은 시간을 학교 밖 사방으로 쏘다녔다. 횅뎅그렁한 변경의 작은 마을, 흙먼지 풀풀 날리는 인디안 보호구역 등등. 그리고 케임브리지로 돌아와서도 많은 시간을 흔쾌히, 집주인을 따라 보험회사와 협상하고, 이웃과 함께 눈을 치우고, 학문과 상관없는 모임에 나가고, 딸이 다니는 중학교의 학부모회에 참석하고, 과속 위반 범칙금 때문에 경찰과 실랑이를 벌이는 등의 일에 보냈다.

2001년 7월 새벽 우리는 보스턴에서 상하이행 비행기에 몸을 실었다. 2달 후, 동일한 편명의 항공기가─어쩌면 승무원들도 그때 그들일지도 모르겠다─뉴욕의 무역센터 건물과 충돌했다. 중국과 마찬가지로 세계가 급변하고 있었다.

4_

공장을 떠나 대학에 들어왔을 때 나는 '동란(動亂)─당시 '문혁'을 이르는 유행어─이 이미 끝났고, 이후의 사회는 점차 안정된 방향으로 발전할 것이라 굳게 믿고 있었다. 이후의 세태 변화가 나의 경솔함을 끊임없이 증명하게 될 줄 누가 알았겠는가. 21세기에 이르러 위기는 더욱 고조되고 사건은 끊임없을 뿐 아니라 그칠 기미가 보이지 않는다.

이 시대를 살아가는 사람으로서 개인적인 안목과 관심도 끊임없이 변하지 않으면 안 되었다. 2001년 나는 '화둥사범대학과 '중국현대문학' 앞에 '상하이대학과 '문화연구'를 넣어 새로 명함을 인쇄했다. 독서 범위와 글쓰기 내용, 연구 방식, 교류하는 사람들 등이 모두 이전과는 달라졌다. 내게 박사 지도를 요청하는 젊은 학생들에게 '만약 문학연구만 하려거든 다른 선생을 찾아가 보라'는 식으로, 응대하는 방식도 점차 직접적이고 과감해졌다. 심지어 이전에 누가 명함에다가 '주임'이나 '…장'이라고 새겨놓은 것을 보면 실소를 금치 못하던 나였지만, 누가 요청한 것도 아닌데 신설된 문화연구학과의 '학과장'을 맡겠다고 나섰다.

'학문'에 대한 나의 인식은 10년 전에 비해 확연히 달라졌다. '후세 사람들이 보지 않으면 안 될 글을 쓰는' 꿈을 포기한 것은 아니다. 중국의 학자로서 설령 해낼 수 없다는 것은 알지만 이 목표를 포기하기는 쉽지 않다. 그러나 오늘의 중국 학자로서, '명산에 보존될 글'을 쓰느냐가 가장 중요한 일이라고 생각하지 않는다.

　　최근 10년간 내 학술적 전환을 어떻게 봐야 할까? 지금은 또한 이렇게 보고 있을 때는 아니다. 눈코 뜰 새 없이 세태 변화의 강렬한 자극에 대응하는 사람은 자신을 돌아볼 시간도 그럴 여력도 없다. 예전에 썼던 글의 한 단락을 빌어 이 글을 마무리하려 한다. 비록 11년 전(1999년 말)에 쓴 글이지만, 여전히 지금 나의 심경을 잘 드러내주고 있기 때문이다.

　　지금의 중국사회는 마치 거대한 '괴물'과 같다. 진한(秦漢)시기 이후 누적된 집권적 전제정치의 뿌리 깊은 폐단 위에 20세기 말 '지구화'의 새로운 물결이 넘실대고 있으며, 50여 년에 걸쳐 형성된 '사회주의' 체제의 틀이 유지됨과 동시에 국제 자본의 거센 바람이 이미 동남 연해 지방을 휩쓸고 있다. 이렇듯 어색하면서도 이상한 현실을 바라보며, 우리는 '냉전'시기에 형성된 자본주의와 사회주의, 시장경제와 계획경제, 사유제와 국유제 등과 같은 이원 대립관계 속에서 이해하려는 습관을 극복해야 하며, 우리의 사유체제를 틀 지운 '현대화' 이론을 넘어서야 한다. 일상생활의 경험에 세심한 주의를 기울이면서 더 넓은 범위로, 더 다양한 각도로 20세기 중국사회 역사와 우리가 처한 현실 환경을 심도 있게 살피는 노력을 기울여야 한다. 이를 통해 끊임없이 새로운 시각과 생각, 관념, 그리고 연구 '패러다임'을 창조하는 것은 지식계의 중대한 사명이자 중국 사상계가 동시대를 살아가는 인류의 사고방식에—특히 '지구화'에 대한 보편적 반성을 할 수 있도록—공헌하는 길이라고 믿는다. 지식의 양과 사유 훈련의 미비로 인해, 또 개인적 흥미와 같은 한계 때문에 이제껏 나날이 팽창되고 있는 통제와 수탈에 대해 정치, 경제, 사회학 방면의 직접적이고도 지속적인 분석을 내놓기 어려웠다. 그러나 그와 동시에 나타나는 다양한 문화적 현상들에 대해서는 마땅히 즉각적으로 분석을 시도해왔다. '성공인사'의 신화, 새로운 주류 이데올로기, 광고와 대중매체의 결탁으로 인해 만들어진 공적 부에 대한 환상이 새로운 약탈자의 나팔수와 대변인의 역할을 해오고 있고, 또 핍박당하는 자들의 눈가리개가 되어 이들을 속이고 있다면, 이런 신화와 환상을 하나하나 폭로하는 것이 새로운 핍박과 수탈의 빨판을 잘라내는 것이며 그들의 횡포에 제동을 거는 것이 아니겠는가? 나는 루쉰이 70년 전에 언급했던 '대(大)시대'라는 개념을 떠올리지 않을 수 없다. 지금의 중국은 마치 그런 시대에 놓여 있는 것 같다. 이제 막 도래할 21세기에 그런 새로운 핍박과 수탈이 아무런 제동 없이 계속된다면 사회의 앞날이 얼마나 암담할지는 상상조차 할 수 없다. 그래서 미약하나마 힘을 보태고, 나서서 문제를 제기해야 한다. 그러한 새로운 이데올로기는 이미 사방에 포진하고 있으니 나 또한 어찌 문학 세계 안에만 갇혀 있으랴!

—『반쪽 얼굴의 신화』 서문에서

2011년 3월 툰먼(屯門)에서
『가까이 살피고 멀리 바라보기』(近視與遠望), 2012에 수록

옮긴이 후기

중국, 상하이(上海). 그 도시에 다시 살러 가게 되리라고는 생각지 못했다. 다니러는 갈지라도 다시 짐을 꾸려 살러 가리라고는 미처 생각지 못한 일이다. 예측할 수 없는 수많은 일들이 일어나는 것, 그것이 바로 인생이리라. 2009년 4월, 나는 상하이대학 '당다이(當代)문화연구센터'(Center for Contemporary Cultural Studies)에 방문학자의 신분으로 가게 되었다. 상하이 화둥사범대학에서 박사학위를 마치고 돌아온 때로부터 정확히 10년 만이었다. 귀국 후 10년 가까운 세월 동안 모교에서 중국현대문학·중국어·중국영화와 관련된 강의를 진행했고, 그 기간 동안 중국은 급속하게 변하고 있었다. 인생에서는 종종 나아가야 할 길이 잘 보이지 않을 때가 있는데, 그 시기가 나에게는 그랬다. 길은 막혀있고, 앞으로 나아가야 할 길이 잘 보이지 않았을 때, 내가 선택한 것은 중국행이었다. 10년 동안 변화된 중국을 다시 잘 살펴보고, 글을 쓰면서, 자기충전을 하는 것이 주요한 목적이었다.

2009년과 2010년, 내가 상하이대학에 머물렀던 시기의 중국은 개혁개방 30주년을 맞이하면서, 국가의 중요한 행사들이 연이어 열리고 있었다. 2008년에는 베이징(北京) 올림픽이 성대하게 끝났고, 2009년은 중화인민공화국이 세워진 지 60주년이 되는 해여서, 나라 안이 건국 60주년 기념행사로 분주하였다. 학계에서는 '60년 당다이(當代)문학 학회'가 3일 동안 열리고, TV에서는 신중국 <영화 60년>과 <찬란한 역사 60년>을 정리하여 내보냈다. TV드라마도 중국혁명의 승리를 그린 <잠복>(潛伏), <나의 형제 순류(順留)>, <해방>과 같은 드라마가 계속 이어지고 있었고, 영화는 건국 60주년을 기념하여 '국가에 바치는 영화'들이 만들어졌는데, <철인>(鐵人)과 <건국대업>(建國大業)이 대표적인 작품이었다.

2009년 9월 30일, 중국의 CCTV 채널 1에서는 '건국60주년 기념 전야제' 행사를 방송했는데, 이 프로의 제목이 <부흥의 길>이었다. <부흥의 길>이라…. 중국 정부가 지향하는 미래의 중국은 바로 '부흥하는 중국'이다. 옛날의 영광과 찬란한 문화를 되찾아 부흥하는 강대국으로의 길, 중국 정부가 지향하는 미래상이었다.

2009년 10월 1일, 아침 10시. 톈안먼(天安門) 광장에서는 '건국60주년 국경일' 행사의 열병식이 성대하게 치러졌고, 2010년에는 상하이 세계박람회(EXPO)가 6개월 동안 개최되었다. 2010년 10월 1일, 중국은 '중화인민공화국 건국 61주년'을 맞이하여, 달나라 탐사를 위한 창어(嫦娥) 2호의 위성발사에 성공하였다. TV화면에 나오는 수많은 중국인들은 "자부심을 느낀다", "자랑스럽다"를 외치며 환호하였다. 이런 중국의 발전추세를 보면서 놀랍고도 놀라웠고, 창어 2호 위성을 발사하는 모습을 지켜보면서 나는 이런 생각을 했다. 중국은 이렇게 발전하고 있는데, 우리나라는 어떤가? 나는?

그 시기, 한국에서는 노무현 전 대통령이 세상을 떠났으며, 내가 마음속으로 사숙(私塾)하던 장영희·이윤기 선생님의 별세소식도 들려왔다. 1년 정도의 시차를 두고 떠나신 장영희·이윤기 선생님, 이 두 분의 타계 소식에 나는 상하이의 작은 방 안에서 오랫동안 서성거렸다. 그 때는 새로운 정부가 들어선 지 3년째였는데, 한국의 시계는 거꾸로 가고 있었고, 188명의 작가가 한 줄씩 서명했다는 '6.9 작가선언' 소식이 상하이까지 전해져 왔다.

상하이대학에서 나는 주로 두 가지 활동에 참여했는데, 하나는 왕샤오밍(王曉明) 선생님의 박사과정 수업에 참여하였고, 다른 하나는 '당다이 문화연구센터'에서 주관하는 여러 세미나에 참가하였다. 또한 중국 TV드라마에 관한 글을 쓰기 위해, 그즈음 시청률이 매우 높았던 여러 TV드라마들을 섭렵하고 있었다. 그곳에서 나는 왕선생님의 문하에서 공부하고 있던 김소영과 고윤실을 만나게 되었다.

어느 날, 화둥사범대학에서 공부하고 있던 고재원이 상하이대학으로 나를 만나러 왔는데, 그 날이 바로 2009년 10월 1일, 신중국 건국60주년 기념일이었다. 그날 오전, 베이징의 톈안먼 광장에서 있었던 '건국 60주년 국경일' 행사의 열병식을 TV에서 본 이후였고, 멀리서 나를 만나러 오겠다는 후배에게 '나는 어떤 도움을 줄 수 있을까'를 생각하며 약속장소로 향했다. 가는 길에 나는 새 원고지 네 묶음을 준비해 갔다. 재원과 소영은 박사과정 수업을 듣고 있는 중이었고, 그들의 앞에는 박사논문이라는 큰 산이 기다리고 있었다. 나는 그들에게 '중국어 글쓰기 모임'을 제안하였고, 그들도 동의하였다. 가지고 간 새하얀 원고지 두 묶음씩을 그들에게 선물하였고, 이렇게 하여 우리의 모임은 시작되었다. 우리는 일주일에 1,500자씩 한 달에 6천자를 중국어로 쓰기로 했다. 2주에 한 번씩, 글쓰기의 결과를 메일로 서로 보고하였고, 한 달에 한 번씩 만나 써온 글을 서로 돌려보며, 타국에서 고단하게 공부하며 사는 일상에 대한 회포를 풀었다. 한 달에 6천 자씩, 중국어로 글쓰기를 10개월쯤 연습하고 나면, 그들이 중국어로 논문을 쓸 때 도움이 될 것 같았다. 수업시간에 발제를 해야 하는 내용이든, 영화를 본 감상문이든, 읽은 글을 필사를 하든, 쓰는 내용은 자유였다. 나도 이 글쓰기에 동참하였고, 나중에 고윤실도 합류하였다.

중국어로 글쓰기를 진행하고 있던 어느 날, 소영이 말했다. "저는 중국어를 한국어로 번역하는 공부도 필요해요"라고. 우리는 의기투합하여 함께 번역할 만한 좋은 책을 찾아보기로 하였고, 결국 왕선생님의 글을 한국에 소개하자는 데에 의견이 모아졌다.

2010년 1월, 우리는 왕샤오밍 선생님으로부터 20만자에 달하는 글을 건네받았다. 각자가 번역하고 싶은 글을 골랐고, 번역한 결과물을 가지고 2주에 한 번씩 모여 함께 읽고 토론하는 지난한 작업이 시작되었다. 각자의 수업듣기 이외에 '중국어로 글쓰기'와 '왕선생님의 글 번역' 작업이 동시에 진행되고 있었다. '중국어로 글쓰기'를 하는 모임은 11개월 동안 진행되었고, 2010년 8월에 마무리되었다. 재원과 소영이 자신들의 박사논문을 준비해야 할 시기가 되었던 것이다. 이제 2주에 한 번씩 만나

번역한 글을 함께 토론하는 작업 이외에, 재원과 소영은 자신과의 고독한 싸움의 시간 속으로 들어가야만 했다. 처음 번역을 할 때는 3년 후를 내다보며 농부가 씨앗을 뿌리는 심정으로 시작하였다. 상하이 대학의 유학생 기숙사와 쉬자후이(徐家匯)에 있는 '한국문화원'의 빈 강의실에서, 때로는 상하이 영화관 건물 속에 있는 조용한 카페를 전전하며, 어떤 때는 하루 7시간씩을, 어떤 때는 1박 2일의 시간을 확보하여 토론 작업을 진행하였고, 방학 때는 서울의 연구공간 '근사재'(近思齋)에서 머리를 맞대었다. 2010년 12월, 나는 귀국을 해 다시 한국의 현실에 적응해야 했고, 고재원, 김소영, 고윤실, 나의 젊은 친구들은 박사논문을 써야 했다. 우리의 번역작업은 소강상태로 접어들었다.

그러다가 2012년 8월 논문의 초고를 마친 소영이 한국으로 들어왔고, 방학이 되어 들어온 그들과 함께 우리는 다시 만났다. 마침 그 해에 왕샤오밍 선생님의 자선집(自選集)인 『가까이 살피고 멀리 바라보기』(近視與遠望, 푸단대학 출판사)가 중국에서 출간되었는데, 왕선생님의 학술 생애 30년 동안에 쓴 글 중, 24편의 글을 골라 묶은 책이었다. 그 책은 3부로 구성되어 있는데, 저자의 학술적 글쓰기를 세 단계로 구분해 놓은 것이었다. 1부는 문혁이 끝난 후, 기쁘게 쓴 글들이고, 2부는 1989년 6.4를 겪은 후, 세계관이 소멸되고 방황하며 쓴 글들, 그리고 3부는 그가 학문의 경계를 넘어 문화연구를 하며 쓴 글이다. 우리가 번역한 이 책의 저본은 중국에서 출판된 『가까이 살피고 멀리 바라보기』의 제3부에 실린 문화연구에 관한 10편의 글 중, 『21세기 중국의 문화지도』에 번역되어 실린 1편의 글을 제외한, 9편의 글과 임춘성 선생님께서 제안하신 다른 3편의 글을 함께 묶었다. 또한 9편의 글 가운데 「건축에서 광고까지」라는 글 역시

『21세기 중국의 문화지도』에 이미 번역되어 있으나, 왕선생님의 글을 함께 묶어 한국에 소개할 때 빼놓을 수 없는 중요한 부분이라 생각되어, 저자가 「상하이의 새로운 삼위일체」라는 제목으로 축약한 글을 여기에 넣었다. 그리고 12편의 글을 배치하는 순서는 왕선생님이 글을 발표하신 연대순에 따랐다. 번역은 1, 5, 6, 7, 12장은 고윤실, 2, 4, 8장은 김소영, 3, 9장은 고재원, 10장은 김명희가 맡았으나, 전체 글을 함께 읽고 토론했으니 모두의 의견이 스며들어 있는 셈이다. 2장은 김소영이, 11장은 변경숙 선생이 책임번역을 해주었다. 비록 우리의 번역 토론 작업에 함께 참여하지는 않았지만, 번역한 글을 함께 싣는 데에 동의해준 변경숙 선생에게도 고마움을 전한다. 우리 다섯 명은 상하이에서 왕샤오밍 선생님의 수업을 듣거나 그가 주최한 세미나에 참여하여, 중국 현·당대문학과 문화연구에 대한 인식과 사유의 폭을 넓히며 성장했다는 공통점을 가지고 있다. 왕샤오밍 선생님의 가르침을 받았던 우리가 그의 저서를 번역했다는 것을 기쁘게 생각한다.

우리가 번역하고 있는 것을 알고 계시던 임춘성 선생님께서는 우리의 토론모임에도 몇 차례 참여하여 조언을 해주셨고, 이 책의 해제를 써달라는 요청에도 부응해주셨다. 특히 번역된 원고 전체를 다 읽어 주시고 감수까지 해주셨는데, 분명 많은 시간이 소요되었을 것이다. 번역작업의 마무리 과정에서 임춘성 선생님의 후배들에 대한 헌신적인 사랑과 학문연구에 대한 열정적인 도움이 없었다면, 이 책은 세상의 빛을 보지 못했을 것이다. 임춘성 선생님께 깊은 감사를 드린다.

10년 만에 다시 간 중국에서 중국의 지식인들은 이전과는 다른 사유를 하고 있었는데, "중국은 어디로 향해 갈 것인가? 자본주의를 따라 갈 것인가 아니면 다른 새로운 사회를 창조할 것인가?"가 그들의 관심사였다. 2008년 미국의 금융위기 이후, 중국의 지식인들은 "미국이 세계를 영도하지 못하는 순간이 오게 되면, 어느 나라가 세계를 영도할 것인가? 중국은 세계를 영도할 수 있을 것인가? 만약 그렇게 해야 한다면 중국은 지금 무엇을 해야 하는가?"라는 문제를 고민하고 있었다. "세계와 인류의 미래에 중국이 지대한 영향을 미칠 것이라는 것, 그것은 좋은 영향일 수도 있고 나쁜 영향일 수도 있는데, 중국은 어떤 길을 선택할 것인가?" 하는 것이 내가 상하이에 머물렀던 2년 동안, 왕샤오밍 선생님을 비롯한 중국의 지식인들이 사유하고 있는 문제들이었다. 세계인구의 4분의 1을 차지하고 있는 국가이니, 이런 고민을 하는 것은 당연하다고 해야 할 것인가? 중국이 세계와 인류의 미래를 어떻게 이끌고 갈 것인가를 고민하고 있는 시점에서, 우리 한국은 어떠한가? 한국과 한국의 지식인들, 그리고 나는 어떠한가? 세계와 인류의 미래를 상상하는 사유를 하고 있는가? 한국의 미래를 상상하는 사유를 하고 있는가? 최근 3년 한국은 거꾸로 가고 있지 않은가? 그 시기, 나는 이런 자문을 하고 있었다.

1994년, 내가 왕샤오밍 선생님을 처음 만났을 때부터 이번 중국행의 시기까지, 내가 본 왕선생님은 '분투하는 어미새(母鳥)'의 모습이었다. 그는 끊임없이 베이징과 타이완(臺灣)의 연구자들을 초청하였고, 해외에서 학자들이 상하이를 방문하면 세미나를 열어, 중국의 젊은 연구자들이 사유의 폭을 넓힐 수 있는 기회를 제공하였다. 그는 중국의 젊은 연구자들에게 '사유(思惟)하라'는 먹이를 늘 제공해 주었다.

끝으로 연구공간 '근사재'의 사용을 허락해준 차태근 선생님에게도 감사의 말을 전한다. 번역작업은 거친 황무지에서 밭을 갈고 있는 것처럼, 힘든 작업이었다. 처음 왕선생님으로부터 원고를 건네받은 때로부터 4년이 흘렀다. 한국의 중국 현·당대문학과 문화연구라는 거대한 집을 짓는 데, 벽돌 한 장을 올리는 심정으로 우리는 이 번역작업에 임하였다. 힘써 노력은 하였으나 많이 부족할 것이라고 생각한다. 번역상의 오류가 있는 부분은 전적으로 우리 역자들의 책임이다. 한국의 독자들이 그의 글을 읽으며 중국을 이해하고, 한국의 미래를 상상하는 사유를 하는 데에 조금이나마 도움이 되기를 소망한다.

2014년 1월, 역자를 대표하여

김명희 씀

임춘성(林春城, YIM Choonsung)_ 목포대학교 중어중문학과 교수. 한국 중국현대문
학학회 회장(2006-2007)을 역임했고 현재 동 학회 상임고문직을 맡고 있다.
『문화/과학』 편집자문위원, 『외국문학연구』 편집위원, 『석당논총』 편집위원,
상하이대학교 문화연구학과 국제위원 등을 맡고 있다. 지은 책으로『중국 근
현대문학사 담론과 타자화』, 『소설로 보는 현대중국』, 『상하이학과 문화연구:
비판과 개입』(편저), 『21세기 중국의 문화지도—포스트사회주의 중국의 문화연
구』(공편저), 『상하이영화와 상하이인의 정체성』(공편저), 『동아시아의 문화와
문화적 정체성』(공저), 『홍콩과 홍콩인의 정체성』(공저) 등이 있고, 옮긴 책으
로『중국근대사상사론』(李澤厚著) 등이 있으며, 중국 근현대문학이론과 소설,
중국 무협소설과 중국영화, 상하이와 홍콩 등 중국 도시문화, 이주와 디아스포
라, 정체성과 타자화 등에 관한 논문 90여 편이 있다. 중국어 저서로『新世紀韓
國的中國現當代文學硏究』(편저), 『視野與方法: 當代文學硏究版圖的重構』(공저), 『當
代文學60年: 回顧與反思』(공저), 『雙城記: 上海紐約都市文化』(공저), 『文化上海』(공
저), 『精神中國』(공저) 등이 있다. blog: http://blog.daum.net/csyim2938, 이메일:
csyim2938@gmail.com

김명희(金明姬, KIM Myoung-hee)_ 전남대학교 중어중문학과를 졸업하고 한국외국
어대학교에서 문학석사학위를 받았으며 중국 화둥사범대학에서 문학박사학
위(「고독한 사람의 세계: 루쉰의 소설과 그의 정신세계」)를 받았다. 현재 전남
대학교 중어중문학과에서 강의하고 있다. 주요논문으로는 「루쉰에게 있어서
글쓰기의 의미」, 「상처와 거절의 문화적 풍경—천란(陳染)의『개인생활(私人生

活을 읽고』」, 「이단과 비주류 소설을 둘러싼 논쟁—샤오예무(蕭也牧)·루링
(路翎)·왕멍(王蒙)의 소설을 중심으로」, 「2009, TV드라마 <달팽이 집(蝸居)>
에 대한 고찰」 등이 있다. wanxia923@hanmail.net

변경숙(卞敬淑, BYUN Kyung-sook)_ 동국대학교 중어중문과를 졸업하고 중국 화둥
사범대학에서 문학석사학위와 문학박사학위를 받았다. 지금은 동국대학교 겸
임교수로 재직 중이다. 논문으로는 「모범극중의 '영웅'형상과 '문학'이데올로
기」와 「大丈夫之人間情懷—朱自淸閱讀筆記」(中文) 등이 있고, 옮긴 책으로는 『21
세기 중국의 문화지도—포스트사회주의 중국의 문화연구』(공역), 『중한대역문
고 외국 동화선 초급 10』등이 있다. byunkyungsook@hanmail.net

고재원(高在媛, KO Jae-won)_ 가톨릭대 중어중문학과를 졸업하고 숭실대학교에서
문학석사학위(「『점석재화보(點石齋畵報)』에 나타난 이미지의 의미작용과 담론
의 전개양상」)를 받았다. 현재는 중국 화둥사범대학 박사과정에 재학 중이며,
'1900년-1920년대 한중 청년담론 비교연구'라는 주제로 박사논문을 집필하고
있고, 숭실대학교 중문학과에서 강의하고 있다. 주요 관심 분야는 중국 근현
대부터 당대까지 전개된 현대성과 관련된 청년담론과 중국 사회주의 시기의
시각문화현상이다. klee302@hanmail.net

김소영(金昭英, KIM So-young)_ 이화여자대학교 중어중문학과를 졸업하고 연세대
학교에서 문학석사학위(「쑤칭의 「결혼십년」 연구—여성 자아 형성과 체험적
글쓰기」)를 받았으며 동대학원 박사과정을 수료했다. 현재는 중국 상하이대학
박사과정에 재학 중이며, '중국 문학사이트의 인터넷문학 생산메커니즘 연구'
를 주제로 박사논문을 집필하고 있다. 주요 논문으로는 「淺談靑春出版物的多副面
孔: 以最小說刊群爲例」(中文), 「網絡文學的非物質勞動性」(中文)이 있으며, 옮긴 책
으로는 미조구찌 유조의 『중국의 충격』(공역)이 있다. rosine0116@gmail.com

고윤실(高允實, KO Yoon-sil)_ 숙명여자대학교 중어중문학과를 졸업하고, 중국 상

하이대학에서 문학석사학위(「중국에서의 한류—'대장금'을 예로 하여」[韓流在中國:以大長今爲例])를 받았다. 현재는 상하이대학 문화연구학과 박사과정에 재학 중이며, '중국 대중문화 생산기제 연구—1990년대 이후 TV드라마 생산기제를 중심으로'(中國大衆文化生産機制研究: 以1990年代以後電視劇生産爲中心)라는 주제로 박사논문을 집필하고 있다. koyoonsil@126.com

찾아보기

ㄱ

가정 만들기　276

강세 문화　50-51

개방식 검문초소　277

개혁주의　175

'거주-소비'형 도시　141

골목 입구(弄堂口)　139-140

공공의 부　276, 278

공공임대주택　274, 276, 281

공공정체성　186-187, 189-190

공공정치 공간　139-140, 148, 298

공동운명체 정서　168, 170

과학 발전관　267

광둥 우칸촌(烏坎村)　269

구멍가게(烟雜店)　139-141

국가 안전　116

국가정체성　6, 156, 179, 189-190, 297

국가주의　264

국제대도시　40, 44-45, 257

국제적 경쟁의식　117, 133

궁쯔전(龔自珍)　122, 309, 311

궈바인(過把癮)　197

궈징밍(郭敬明)　193-195, 202, 245-248, 251, 253-254

ㄴ

냉전　41, 327

노동자 신촌　139, 141, 207

농촌 개조　108

ㄷ

다국 통관 합작 계획　274

5개의 충칭　274

－살기 좋은 충칭

－삼림충칭

－건강한 충칭

－안전한 충칭

－교통이 편리한 충칭

다이진화(戴錦華)　203

대기근(1959-1961)　135, 159, 162

대동(大同)　15, 150, 162, 309-310, 313, 317

대시대(大時代)　314

대중매체　21, 36, 125, 177, 188, 328

덩샤오핑(鄧小平)　135

도시공간　134, 139, 141-143, 147-148, 298, 300, 317

도시공간의 재구획　139

도시 발전　115, 127, 131, 272

도시화　88, 105-106, 111-112, 129, 131, 133, 216, 218, 267-275, 278-280, 297, 299-301

도쿄　35, 127, 136, 174

독점화된 시장　138

『독창단』(獨唱團)　201, 246, 250-252, 260

동란(動亂)　326

ㄹ

런던　35, 136, 174

로맨티시즘　50, 56-60, 71

루쉰(魯迅)　16, 49, 66, 153, 187, 196, 224, 239, 286-289, 309, 314-316, 322-323, 328

리어우판(李歐梵)   324-325
리튀(李陀)   203, 290

ㅁ

마오파   264
면직(下崗)   17, 161, 291
모옌(莫言)   66, 192-194, 197, 200, 202, 231,
   244, 248 , 251
<몽환서유>(夢幻西遊)   196-197
문학비평   74, 76-78, 306-307
문학사이트   207, 228-229, 233-234, 236
문학 생산기제   73, 75-78, 201-202, 307
문학성   198-199, 201-202
문학연구   43, 76, 80, 194, 200, 257, 297, 301,
   303, 323, 326
『문학평론』(文學評論)   72, 259, 323
문혁(1966-1976)   35, 74, 135, 192, 262, 283-
   285, 303, 319, 326, 333
문화경쟁력   115, 118, 133, 297
문화산업   75, 194, 196, 201-202, 235, 246-
   247, 249, 251, 254
문화상품   111, 116
문화 생산기제   73, 79, 143, 207, 264, 306-307
문화시장   116
문화연구   76, 194, 203-227, 265, 283-284, 288-
   292, 294-295, 297, 302, 308-317, 326, 333-
   334, 336
문화연구 교학   207, 212, 217-218, 220-221
   226-227
문화자각   122
문화전통   124, 265
문화콘텐츠산업   116, 154, 249
민생   276, 278-279

민생주의   278
민생 프로젝트   278-279

ㅂ

베이징 컨센서스   118
블로그문학   237, 239-241, 254
비서유럽적 방식의 굴기   279
비판적 분석   20, 75, 215, 288, 294, 306, 313
비판적 사회연구   205

ㅅ

사소한 도리   149-151
사회개조운동   132
사회변혁   59, 216, 221, 224, 227
사회정책   278
사회주의 공업도시   269
삼농(三農)문제   105-106, 113-114, 219, 301
상하이대학   191, 203, 206-209, 211, 217-218, 226, 284,
   294, 316, 329
상하이의 부동산 시장   137
새로운 이데올로기   6, 40-42, 45-46, 51, 69-70, 75, 77,
   291-292, 297, 306-307, 328
새로운 지배문화   207, 213-214, 255-256, 263, 293, 314
서민문화   126
성공인사   11-21, 36, 40-41, 46, 175, 292-293, 328
성다문학(盛大文學)   229, 233-236, 238, 243, 254, 259, 308
세계화→지구화   39, 56, 153, 172
『수확』(收穫)   193, 201, 244-245, 248, 260
순문학   193
쉬제(許傑)   320
시각적 재현(visual representation)   143
시민 임대주택   137
10월 혁명   278

시장경제 개혁 13, 21, 175
신부유층 13-14, 17, 20-21, 216, 263, 291-293
신자본주의문학 247-248, 254, 260, 307
신자유주의 264, 281, 299
신좌파 264
쑨중산(孫中山) 15, 278, 309

ㅇ

아파트 광고 145-146
애국 열풍 172-180, 183, 186-187
엄숙문학 244-248, 251, 254-255, 258-260,
　307-308
엘리트문화 126
온라인게임 195-198, 202
왕신(王信) 323-324
왕안이(王安憶) 23-30, 34, 47-49, 51-58, 68-
　72, 192, 197, 200, 202, 232, 244, 248,
　302-305
<우리 부대장, 우리 부대> 198, 296
원톄쥔(溫鐵軍) 217, 277
이미지 광고 143
이미지 인지훈련 134, 147, 297
인구 대국 117, 122
인터넷문학 228-229, 231-236, 239, 241-244,
　251, 259-260, 307-308
일상생활 13, 16, 21, 32, 39, 53, 67, 126,
　131, 219, 226, 232, 242, 256, 292, 300, 327
입국(立國) 123, 125, 132-133

ㅈ

자본 통제 278
자산화 149-154
자유창작 234, 257

장타이옌(章太炎) 15, 122, 266, 309
저가 임대주택 136
적극적 개입 215
정치적 안전 117
제국주의 123-124, 152-153, 223
주거 공간 127-128, 271
주류 이데올로기 19, 21, 138, 175, 328
주식회사형 공기업 276
중국 경험 226-227
중국 사상계 327
중국 특색 118, 125, 146, 165, 177, 196, 213, 246, 249
중국적 특색 13, 15, 75, 77, 135-136, 262, 309
중국 특색의 시장경제 125
중국혁명 172, 223-227, 264, 277, 289-290, 315, 317, 330
중토성 221-223, 226-227, 313-314
중화민국 122, 246
지구화 8, 17, 77, 152, 187, 189, 221, 263, 287-288, 291,
　327
지배문화의 생산기제 207, 214, 255-256, 293, 314-315
지속 가능 발전 267
지적 재산권 149-150, 153-154
지표교역제도 276

ㅊ

창의산업→문화콘텐츠산업 235
첸구룽(錢谷融) 321
『최소설』(最小說) 193, 196, 201, 245-248, 254, 260
추이즈위안(崔之元) 264, 277
충칭(重慶) 252, 261, 264, 269, 273-281, 300-301
칭기즈칸 129

ㅋ

캉유웨이(康有爲) 15, 125, 180, 309-310

케랄라(Kerala)주   132
케이크 분배   276
케임브리지   324-325
큰 도리   149-152, 154-155

ㅌ
토지법   134, 136, 298
통속문학   193
통속소설   234-235, 246

ㅍ
페이샤오퉁(費孝通)   122, 310
평균지권   278, 299
푸둥 개발   42, 270

ㅎ
한한(韓寒)   193, 202, 246, 250, 252-253
해방전쟁   278
향촌건설   108
향촌건설운동   132
혁명가 부르기   276
현대적 도시   127
호적 개혁   276-277
홍콩   37, 40, 98, 127, 136, 203, 208, 273
화동사범대학(華東師範大學)   206-208, 283-284, 312, 320,
    326, 329, 331
화이트칼라   14, 17, 20, 35-36, 40, 45, 216, 257, 291

GDP   123, 125, 133, 174, 180, 261-262, 264, 267-268,
    272-275, 280, 300
WTO   116